全国高职高专院校药学类专业核心教材

U0587649

药品GMP实务

（供药学类、中药学类专业用）

主　编　李　媛

副主编　皇立卫　胡献跃

编　者　（以姓氏笔画为序）

吕亭亭（江苏护理职业学院）

朱进永（江苏天士力帝益药业有限公司）

刘　旭（江苏护理职业学院）

刘文斌（江苏食品药品职业技术学院）

孙　超（江苏天士力帝益药业有限公司）

李　达（江苏食品药品职业技术学院）

李　媛（江苏食品药品职业技术学院）

张梦媛（江苏食品药品职业技术学院）

陈　轩（江苏食品药品职业技术学院）

陈　晨（江苏食品药品职业技术学院）

胡献跃（金华职业技术学院）

皇立卫（江苏食品药品职业技术学院）

徐登园（江苏食品药品职业技术学院）

黄巧燕（江苏食品药品职业技术学院）

康　蕾（江苏天士力帝益药业有限公司）

谢　奇（江苏护理职业学院）

戴　杰（江苏食品药品职业技术学院）

中国健康传媒集团
中国医药科技出版社

内 容 提 要

本教材为"全国高职高专药学类专业核心教材"之一，依据 2010 年修订执行的《药品生产质量管理规范》（GMP）和 2019 年 12 月 1 日实施的《中华人民共和国药品管理法》编写而成。编写中根据职业教育特点，系统介绍药品生产过程必须的 GMP 知识，使用模块化教学法的教学要求组建章节，以任务引领的模式创建学习场景，并插入相关知识链接、目标检测、实训任务，体现理论和实践的融会贯通，尝试工学结合的一体化教材编写。本教材适用于药学类、中药学类等高职高专及同层次学校的相关专业师生使用，也可作为药品生产企业员工培训教材使用。

图书在版编目（CIP）数据

药品 GMP 实务/李媛主编 . —北京：中国医药科技出版社，2023.1（2025.1 重印）.

全国高职高专院校药学类专业核心教材

ISBN 978 - 7 - 5214 - 3257 - 2

Ⅰ.①药…　Ⅱ.①李…　Ⅲ.①制药工业 – 质量管理体系 – 中国 – 高等职业教育 – 教材　Ⅳ.①F426.7

中国版本图书馆 CIP 数据核字（2022）第 087487 号

美术编辑　陈君杞
版式设计　友全图文

出版　**中国健康传媒集团** | 中国医药科技出版社
地址　北京市海淀区文慧园北路甲 22 号
邮编　100082
电话　发行：010 – 62227427　邮购：010 – 62236938
网址　www. cmstp. com
规格　889mm × 1194mm $\frac{1}{16}$
印张　16 $\frac{3}{4}$
字数　486 千字
版次　2023 年 1 月第 1 版
印次　2025 年 1 月第 2 次印刷
印刷　北京印刷集团有限责任公司
经销　全国各地新华书店
书号　ISBN 978 - 7 - 5214 - 3257 - 2
定价　**55. 00 元**

获取新书信息、投稿、为图书纠错，请扫码联系我们。

出版说明

为了贯彻党的十九大精神，落实国务院《国家职业教育改革实施方案》文件精神，将"落实立德树人根本任务，发展素质教育"的战略部署要求贯穿教材编写全过程，充分体现教材育人功能，深入推动教学教材改革，中国医药科技出版社在院校调研的基础上，于2020年启动"全国高职高专院校护理类、药学类专业核心教材"的编写工作。在教育部、国家药品监督管理局的领导和指导下，在本套教材建设指导委员会和评审委员会等专家的指导和顶层设计下，根据教育部《职业教育专业目录（2021年）》要求，中国医药科技出版社组织全国高职高专院校及其附属机构历时1年精心编撰，现该套教材即将付梓出版。

本套教材包括护理类专业教材共计32门，主要供全国高职高专院校护理、助产专业教学使用；药学类专业教材33门，主要供药学类、中药学类、药品与医疗器械类专业师生教学使用。其中，为适应教学改革需要，部分教材建设为活页式教材。本套教材定位清晰、特色鲜明，主要体现在以下几个方面。

1. 体现职业核心能力培养，落实立德树人

教材应将价值塑造、知识传授和能力培养三者融为一体，融入思想道德教育、文化知识教育、社会实践教育，落实思想政治工作贯穿教育教学全过程。通过优化模块，精选内容，着力培养学生职业核心能力，同时融入企业忠诚度、责任心、执行力、积极适应、主动学习、创新能力、沟通交流、团队合作能力等方面的理念，培养具有职业核心能力的高素质技能型人才。

2. 体现高职教育核心特点，明确教材定位

坚持"以就业为导向，以全面素质为基础，以能力为本位"的现代职业教育教学改革方向，体现高职教育的核心特点，根据《高等职业学校专业教学标准》要求，培养满足岗位需求、教学需求和社会需求的高素质技术技能型人才，同时做到有序衔接中职、高职、高职本科，对接产业体系，服务产业基础高级化、产业链现代化。

3. 体现核心课程核心内容，突出必需够用

教材编写应能促进职业教育教学的科学化、标准化、规范化，以满足经济社会发展、产业升级对职业人才培养的需求，做到科学规划教材标准体系、准确定位教材核心内容，精炼基础理论知识，内容适度；突出技术应用能力，体现岗位需求；紧密结合各类职业资格认证要求。

4. 体现数字资源核心价值，丰富教学资源

提倡校企"双元"合作开发教材，积极吸纳企业、行业人员加入编写团队，引入一些岗位微课或者视频，实现岗位情景再现；提升知识性内容数字资源的含金量，激发学生学习兴趣。免费配套的"医药大学堂"数字平台，可展现数字教材、教学课件、视频、动画及习题库等丰富多样、立体化的教学资源，帮助老师提升教学手段，促进师生互动，满足教学管理需要，为提高教育教学水平和质量提供支撑。

编写出版本套高质量教材，得到了全国知名专家的精心指导和各有关院校领导与编者的大力支持，在此一并表示衷心感谢。出版发行本套教材，希望得到广大师生的欢迎，对促进我国高等职业教育护理类和药学类相关专业教学改革和人才培养做出积极贡献。希望广大师生在教学中积极使用本套教材并提出宝贵意见，以便修订完善，共同打造精品教材。

数字化教材编委会

主　编　李　媛
副主编　皇立卫　胡献跃
编　者　（以姓氏笔画为序）
　　　　吕亭亭（江苏护理职业学院）
　　　　朱进永（江苏天士力帝益药业有限公司）
　　　　刘　旭（江苏护理职业学院）
　　　　刘文斌（江苏食品药品职业技术学院）
　　　　孙　超（江苏天士力帝益药业有限公司）
　　　　李　达（江苏食品药品职业技术学院）
　　　　李　媛（江苏食品药品职业技术学院）
　　　　张梦媛（江苏食品药品职业技术学院）
　　　　陈　轩（江苏食品药品职业技术学院）
　　　　陈　晨（江苏食品药品职业技术学院）
　　　　胡献跃（金华职业技术学院）
　　　　皇立卫（江苏食品药品职业技术学院）
　　　　徐登园（江苏食品药品职业技术学院）
　　　　黄巧燕（江苏食品药品职业技术学院）
　　　　康　蕾（江苏天士力帝益药业有限公司）
　　　　谢　奇（江苏护理职业学院）
　　　　戴　杰（江苏食品药品职业技术学院）

前言

《药品生产质量管理规范》，即 GMP，是国家应用于制药行业的强制性标准，要求药品生产企业应具备良好的生产厂房设备、合理的生产工艺和过程、完备的质量管理系统、严格的检测检验手段，以保证药品质量被生产出来，而不是被检测出来。

在药品生产、流通和检验领域，从事药品质量控制、药品生产操作、药品销售管理等方面的人员，一般应具备药学及相关专业背景，在接受专业教育的过程中，掌握 GMP 的基本理念和实施内核，形成以产品质量为中心，以标准程序为依据的专业素养，介绍 GMP 的基本知识，是本教材编写的目的所在。

本教材在编写过程中，采用高校教师和企业一线专家共同编写，理论知识和实训技能密切结合，探索在贯彻理解 GMP 条文的过程中，执行对学生职业能力的启发和培养，以达到职业素养培育养成的目的。

本教材有以下特点。

1. 以模块化教学法为编排体例，每个任务以典型案例为先导，便于初学者进入相应情景。每个项目设立学习目标和目标检测，同时引入知识链接和思政元素，以丰富拓展相关知识内容及提升课程的思政素养。

2. 按照"理论够用，技能保证"的原则，在每个项目后编入相关的实训内容，涉及生产操作和质量控制的核心环节，锻炼动手能力，形成实际工作中运用 GMP 质量管理的思维习惯和行为习惯。

3. 贯彻 GMP 药品质量管理的主线，基本以药品生产的流程为编排顺序，有利于对质量控制全过程循序渐进的掌握。同时对 GMP 的条文进行适当整合分类，做出合理划分和解释，保证 GMP 条文的全面呈现。

4. 引入 GMP 文化内涵的引导，在每个项目的学习目标中设立素养目标的具体内容，运用充分的实例印证 GMP 执行过程中，执行人应具有的价值取向，行为规范，引导学习者培育良好的 GMP 行为习惯。

5. 在保持教材主体内容的基础上，增加"导学情景""看一看""想一想"和"药爱生命"等栏目内容，提升教材的可读性、趣味性并适当增加信息量，提高学生理论联系实际和分析解决问题的能力。

本教材由李媛担任主编，全部内容分为六个模块，模块一由谢奇编写，模块二由胡献跃编写，模块三由刘旭和吕亭亭编写，模块四由康蕾、孙超、李达和张梦媛编写，模块五由戴杰、黄巧燕、徐登园、陈轩和刘文斌编写，模块六由朱进永、皇立卫和陈晨编写。皇立卫和李达负责全书的统稿工作。

在本教材编写过程中，得到了江苏天士力帝益药业有限公司及各位编者所在院校及有关专家的大力支持，在此一并表示衷心的感谢。

因编者水平所限，疏漏不足之处恳请使用本教材的各位同行提出宝贵意见，以便进行继续的完善。

编　者

2023 年 1 月

目　录

模块三　硬件体系管理

模块四　生产管理

模块五　质量管理

模块六　自检及 GMP 检查

1 模块一
走近GMP

知识目标：

掌握 GMP 的含义、类型和特点；GMP 的要素；我国 GMP 的制定依据。

熟悉 实施 GMP 的意义；GMP 的主要内容；现行 GMP 的新要求。

了解 GMP 产生的原因；欧盟 GMP 基础知识；美国 cGMP 基础知识。

技能目标：

能区别 GMP 的类型和法律效力。

素质目标：

通过学习 GMP 的产生和发展历程，初步养成守法合规意识和细致严谨的科学态度。

学习目标

导学情景

情景描述： 2006 年 7 月 27 日，某省药品监督管理部门向国家药品监督管理部门报告，部分患者使用了某公司生产的"欣弗"注射液后，先后出现胸闷、心悸、肾区疼痛、腹痛、过敏性休克、肝肾功能损害等严重不良反应。同时，另一省 9 例患者因使用"欣弗"而产生寒颤、发冷、发热等症状，其中 5 例患者伴有顽固性低血压性休克，4 例患者出现意识障碍。8 月 3 日，卫生部连夜发出紧急通知，要求各地立即停用"欣弗"。经调查，该公司 2006 年 6 ~ 7 月生产的克林霉素磷酸酯葡萄糖注射液未按批准的工艺参数灭菌，降低灭菌温度，缩短灭菌时间，增加灭菌柜装载量，影响了灭菌效果。经中国药品生物制品检定所对相关样品进行检验，结果表明，无菌检查和热原检查不符合规定。8 月 15 日，国家药品监督管理部门召开新闻发布会，通报了对该企业生产的克林霉素磷酸酯葡萄糖注射液（欣弗）引发的药品不良事件调查结果：现已查明，该企业违反规定生产，是导致这起不良事件的主要原因。

情景分析： 2006 年 6 ~ 7 月，该企业违规生产了克林霉素磷酸酯葡萄糖注射液（欣弗）。经中国药品生物制品检定所抽样检验，涉案"欣弗"的无菌检查和热原检查均不符合规定，是造成这起药品安全事故的根本原因。

讨论： 造成"欣弗事件"的原因有哪些？如何避免同类事件再次发生？

学前导语： 药品安全与广大人民群众的身体健康和生命安危息息相关，药害事件影响社会稳定，药品生产企业必须根据《药品管理法》和《药品生产质量管理规范》等法律法规要求建立质量保证体系，加强药品生产管理，加强《药品生产质量管理规范》等药事法规培训，确保生产过程持续符合法定要求，保障人民群众用药安全。

任务 1　GMP 的产生和发展

GMP 是英文"Good Manufacturing Practices for Drugs"的英文缩写，直译为"优良的生产实践"。我国《中华人民共和国药品管理法》（以下简称《药品管理法》），将 GMP 翻译为"药品生产质量管理规范"。GMP 适用于药品的原料药和制剂的生产质量管理。GMP 是企业质量管理体系的一部分，是药品生产管理和质量控制的基本要求，旨在最大限度地降低药品生产过程中污染、交叉污染以及混淆、差错等风险，确保持续稳定地生产出符合预定用途和注册要求的药品。通过本模块的学习，了解药品生产过程中 GMP 的产生和发展过程，为更好地执行 GMP 打下良好的思想基础。

一、GMP 产生的背景

1906 年，美国国会颁布了第一部《纯净食品和药品法案》，该法案明令禁止制售有毒有害、掺假、假冒或滥用标识的药品，禁止滥加添加剂等行为，该法案的通过是美国药政管理的一个里程碑。它是美国联邦政府制定的第一部关于食品和药品的法律，它标志着联邦政府开始承担起保障食品和药品安全、保护消费者权益的责任。

1933 年，减肥药"二硝基酚"在美国上市销售，患者服用后出现白内障、骨髓抑制等严重不良反应，1935～1937 年共造成 177 人死亡。

1937 年 6 月，美国药师瓦特金斯以二甘醇代替乙醇作溶剂将磺胺配制成色、香、味俱全的口服液体制剂，称为"磺胺酊剂"，用于治疗感染性疾病。因当时的美国法律尚无新药上市前必须通过临床试验的规定，该产品成功上市。同年 9～10 月，美国南方一些地方开始发现患肾功能衰竭的患者大量增加，共发现 358 名患者，死亡 107 人（其中大多数为儿童），成为 20 世纪影响最大的药害事件之一。究其原因，是助溶剂二甘醇在体内被氧化成草酸所致。1938 年，该事件促使美国国会通过了《联邦食品、药品和化妆品法案》，该法案规定所有新药上市前须通过安全性审查，禁止厂商出于欺骗目的在药品标签上作出虚假医疗声明的行为，此法案显著增加了美国食品药品监督管理局（Food and Drug Administration，FDA）监管的权限。美国开始以法律形式来保证食品、药品的质量，由此还建立了世界上第一个国家层面的食品药品管理机构——FDA。《联邦食品、药品和化妆品法案》提供了药品 GMP 的法律基础。

1956 年，原联邦德国格仑南苏制药厂生产了一个名为"Thalidomide"（商品名为"反应停"，通用名为"沙利度胺"）的药物用于治疗和减轻孕妇妊娠反应。"反应停"使发育中的胎儿产生严重畸形，这种畸胎诞生时，因为臂和腿的长骨发育短小，看上去手和脚直接连接在躯干上，形似海豹肢体，被称之为"海豹胎"，同时出现心脏和胃肠道的畸形，这种畸形婴儿死亡率达到 50% 以上。该药未经过严格的临床试验，至 1963 年，世界各地由于服用该药物而诞生了 12000 多名形状如海豹一样的的婴儿。这就是震惊世界的"反应停事件"，是 20 世纪最大的药物灾难。

👁 看一看

己烯雌酚也是一种广泛用于治疗先兆流产的药物。1966～1969 年，美国波士顿市妇科医院的医生们在较短时间里先后发现有 8 名十多岁的少女患阴道癌，大大超过了自然情况下此病在少女人群中的发病率。经过深入的流行病学调查，证明这些病例的发生与患者母亲妊娠期间服用己烯雌酚有因果关系，其相对危险度大于 132 倍。其他医院也陆续有报道，至 1972 年，各地共收到 91 例 8～25 岁的阴道癌患者的报告，其中 49 例患者的母亲在妊娠期间服用过己烯雌酚。

二、GMP 的产生与发展

20 世纪 60 年代前后的"反应停事件"虽没有波及美国，但在美国社会激起了公众对药品监督和药品法规的普遍重视，并由此促成了 GMP 的诞生。1962 年，美国 FDA 组织美国坦普尔大学 6 名教授参与制定 GMP。美国国会对原《联邦食品、药品和化妆品法案》进行了一次重大修改，赋予了 FDA 更大的监管权限。新的法规要求制药公司不仅要保证其产品是安全的，而且还要保证是有效的；制药企业实行药品不良反应报告制度；制药企业实施药品生产质量管理规范。

? 想一想

20 世纪 50 年代，德国一家制药商推出镇静剂反应停。该药品对减轻妇女怀孕早期出现的恶心、呕吐等反应有效，于是迅速在多个国家推广。

而此时，美国 FDA 一位叫弗兰西斯·凯尔西的审评员正在案头审查该产品的资料。她发现申报资料中安全性数据不充分等问题，未准许该药在美国上市。后来，使用该药品的欧洲、澳大利亚、加拿大和日本等 17 个国家先后发现了新生儿先天四肢残缺，即"海豹婴儿"。经科学证实，其罪魁祸首就是反应停。本次事件中，全球有一万余名因反应停引发海豹婴儿的出生。

阅读上述文字并讨论：是什么原因导致了"反应停"事件的发生？美国为什么能免于受害？

1963 年，世界上第一部 GMP 在美国诞生。GMP 获得认可和采用是人类在经历多次药害事件之后，用血泪和生命换来的警惕和智慧。GMP 的理论和实践经历了一个形成、发展到完善的过程。药品生产十分复杂，从产品的顶层设计、研发注册到药品生产，涉及许多生产工艺和技术标准。任何一个环节的疏忽，都有可能导致药品质量不符合要求。因此，必须在药品研发、生产的全过程中，进行全面质量管理与质量控制来保证药品质量。20 世纪以来，人类社会经历了十几次重大的药害事件，尤其是"反应停"事件发生后，公众要求药品的生产必须有严格的法律监督。1963 年，美国 FDA 颁布的 GMP，要求对药品生产的全过程进行规范化管理，药品生产企业如果没有实施 GMP，其产品不得出厂销售。GMP 的理论在此后多年的实践中经受了考验，并获得了发展，它在药品生产和质量保证中的积极作用逐渐被各国政府所接受。

自从美国 FDA 首先制定颁布了 GMP 作为美国制药企业指导药品生产和质量管理的法规后，WHO 于 1969 年向全世界推荐了 WHO 的 GMP，标志着 GMP 的理论和实践开始从一国走向世界。在此后的 30 多年内，世界很多国家、地区为了维护消费者的利益和提高本国药品在国际市场的竞争力，根据药品生产和质量管理的特殊要求以及本国的国情，分别制定了自己的 GMP。

※ 练一练

GMP 的中文全称是（　　）

A. 药品非临床研究质量管理规范　　　　　B. 药品生产质量管理规范

C. 药品经营质量管理规范　　　　　　　　D. 药品临床试验管理规范

三、我国 GMP 的产生和发展

GMP 作为指导药品生产和质量管理的法规，在国际上已有半个多世纪的历史，在我国推行也有 30 余年。虽然我国 GMP 的实施起步较晚，但是目前的水平和速度已经接近国际先进水平。2011 年 1 月 17 日卫生部发布了《药品生产质量管理规范》（2010 年修订）（以下简称"新版 GMP"），2011 年 3 月 1 日起实施，标志着我国 GMP 的实施已进入向国际化迈进的实质性关键阶段。

👁 看一看

GMP 自 20 世纪 60 年代在美国问世，世界卫生组织于 20 世纪 60 年代中期开始组织制订药品 GMP，现在在国际上已经被许多国家的政府、制药企业和专家一致认为制药企业进行药品生产管理和质量管理的优良的、必备的制度。美国从 1992 年起，规定出口药品必须按照 GMP 规定进行生产，药品出口必须出具 GMP 证明文件。目前 GMP 是国际贸易药品质量签证制度的组成部分，也是进入世界药品市场的"准入证"。

中华人民共和国成立以来，我国制药工业有了较大发展，已经建成一套初具规模的药品科研、生产、销售体系。过去，我们用"三检三把关"为代表的质量检查方法，"三检"即自检、互检、专职检验。"三把关"即把好原材料、包装材料质量关，力求做到不符合标准的原材料、包装材料不用于生产；把好中间体质量关，严格控制中间体的质量标准；把好成品质量关，不合格的成品不准出厂。在我国制药工业不发达的时候，以"三检三把关"为代表的质量管理经验曾经发挥过重要作用。但这种管理缺乏基本的质量管理理论支撑，没有形成一套完整的、系统的、科学的管理制度，企业职工的质量管理意识尚未真正树立。为适应我国制药工业的发展，20世纪80年代初，我国开始提出在制药企业中推行 GMP，比最早提出实施 GMP 的美国迟了 20 年。

1982 年，中国医药工业公司制订了《药品生产管理规范》（试行稿），并开始在一些制药企业试行。1985 年，中国医药工业公司又对 1982 年的《药品生产管理规范》（试行稿）进行修改，即为《药品生产管理规范》（修订稿），经原国家医药管理局审查后，正式颁布在全国推行。同时由中国医药工业公司编制了《药品生产管理规范实施指南》（1985 年版），于同年 12 月颁发，在我国药品生产企业实施 GMP 制度方面起到了积极的推动作用。

1988 年，根据《药品管理法》，卫生部颁布了我国第一部《药品生产质量管理规范》（1988 年版），作为正式法规执行。1992 年，卫生部又对《药品生产质量管理规范》（1988 年版）进行修订，即为《药品生产质量管理规范》（1992 年修订）。1993 年，中国医药工业公司为了使药品生产企业更好地实施 GMP，颁布了修订的 GMP 实施指南，对 GMP 中一些条款，做了比较具体的技术指导，起到比较好的效果。

1993 年，国家医药管理局制订了我国实施 GMP 的八年规划（1983—2000 年），提出"总体规划，分步实施"的原则，按剂型的先后，在规划的年限内达到 GMP 的要求。

随着 GMP 的发展，国际实施了药品 GMP 认证。药品 GMP 认证是国家依法对药品生产企业（车间）和药品品种实施药品 GMP 监督检查并取得认可的一种制度，是国际药品贸易和药品监督管理的重要内容，也是确保药品质量稳定性、安全性和有效性的一种科学先进的管理手段。1995 年，经国家技术监督局批准，中国药品认证委员会成立，并开始接受企业的 GMP 认证申请和开展认证工作。1995～1997 年，国家医药管理局分别制订了《粉针剂实施（药品生产质量管理规范）指南》《大容量注射液实施（药品生产质量管理规范）指南》《原料药实施（药品生产质量管理规范）指南》和《片剂、硬胶囊剂、颗粒剂实施（药品生产质量管理规范）指南和检查细则》等指导文件，并开展了粉针剂和大容量注射液剂型的 GMP 达标验收工作。

1999 年，国家药品监督管理局总结近几年实施 GMP 的情况，对 1992 年修订的 GMP 再次进行修订，于 1999 年 6 月 18 日颁布了《药品生产质量管理规范》（1998 年修订），1999 年 8 月 1 日起施行，使我国的 GMP 更加完善，更加契合国情、更加严谨，便于药品生产企业执行。

2011 年 1 月 17 日，卫生部发布了《药品生产质量管理规范》（2010 年修订），2011 年 3 月 1 日起施行。新建药品生产企业、药品生产企业新建（改、扩建）车间应符合新版 GMP 的要求。现有药品生产企业将给予不超过 5 年的过渡期，并依据产品风险程度，按类别分阶段达到新版药品 GMP 的要求。

2019 年 8 月 26 日，第十三届全国人民代表大会常务委员会第十二次会议第二次修订的《药品管理法》第四十三条规定：从事药品生产活动，必须遵守《药品生产质量管理规范》，建立健全药品生产质量管理体系，保证药品生产全过程持续符合法定要求。取消了 2001 年修订的《药品管理法》第九条规定的：药品监督管理部门按照规定对药品生产企业是否符合 GMP 的要求进行认证；对认证合格的，发给认证证书。这就意味着从新修订的《药品管理法》实施之日起，药品生产企业只需保证生产过程符合 GMP 的具体要求即可，无须再取得 GMP 认证证书。取消 GMP 认证，对制药行业而言意味着更多、更严格和更科学的监管。从近两年来看，GMP 认证取消趋势之下，一个重大的改变已经出现，即飞行检查的频次明显增多，已显示出常态化趋势。业内表示，检查力度趋严是一个必然趋势。取消 GMP 认证并不会降低药品质量标准，也不意味着药企生产门槛的降低，相反，药企将面临更加常态化和严苛的检查。据了解，2019 年 7 月 18 日，我国印发的《关于建立职业化专业化药品检查员队伍的意见》明确，构建国家和省两级职业化专业化药品检查员队伍，配备满足检查工作要求的专职检查员，为药品监管行政执法等提供技术支撑。国家不断强化飞行检查，细化了国家、省、市药品监督管理局的责任分工，日常监管逐渐代替了认证监管，GMP 认证等存在的意义本来就有所削弱。

任务 2　GMP 的类型和特点

全球范围内 GMP 形式多样，内容也各有特点。

一、GMP 的类型

（一）按适用范围分类

1. 国际范围适用的 GMP　有关国际组织制定的 GMP 一般原则性校强，内容较为概括，无法定强制性。

（1）世界卫生组织的 GMP　世界卫生组织（World Health Organization，WHO）是联合国下属的一个专门机构，总部设在瑞士日内瓦，是国际上最大的政府间卫生组织，截至 2015 年共有 194 个成员国。因此，WHO GMP 属于国际性的 GMP。WHO GMP 在总论中指出，药品 GMP 是组成 WHO 关于国际贸易中药品质量签证体制的要素之一，是用于评价生产许可申请并作为检查生产设施的依据，也作为政府药品监督员和药品生产管理人员的培训材料。药品 GMP 适用于药品制剂的大规模生产，包括医院中的大量加工生产、临床试验用药的制备。

（2）欧盟的 GMP　欧洲联盟，简称欧盟（EU），总部设在比利时首都布鲁塞尔，是由欧洲共同体发展而来的，现拥有 27 个会员国。欧洲联盟是一个集政治实体和经济实体于一身，在世界上具有重要影响的区域一体化组织，成员国有德国、法国、意大利、荷兰、比利时、卢森堡、爱尔兰、丹麦等。欧盟的 GMP 属于地区性的 GMP。1972 年，欧盟颁布了该组织的第一部 GMP，用于指导欧盟成员国的药品生产。而第一版欧盟的 GMP 出版于 1989 年，它是以英国 GMP 为基础制定的。后来欧盟规定，其颁布的第二部 GMP（1992 年版）可以取代欧盟各成员国的 GMP，或者可以和欧盟成员国政府颁布的GMP 并行使用。

> 💡 **知识拓展**
>
> EMEA 是欧洲药品管理局（The European Agency for the Evaluation of Medicinal Products）的英文缩写，它是一个非常重要的地区性组织，其研究制定一系列药事法规通过欧盟国家的实施，形成欧洲很重要的法律章程，而欧盟各国又根据 EMEA 的法规制定本国相应的药事法。该组织是根据 1993 年 7 月通过的 2309/93/EEC 决定而建立，总部设在英国伦敦。负责欧洲共同体市场药品的审查、批准上市，评估药品科学研究，以及监督药品在欧洲共同体之安全性、有效性。也同时负责协调、检查、监督欧洲共同体成员国之 GAP、GMP、GLP、GCP 等工作。

2. 国家权力机构颁布的 GMP

（1）美国 FDA 制定的 cGMP　美国是 GMP 创始国，于 1963 年首先颁布了 GMP，在实施过程中，经过数次修订，是至今较为完善、内容较为详细、标准最高的 GMP。美国 FDA 对 GMP 的研究，一直处于全球领先地位。美国要求，凡是向美国出口药品的制药企业以及在美国境内生产药品的制药企业，都要符合美国 GMP 要求。美国的 GMP 又称为 cGMP，具有以下特点：强调实施动态的 GMP，即强调药品生产与质量管理的现场管理；强调验证工作的重要性，美国 FDA 认为达到 cGMP 的途径有很多，只要药品生产企业用规范的验证方法能够证明目标的确定性即可。因此，cGMP 也具有一定的灵活性，在 cGMP 实施过程中，美国 FDA 鼓励企业进行创新；强调工作记录的重要性，因为只有有了真实的、及时的、规范的记录，才能对生产与质量管理活动的效果进行有效的追溯，才能为今后持续改进提供支持。

👁 看一看

FDA 是美国食品药品监督管理局（Food and Drug Administration）的英文缩写，它是国际医疗审核权威机构，由美国国会即联邦政府授权，隶属于美国卫生教育福利部，负责全国药品、食品、生物制品、化妆品、兽药、医疗器械以及诊断用品等的管理，是专门从事食品与药品管理的最高执法机关。FDA 是一个由医生、律师、微生物学家、药理学家、化学家和统计学家等专业人士组成的致力于保护、促进和提高国民健康的政府卫生管制的监控机构。通过 FDA 认证的食品、药品、化妆品和医疗器具对人体是确保安全而有效的。

（2）日本的 GMP 1969 年，日本制药工业协会（JPMA）成立了专门的特别委员会即开始起草自己的 GMP 指南，1970 年该 GMP 指南制订完成。1973 年 5 月，该指南在第 25 届 JPMA 年会上通过，1974 年，JPMA 在日本推广使用 GMP 指南。1979 年，GMP 在日本被强制执行。期间，日本 GMP 经过多次修订和补充，目前，其最新版本为 2004 年修订的 GMP。日本 GMP 分为"软件管理"和"硬件管理"两部分。"软件管理"部分主要划分为生产控制、质量控制以及与生产控制、质量控制相关的其他职责，将管理标准与人员要求紧密结合，使得各类人员能非常明了地认清自己工作职责，并能认清自己在整个体系中的位置，便于更好地执行 GMP 规范。"硬件管理"主要规范厂房、设施等硬件要求，分为生产商、进口商两大部分，每个部分再按不同品种逐项列出，使得整个 GMP 的硬件要求非常明确。

（3）英国的 GMP 英国卫生与社会福利部于 1983 年制定了英国 GMP，内容丰富齐全，共分 20 章，有许多内容已成为以后其他各国制定 GMP 的依据。例如"第七章确认"，即为现在验证的前身。"第十章无菌药品的生产和管理"、率先列出了基本环境标准及洁净级别要求，还提出了环氧乙烷灭菌和射线灭菌方法。对于出口到英国的药品，需要由进口当局审定合格的人员负责检验，并且检验批量应符合英国的 GMP 要求。

（4）中国的 GMP 1988 年，卫生部组织有关专家在我国制药企业实施的行业 GMP 基础上，根据《药品管理法》的规定，起草并颁布了我国第一个 GMP，作为正式法规实施。1990 年卫生部组织有关专家起草了《GMP 实施细则》，后又编成《药品生产质量管理规范》修订本，并于 1992 年 12 月 28 日颁布，要求全国制药企业遵照执行。1999 年 6 月 18 日，国家药品监督管理局颁布了《药品生产质量管理规范》（1998 年版），自 1999 年 8 月 1 日起实施。2011 年 2 月 12 日，国家食品药品监督管理局颁布了我国自强制实施 GMP 管理以来的第二部 GMP，并于 2011 年 3 月 1 日开始实施。

3. 行业、企业制定的 GMP 制药行业组织制定的 GMP 般指导性较强，内容较为具体，没有法定强制性。例如英国制药联合会制定的 GMP、瑞典制药工业协会制定的 GMP 等。我国最早于 1982 年由中国制药工业协会参照一些先进国家的 GMP 制定了我国的（药品生产管理规范）（试行本），并开始在某些制药企业中试行。1984 年被国家医药管理局的《药品生产质量管理规范》所取代，作为行业 GMP 要求，正式须颁布执行。同时还颁布了《药品生产管理规范实施指南》，这为我国制药企业全面实施GMP 奠定了基础。此外，还有一些大型跨国医药公同也制定了本公司的 GMP。

（二）按性质分类

1. 强制性规定 例如美国 cGMP、英国 GMP、日本 GMP 和中国 GMP。

2. 建议性规定 对药品生产和质量管理起到指导性的作用，例如世界卫生组织 WHO 制定的 GMP。

练一练

1. 以下不属于国家权力机构颁布的 GMP 的是（　　）

A. WHO GMP　　　　B. 美国 cGMP　　　　C. 日本 GMP　　　　D. 英国 GMP

二、GMP 的特点

1. 基础性 GMP 是保证药品生产质量的最低标准，不是最高标准。任何一国的 GMP 都不可能把只能由少数药品生产企业能达到的标准作为全行业的强制性要求。例如，GMP 规定针剂灌封工序要求空气洁净程度为 B 级，也就是最低标准为 B 级，如果本行业药品生产企业都很难达到这个标准，GMP 也不会做这样的规定。但是，一旦规定 B 级为标准，如果有的企业为了确保质量，提高洁净度到 A 级，这完全符合标准，当然这也是企业自身的决定或自身的事务，但如果企业降低到 C 级，则违反了 GMP 的规定。生产企业将生产要求与目标市场的竞争结合起来必然会形成企业内控标准的多样性。因此，企业的内控标准可以高于 GMP 的要求。

2. 原则性 GMP 条款仅指明了质量或质量管理所要达到的目标，而没有列出如何达到这些目标的解决办法。达到 GMP 要求的方法和手段是多样化的，企业有自主性、选择性，不同的药品生产企业可根据自身产品或产品工艺特点等情况选择最适宜的方法或途径来满足 GMP 要求。例如，无菌药品的灭菌处理必须达到"无菌"，也就是药品的染菌率不得高于 10^{-6}；但是，达到"无菌"的处理方式有很多，如干热灭菌、湿热灭菌、辐射灭菌、过滤灭菌等，企业可以根据自身产品和产品工艺要求进行选择。只要能满足 GMP 要求，就是适宜的方法。

3. 一致性 各国 GMP 有一个共同的特点，就是在结构与内容上基本一致。各国 GMP 都是从药品生产与质量管理所涉及的硬件，如厂房设施、仪器设备、物料与产品等；所涉及的软件，如制度与程序、规程与记录等；人员，如人员的学历、经验与资历等；现场，如生产管理、质量管理、验证管理等进行规定的。各国 GMP 基本都分为：机构与人员、厂房与设施、仪器与设备、物料与产品、文件管理、验证管理、生产管理、质量管理等主要章节。这些章节的具体分类也基本一致。比如，质量管理这个章节，各国 GMP 都包括：质量控制实验室管理、物料和产品放行、持续稳定性考察、变更控制、偏差处理、纠正措施和预防措施、供应商的评估和批准、产品质量回顾分析、投诉与不良反应报告。虽然在具体内容方面有所侧重和差异，但具体框架和基本规定基本一致。各国 GMP 都是强调对这些元素或过程实施全面、全过程、全员的质量管理，防止污染、交叉污染、混淆和差错的发生，保证生产出优质药品。

4. 时效性 GMP 条款具有时效性，因为 GMP 条款只能根据该国、该地区现有一般药品生产水平来制定，随着医药科技和经济贸易的发展，GMP 条款需要定期或不定期的补充、修订。这和制定药品标准类似，对目前有法定效力或约束力或有效性的 GMP，称为现行 GMP。新版 GMP 颁布后，前版的 GMP 即废止。

5. 多样性 尽管各类 GMP 在结构、基本原则或基本内容上基本一致，但同样的标准要求，在所要求的细节方面，有时呈现多样性，有时这样的多样性还会有很大的差别。例如，各国 GMP 中都对生产车间的管道铺设提出了一定要求，这主要是为了防止污染。但是，有的国家的 GMP 就要求生产车间中不能有明管存在，各种管道一律暗藏。也有国家 GMP 中规定，只要能便于清洁并具有严格的卫生制度、管道不一定要全部暗藏。管道是否要暗藏，这对于药品生产企业来说，从厂房设计、管道走向设计以及随之展开的工艺布局是大相径庭的。不同国家的 GMP 表现出来的水平差异和特色，使得各国 GMP 得以相互借鉴，相互促进和提高。

6. 地域性　一般而言，一个国家（或地区）在一个特定的时期有一个版本的 GMP。只有达到这个版本的 GMP 要求，药品质量才能得到这个国家（或地区）有关政府部门的认可，才能在这个国家（或地区）进行销售使用。但是，有的国家却可以通行多个不同版本的 GMP，比如有的国家既认可本国的GMP，也认可 WHO 的 GMP、美国的 cGMP、欧盟的 GMP 等。

三、我国现行版 GMP 的特点

我国现行版 GMP 的制定依据是《中华人民共和国药品管理法》和《中华人民共和国药品管理法实施条例》。现行版 GMP 共 14 章、313 条，强调了对"原则"的把握，增加了对复杂多变的情况的适应性。大多数章节都增加了原则一节，强调各章节应该要把握的基本原则，给科学评估千差万别的企业提供了指导依据。相对于 1998 年修订的药品 GMP 14 章 88 条，篇幅大量增加。新版 GMP 吸收国际先进经验，结合我国国情，按照"软件、硬件并重"的原则，贯彻质量风险管理和药品生产全过程管理的理念，更加注重科学性，强调指导性和可操作性，达到了与 WHO GMP 的一致性。引入了一些新理念，即假想监管相对人是诚信的，一旦有人为的造假记录，马上就判为检查不合格。新理念更多体现了法律的人性化。基本要求和附录在修订过程中都参考了国际 GMP 标准，以期强化国内企业对于相关环节的控制和管理，但在具体条款上也结合我国国情做了相应的调整。从而达到思路上重视法规间的协调性；经验上注重吸纳、借鉴国际先进经验；以欧盟 GMP 为蓝本，参考了 WHO、美国和日本的GMP；而在具体管理时强调动态管理，如验证过程、回顾性检查等；在整个法规设计上注重科学性、具体性、可操作性、可检查性。

1. 提高了对人员的要求　全面强化了从业人员的素质要求，增加了对从事药品生产质量管理人员素质要求的条款和内容，进一步明确职责，"机构与人员"一章明确将质量受权人与企业负责人、生产管理负责人、质量管理负责人一并列为药品生产企业的关键人员，并从学历、技术职称、工作经验、培训等方面提高了对关键人员的资质要求，如学历由大专变为本科，但增加并行标准，如中级职称或执业药师。对这四类人员各自的职责、共同的职责做了非常明确的界定，强化其法律地位，使这些关键人员在法律保证下独立履行职责。

2. 明确要求企业建立药品质量管理体系　质量管理体系是为实现质量管理目标，有效开展质量管理活动而建立的，是由组织机构、职责、程序、活动和资源等构成的完整系统。现行版 GMP 明确要求制药企业应当建立全面的、系统的质量管理体系，并必须配置足够的资源，确保质量管理体系有效运行，同时还强调了包括法定代表人、企业负责人在内的高层管理人员的质量职责，以保证 GMP 的有效执行。

3. 细化了对操作规程、生产记录等文件管理的要求　分门别类地对主要文件（如质量标准、生产工艺规程、批生产和批包装记录等）的编写、复制以及发放提出了具体要求，增强了可操作性和指导性，规范了文件体系的管理。

4. 调整了无菌制剂生产环境的洁净度要求　为确保无菌药品的质量安全，现行版 GMP 在无菌药品附录中采用了 WHO 和欧盟最新的 A、B、C、D 分级标准，对无菌药品生产的洁净度级别提出了具体要求；增加了在线监测的要求，特别对生产环境中悬浮微粒的静态、动态监测，对生产环境中的微生物和表面微生物的监测都做出了详细的规定。

5. 增加了对设备设施的要求   对厂房设施分生产区、仓储区、质量控制区和辅助区分别提出设计和布局的要求，对设备的设计和安装、维护和维修、使用、清洁及状态标识、校准等几个方面也都做出具体规定。无论是新建企业设计厂房还是现有企业改造车间，都应当考虑厂房布局的合理性和设备设施的匹配性。

6. 引入了质量风险管理理念   质量风险管理是美国 FDA 和欧盟都在推动和实施的一种全新理念，现行版 GMP 引入了质量风险管理的概念，并围绕质量风险管理相应增加了系列新制度，如在原材料采购、生产工艺变更、操作中的偏差处理、发现问题的调查和纠正、上市后药品质量的持续监控等方面，增加了供应商审计和批准、变更控制，偏差管理、超标调查（OOS）、纠正和预防措施（CAPA）、持续稳定性考察计划、产品质量回题分析等新制度和措施，对各个环节可能出现的风险进行管理和控制，促使企业建立相应的制度，及时发现影响药品质量的不安全因素，主动防范质量事故的发生，进一步强调验证的重要性，引入了先进的质量管理方法，这都有助于制药企业及时发现质量风险或产品质量缺陷，持续改进，不断提高产品质量。

7. 强调了生产要求与注册审批要求的一致性   现行版 GMP 在"生产管理""质量管理""委托生产与委托检验"等多个章节中都强调了生产要求与注册审批要求的一致，引入"质量源于设计"的概念，一经获得批准，进入生产环节，就必须将药品质量管理要求的质量目标，将药品注册的有关安全、有效和质量可控的所有要求，系统地贯彻到药品生产、控制及产品放行、储存、发运的全过程中，确保所生产的药品符合预定用途和注册要求。例如：企业必须按注册批准的处方和工艺进行生产，按注册批准的质量标准和检验方法进行检验，采用注册批准的原辅料和与药品直接接触的包装材料的质量标准，来源也必须与注册批准一致，只有符合注册批准各项要求的药品才可放行销售。

8. 与药品上市后不良反应监测、召回等其他监管环节相衔接   现行版 GMP 注重了与《药品召回管理办法》相衔接，单独设立"药品发运与召回"一章，规定企业应当制定召回操作规程，召回存在安全隐患的已上市药品，同时细化了召回的管理规定，指定专人负责组织协调召回工作，明确规定企业应建立药品不良反应报告和监测管理制度，主动收集不良反应，并设立专门机构、配备专职人员负责管理。

任务 3   GMP 的主要内容、实施要素和意义

一、GMP 的主要内容

GMP 主要内容包括机构与人员、厂房和设施、仪器和设备、卫生管理、文件管理、物料管理、生产管理、质量管理、质量控制等方面内容，涉及药品生产的方方面面，强调通过生产过程管理保证生产出优质药品。从专业化管理的角度，GMP 可分为质量控制系统和质量保证系统两大方面。一方面是对原材料、中间产品、成品的系统质量控制、称为质量控制系统；另一方面是对影响药品质量、生产过程中容易产生人为差错和污染等问题进行系统的严格管理，以保证药品质量，称为质量保证系统。

从软件和硬件系统的角度，GMP 可以分为软件系统和硬件系统。软件系统主要包括组织机构、生产工艺、文件制度、教育培训等方面的内容，可以概括为以智力为主的投入产出。硬件系统主要包括对人员、厂房、设施、设备等的投入，可以概括为以资本为主的投入产出。

二、GMP 的实施要素

实施 GMP 主要有硬件、软件和人员三要素。硬件是指厂区环境、厂房、生产设施设备、辅助设施

设备、质量控制与检验仪器设备、原辅材料、仓储设施等为生产和质量控制所必需的基础条件。软件是指完整的管理体系，规范企业行为的一系列标准，执行标准结果的记录，包括组织机构、生产工艺、制度、程序、方法、培训、记录等。人员方面，药品生产企业应具有与生产性质、规模、要求相适应的人员配置。硬件是基础，软件是保证，人员是关键。

（一）硬件是基础

实行 GMP 管理是关系到制药企业能否发展的大事，而硬件是实施 GMP 的必要条件。药品生产企业实施 GMP 的最终目的就是为了最大限度地降低药品生产过程中污染、交叉污染，以及混淆、差错等风险，确保持续稳定地生产出优质产品。良好的硬件建设需要充足的资金投入作为保障，对于企业来说，资金充足与否始终是相对而言的。因此，在 GMP 硬件改造和建设过程中，要抓住重点，在新厂房筹建或老厂房改造之前，应广泛征求专家、技术人员的意见，对照 GMP 的要求，就设备的选型、建筑材料的挑选、工艺流程布局进行综合考虑，制订出合理的资金分配方案，使有限的资金发挥最大的效能。而不应本末倒置，在外围生产区域装修上占去较多的资金，使关键的生产设备、设施因陋就简，这将给未来的生产管理下隐患。例如粉针剂生产线，由于粉针剂产品对微细颗粒和微生物控制这两方面有特殊要求，因而与药粉直接接触的设备（分装机）、内包材料的清洁消毒设备（洗瓶机、洗胶塞机、隧道烘箱及运送轨道等）应不脱落微粒、毛点，并易清洁、消毒；在产品暴露的操作区域（无菌室）其空气洁净级别要符合工艺规定，不产生交叉污染等，这些是资金投入的重点。

（二）软件是保障

软件系统能反映企业的管理和技术水平。质量是设计出来的，设计的产品需要通过生产环节来实现，而企业生产药品的质量需要遵循各种标准的操作方法来保证。企业的软件管理也经历了一个形成、发展和完善的过程。各种技术标准、管理标准、工作标准是在长期的生产过程及各类验收检查、质量审计中逐步形成的，这一时期的各类标准是低水平的、粗线条的。此后随着 GMP 实践的不断深入，企业不断总结出各类具有实用和指导意义的软件标准操作规程（即 SOP）。因为 GMP 的实践是一个动态过程，与之相对应的软件也需要不断地补充、修订、完善。所以，经过验证的，具有实用性、现行性的软件是产品质量的保证，是企业在激烈的市场竞争中立于不败之地的秘密武器。

（三）人员是关键

一个企业从产品设计、注册研发、生产管理、质量控制到上市销售的全过程中，"人员"是最重要的因素。这是因为优良的硬件设备要由人来操作，完善的软件系统要由人来制定和执行，全体员工的工作质量决定着产品质量，人员的素质决定工作质量。因此人员的培训工作是一个企业 GMP 工作能否开展、深入和持续的关键，企业必须按要求对各类人员进行行之有效的教育和培训，要像抓硬件、软件建设工作那样，去做好"人员"的素质提高的建设工作。建立和完善各类人员应受到的培训、考核内容、培训频次和培训学时。例如粉针车间无菌分装岗位，为严格控制无菌操作室内环境，确保生产合格的无菌产品，制定了严格的工艺卫生操作规程，但如果操作者不能正确理解为什么要这么做，或质量意识不强，在没人监督时不认真执行，导致消毒灭菌不彻底，就会给产品质量带来隐患。因而企业必须认真、扎实地做好培训工作。

综上所述，良好的硬件设施、实用的软件系统、高素质的人员参与是组成 GMP 体系的重要因素，缺一不可。

三、GMP 的实施意义

GMP 的实施意义主要有以下几个方面。①有利于标准化管理：药品生产企业推行 GMP，全过程运用标准化模式管理，有利于保护药品生产企业，使企业生产过程有法可依、有章可循。②有利于提高企业质量管理水平：药品生产企业实施 GMP，就是完善企业质量体系，进行前瞻性的以预防为主的风险管理，确保生产出合格的药品，对提高整体质量管理水平有着积极的促进作用。③有利于提高药品质量：药品质量依赖于企业的技术能力和管理水平。实施 GMP，一方面，可以最大限度地避免污染、交叉污染、混淆和差错，提高药品质量，保证人民用药安全有效，这是企业肩负的社会责任；另一方面，能通过 GMP 认证，也是获得企业信誉和产品质量的一个佐证，是企业形象的重要标志。④有利于突破国际贸易壁垒：制药企业要突破国际贸易壁垒，实行的 GMP 必须与国际规范接轨。而我国现行 GMP 基本框架与内容采用欧盟 GMP 蓝本，与美国 cGMP 相近，因此 GMP 的实施，对我国制药企业的质量管理体系与产品质量为国际所认可，发挥非常重要的作用。

? 想一想

实施 GMP 主要有硬件、软件和人员三要素，为什么说人员是关键要素？

任务4　GMP 现状

一、欧盟 GMP

（一）欧盟 GMP 框架

欧盟药事法规合辑 EudraLex 第四卷，分为药物制剂 GMP、原料药 GMP、GMP 相关文件和 GMP 附录四个部分。第一部分药物制剂 GMP 共有质量管理、人员管理、厂房设施、文件管理、生产管理、质量控制、委托生产和委托检验、客户投诉和产品召回和自检 9 个章节。第二部分原料药 GMP 分为质量管理、人员管理、厂房设施、工艺设备、文件和记录、物料管理、生产和中间控制、原料药和中间体的包装和贴签、储存和发放、实验室控制、验证、变更管理、物料的拒收和再使用、投诉和召回、受委托生产厂家（包括实验室）、代理商 & 经纪人 & 贸易商 & 经销商 & 重新包装和重新贴签者、用细胞繁殖和培养发酵生产的原料药的特殊指南和用于临床研究的原料药共 19 个章节。第三部分 GMP 相关文件包括场地主文件、Q9 质量风险管理、Q10 制药质量体系指南、批次认证国际协调要求、出口欧盟的人用药所用原料药"书面确认"模板和书面确认签发机构的信件抬头共 6 个文件。第四部分 GMP 附录包括无菌药品的生产、人用生物活性物质与药品的生产、放射性药品的生产等一共 19 个文件。每一个文件都是独立的，它们可以根据需要分别修订并颁布施行。

（二）欧盟 GMP 认证/检查的背景与意义

欧盟（European Union，EU）是世界上最大、最主要的药品国际主流市场之一。由于欧盟近 30 个成员国之间"GMP 认证/检查（GMP Inspection）"结果是彼此互认/共享的，同时也与美国、日本、澳大利亚及加拿大共享检查结果，这使得欧盟 GMP 认证/检查在全球范围内的影响越来越大。

近年来，越来越多的中国制药公司开始申请并获得欧盟 GMP 认证，其主要原因和重大意义包括：①是产品进入欧盟近 6 亿人口大市场的基本条件；②是取得欧盟国家和其他国家"合同/订制生产（Contract/Custom Manufacture）"的必要条件；③是国际 GMP 管理水平的体现形式；④是提高企业 GMP 管理水平的有效手段。

（三）欧盟 GMP 认证/检查程序

原则上，欧洲 GMP 认证都是与"药品上市"相关，欧盟或其成员国并没有一个独立的 GMP 认证/检查程序，申请欧盟 GMP 认证必须有一个程序来"启动（Trigger）"。

1. 对于药品生产企业而言 GMP 认证检查的"启动"程序主要有：①欧盟"药品上市许可证申请（MAA）"；②通过欧盟进口商进口药品到欧盟；③接受欧盟制药公司"合同/定制生产"；④成为欧盟制药公司的海外生产工厂等。

2. 对于原料药品生产企业而言 "启动"程序主要包括：①"欧洲药典适用性证书（CEP/COS）申请"；②成为在欧盟上市的制剂药品的原料药供应商。也就是说，要想获得欧盟或其成员国的 GMP 认证检查，中国公司就必须至少选择上述一种程序来实现。

中国药品生产企业通过上述"启动"程序之一申请欧洲 GMP 认证，申请成功之后，检查当局通常会以提交的申请文件、欧盟 GMP 法规相关要求和指南为标准，到企业生产现场进行 GMP"现场符合性检查"，结果结束后检查当局会根据检查情况出具检查报告，企业应在要求时间内对检查缺陷进行纠正与预防（CAPA）并回馈欧洲检查方。

（四）欧盟 GMP 认证/检查时间、费用与证书效期

欧盟 GMP 认证/检查，包括客户意向确认与签约、欧盟配合方与申请人遴选、项目计划与申请、GMP 符合准备、官方检查确定、检查实施与执行、批准与证书申领等活动，大多数活动同时或交叉进行。总时间为 8～12 个月。

欧盟 GMP 认证/检查官方费用通常为 2 万～3 万欧元，不同国家费用不同，咨询服务费和差旅食宿费另计。

欧盟 GMP 认证/检查证书效期：不同国家效期有所不同，一般为三年。

二、美国 cGMP

（一）美国 cGMP 框架

"Code of Federal Regulation"（简称"CFR"），常被译为"联邦法规"。联邦法规有很多部，其中第 21 部是食品和药品管理方面的法律法规，而第 21 部法规下面又被分为 1～1499 部分。美国联邦法规第 21 部，第 210 和 211 章（21 CFR，210&211）是美国的 cGMP（current Good Manufacturing Practice for Finished Pharmaceutical）。美国 cGMP，其中第一个小写字母"c"是英文单词"current"的首字母，"current"是"当前的或现在的"意思，因此，cGMP 也可以称之为现行版 GMP。

cGMP 包括两个章节：210 和 211。210 为通则部分，内容包括以下各节：①210.1（现行药品生产质量管理规范的法规地位）；②210.2（现行药品生产质量管理规范的法规适用性）；③210.3（定义）。211 共包括以下 11 部分（A～K 部分）：A、子部—总则；B、子部—机构与人员；C、子部—厂房与设施；D、子部—设备；E、子部—组分、药品容器及封闭物的控制；F、子部—生产及工艺控制；G、子部—包装及标贴控制；H、子部—贮存及销售；I、子部—实验室控制；J、子部—记录和报告；K、子部—药品退回和挽救处理。

（二）美国 cGMP 认证/检查的背景和意义

中国已成为世界最大的原料药出口国，但随着中国原料药企业越来越多地接触和进入美国市场，由质量和技术要求所带来的种种问题已变成中国众多原料药企业走出国门不可逾越的障碍。

按照美国 CFR 第 210 及第 211 章中的有关规定，任何进入美国市场的药品（包括原料药品）都需要首先获得 FDA 的批准，而且所有有关药物的生产加工、包装均应严格符合美国 cCMP 的要求。美国 cCMP 强调是现行的 GMP，对时间性和动态性都有严格的要求。完整的、真实的和准确的记录是优良 cCMP 的基础，也是医药企业能生产出安全有效的药物产品的前提。

美国是世界上最大的原料药和药品市场。随着中国加入世界贸易组织，中国制药企业只有通过美国 FDA cGMP 的现场检查，中国的原料药和药品生产企业才能进入美国和国际市场，才能提升中国制药企业在国际的影响力和竞争力，才能在国际药品市场上占得一席之地。

（三）美国 cGMP 认证/检查程序

1. FDA 对国外制药企业现场检查的目的

（1）查明企业是否存在违反 cGMP 现象。

（2）查明所有申报文件和现场文件记录中的数据是否相符、准确、完整和可靠。

（3）查明企业是否遵循申请文件中的承诺。

2. FDA 对国外制药企业现场检查的日程安排

FDA 对国外制药企业现场检查的日程安排见表 1-1。

表 1-1　FDA 对国外制药企业现场检查的日程安排

序号	项目	时长
1	预备会议（见面会）	约 0.5 天
2	现场检查	1.5~2 天
3	文件检查	1.0~1.5 天
4	总结会议	约 1.0 天

3. 预备会议　双方相互介绍和预备性会谈。通常是首先由 FDA 官员作自我介绍，并向中方出示 FDA 检查官身份证。中方负责人向对方介绍所有出席会议人员，出席人员如下。

（1）主谈人（1 名）。由公司总经理，或负责生产技术的副总经理，或总工程师担任，根据各企业的具体情况而定。

（2）出席人员。总工程师，生产技术部门负责人，该申请产品的车间主任，车间工程师，质保（QA）及质控（QC）负责人，设备管理部门负责人，仓库主任，中方 FDA 申请顾问（一般都应兼任翻译），英语翻译（2 名）。联络员（1~2 名）是负责及时提供检查的文件和与接受检查的各部门联系工作。可由生产技术管理部门人员或市场销售部门的外贸工作人员担任，最好熟悉英语。

（3）企业在美国的代理人及所雇用的 FDA 申请顾问也应出席会议和参与整个检查过程。

4. 现场检查　现场检查范围包括（固体和液体）原材料，包装材料，标签和成品仓库；生产车间，制水设施（主要是纯水制备车间），质量控制试验室（QC），以及 FDA 检查官即兴提出要检查的任何地方（例如，与申报产品有关的企业自行加工的农产品原料车间或无菌区的空气过滤系统等）。

以前，FDA 检查官一般不要求检查与申请产品生产无关的地方。近年来，有些 FDA 检查官提出要求参观企业的"三废"处理设施，企业一般都应满足他们的要求。

5. 文件检查　FDA 检查官在接受检查任务后从 FDA 文件管理办公室领取一份 DMF（药物主文件）文件，提前熟悉受检查的制药企业的全面情况。FDA 检查官到达企业现场后，在整个的检查过程里不断地把 DMF 中所描述的情况和现场看到的实际情况进行核对。因此，DMF 与现场实际的符合性或一致性是非常重要的。如果发现对不上号的地方太多，或者受检查的企业不能做出令人信服的解释，都将成为严重的问题。

重点检查的文件为：抽查近期的一个批号的全套生产原始记录；有关生产工艺，质量控制，设备清洗，环境卫生，无菌区或洁净区的清洁和消毒等方面的标准操作规程（SOP），工艺验证及设备的无菌度或清洁度的验证方案和记录；稳定性试验的方案和记录以及 FDA 检查官提出要查阅的任何文件。

6. 会谈与总结　检查结束时与企业各有关负责人员的会谈，向企业发给 FDA cGMP 现场检查缺陷报告（483），其中列出企业存在的问题，并限期做出改进和答复。

FDA检查官向FDA总部提交现场检查结果的详细报告，由主管部门批准该企业是否符合cGMP的要求。

👁 看一看

　　美国食品药品监督管理局检查官在完成对某一企业的cCMP检查后，如果检查官发现企业存在着与cCMP不符合的地方，检查官必须发给该企业的总裁或指定的负责人一份cCMP现场检查缺陷报告（483）。因而（483）报告决不是用来表彰企业在哪方面做得好或是达到cCMP的要求。（483）报告的目的是列举检查官在企业进行cCMP现场检查期间所观察到的那些不足之处。不过（483）报告并不是美国FDA对企业是否通过cGMP现场检查的最后结论。美国FDA的CGMP检查总部办公署对每份（483）报告都会进行进一步的审阅，以确认（483）报告上所列出的每一条缺陷是否都是与cCMP不符合的地方，最后得出该企业是否符合cGMP的要求的结论。

三、中国GMP

　　中国《药品生产质量管理规范》（2010年版）为现行版GMP，于2011年3月1日起施行。现行版GMP共14章、313条，其主要内容、实施要素和意义详见"任务3　GMP的主要内容、实施要素和意义"。

　　之前，我国原料药或者制剂要进入市场，必须进行产品注册申报并且工厂要经过GMP认证。注册申报有一个现场核查，目的是检查申报资料的符合性。工厂GMP认证，是按剂型进行的，如固体车间认证、注射剂车间认证等。我国的现场核查和GMP认证是分开进行的。通过了GMP认证，药品生产企业才能获得药品GMP证书，该证书有效期五年。

　　2019年8月26日，第十三届全国人民代表大会常务委员会第十二次会议第二次修订的《药品管理法》，2019年12月1日起施行。药品生产企业只需保证生产过程符合GMP的具体要求即可，无须再取得GMP认证证书。《药品生产监督管理办法》已于2020年1月15日经国家市场监督管理总局2020年第1次局务会议审议通过，自2020年7月1日起施行。《药品生产监督管理办法》第三条规定："从事药品生产活动，应当经所在地省、自治区、直辖市药品监督管理部门批准，依法取得药品生产许可证，严格遵守药品生产质量管理规范，确保生产过程持续符合法定要求。原料药生产企业应当按照核准的生产工艺组织生产，严格遵守药品生产质量管理规范，确保生产过程持续符合法定要求。"第四十九条规定："省、自治区、直辖市药品监督管理部门负责对本行政区域内药品上市许可持有人，制剂、化学原料药、中药饮片生产企业的监督管理。"第五十五条规定："省、自治区、直辖市药品监督管理部门应当根据药品品种、剂型、管制类别等特点，结合国家药品安全总体情况、药品安全风险警示信息、重大药品安全事件及其调查处理信息等，以及既往检查、检验、不良反应监测、投诉举报等情况确定检查频次。"

　　取消药品GMP认证发证是国务院做出的重大决策部署，目的是为了提高GMP实施的科学性，强化药品生产企业持续合规的主体责任。在GMP认证发证取消后，药品监管部门将从以下几方面加强GMP的监督实施，做好药品监管工作。

　　（1）进一度落实国务院"放管服"的要求　自2019年12月1日起，取消药品GMP认证，不再受理GMP认证申请，不再发放药品GMP证书。取消GMP认证发证后，《药品生产质量管理规范》仍然是药品生产活动的基本遵循和监督管理的依据，药品监督管理部门将切实加强上市后的动态监管，由五年一次的认证检查，改为随时对GMP执行情况进行检查，监督企业的合规性，对企业持续符合GMP

要求提出了更高、更严的要求。

（2）进一步明确了药品生产质量管理规范相关要求 《药品生产监督管理办法》对药品生产监管工作重新进行了顶层设计，对 GMP 符合性检查的检查频次及要求等都进行了明确规定，对生产过程中不遵守 GMP 的法律责任也进行了规定。通过上市前的检查、许可检查、上市后的检查、行政处罚等措施，将执行 GMP 的网格织得更紧密，监管检查形式更加灵活，真正做到了《药品生产质量管理规范》贯穿于药品生产全过程。

（3）进一步做好药品检查相关规范性文件制修订工作 《药品管理法》《疫苗管理法》《药品生产监督管理办法》等法律法规对药品检查进行了相关的规定，国家药品监督管理局正在组织制定药品检查管理规定等配套规范性文件，为下一步细化检查工作、执行好药品生产质量管理规范打下坚实的基础。

中国 GMP 检查流程见"模块六　自检及 GMP 检查"，这里不再赘述。

目标检测

一、A 型题（最佳选择题）

1. GMP 的中文全称是（　　）。

　　A. 药物非临床研究质量管理规范　　　　　　B. 药品生产质量管理规范

　　C. 药品经营质量管理规范　　　　　　　　　D. 药物临床试验质量管理规范

2. 目前居于世界领先地位的 GMP 是（　　）。

　　A. 中国 GMP　　　　B. 欧盟 GMP　　　　C. 日本 GMP　　　　D. 美国 cGMP

3. 我国现行版 GMP 的施行日期是（　　）。

　　A. 2010 年 3 月 1 日　　　　　　　　　　B. 2012 年 12 月 1 日

　　C. 2010 年 10 月 19 日　　　　　　　　　D. 2011 年 3 月 1 日

4. 现行版 GMP（　　）。

　　A. 共 14 章 313 条　　B. 共 14 章 88 条　　C. 共 10 章 113 条　　D. 共 10 章 313 条

5. 实施 GMP 的目的是（　　）。

　　A. 严格管理　　　　　B. 不断改进　　　　　C. 降低差错风险　　　D. 精确生产

6. （　　）是药品生产管理和质量控制的基本要求。

　　A. GCP　　　　　　　B. GAP　　　　　　　C. GSP　　　　　　　D. GMP

二、B 型题（配伍选择题）

[1~3]

　　A. 人员　　　　　　　B. 硬件　　　　　　　C. 软件　　　　　　　D. 厂房

1. GMP 的基础要素是（　　）。

2. GMP 的保障要素是（　　）。

3. GMP 的关键要素是（　　）。

三、C 型题（综合分析选择题）

[1~2] "反应停事件"给欧洲多国、日本、加拿大造成重大灾难，美国能逃过一劫，得益于美国 FDA 审判员凯尔西博士。该事件促使美国国会对《联邦食品、药品和化妆品法案》作了重大修订。

1. 世界上第一部 GMP 是哪个国家颁布的（　　）。

A. 中国　　　　　　　B. 美国　　　　　　　C. 德国　　　　　　　D. 英国

2. 1963 年，美国发布的《联邦食品、药品和化妆品法案》修正案，对在美国上市药品的总体要求是（　）。

A. 安全性要求　　　　　　　　　　　B. 药品上市后的监控

C. 有效性要求　　　　　　　　　　　D. 以上都是

四、X 型题（多项选择题）

1. GMP 的特点是（　）。

A. 时效性　　　　　　B. 原则性　　　　　　C. 一致性　　　　　　D. 基础性

2. GMP 的主要内容包括（　）。

A. 厂房和实施、仪器和设备　　　　　B. 机构和人员

C. 质量保证和质量控制　　　　　　　D. 发运和召回

3. 以下选项属于国家权力机构颁布的 GMP 的是（　）。

A. 日本 GMP　　　　B. 欧盟 GMP　　　　C. 美国 cGMP　　　　D. 中国 GMP

2 模块二
机构、人员和文件

项目一 机 构

学习目标

知识目标：

掌握 关键人员的资质和职责；人员卫生管理；文件的类别和管理。

熟悉 企业各部门的职责；人员培训的组织和管理；文件的生命周期；文件制定流程。

了解 企业的组织架构；文件的格式和内容；文件编号管理；实训人员清洁、消毒操作。

技能目标：

熟悉 GMP 对人员和文件的要求，学会文件的制定和管理；能按照 GMP 要求进行人员清洁、消毒和进出洁净室标准操作。

素质目标：

通过对药害事件的学习，帮助学生养成一丝不苟的工作态度，树立生命攸关的质量意识。

📖 导学情景

情景描述： 2006 年 4 月 30 日，中山药科大学附属第三医院陆续发现四例患者出现尿少的症状，第二天，出现相同症状的患者增加到了 11 人。院方立即组织多学科的专家会诊，结果发现，所有出现不良反应的患者，都注射过同一种药物——某企业生产的亮菌甲素注射液。5 月 2 日，这一信息报送到了广东省药品不良反应监测中心。广东省药监局稽查分局立即对涉案的药品进行了控制，并且进行抽样送药检所检验。经广东省药检所检测排查，最终确定该企业生产的亮菌甲素注射液里含有大量工业原料二甘醇，导致患者急性肾衰竭死亡。该起事件共导致 14 名患者死亡，另有 1 名患者受到严重伤害。

情景分析： 该起案件中，企业采购工业级的二甘醇代替药用丙二醇作为注射剂溶剂使用，在检验结果异常时，质检人员在质量管理人员的授意下出具虚假报告。最终导致这起药害事件的发生。

讨论： "人、机、料、法、环"五个环节中，决定药品质量最主要因素是哪个？企业应如何从制度上杜绝此类事件的发生？

学前导语： 人员是 GMP 的核心要素，建立、保持良好的质量保证系统，正确生产药品，都取决于人。因此，应配备足够数量并具有适当资质的人员去完成各项工作，并通过组织架构的构建明确各岗位人员的职责，再利用文件系统指导质量管理和生产操作过程，才能保证生产出持续、均一的合格药品。

任务 组织架构

一、组织架构的含义

组织架构是指企业按照国家有关法律法规、股东（大）会决议、企业章程，结合本企业实际，明确董事会、监事会、经理层和企业内部各层级机构设置、职责权限、人员编制、工作程序和相关要求的制度安排。

组织架构的设计要受到内外部环境、发展战略、生命周期、技术特征、组织规模和人员素质等因素的影响，并且在企业不同阶段、不同时期、不同使命下有不同的组织架构模式。因此为了实现企业的战略目标，增加企业对外竞争力，提高企业运营效率，就需要建立合适的组织架构。

二、GMP 对组织架构的要求

GMP 对组织架构没有提出明确要求，但强调：质量管理部门应独立于其他部门，履行质量保证和质量控制的职责；应当明确规定每个部门和每个岗位的职责，岗位职责不得遗漏，交叉的职责应当有明确的规定；不同岗位的人员均应有详细的书面工作职责，并有相应的职权；所有人员应明确并理解自己的职责，熟悉与其职责相关的要求，并接受必要的培训，包括上岗前培训和继续培训。同时 GMP 作为质量管理体系的一部分，企业管理者最终要赋予质量管理体系指挥职能的领导权，并明确相应的人员职责和授权，为生产出合格产品所需的生产质量管理提供保障；将组织架构形成书面文件是系统管理的职责之一。此外，制药企业在新产品注册时，需接受现场核查和生产现场检查，企业建立的组织架构应该能够确保研究人员正确履行职责，保证研究资料的真实性和完整性；确保参与样品批量生产的各级人员，包括物料管理、样品生产、质量检验、质量保证等人员具备履行其职责的实际能力。有些企业还会将药品注册部门也纳入质量管理的范围。

因此，企业需要根据自身的复杂程度和规模建立适合企业特点的组织架构（图 2-1）。

👁 看一看

质量管理体系（Quality Management System，QMS）是组织内部建立的、为实现质量目标所必需的、系统的质量管理模式，是组织的一项战略决策。质量保证（Quality Assurance，QA）属于质量管理体系的一部分，是满足客户对于本企业质量管理体系的要求所采取的所有活动。GMP 又属于质量保证的一部分，它仅仅是对药品质量安全中的防止污染、防差错的要求。

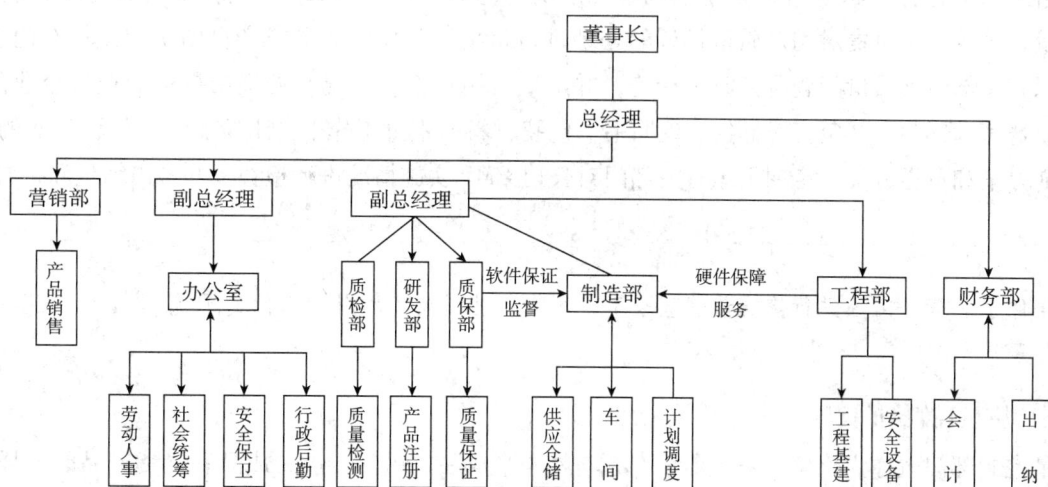

图 2-1 某集团公司药品生产企业组织机构图

三、核心部门的职责

组织架构包括职责以及各级职能部门之间的关系，每项与质量相关的任务应有负责部门或负责人，同时有相关的执行部门或人员。企业生产质量管理是通过高层管理者的领导力、各职能部门的分工协作和各级人员的贯彻执行来完成的。GMP 实施中药品质量相关的核心部门一般包括以下几部分。

（一）高层管理者

高层管理者是指拥有指挥和控制企业或组织的最高权力的人或一组人（例如：委员会、董事会等）。为了确保整个质量管理体系在全公司层面的及时有效运行，并把握质量工作的正确方向，必须指定质量管理体系的负责人或负责小组（委员会），并给予相应的授权。负责人或小组拥有公司或企业的最高领导权，能够对公司的发展方向起决定性作用，并且对与质量管理体系相关的人力、物力具有决定权。高层管理者的职责包括但不限于：①强调满足客户需求和法规要求的重要性；②制定并维护企业的质量方针；③确保质量目标的制定；④推动、激励质量方针和质量目标在整个企业的贯彻和实施；⑤确保建立、实施并维护一个有效的质量管理体系，以实现质量目标；⑥确保提供必要的资源；⑦定期对质量管理体系评审；⑧对质量管理体系的改进举措做决定。

高层管理者对企业质量管理体系的建立、对其进行监督和维护，使其有效运行负有最高责任；因而，为保证实现质量目标所制定的人员安排、职责划分、任命授权，以及其在企业内部的沟通和实施负有最终责任。

（二）质量管理部门

质量管理部门应独立于其他部门，质量管理部门应参与和质量有关的所有活动和事务，质量管理部门有权审阅一切与 GMP 活动相关的文件。质量管理部门职责，特别是成品放行的职责，不得委托给其他部门。质量管理部门对产品质量或质量相关问题能够独立作出决定，因此，在企业的部门设置上，应保证质量管理部门运作的快速有效。质量管理部门的职责包括但不限于：①对企业有关质量的人和事负有监督实施、改正或阻止的责任，保证本产品是在符合 GMP 的要求下生产的。②组织制定本部门的系统文件，并对公司文件进行发布前的审核。③对公司年度培训提出要求并进行指导，负责质量管理的培训考核。④对不合格物料、中间体产品及成品的处理程序进行审批，有权决定原料、中间产品能否投料以及药品内、外包装材料、标签、使用说明书能否使用。⑤确保所有的偏差、投诉、检验结果不合格或异常趋势（OOS/OOT）得到调查和解决。⑥制定产品质量考核标准，并按标准进行考核，行使质量否决权。⑦负责对用户质量投诉的处理进行审批，并指派人员或亲自回访用户；对内召开会议，会同有关部门就质量问题研究改进措施，并定期将用户投诉情况及处理结果书面报告企业负责人或药品监督管理部门。⑧负责对标签、说明书等包装材料的审批工作。⑨组织验证、认证工作的开展，审批验证方案和自检方案，定期组织有关部门对公司 GMP 实施情况进行检查，并做出结论和报告。

❓ 想一想

如何保证质量部门独立行使质量管理职责，不受企业负责人和其他部门的干扰？

（三）质量控制部门

质量控制部门也称为化验室，主要负责原辅料、半成品、中间产品、成品和退货产品的抽样检验，确认所检验的对象符合其质量要求。另外，产品的稳定性研究的检验也在质量控制部门进行；质量控制部门的职责包括但不限于：①确保实验室安全运行，持续符合 GMP 要求。②根据现行版《中华人民共和国药典》（以下简称《中国药典》）、注册标准或其他法规要求对各检验方法进行分析确认。③组织取样、检验、记录和报告等工作，并负责对取样人员进行专业培训。④合理储存起始物料和产品的留样，以便必要时对产品质量进行跟踪监测。⑤制定年度实验室仪器和设备的维护保养计划，并按照批准方案实施。⑥负责生产车间的环境监测：包括尘埃粒子、浮游菌、沉降菌数监测。⑦确保用有效的体系来确认、维护、维修和校验实验室仪器设备。⑧参加与质量有关的客户审计。

（四）生产管理部门

生产管理部门是公司管理计划调度、车间制造及供应仓储的责任部门，负责公司的一切生产行为符合GMP的要求，完全按照生产管理文件及其他有关文件规定进行。其职责包括但不限于：①负责组织制定生产用工艺规程、标准操作规程及用于记录的各种表式，按规定程序审核批准后实施。并确保有关生产操作指令能严格执行。②负责编制年度、季度、月度生产计划，编制原辅材料采购计划，报公司领导批准后执行。③统计原辅材料消耗和成本分析，做好各项生产指标的月度、季度、年度汇总和各项统计资料的整理归档。④负责组织本部门各级人员的培训考核，并将培训考核资料备案，审核各岗位人员的合理调配以保证生产的顺利进行。⑤参与验证及再验证工作。⑥检查厂房和设备的维护，制止不符合文件要求的生产行为。⑦物料接收、存储、养护及盘盈盘亏。⑧成品发运、运输商资质确认考核及召回产品的接收工作。

（五）工程管理部门

工程管理部门负责企业厂房、设施和设备、公用系统建设和管理，厂容规划，安全和三废处理等事务。其职责包括但不限于：①负责企业日常修缮工作，制定年度、季度、月度设备检修计划，并负责实施。②负责工程设备计划的制订、审查与实施、督促与考核工作，确保生产设备的正常运行。③负责制订、修订仪器设备管理规程、仪器设备标准操作规程、厂房设备验证规程、消防、计量管理制度及技术规程。④负责安全生产和设备仪器标准操作规程的培训考核，并将培训考核情况及时备案。⑤负责水、电、气供应平衡工作和日常设备、消防、计量管理工作。⑥负责设备及备品备件、维修更新、报废等工作。⑦建立设备使用、清洁、维护和维修的操作规程，并保存相应的操作记录。⑧负责厂房、设备和设施的安装、确认，并及时保存验证文件。

总之，组织结构之所以重要，是因为它明确了各部门的职责，建立了有效的沟通机制；将工作予以合理划分，以避免重复、浪费、冲突和资源滥用；规定工作活动的合理流程；使药品生产质量管理体系有效运行，并持续改进，企业架构基础是否合理是企业能否进行有效的质量管理的基础。

练一练

生产工艺规程、标准操作规程和记录由（　　）负责审核。

A. 质量管理部门　　　　　　　　B. 生产管理部门

C. 工程管理部门　　　　　　　　D. 高层管理者

项目二 人 员

任务1 人员职责

人员是GMP的核心要素，人员的技能、所接受的培训及其工作态度是企业实施GMP的关键。任何工作都是由人来完成的，人员对GMP的理解、素养和态度是做好GMP工作的核心。因此，对人员的资格确认与能力确认是做好GMP的首要工作，每一位员工都必须真正认识到不执行GMP就等于产品不合格。

一、GMP对人员的要求

一般来说，人员资质包含个人学历、工作经验、所接受的培训三个方面。建立、保持良好的质量保证系统，规范生产药品都取决于人，因此，应配备足够数量并具有适当资质的人员去完成各项操作。如从事原料制备岗位的人员应具备一定化学、发酵和安全生产等方面的知识要求；从事药品微生物试验工作的人员应具备微生物学或相近专业知识的教育背景，并应接受相应的培训，经考核合格后方可上岗；从事高压蒸汽灭菌、灯检、电工等特殊岗位人员必须强制性地取得监管部门颁布的上岗证，方可上岗等。

应当明确规定每个部门和每个岗位的职责。岗位职责不得遗漏，交叉的职责应当有明确规定。所有人员应当明确并理解自己的职责，熟悉与其职责相关的要求，并接受必要的培训，包括上岗前培训和继续培训。

企业管理文件中应对人员职责进行具体、明确的描述；相关联的职责不冲突、连贯；关键职责不得有空缺；每个人所承担的职责不应过多，以免导致可能产生的质量风险。职责委托的内容应经过授权方和被授权方充分沟通，一致理解职责范围和具体内容，并通过双方签字确认授权。当出现组织架构和人员变动时，职责授权应进行相应的更新；也可根据企业的实际发展情况定期调整和更新。

二、关键人员

GMP中的关键人员一般指企业负责人、生产管理负责人、质量管理负责人和质量受权人。关键人员应为企业的全职人员。质量管理负责人和生产管理负责人不得互相兼任。质量管理负责人和质量受权人可以兼任。企业应当制定操作规程确保质量受权人独立履行职责，不受企业负责人和其他人员的干扰。

（一）关键人员资质

1. 生产管理负责人资质 生产管理负责人应当至少具有药学或相关专业本科学历（或中级专业技术职称或执业药师资格），具有至少三年从事药品生产和质量管理的实践经验，其中至少有一年的药品生产管理经验，接受过与所生产产品相关的专业知识培训。

2. 质量管理负责人资质 质量管理负责人应当至少具有药学或相关专业本科学历（或中级专业技术职称或执业药师资格），具有至少五年从事药品生产和质量管理的实践经验，其中至少一年的药品质量管理经验，接受过与所生产产品相关的专业知识培训。

3. 质量受权人资质　质量受权人应当至少具有药学或相关专业本科学历（或中级专业技术职称或执业药师资格），具有至少五年从事药品生产和质量管理的实践经验，从事过药品生产过程控制和质量检验工作。

质量受权人应当具有必要的专业理论知识，并经过与产品放行有关的培训，方能独立履行其职责。

企业法定代表人确定受权人，并与受权人签定授权书，企业将授权书和备案材料报药品监督管理部门，并得到备案确认书后方可履行职责。质量受权人变更时，企业应重新履行受权程序，并报药品监督管理部门重新备案。企业变更法定代表人后，法定代表人应与受权人重新签订授权书。

👁 **看一看**

质量受权人制度 1975 年在欧盟开始实行，对其资质和职责提出了明确的规定。与我国的受权制不同，欧盟的质量受权人实行注册制：由符合资质的申请人向职业协会提出申请，职业协会初步评估，对初审合格的申请者进行面试；面试合格，发给注册证书。另外欧盟的质量受权人可以是兼职人员，小型企业可聘请协议受权人，可以不是全职职工，单按照合同为企业提供受权人服务。

（二）关键人员职责

1. 企业负责人职责　企业负责人是药品质量的主要责任人，全面负责企业日常管理。为确保企业实现质量目标并按照 GMP 要求生产药品，企业负责人应当负责提供必要的资源，合理计划、组织和协调，保证质量管理部门独立履行其职责。

2. 生产管理负责人职责

（1）确保药品按照批准的工艺规程生产、贮存，以保证药品质量。

（2）确保严格执行与生产操作相关的各种操作规程。

（3）确保批生产记录和批包装记录经过指定人员审核并送交质量管理部门。

（4）确保厂房和设备的维护保养，以保持其良好的运行状态。

（5）确保完成各种必要的验证工作。

（6）确保生产相关人员经过必要的上岗前培训和继续培训，并根据实际需要调整培训内容。

3. 质量管理负责人职责

（1）确保原辅料、包装材料、中间产品、待包装产品和成品符合经注册批准的要求和质量标准。

（2）确保在产品放行前完成对批记录的审核。

（3）确保完成所有必要的检验。

（4）批准质量标准、取样方法、检验方法和其他质量管理的操作规程。

（5）审核和批准所有与质量有关的变更。

（6）确保所有重大偏差和检验结果超标已经过调查并得到及时处理。

（7）批准并监督委托检验。

（8）监督厂房和设备的维护，以保持其良好的运行状态。

（9）确保完成各种必要的确认或验证工作，审核和批准确认或验证方案和报告。

（10）确保完成自检。

（11）评估和批准物料供应商。

（12）确保所有与产品质量有关的投诉已经过调查，并得到及时、正确的处理。

（13）确保完成产品的持续稳定性考察计划，提供稳定性考察的数据。

（14）确保完成产品质量回顾分析。

（15）确保质量控制和质量保证人员都已经过必要的上岗前培训和继续培训，并根据实际需要调整培训内容。

4. 生产、质量管理负责人共同职责

（1）审核和批准产品的工艺规程、操作规程等文件。

（2）监督厂区卫生状况。

（3）确保关键设备经过确认。

（4）确保完成生产工艺验证。

（5）确保企业所有相关人员都已经过必要的上岗前培训和继续培训，并根据实际需要调整培训内容。

（6）批准并监督委托生产。

（7）确定和监控物料和产品的贮存条件。

（8）保存记录。

（9）监督 GMP 执行状况。

（10）监控影响产品质量的因素。

5. 质量受权人职责

（1）参与企业质量体系建立、内部自检、外部质量审计、验证以及药品不良反应报告、产品召回等质量管理活动。

（2）承担产品放行的职责，确保每批已放行产品的生产、检验均符合相关法规、药品注册要求和质量标准。

（3）在产品放行前，质量受权人必须按照上述第 2 项的要求出具产品放行审核记录，并纳入批记录。

❓ 想一想

某大型制药企业，拥有多条原料和制剂生产线，每天涉及大量的物料和成品放行，该企业的质量受权人为总工程师，他除了产品放行的职责外还承担质量管理和技术管理的工作，显然所有物料、产品均由他放行是不现实的。

请同学们讨论一下，该企业应如何做，才能即不违反法规，又能快速做出是否放行决定？

任务2 人员培训

人员培训是指制药企业为开展业务及培育人才的需要，采用各种方式对员工进行有目的、有计划地培养和训练的管理活动。现代社会是科技与技术迅猛发展的时代，制药企业员工所需掌握的知识和技能也处于快速的变化中，如智能化设备带来的变化，药品新技术与新工艺应用带来的观念、操作、要求上的提升等。

GMP 中提出所有人员应明确并理解自己的职责，熟悉与其职责相关的要求，并接受必要的培训，包括上岗前培训和继续培训。员工要接受上岗培训，意味着员工必须通过培训才可以获得上岗或独立操作的资格；员工要接受继续培训，意味着企业对员工的培训应该是长期的和有计划的工作，而不是一次性或临时性的工作。当人员离开岗位超过一定时间后，需要接受返岗培训，确认合格后方可再次上岗。

一、培训要求和原则

企业应当指定部门或专人负责培训管理工作，应当有经生产管理负责人或质量管理负责人审核或批准的培训方案或计划，培训记录应当予以保存。一般企业由人力资源部门负责企业培训需求调查与分析、制定培训计划、根据需求安排培训、培训效果评估等工作，并负责建立人员培训档案。实施培训时需要关注的重要因素如下。

（1）培训管理　培训要有具体的管理程序，并有明确的人员或部门进行管理。

（2）培训范围　培训要涵盖所有与药品生产和质量相关的人员。

（3）培训内容　要针对质量系统中不同的组织或岗位实施针对性的培训，培训的内容要和组织或岗位的职责和操作相适应。

（4）培训计划　培训要有经过批准的计划或方案。

（5）培训结果　培训的效果要定期评估。

（6）培训文件　培训要有相关的文件和记录

制药企业可以建立一个涵盖上述因素的培训流程来保证对培训的管理，另外，还需要明确各部门在培训流程中的职责以保证培训流程的顺利执行。

与药品生产、质量有关的所有人员都应当经过培训，培训的内容应当与岗位的要求相适应，为了保证培训的效果，培训的组织和实施应遵行以下原则。

（1）未经培训不得上岗的原则　未经培训的人员，在其上级指派其从事某项工作时，若发生差错或事故，应由该人员的上级负责。

（2）实用原则　培训坚持缺什么补什么的实用方针，一旦发现员工的知识、技能缺陷，及时组织有资格的人员对其进行培训提高。

（3）分层原则　培训应分层进行，可以分为企业级培训、部门级培训和岗位级培训。企业级培训一般由人力资源部门组织。部门级及岗位级培训由各部门主任（经理）负责，岗位培训应由具有经验的督导主管来实施。

（4）实效原则　培训应注重实效，人力资源部门应对企业整体培训效果进行评价，并根据评价结果对培训工作进行调整。

（5）灵活原则　培训时间灵活使用，可利用生产空隙或其他可利用时间，每次培训根据内容可以只有几分钟，也可以持续数周。

（6）无缺失原则　培训应保证需要参加的每个人员都受到了培训。因特别原因不能参加的缺席人员可采用下列方式得到解决：①缺席人员多时可以再安排一次；②缺席人员少时可将培训材料交给本人自学和考核。

二、培训计划和方案

培训计划和方案是企业实施培训的一个重要工具。企业根据各部门提出的培训需求，制订《年度培训计划》，各部门根据培训计划制定培训方案，并负责本部门岗位理论及技能培训。按培训计划实施培训的目的就是保证员工（培训对象）持续的（培训周期）获得需要的培训（培训内容）。因此，一般来说，培训计划和方案需要包含三个重要的因素：培训对象（培训目标组），培训课程（培训内容），培训周期。

（一）培训对象

与药品生产、质量有关的所有人员都应经过培训。不同的岗位人员所要求掌握的 GMP 知识和技能需求不同，例如，生产岗位操作人员需要掌握本岗位的知识和操作技能；QC 人员需要掌握相应产品的分析检测和检测仪器操作技能；工程技术人员需要掌握设施和设备的维护和保养技能等，而其他部门的人员可能就不需要这方面的知识和技能要求。企业只有准确地识别了各个岗位的培训需求，才能够采取有针对性的培训，从而保证培训的效果。

企业可以考虑采用划分培训目标组的方法来优化培训的管理。因为，如果企业的岗位太多，以岗位为单元管理培训就会过于复杂，所以，企业可以按照培训需求的近似程度对岗位进行分组，培训需求相同或相近的岗位归入同一组。这样的一个有着相同培训需求的组，就成为培训系统中最基础的培训单元，称之为培训目标组。整个培训系统的结构就是由许多个这样的培训目标组搭建而成（表 2-1）。

表 2-1　培训系统结构

培训部门 ╲ 培训对象		质量管理部门	生产管理部门	工程部门	……
高级管理人员		行业动态……	新产品……	……	……
中级管理人员		质量剖析……	新工艺……	新设备……	……
技术人员		标准……	工艺规程……	新设备 SOP……	……
操作人员	固体制剂	相应的人员卫生、管理规程等	相应的 SOP、标准操作规程等	相应的设备 SOP、清洁 SOP 等	……
	液体制剂				
	无菌制剂				
	……				

企业应根据组织架构的实际情况，来划分适合的培训目标组。但是，划分培训目标组时需要注意，培训目标组划分的越细，则培训的针对性越强，但是，培训计划的制定和培训的执行越复杂。

（二）培训内容

培训的内容应当与岗位的要求相适应。除进行理论和实践的培训外，还应当有相关法规、相应岗位的职责、技能的培训。因此，培训内容分为：基础培训和针对性培训。

基础培训内容是一般性的 GMP 要求、法律法规和企业自身的基本信息等，是制药企业员工应知应会的基础知识，适用于企业所有员工。如：安全生产相关知识、消防相关知识、微生物相关知识、企业文化等。基础培训内容可以由熟悉 GMP、法律法规和企业情况的培训师来进行培训。

针对性培训内容是具体的专业操作、专业知识和特殊工种的资质培训，适用于进行相关操作的员工的培训。如：产品工艺规程、设备标准操作规程、产品检验标准操作规程、仓库管理规程等。针对性培训一般需要由相关方面的专家（包括来自企业内部和外部的专家）来进行培训。

需要注意的是，在培训计划之外还可能有一些随机产生的培训需求，如因设备变更、偏差、法规变化等导致管理规程或标准操作规程更新，更新的内容需要及时组织培训，做好培训记录，并需考虑是否需要加入下一年的培训计划中。

企业在进行新产品申报时，参与样品批量生产的各级人员，包括物料管理、样品生产、质量检验、质量保证等人员应具备履行其职责的实际能力。样品批量生产前，上述人员应进行过与新产品生产和质量控制有关的培训，并有培训记录。

（三）培训周期

GMP 要求对员工进行继续培训。继续培训可以分为：员工因岗位变更或与未接受培训的岗位职责发生重叠，则员工需要接受新岗位的培训；员工已接受的培训，如培训内容发生变化（如新设备、新工艺），则需要对员工进行再次的培训；员工已接受的培训，即使内容没有变化也需要对员工进行定期的重复培训。因此，企业需要设置涵盖所有培训内容的培训周期。这样循环的周期培训可以保证员工得到持续的强化训练。培训周期根据企业的实际需要设置，但是需要文件具体规定。

三、培训组织和实施

为了保证培训的效果，制药企业可以根据培训的内容，采取不同的培训方式来实施培训。根据培训组织可分为内部培训和外部培训。内部培训如：新入职人员岗前培训、公司 SOP 培训、公司制度培训、转岗培训、卫生操作规程培训等。外部培训如：高风险操作区的工作人员应当接受专门的培训、各岗位职业资格培训、特种岗位上岗证培训、相关岗位上岗证继续教育等。

根据授课形式将培训分为课堂学习、岗位实际操作学习、团队学习、自学、计算机化的 GMP 培训、专业机构的专项培训等。

1. 课堂学习 培训项目组集中培训的模式，由培训者介绍、解读培训内容，适用于基础性 GMP 培训，如企业文化、安全事故剖析等。

2. 岗位实际操作学习 通过培训者实践操作、演示等现场教学，被培训者模仿、完成操作的培训形式。适用于需要深度学习的专业操作和技能，如设备操作培训、取样操作培训等。

3. 团队学习 以小组讨论的形式来完成培训。适用于对新法规、新动态的团队谈论形式的学习和交流。

4. 自学 员工自行完成相应的培训内容。适用于简单的培训内容和有自学能力的员工，如员工岗位职责的培训。

5. 计算机化的 GMP 培训 采用仿真软件或信息化手段，开展相应的培训。如压片机的安装仿真软件培训，包衣操作模拟仿真培训等。

6. 专业机构的专项培训 外部专业公司或培训公司组织的培训。对于有法规规定的特种作业，如灯检、压力容器的操作等，必须经有资质的培训机构的培训并获得相应的资质证书。

四、培训评估和总结

培训的实际效果应定期评估和总结，以便持续改进。培训的评估可以针对每次的具体培训，也可以针对全员的 GMP 素质。例如，通过每次培训时的测验来评估员工对培训内容的掌握情况；或者通过组织全员性的 GMP 考试，来评估企业员工的 GMP 素质。若不进行考试，可采用培训效果评估的方法进行效果评价，评价方式可灵活多样，包括现场提问与讨论、现场操作或模拟操作等考评方式。

评估可以划分相应的级别，例如通过或不合格等，也可以采用具体的分值，例如百分制或十分制。无论采取何种评估方式，都需要明确员工是否达到了相应的培训效果，是否需要再次培训。

员工的培训情况需要每年进行总结。培训总结内容应包括计划实施情况，人均培训时间，培训效果分析，存在问题，下年度改进建议等，以便在制定下一年度培训计划时或培训改进时参考。

五、培训文件管理

培训的整个流程都需要有文件记录，培训的文件一般包括：培训教材、培训计划、培训方案、培训记录、测试卷、培训总结、年度总结等原始记录，由培训管理部门归档保存。培训管理部门必须为每位员工建立一份培训档案，档案中保留该员工自进入企业之日起参加各类培训的原始凭证。培训档案中还可以保留员工的学历证明材料、履历等证明该员工教育背景、从业经验和接受培训经历的相关材料。

任务3 人员卫生

实施 GMP 的目的是为了最大限度地避免药品生产过程中的污染和交叉污染，降低各种差错的发生，是提高药品质量的重要措施。GMP 对污染的定义为：在生产、取样、包装或重新包装、贮存或运输等操作过程中，原辅料、中间产品、待包装产品、成品受到具有化学或微生物特性的杂质或异物的不利影响。污染的来源包括人员、环境、空气、水、原料及辅料等。

常见的污染的形式有：尘粒、微生物和其他外来物质（如污物、棉绒、纤维和头发等），而微生物传播污染的四大途径包括：空气、水、表面和人，人是药品生产中引起产品污染的最大污染源之一，因此人员卫生是 GMP 的最基础要求。

一、GMP 对人员卫生的要求

人体是一个永不休止的污染媒介，是洁净室污染的主要来源。当我们谈话、咳嗽和打喷嚏时，污染的液滴不断地从我们的呼吸道释放到我们的工作场所。因此，按要求进行人员清洁、消毒，是防止产品受到污染的必要措施。进入洁净区的所有人员都应当接受卫生培训，最大限度地降低人员对药品生产造成污染的风险。

企业应当对所有人员进行微生物和个人卫生的培训，并建立"人员卫生操作规程""洁净室管理规程"和"人员进出洁净室管理规程"等文件进行规范。"人员卫生操作规程"应当包括与健康、卫生习惯及人员着装相关的内容。生产区和质量控制区的人员应当正确理解相关的规程，企业应当采取措施确保规程的执行。

企业应当对人员健康进行管理，并建立健康档案。直接接触药品的生产人员上岗前应当接受健康检查，以后每年至少进行一次健康检查。避免体表有伤口、患有传染病或其他可能污染药品的疾病人员从事直接接触药品的生产，任何人员在任何时候发现有明显的疾病或体表伤口，则不得从事生产活动，因为这样的健康状况会影响到药品的质量，直至病愈或经医学主管人员鉴定不会影响或危害药品的安全性和质量为止。

人员应时刻保持个人卫生，勤剪指甲、勤理发剃须、勤换衣服、勤洗澡洗头。不得携带个人物品进入生产区，禁止在生产区、仓储区内吸烟和饮食，禁止存放食品、饮料、香烟和个人用药品等非生产用物品。不得裸手直接接触药品、与药品直接接触的包装材料和设备表面。

人员进入洁净室必须符合药品生产人员要求，保持个人清洁卫生，不得化妆、佩戴饰物，应穿戴本区域的工作服、鞋、帽、口罩，按照规定的净化程序进入洁净室。进入洁净室的人数应控制到最低限度，仅限该区的生产操作人员及相关的人员（如 QA、管理人员等）进入。其他人员进入洁净室须经质量部门批准，且进入洁净室人数应符合规定的限度，外来人员及公司行政人员进入洁净区前必须先参加相应规程培训，并建立培训记录。

二、洁净服管理

洁净服即可防止人体散发的污物对药品造成污染，也可避免药品对人员的污染或危害。洁净服的材质必须选用防静电、耐清洗、耐腐蚀、不起折、不脱落的织物材料，式样简单、平整。人员在洁净区内穿戴各生产区域规定的洁净服，洁净服的质量应当与生产操作的要求及操作区的洁净度级别相适应，不同洁净级别或不同人员的洁净服应有颜色区分。洁净服要求不得敞领、敞袖，必须包盖全部头发、胡须及脚部，并能阻留人体脱落物；洁净鞋应能遮盖住全脚。洁净服和洁净鞋应实施编号管理，专人专用，不得混用。

洁净服、鞋应在相应级别车间的洗衣房内进行清洗。清洗工收到污染的洁净服后，按岗位的类别分别清洗。洁净服、鞋的清洗周期应通过验证确定，一般情况下，A/B 级洁净服、洁净鞋和口罩每班更换、洗涤、灭菌 1 次；C/D 级洁净服和口罩每班更换、洗涤 1 次，洁净鞋每周洗涤 1 次，每月应消毒一次。轮到换洗时，操作人员下班后将洁净服、鞋等放进指定容器中，不得混放。

清洗结束后，清洗工检查破损和污染情况，如有破损、残缺的应分类，放入专用塑料袋中，然后移交相关部门分类处理。将检查合格的洁净服折叠整齐后放入同编号的同材质袋内，袋口标明清洗者、清洗日期和有效期，并扎紧袋口放于不锈钢贮架上。洁净鞋清洗后放在指定位置。新采购的洁净服、贮存时间超过清洁有效期的洁净服，应作为污染的洁净服处理，使用前应重新清洗。洁净服、鞋的清洗、消毒、领用应有详细记录。

练一练

培训计划和方案需要包含哪三个重要的因素（　　）

A. 培训对象　　　　　　　　　　B. 培训课程

C. 培训周期　　　　　　　　　　D. 培训组织者

项目三 文 件

任务1 文件概述

文件管理是质量管理系统的基本组成部分，涉及 GMP 的各个方面，良好的文件和记录是质量管理系统的基本要素。GMP 中所有活动的计划和执行都必须通过文件和记录证明，应精心设计、制定、审核和发放文件。企业应制定一个或多个 SOP 规定文件的起草、审核、批准程序，同时规定文件的分发、修订、替换和收回程序，流程管理中的关键是文件在生命周期中的"受控"，目的是为了防止文件被非预期使用。

一、文件生命周期

同设施、设备和程序的管理一样，文件管理也有相应的生命周期过程。文件生命周期包括起草、审核、批准、发放和培训、生效、失效和等阶段（图 2-2）。通过整个生命周期过程的分阶段控制，确保文件管理符合相应的法规和程序要求。

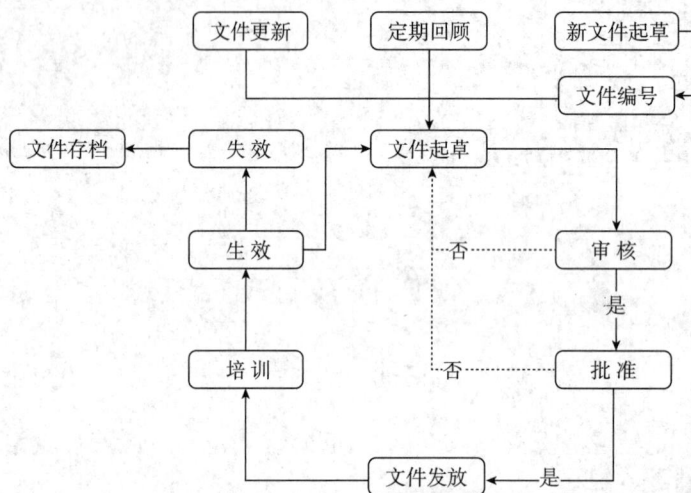

图 2-2 文件生命周期示意图

1. 文件起草 包括建立新文件和对已有文件进行更新。文件一般由文件使用主管部门起草，如生产部门起草工艺规程、生产岗位职责，检验部门起草质量标准、检测标准操作规程等。

2. 审核 包括格式审核和内容审核两部分。格式审核：对照已规定的文件标准格式检查相应的内容，如，文件编号、版本号、字体、字号等，格式审核由文件管理人员负责。内容审核：从法规、技术和管理的角度，确认文件内容，与 GMP 有关的文件应当经质量部门的审核，文件的内容应当与药品生产许可、药品注册等相关要求一致，并有助于追溯每批产品的历史情况。

3. 批准 文件在使用前必须经过批准，批准人应当是相应部门负责人，如质量负责人；政策性文件批准人应为企业负责人。批准后的文件方可以用于培训。

4. 文件发放、培训 为确保文件的正确执行，必须明确文件的培训要求，在文件生效日期前组织相关人员进行培训，并有相应的记录。文件发放同时应回收旧版文件，不允许同时有两个版本的文件在工作现场出现，文件发放应有相应的记录。

5. 生效　生效日期当天文件生效，正式按文件规定内容执行。通常情况下文件批准后至生效前需要有一定的时间间隔（如批准日期后 1 周），便于组织文件培训。但特殊情况下批准日期和生效日期也可以为同一天。

6. 失效　新版文件生效日旧版文件即时失效，应及时撤销，防止错误使用失效版本的文件，文件销毁应有记录。文件管理部门应当保存一份所有版本的文件以便进行追溯。

文件生命周期中，应明确规定何时和如何进行文件修订，文件的修订历史应在保存期内保持可追溯性。每次修订应明确标明版本号，防止文件混淆，并且企业应建立文件目录清单并定期更新。

企业应建立文件的定期审核制度，确定文件定期回顾周期，根据规定时限，对文件进行定期回顾，检查文件内容是否是最新的并适用。文件的回顾审核可以将其纳入产品年度审核的一部分，当然也可以独立进行。审核周期可以自定义，但应有文件记录。

二、文件格式和内容

企业应制定相应的文件管理规程，规定文件编写的格式和内容。文件的格式和结构应该统一，语言简洁易懂，清晰准确。文件的适用范围和目的应该恰当并易于识别。字体、字号、行间距、段落格式、页眉和页脚等需要在文件模板中规定，不同类型的文件可以有不同的文件格式要求。

文件具体内容至少包括以下几部分。

1. 标题　应标明公司名称和文件的类别，如××××公司标准管理规程，××××公司岗位职责，××××公司标准操作规程等。

2. 页码　明确标明该文件总共有几页，该页为第几页，如第×页共×页。

3. 文件编号　每个文件均应有一个唯一的标准文件编号，以便能迅速识别。即使该文件作废，这个编号也不能再使用。

4. 编写部门及其代号　文件的编写部门指文件的起草、修订和执行的解释部门，并标明该部门的代码。如：工艺规程编写部门为制造部，其部门代码为 MF。

5. 人员签名及日期　文件中应至少标明起草人、审阅人、审核人、批准人及相应的签字日期。起草人为编写的主要起草或修订人，是该文件起草或修订过程中的主要责任人。审阅人为编写部门的负责人，如公用系统文件由工程部负责人审阅、质检部文件由质检部负责人审阅等。公司质量管理部门为 GMP 文件的审核部门，审核人为质量管理部门的负责人。批准人为企业负责批准该类文件的责任人。

6. 生效日期　文件生效及开始执行的日期。

7. 分发部门　指该文件印发至的具体部门，用部门代号代替。

8. 目的、范围和责任者　描述所建立文件的目的、所适用的职能部门和工作范围和应对此文件的执行负责的责任人。

9. 主要内容　须明确整个过程是由谁负责完成、如何进行、如何完成，一旦出现特殊情况应采取的措施。

10. 文件的附件　文件内容之外的说明、记录、辅助材料等。

11. 文件的变更历史　标明文件历次变更情况。

三、文件分发管理

文件应受控发放，文件管理部门将经批准的文件按分发部门复印若干，原版文件复制时，不得产生任何差错；复制的文件应当清晰可辨，填写文件复印记录，盖上企业文件用章，发放至文件使用部门，同时收回旧版文件。各部门收到文件须在文件收发记录上签上姓名及收文日期。分发完毕后，纸质文件正本及电子文件即归档保存。收回的文件除需存档外，由公司档案管理员在指定的人员监督下统一销毁，并填写文件销毁记录，旧版文件不得在生产现场出现。每批产品的生产只能发放一份原版空白批生产记录的复制件。

四、文件存档和保存

文件应当分类存放、条理分明，便于查阅。文件记录的保存可以是纸质原件或电子表格或准确的副本，如影印件，或原件的其他精确复制品。

文件分为与批相关的文件和批不相关的文件，其保存也有不同的要求。涉及采购、收货、生产（包括清洁、批相关的偏差和批相关的监测）、控制实验（包括实验室记录）、放行、拒收、返工、再加工、储存、发货、运输和退货等文件均为批相关文件。批相关文件一般保存至产品有效期后 1 年，或放行后 5 年，选择较长者。对于批不相关的文件，企业需要依据产品、工艺的特点等因素，制定相应的保存年限，保证产品生产、质量控制和质量保证等活动可以追溯。新产品注册研究、质量标准、稳定性考察、确认和验证、变更等其他重要文件应当长期保存。

❓ 想一想

2017 年企业生产中使用某批对乙酰氨基酚原料，共制成 5 批成品药，最早一批成品的生产日期为 2017 年 5 月 12 日，最后一批成品生产日期为 2017 年 8 月 1 日，成品的有效期为 24 个月，那这批对乙酰氨基酚的相关记录至少应保存至什么时候？

任务 2 文件分类和管理

对文件系统整体结构的认识有助于对文件的管理。企业根据质量系统、厂房和设备系统、物料系统、包装和标签系统、生产系统、实验室控制系统，就每个系统中的每个关键组成部分/环节制定相应的文件，并建立相应的记录文件，形成企业的文件系统。为了方便有效的管理药厂数量庞大的文件，可以将文件分为四个层次进行管理（图 2-3）。

1. 政策性文件 公司最高管理层负责批准此类文件，一般不需要频繁修订。政策性文件定义了框架、基本原则和目标，不涉及具体的系统、工艺或要求。如，质量手册、工厂主文件、工作职责、质量目标等。

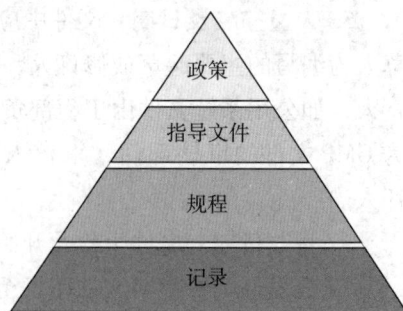

图 2-3 文件四个层次管理

2. 指导性文件 基于政策内容，相关管理人员负责编写，根据政策变更、注册要求、法规更新或新的客户要求进行必要的修订或定期回顾更新。指导文件定义了通用性工艺和总体要求/职责。如：生产处方、设备的维护和校准、确认和验证、变更管理、偏差管理、质量标准、生产管理标准、卫生管理、质量管理和监测等。

3. 规程 基于指导性文件的内容，制定的详细操作要求和规程，包括通用性工艺的详细说明，工厂或（和）某职能的（内部）标准操作。由相关的操作部门负责编写，根据实际情况随时进行修订或定期回顾更新。如：产品工艺规程、检验操作规程等。

4. 记录 所有与 GMP 相关活动的记录文件，提供这些活动的历史和相关情况。记录基于规程内容进行编订，每份 SOP 均应有记录，根据实际情况随时进行修订或定期回顾更新。如，批生产记录、批包装记录、批检验记录等。通常，规程与记录有一定对应关系，规程都有记录作为附件，记录作为执行规程的凭证。

根据企业的规模、组织架构和活动范围，以上四类文件可以有交叉和合并，如指导文件和规程可以合并为一类。有些企业根据自身的情况使用标准管理规程和标准操作规程两类的文件结构也是可以的。

根据建立的四级文件结构，需要确定每一级别中具体需要编写和执行的文件。

一、质量方针和质量目标

（一）质量方针

由企业高层管理者制定并以正式文件签发的对质量的总体要求和方向，以及对质量组成要素的基本要求，为下一步制定相应质量目标提供基础架构，是制定质量相关职能的基础。制定质量方针应遵循以下原则：①与企业的宗旨相适合；②承诺满足客户需求和法规要求以及持续改进质量管理体系的有效性；③提供制定和评审质量目标的框架；④在组织内得到沟通和理解；⑤在持续适宜性方面得到评审。

（二）质量目标

最高管理者应确保在企业的相关职能和层次上建立相应的质量目标，质量目标与质量方针保持一致、与相关部门和人员职责对应。质量目标的制定、实施和完成通过下列措施体现。

（1）高层领导者应确保制定和实施与质量方针相符的质量目标。

（2）质量目标应与业务目标相结合，并符合质量方针的规定。

（3）企业各级相关部门和员工应确保质量目标的实现。

（4）为了实现质量目标，质量管理体系的各级部门应提供必要的资源和培训。

（5）应建立衡量质量目标完成情况的工作指标，并对其进行监督、定期检查完成情况、对结果进行评估并根据情况采取相应的措施。

二、质量标准

质量标准属于文件中的指导性文件。质量标准详细阐述生产过程中所用物料或所得产品必须符合的技术要求。质量标准是质量评价的基础，是保证产品质量、安全性、有效性和一致性的重要因素。在完成物料、中间产品和成品的检验后，通过对检验结果与质量标准的对比评估，并在完成其他项目的质量评价后，才能得出批准放行、不合格或其他决定。企业应建立质量标准管理的操作规程，质量标准的起草、修订、审核、批准、替换或撤销、复制、保管和销毁等应按操作规程管理，并有相应的分发、撤销、复制、销毁记录。

（一）设计与制定质量标准的一般原则

企业在实际实施时，可以编写一份满足 GMP 规范中所有要求的质量标准，也可以制定几份文件来满足所有的要求。质量标准内容要与法定标准及产品注册批准文件相一致，不得随意修改、偏离。企业应设定合理的内控标准，内控标准原则上要高于国家法定标准和行业标准，以确保产品在贮存期内始终可以达到法定的质量标准。

质量标准要求包括所有必要的项目和参数；各种工艺、技术、质量参数和技术经济定额的度量衡单位均按国家计量法，采用国际标准计量单位。质量标准中原料或成品名称按国家法定标准的通用名、英文名或汉语拼音名，必要时可加注商品名。质量标准中原辅料、中间产品、成品的分子量一律以最新国际原子量表计算，并保留合理小数点后位数。标准中化学结构式以最新版法定标准为准，要与其成品形态一致，并注明结晶水。

质量标准在如下情况时应及时进行修订：法定标准或其他依据文件更新版本导致标准有所改变；新设备、新工艺、新厂房的实施；物料的供货厂家变化，认为有必要修订有关标准文件；产品用户意见或回顾性总结结果说明应修订文件；质量管理文件根据经济及技术水平的发展需要，每隔 1 年复审一次，分别作出予以确认、修订或废止的决定。

（二）质量标准内容

质量标准应包括物料标准（原辅材料、内包装材料、外包装材料等），中间产品、待包装产品和成品标准。

1. 物料的质量标准　一般应当包括以下内容。①物料的基本信息：企业统一指定的物料名称和内部使用的物料代码；②质量标准的依据；③经批准的供应商；④印刷包装材料的实样或样稿；⑤检验方法或相关操作规程编号；⑥定性和定量的限度要求；⑦贮存条件和注意事项；⑧有效期或复验期。

2. 成品的质量标准　应当包括以下内容。①产品名称以及产品代码；②对应的产品处方编号；③产品规格和包装形式；④取样、检验方法或相关操作规程编号；⑤定性和定量的限度要求；⑥贮存条件和注意事项；⑦有效期。

外购或外销的中间产品和待包装产品应当有质量标准；如果中间产品的检验结果用于成品的质量评价，则应当制定与成品质量标准相对应的中间产品质量标准。

👁 **看一看**

药品质量标准指的是把反映药品质量特性的技术参数、指标明确规定下来，形成技术文件，规定药品质量规格及检验的方法。药品质量标准分为法定标准和企业标准两种。法定标准主要由《中国药典》、部（局）颁标准、注册标准组成，具有法律效力。企业标准是企业内部为在生产过程中控制产品质量而自行制定的标准，是企业保证产品质量始终保持在超前或一定的水平上，以更好地满足市场和用户的需要，但不具法律效力。

三、工艺规程

工艺规程是指为生产特定数量的成品而制定的一个或一套文件，包括生产处方、生产操作要求和包装操作要求，规定原辅料和包装材料的数量、工艺参数和条件、加工说明（包括中间控制）、注意事项等内容。一般根据产品的开发报告和产品的验证结果来制定，由生产部门编写。当有多个生产地点，使用同样的生产工艺，生产同样的产品，也可由技术部门编写，然后由包括质量部门的其他相关部门进行审核及批准。工艺规程内容应该包括所有的工艺信息、物料信息、设备信息，以及其他的法规要求的相关信息。

制剂的工艺规程的内容至少应当包括：生产处方、生产操作要求和包装操作要求。生产处方部分应标明：产品名称和产品代码；产品剂型、规格和批量；所用原辅料清单（包括生产过程中使用，但不在成品中出现的物料），阐明每一物料的指定名称、代码和用量；如原辅料的用量需要折算时，还应当说明计算方法。

生产操作部分内容应标明：对生产场所和所用设备的说明（如操作间的位置和编号、洁净度级别、必要的温湿度要求、设备型号和编号等）；关键设备的准备（如清洗、组装、校准、灭菌等）所采用的方法或相应操作规程编号；详细的生产步骤和工艺参数说明（如物料的核对、预处理、加入物料的顺序、混合时间、温度等）；所有中间控制方法及标准；预期的最终产量限度，必要时，还应当说明中间产品的产量限度，以及物料平衡的计算方法和限度；待包装产品的贮存要求，包括容器、标签及特殊贮存条件；需要说明的注意事项。包装操作部分内容应标明：以最终包装容器中产品的数量、重量或体积表示的包装形式；所需全部包装材料的完整清单，包括包装材料的名称、数量、规格、类型以及与质量标准有关的每一包装材料的代码；印刷包装材料的实样或复制品，并标明产品批号、有效期打印位置；需要说明的注意事项，包括对生产区和设备进行的检查，在包装操作开始前，确认包装生产线的清场已经完成等；包装操作步骤的说明，包括重要的辅助性操作和所用设备的注意事项、包装材料使用前的核对；中间控制的详细操作，包括取样方法及标准；待包装产品、印刷包装材料的物料平衡计算方法和限度。

原料药的生产工艺规程应包括：所生产的中间产品或原料药名称和文件编号；标有名称和特定代码（足以识别任何特定的质量属性）的原料和中间产品的完整清单；准确陈述每种原料或中间产品的投料量或投料比，包括计量单位。如果投料量不固定，应注明每种批量或产率的计算方法。如有正当理由，可制定数量合理变动的范围；生产地点、主要设备（型号及材质等）；生产操作的详细说明，包括：操作顺序；所用工艺参数的范围；取样方法说明，所用原料、中间产品及成品的质量标准；完成单个步骤或整个工艺过程的时限（如适用）；按生产阶段或时间计算的预期收率范围；必要时，需遵循的特殊预防措施、注意事项或有关参照内容；可保证中间产品或原料药适用性的贮存要求，包括标签、包装材料和特殊贮存条件以及时限。

工艺规程是产品设计、质量标准和生产、技术、质量管理的汇总，是企业组织和指导生产的主要依据和技术管理工作的基础。以保证生产的批与批之间，尽可能地与原设计吻合，保证每一药品在整个有效期内保持预定的质量。

生产工艺规程属于受控文件，在发生变更的时候，应该按照相应的变更管理规程进行修订，并应该在文件中显示相关的修订历史，以保持其良好的可追溯性。

四、标准操作规程

操作规程是指经批准用来指导设备操作、维护与清洁、验证、环境控制、取样和检验等药品生产活动的通用性文件。标准操作规程是企业活动和决策的基础，确保每个人正确、及时的执行质量相关的活动和流程（表2-2）。

企业应对标准操作规程规定相应的模板和编写要求，一般情况下，其正文部分内容应包括以下几方面。

1. 目的 描述文件的目标。如：物料放行标准操作程序中，其目的为"建立物料检验、审核放行程序，保证合格物料投入生产。"

2. 范围 本文件适用的领域。如：物料放行标准操作程序中，其范围为"本公司所有产品生产用物料，包括原料、辅料、包装材料等。"

3. 定义/缩略语 解释文件中的定义和缩略语，便于文件的理解。

4. 职责 描述程序中执行者和参与者的责任，如果任务可授权需要明确指出；描述文件改版、检查和批准的职责。如：物料放行标准操作程序中，"仓库管理人员：物料的验收；质量部QA人员：核对物料情况、供应商等。"

5. 设备及材料 描述规程执行的过程中需要使用的设备或材料。

6. 步骤 尽量使用表格、清单和流程图，清晰描述。描述需要完成的任务和达成的目标，使用物料和设备的质量标准；可接受标准，时间要求；使用的文件、表格和模板；偏差处理等。

7. 附件 操作记录表格，数据处理要求等。

8. 培训、文件变更历史等。

表 2-2 ××××××××公司标准操作规程（SOP）

文件编号	SOP-QA-001		起草		日期	
题目	物料放行标准操作程序		审阅		日期	
			审核		日期	
版本号	编写部门	页号	批准		日期	
00	质量部	第×页×共页	生效日期		有效期至	
分发部门						

1. 目的。建立物料检验、审核放行程序，保证合格物料投入生产。

2. 范围。本公司所有产品生产用物料，包括原料、辅料、包装材料等。

3. 职责。仓库管理人员：物料的验收。

质量部 QA 人员：核对物料情况、供应商等并取样。

质量部 QC 人员：负责对物料按标准检验。

质量部经理：决策物料的放行或拒收。

4. 内容

4.1 物料到达公司仓库后，仓库管理人员按照《物料验收入库标准操作程序》对物料进行验收、收料、入库（或拒收）。入库物料开具请验单。

4.2 QA 人员接到请验单后，审核供应商的资质是否合格，核对品名、规格、数量、批号、有效期、供应商检验报告单原件、物料贮存条件、物料状态标识等内容。按《取样标准操作程序》取样，送检。如审核不符合《物料验收入库标准操作程序》应提出纠正意见或要求拒收。

4.3 QC 人员检查供应商检验报告项目和结果是否符合公司内控标准，如不符合公司内控质量标准，则开具不合格检验报告单。如符合则按经批准的质量标准检验，开具检验报告单（合格或不合格）。

……

5. 文件附件。本文件所支持的附件

SOP-QA-001-附表 1 《物料合格证》《物料不合格证》《物料放行单》。

SOP-QA-001-附表 2 《物料审核单》。

SOP-QA-001-附表 3 《合格证领发记录》。

6. 变更历史。本文件属首次起草。

五、批记录

批记录是指用于记述每批药品生产、质量检验和放行审核的所有文件和记录，可追溯所有与成品质量有关的历史信息。每批药品都应有批记录，批记录一般包括：批生产记录、批包装记录、批检验记录、放行审核记录和其他与本批产品有关的记录文件。通过批记录可以追溯所有与产品生产、包装和检验相关的历史和信息，特别是当产品在销售过程中出现质量问题时。

批记录是反映实际生产活动实施结果的书面文件，药品生产的所有环节，从生产、检验到销售都要有记录可查证追溯。批记录必须真实、完整，才可以体现生产过程中的实际情况，其核心是"可追溯性"和"正确性"。批记录在使用和填写时的一般要求如下。

（1）使用的记录格式为经过批准的格式。

（2）所记录的信息应及时、真实、清晰、正确、完整。

（3）不可使用不规范的缩写去记录文字或单位（如物理或化学单位），填写记录时应注意数字单位及有效数字与要求一致。

（4）在记录中工整地书写文字或数据，正常情况下应使用蓝色或黑色字迹，应使用字迹不能擦掉或消退的笔（尽量使用签字笔）。

（5）内容与上项相同时应重复抄写，不得用"……"或"同上"等表示。

（6）GMP 文件记录不允许使用废纸。

（7）只有由本人获得的数据，才可填入记录中。

（8）记录应按表格内容填写齐全。如果操作不需执行，相应的空格用斜线划掉，并签名和标注日期，必要时写上不需填写的原因。

（9）所有文件和记录必须有总页数和页码，如果页数不够可以加附加页。

（10）与产品放行相关的数据从原始数据记录转移到报告单/数据处理系统时，如果数据转移人没有进行测量/测试/运行的操作，或转移的时间超过一天，需要经过第二人的复核签名。结果页需和该记录/文件一起保存，如果单独保存必须指明地点和保存期限。

（11）理论上，原始数据的更改是不应发生或不可能发生的。原始数据只能在例外的情况下被更正，例如：输入错误或书写错误。如果输入的更正是必要的，更正后原来的信息应仍可读，更正人应签名和标注日期。应记录更正原因，如：打印错误、数字调换或抄写错误。

批生产记录和批包装记录根据现行批准的工艺规程的相关内容制定。制定好的批生产记录、批包装记录经批准后，以原版空白批记录的形式存在，在受控条件下复制和发放。企业应培训操作人员在记录时，随时将实际的投料量、工艺参数、收率、过程控制结果等与要求的参数/接受标准进行比较，保证及时发现可能的偏差。

？ 想一想

批记录与质量标准、工艺规程、标准操作规程有什么内在联系？

任务3　文件编号管理

每个文件均有一个标准文件编号，以便能迅速识别，且该编码是唯一的、不可重复使用的，以免产生混淆。各企业在符合相关法律法规要求的前提下，可根据自身的实际情况做出相应的规定。

一般标准文件编号的组成至少包括：文件类别、所属部门代号和文件号。其中文件类别和所属部门代号用英文字母表示；文件号可用流水号，用三位阿拉伯数字表示，起始号为001。如：SMP－OF－001，SMP代表类别为管理规程，OF代表文件责任部门为办公室，001代表该份文件为办公室起草的GMP类1号管理文件（表2-3）。

表2-3　某企业的文件类别代号举例

文件类别	代号	文件类别	代号
岗位职责与职务条例	PO	标准管理程序	SMP
标准操作程序	SOP	验证文件	VL
公用文件	CF	工艺规程	PR

当某类文件数量过多，需要进一步区分时，可以在类别和部门之间加一代码，以便管理。如：SOP－IM－QC－002，SOP代表的是标准操作规程类文件，IM代表通用检查法和测定法，QC代表责任部门是化验室，该文件为化验室制定的通用测定法2号文件（表2-4）。

表2-4　某企业的文件类别代号举例

文件类别	代号	文件类别	代号
工艺用水质量标准	SQ－PW	原辅料质量标准	SQ－MT
包装材料质量标准	SQ－PK	成品质量标准	SQ－EP

续表

文件类别	代号	文件类别	代号
半成品中间体质量标准	SQ－MP	半成品中间体检验标准操作程序	SOP－MP
配制标准操作程序	SOP－CP	包装材料检验标准操作程序	SOP－PK
成品检验标准操作程序	SOP－EP	检测仪器标准操作程序	SOP－TI
通用检查法和测定法标准操作程序	SOP－IM	原辅料检验标准操作程序	SOP－MT
工艺用水检验标准操作程序	SOP－PW		

为有效管理控制文件，企业通常对各部门也进行编码管理（表2-5）。

表2-5 某企业各部门编码管理举例

所属部门	代号	所属部门	代号
总经理	GM	研发部	RD
副总经理	AM	人力资源部	HR
办公室	OF	化验室	QC
质量部	QA	仓库	SR
制造部	MF	不良反应监测室	ADR
工程部	EG	营销部	SL
财务部	FI		

文件发放时，每个部门的代号为该部门的分发号，如一个部门需多份文件时用亚号表示，即部门代号－份数，如QA-2，代表该份文件质量部门需要发放2份。

练一练

文件应该在文件生命周期中哪个环节后开展培训（　　）

A. 审核　　　　　　　　　　B. 批准

C. 实施　　　　　　　　　　D. 审阅

实训1　实训人员清洁、消毒操作

人员卫生是 GMP 的最基本要求。因为人是药厂中最不清洁的成分，最大的污染源，当我们谈话、咳嗽和打喷嚏时，污染的液滴不断地从我们的呼吸道释放到我们的工作场所。因此，按要求进行人员清洁、消毒，是防止产品受到污染的必要措施。

进入洁净区的所有人员都应当接受卫生要求的培训，并建立人员卫生操作规程，最大限度地降低人员对药品生产造成污染的风险。生产区和质量控制区的人员应当正确理解相关的人员卫生操作规程。

一、人员清洁

在洁净室入口处应设有清洁洗手区域，配置洗手设施。洗手池水龙头应选用肘式、红外感应式或脚踏式，不可采用纱布或其他材料缠绕水龙头。应选用挤压式皂液（如洗手液），每次用完后容器必须更换，切不可往未用完的皂液中添加新液，以防微生物在溶液中生长。清洗后用烘干器将手烘干。手部清洁程序为：摘除手上的饰物，打开水龙头，润湿双手，接取洗手皂液。按下面七部洗手法进行手的清洁（图2-4）：①掌心相对，手指并拢，相互揉搓；②双手交叉搓洗手指缝（手心对手背，双手交叉相叠，左右手交换搓洗）；③手心对手心搓洗手指缝（手心相对十指交错搓洗）；④弯曲手指使关节在另一手掌心旋转揉搓，交互进行；⑤一只手握住另一只手的拇指搓洗，左右手相同；⑥指尖摩擦掌心转动搓洗，左右手交替进行；⑦螺旋式揉搓手腕，至少清洗手腕上方10cm，双手交替进行。

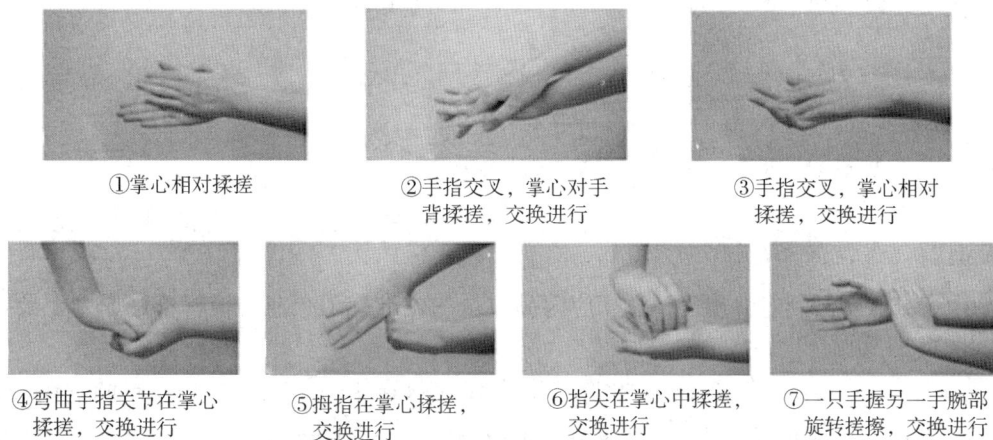

①掌心相对揉搓　②手指交叉，掌心对手背揉搓，交换进行　③手指交叉，掌心相对揉搓，交换进行

④弯曲手指关节在掌心揉搓，交换进行　⑤拇指在掌心揉搓，交换进行　⑥指尖在掌心中揉搓，交换进行　⑦一只手握另一手腕部旋转搓擦，交换进行

图2-4　手清洁流程图

手清洁结束后，用清水将洗手液冲洗干净，置烘干器将手烘干。

在洁净区工作的人员必须严格遵守洁净区的管理规则。在洁净区内人员进出次数应尽可能的少，同时在操作过程中应减小动作幅度，文明操作。尽量避免不必要的走动或移动，以保持洁净区的气流、风量和风压等，保证洁净区的净化级别，不串岗，进出车间要随手关门，少说话，慢走动，动作幅度小。不做与操作无关的动作及不必要的交谈，如打闹、唱歌、大声说话等。在洁净区工作的人员操作和行动都要有自我约束的概念。

二、洁净服穿戴

（1）在洁净室外换鞋处脱去外穿的鞋，穿上规定过渡鞋进入一更。

（2）在一更，取下佩带的饰物、手表等私人物品放入指定位置。脱去工作状态不穿的外衣外裤，彻底梳理头发，除去头上易脱落的毛发以及粘附在衣服表面的毛发，戴上工作内帽，确保头发不得外露。

（3）按七步洗手法清洗手。脱下过渡鞋，鞋头朝外整齐置于鞋柜外侧，从鞋柜内侧取出洁净鞋套上。

（4）进入二更，按自上而下的顺序穿上洁净服。要求先穿上衣，整理好帽子，包盖住全部头发，直接接触药品的岗位须戴上口罩，将口鼻胡须遮盖；穿上工作裤，将上衣下摆塞进裤腰内，穿好洁净工作鞋。穿工作服的过程尽量避免掉落地上，如果有不小心掉落在地上的情况，则需更换一套洁净服。

（5）在气锁间，用消毒液喷淋双手10秒钟左右，自然晾干，如有佩戴眼镜的必须进行自动喷淋消毒10秒钟左右，方可带入，然后进入洁净区。

三、消毒

与药品及原辅料直接接触的岗位要求戴好乳胶手套，并用75%乙醇喷淋10秒钟左右，双手相互揉搓，至乳胶手套的每个部位，自然晾干。操作过程中，如遇手套破损或污染，应到气锁间及时更换，并重新消毒。

✦ 练一练

分体式洁净工作服穿戴时下列哪一项的顺序是正确的（　　）。

A. 从上至下

B. 从下至上

C. 先穿洁净服再戴头套

D. 随机穿

目标检测

一、A 型题（最佳选择题）

1. 药品生产企业自己制定并用于控制相应药品质量的标准称为企业内控标准，原则上要（　　）国家标准。

　　A. 高于　　　　　　　　B. 低于　　　　　　　　C. 等同　　　　　　　　D. 两者间没有关系

2. 企业应当对人员健康进行管理，并建立健康档案。直接接触药品的生产人员上岗前应当接受健康检查，以后（　　）至少进行一次健康检查。

　　A. 每半年　　　　　　　B. 每年　　　　　　　　C. 每两年　　　　　　　D. 每个月

3. 药品生产企业的产品一般由（　　）签字同意后放行。

　　A. 生产管理负责人　　　B. 质量管理负责人　　　C. 质量受权人　　　　　D. 企业负责人

4. 药品的批生产记录应保存至药品有效期后（　　）。

　　A. 1 年　　　　　　　　B. 2 年　　　　　　　　C. 3 年　　　　　　　　D. 5 年

二、B 型题（配伍选择题）

[1～5]

　　A. 批生产记录　　　　　B. 质量标准　　　　　　C. 标准操作规程

　　D. 生产工艺规程　　　　E. 质量方针和质量目标

1. 需要由企业高层管理者批准并以正式文件签发的对质量的总体要求和方向的文件（　　）。

2. 规定为生产一定数量成品所需起始原料和包装材料的数量，以及工艺、加工说明、注意事项，包括生产过程控制的一个或一套文件（　　）。

3. 经批准用以指示操作的通用性文件或管理办法（　　）。

4. 不仅是检验的依据，而且是质量评价的基础的文件（　　）。

5. 一个批次的待包装品或成品的所有生产记录（　　）。

[6～10]

　　　　A. 企业负责人　　　　　B. 质量管理负责人　　　C. 生产管理负责人

　　　　D. 质量受权人　　　　　E. QC 负责人

6.（　　）职责包括：确保完成所有必要的检验，批准质量标准、取样方法、检验方法等 SOP。

7.（　　）职责包括：负责提供必要的资源，合理计划、组织和协调，保证质量管理部门独立履行其职责。

8.（　　）的职责包括确保药品按照批准的工艺规程生产、贮存。

9.（　　）审核企业内控质量标准及相应各项检验操作规程。

10.（　　）负责产品的放行。

二、C 型题（综合分析选择题）

［1～2］某企业根据生产的需要，招聘了一批新员工，计划将这批员工分别安排在压片、制水、化验员和质量保证岗位。

1. 所有员工均需参加的培训是（　　）。

  A. 微生物基础知识　　　　　　　　　　B. 化验员岗位职责

  C. 制水系统管理规程　　　　　　　　　D. 物料管理规程

2. 以下培训中只需压片操作工参加的培训是（　　）。

  A. 压片机标准操作规程　　　　　　　　B. 取样标准操作规程

  C. 臭氧发生器标准操作规程　　　　　　D. 清场检查标准管理规程

［3～4］某企业的质量受权人因公出差一段时间，需对产品放行职责进行委托。

3. 该企业的产品放行职责可委托给（　　）。

  A. 生产负责人　　　　　　　　　　　　B. 办公室主任

  C. 营销副总　　　　　　　　　　　　　D. 有专业背景的资深 QA 主管

4. 该企业的产品放行职责需通过以下哪种方式委托（　　）。

  A. 当面口头委托　　　　　　　　　　　B. 电话委托

  C. 书面委托，并双方签字确认　　　　　D. 通过公司发文

四、X 型题（多项选择题）

1. 哪些文件应当永久保存（　　）。

  A. 验证文件　　　　　　　　　　　　　B. 新药申报材料

  C. 生产记录　　　　　　　　　　　　　D. 人事任命文件

2. 质量管理负责人的主要职责包括（　　）。

  A. 审核和批准所有与质量有关的变更

  B. 批准并监督委托检验

  C. 确保完成自检

  D. 确保严格执行与生产操作有关的各种操作规程

3. 批生产记录信息每页至少应包括（　　）。

  A. 贮存条件　　　　　　　　　　　　　B. 批号

  C. 规格　　　　　　　　　　　　　　　D. 产品名称

3

模块三

硬件体系管理

项目四　厂房和设施管理

学习目标

知识目标：

掌握　典型车间环境要求及平面布局；空气净化系统的原理及相应流程；不同洁净室空气洁净度要求。

熟悉　制药企业厂房设计的原则和内容，主要工序空气洁净度要求。

了解　厂区选址规划的原则和内容。

技能目标：

能根据药品生产品种、剂型及工艺判断各工序空气洁净度级别。

能参与制药企业厂区和厂房规划、设计，并判断其合理性。

导学情景

情景描述： 2018 年 10 月，某市南部市郊某制药企业爆炸起火，所幸值班人员及时发现并报警处理，消防人员很快过来控制住了火势。这起事故造成严重的财产损失与环境污染，并且导致一名工人重伤、两名工人轻伤。事故原因为制药企业仓库中储存的 300kg 金属钠保管不慎，遇到强暴雨天气发生爆炸。

情景分析： 经进一步调查发现该制药企业事发时已经停产 6 个月，停产期间对厂房疏于管理，库房未能做好防水工作，从而导致仓库屋顶雨水渗漏，遇到活泼金属爆炸起火。

讨论： 应该从哪些方面来防范此类事故的发生？

学前导语： 制药企业安全事故时有发生，这不仅会造成企业财产损失，还有造成环境污染，甚至危害员工生命健康。药品是特殊的商品，关于人民群众的身体健康和生命安全，厂房、设施是保证制药企业安全生产的基本环节，为保证安全生产的顺利进行，同时生产出质量合格的药品，制药企业厂房和设施要满足 GMP 等相关法律法规的要求，这既是对制药企业自身负责、对员工负责，也是对人民群众的生命安全负责。

任务 1　厂房、设施的基本要求

一、GMP 对厂房、设施的要求

（一）厂房、设施的定义

厂房（buildings）、设施（facilities）和设备（equipments）是药品生产的硬件设施，也是保障药品生产的根本条件。

厂房主要是指生产、储存、质量管理与控制的空间场所；设施是指向该空间场所提供条件并使其状态符合要求的装置或措施。

对于药品生产企业，按照 GMP 和其他有关法律与法规要求做好厂房和其他设施、设备等的硬件建设，是 GMP 工程系统建设中资金投入最大的部分，是一个药品生产企业实施 GMP 的基础。不论是新建厂房与设施的建设，还是原有厂房与设施的改造，都应做到遵照法规、精心策划、谨慎施工。

（二）GMP 对厂房、设施的要求

对于药品生产企业来说，厂房、设施和设备等硬件建设是否符合 GMP 和其他有关规范的要求，直接影响所生产药品质量，而硬件建设质量的优劣又取决于设计和施工的质量，因此，按照 GMP 和其他有关规范的要求对厂房、设施和设备及其他硬件进行设计或改造就显得非常重要。

"厂房与设施"是我国 GMP（2010 年版）的第四章，该章共计 33 条，国家对药品生产企业制剂生产全过程与原料药生产中影响药品质量的关键工序所需要的厂房、设施做了比较细致的规定。具体内容见 GMP（2010 年版）第三十八条 ~ 第七十条。

二、其他相关法律法规对厂房、设施的要求

GMP 是对药品生产企业厂房与设施等硬件的原则要求，厂房与设施的设计和建造都必须由具备相当资质和经验的单位进行，以保证设计和建造质量。除满足药品生产的要求外，还必须符合国家其他有关的具体的通用技术规范，如果是药品的出口，还必须根据进口国有关法律法规，符合进口国有关的具体的通用技术规范。涉及的规范或标准主要有安全、卫生、消防、环保、劳动保护、施工规范或标准，以及药品生产厂房的特殊要求等规范和标准。

（一）建筑工程行业标准

1. 建筑照明术语标准 JGJ/T 119—2008。

2. 工业厂房墙板设计与施工规程 JGJ 2—1979。

3. 办公建筑设计规范 JGJ 67—2006。

4. 玻璃幕墙工程技术规范 JGJ 102—2003 等。

（二）国家标准

1. 洁净厂房设计规范 GB 50073—2001。

2. 建筑设计防火规范 GB 50016—2006。

3. 医药工业洁净厂房设计规范 GB 50457—2008。

4. 洁净室施工及验收规范 GB 50591—2010。

5. 综合布线系统工程设计规范 GB 50311—2007。

6. 中华人民共和国国家职业卫生标准 GBZ 1—2010。

7. 厂矿道路设计规范 GBJ 22—87。

8. 建筑给水排水设计规范 GB 50015—2003（2009 年版）。

9. 采暖通风与空调调节设计规范 GB 50019—2003。

10. 建筑采光设计标准 GBT 50033—2001。

11. 建筑照明设计标准 GB 50034—2004。

12. 建筑灭火器配置设计规范 GB 50140—2005。

13. 建筑物防雷设计规范 GB 50057—2010。

14. 建筑结构荷载规范 GB 50009—2001（2006 年版）等。

（三）其他规范及标准

1. 化工企业爆炸和火灾危险环境电力设计规程 HG 20687—1989 等。
2. 国际上公认的通用技术规范有美国的标准 209B、209C、209D、209E 等。
3. 英国的有标准 BS 5295、日本的有标准 JISB 9920 等。

任务 2　厂区选择和规划

一、厂区选择

2010 年版 GMP 第三十八条规定，厂房的选址、设计、布局、建造、改造和维护必须符合药品生产要求，应能最大限度避免污染，交叉污染、混淆和差错，便于清洁、操作和维护。

（一）自然环境符合要求

有洁净厂房的生产企业，厂址宜选在大气含尘和有害气体浓度低，自然环境较好的地区，应远离严重空气污染震动或噪声干扰的区域。当不能远离严重空气污染源时，应根据风向频率玫瑰图选址布局。

（二）公共设施配套

水、电、汽是药品生产的必需条件，良好和充足的水源，是药品生产的基本保证。药品生产企业要求有双路电源，确保动力来源的稳定可靠。水、电、汽、热、冷等动力公用设施，应力求靠近负载中心，以便使各种公用系统所需介质和输送距离最短，相关道路应铺设合理，利于降低能耗。

（三）交通运输便利

药品生产企业的货物运输较为频繁，为了节省运输费用，交通运输的便利性和成本是选址考虑的必要因素。

（四）应有长远发展

随着经济和科技的发展，药品生产的品种多，且产品更新换代也较频繁，在厂区总体布置时，必须要考虑企业的长远发展远景，又要考虑到生产扩大的拓展可能性、变换产品的机动灵活性，要做到"一次规划，分步实施"。

（五）关注环境保护

对药品生产企业来讲，厂址宜选择在大气含尘、含菌浓度低，无有害气体，空气条件良好，无水土污染和噪音干扰，自然环境好的区域。应远离铁路、码头、机场、交通要道以及散发大量粉尘和有害气体的工厂、仓储、堆场等严重空气污染、水质污染、振动的区域。如不能远离严重空气污染区时，则应位于其最大频率风向上风侧，或全年最小频率风向下风侧。

另外，近年来我国特别重视环保，环保标准提高速度很快，加大了环保整治力度。选址时应考虑所域的总体排污限额，企业能取得排污限额情况以及余额空间。如企业设在工业园区，园区是否有统一的污水处理设施等，还应考察当地是否有特殊的环保安全法规，并评估其对企业长远发展的影响。

二、厂房规划

(一) 规划原则

厂区合理规划布局，可确保药品生产管理，质量控制顺利进行，应遵循以下原则。

1. 符合功能区域规划原则　厂区应按行政、生产、仓储、动力、辅助和生活等用途划分区域，合理布局，符合卫生、安全防火等要求，便与环境保护和工业废物的处理。

2. 符合工艺及洁净原则　厂区总图布局应考虑产品生产工艺特点和预防交叉污染要求，合理布局，不得互相妨碍。洁净厂房应在厂区内环境洁净、人流与物流穿越较少的地方布置，应远离严重污染源，无法远离时，应位于风向上风侧，布局、间距合理。原料药厂房，中药材的前处理、提取、浓缩厂房应在制剂厂房下风侧。洁净厂房新风口与交通主干道边缘的距离宜大于 50m。动物房应与其他区域严格分开，选在远离洁净厂房，并在下风侧，保持安静、清洁，对外界无不良影响，其设计建造应符合国家有关规定。锅炉、机修以及废物的收集、临时存放、处理等有严重污染的场地应置于厂区的主导风向下侧区域，与其他厂房保持合适的安全距离。危险品库应设于厂区安全位置，应有必要的安全防护措施。

3. 符合设施配套原则　除了设计药品生产所需的生产厂房、设施以外，还应有行政办公区、生活设施区，与生产区域分开。

4. 符合人流、物流分开原则　厂区内主要道路应遵循人流与物流分开的原则，物流在外围，环绕厂区，人员行动在内部，互不混用。厂区道路特别是洁净厂房周围的道路应选用整体性能好、坚固、发尘少的材料，消防车道宜在厂房周围尤其是洁净厂房周围设计成环形或沿厂房的两边设置。厂区应绿化，可铺植草坪，不宜种植对生产有影响的有花植物和产生花絮的树木，并不得妨碍消防。

❤ **药爱生命**

2015 年 8 月，某公司危险品仓库发生特别重大火灾爆炸事故，事故造成 165 人遇难，8 人失踪，798 人受伤，直接经济损失达 68.66 亿元，造成了巨大的人员伤亡与财产损失，也对局部区域的大气环境、水环境和土壤环境造成了不同程度的污染。经调查组查明，事故直接原因是危险品仓库南侧集装箱内硝化棉在高温 (天气) 等因素的作用下加速分解放热，积热自燃，引起相邻集装箱内硝化棉和其他危险化学品长时间大面积燃烧，进而导致硝酸铵等危险品发生爆炸。作为责任主体的该公司无视相关法律法规，严重违反控制性详细规划，违法建厂以及危险化学品仓库、违规超量存储、混存危险化工品，且没有与周围建筑物、交通干线、工矿企业等保持合适距离。

制药企业也大量使用化工原料，制药厂家在厂址选址方面一定要合理布局，长远规划，依法经营，安全生产，这也是对企业以及员工的一种保护。

(二) 规划内容

厂区的规划和布局主要包括生产车间、辅助车间、仓库、动物房、动力与公用工程、环保设施、管理设施和生活设施、交通道路的规划和布局。

企业结合厂区的地形，地质，气象、卫生、安全防火、施工等要求，进行生产厂区总平面布置。总平面布置应遵循国家有关工业企业总体设计原则，应有利于环境保护厂区的规划和布局，主要包括以下几方面。

1. **主要生产车间** 包括原料生产车间、制剂生产车间。

2. **辅助生产车间** 包括机修、仪表等。

3. **仓库** 包括原料、辅料、包装材料、成品仓库及五金仓库。

4. **动力** 包括锅炉房、空压站、变电站、配电间、冷冻站等。

5. **公用工程** 包括水塔、冷却塔、泵房、消防设施等。

6. **环保设施** 包括污水处理、绿化等。

7. **管理设施和生活设施** 包括办公楼、检验室、研究所、食堂、医务所等。

8. **运输道路** 包括车库、道路等。

三、厂区划分

从整体上讲，药品生产企业的运行是由许许多多的功能运行构成，通常归类成为生产、行政、生活、辅助四大功能，因而厂区可以划分成这四大区域，其中每一大区域又是由若干个小区域（或称子功能区域）所组成。它们的识别、划分、间隔、衔接、组合是总体布局与设计中首先要考虑的。洁净厂房和与之相关的一般生产厂房等建筑组成生产区，产品和物料的检测设备空间、维修空间、缓冲间、员工休息室、一般生产厂房、仓储、锅炉房、三废处理站等组成辅助区，办公楼、研发中心等行政用房、食堂、普通浴室等生活设施等组成行政和生活区。各区的布置和设置，除了应符合生产要求外，还要做到划分明确、易于识别、间隔清晰、衔接合理、组合方便。在总体布局上，还应保证各区的比例适当，如占地面积建筑面积、生产用房面积、辅助用房面积、仓储用房面积、绿化面积以及道路面积等。具体体现为流程通畅规范整洁，环境宜人美观。厂区布局规划图见图 3-1。

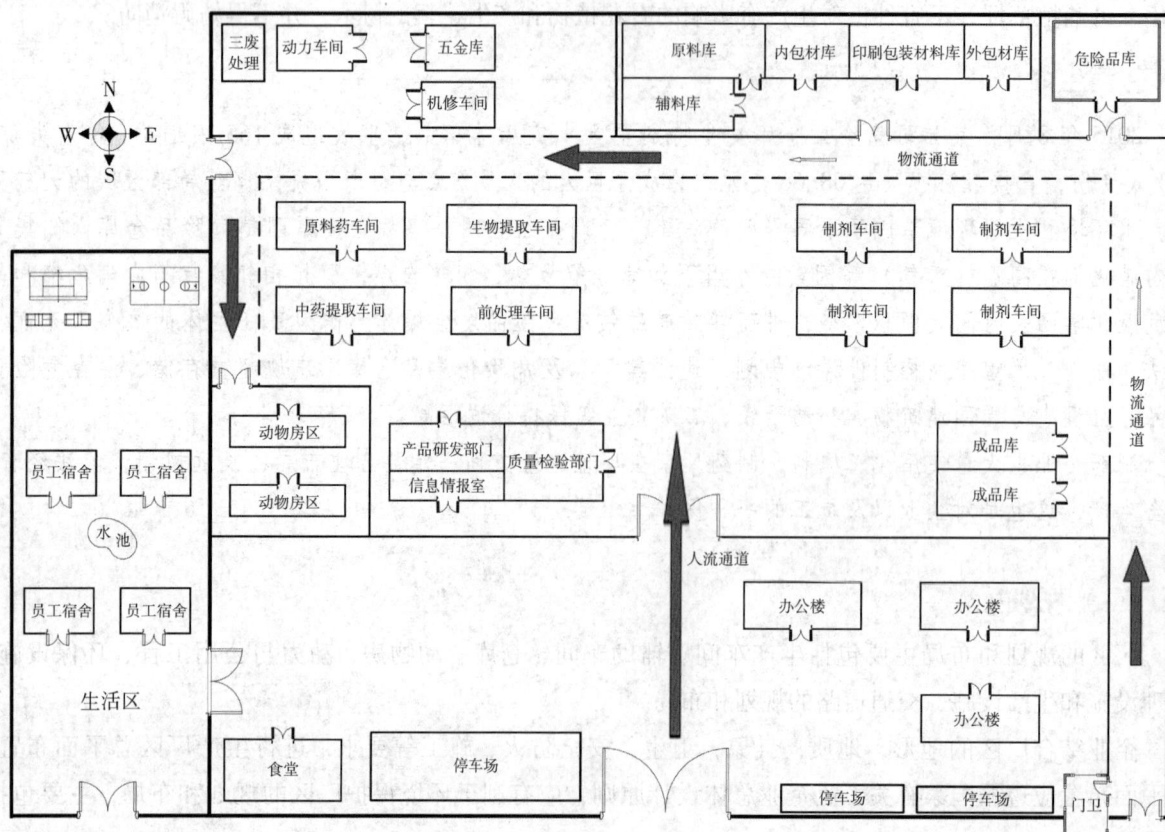

图 3-1 某药品生产厂区规划图

任务3　厂房管理

一、厂房的设计

（一）设计原则

药品生产厂房设计布局涉及一般厂房和洁净厂房，厂房设计应符合以下要求。

1. 生产工艺流向要求　药品生产工序比较复杂，且物料与产品需穿越一般生产和洁净区，因此洁净区内人流、物流应尽可能分开，避免混流，物流出入口及废物出口应分开，原辅材料、中间产品存放区应尽可能靠近与其使用的生产区域，传递输送路线应尽可能短，减少折返，以免造成混淆和交叉污染。

2. 洁净要求　对空气洁净度要求高的洁净室宜靠近空调机房，空气洁净度等级相同的工序和工作室宜集中布置，洁净度高的工序应布置在上风侧，易产生污染的设备应布置在靠近回风口位置。应考虑大型设备安装和维修的运输线路，并预留设备安装口和检修口。不同空气洁净度级别房间之间传递频繁时宜设有防止污染的设施，如气锁间、缓冲间或传递窗等，洁净度级别相同的区域、不同剂型易产尘的工序必须设置前室。

洁净厂房除应配置各工序生产用室外，还应配套设计足够面积的生产辅助用室，包括原辅料、中间产品、内包材等暂存室，中间控制检查室、称量室、备料室等，并按需配置制药用水制备间、空气净化机房，这些设置应合理、方便操作和清洁。用于生物制品生产的动物室、质量检定动物室必须与制品生产区各自分开。中药制剂的生产操作区应与中药材的前处理、提取、浓缩以及动物脏器、组织的洗涤或处理等生产操作区严格分开。

中药提取、浓缩、收膏工序采用敞口生产的，中药浸膏的配料、粉碎、过筛、混合，口服直接入药的中药饮片经粉碎、过筛、内包装后的生产操作，必须在 D 级洁净区内完成；但中药提取、浓缩、收膏工序采用封闭系统生产的，可在非洁净区完成。用于非创伤面外用中药制剂及其他特殊中药制剂使用的浸膏采用敞口提取、浓缩收膏操作的，包括该浸膏的配料、粉碎、过筛、混合等操作，可在非洁净区完成。因此中药生产企业前处理车间是否要建洁净厂房需根据其设备是否封闭以及产品决定。

3. 物料、器具放置要求　生产区和储存区应当有足够的空间，避免不同产品或物料的混淆、交叉污染和差错。

4. 噪声控制要求　在洁净室内的空态下的噪声级，即厂房设施已建成并接通运行。无设备及人员在场的状态的噪声级，非单向流洁净室不应大于 60dB，单向流和混合流洁净室不应大于 65dB。

5. 微振控制要求　有微振控制要求的洁净厂房在结构造型、隔振缝设置、壁板与地面、壁板与顶棚连接处，应按微振控制要求设计，洁净室与周围辅助性站房内有强烈振动设备的连接及连接管道采取主动隔振措施。

（二）设计内容

在新建药品生产厂房和旧厂房改造时，可采用头脑风暴法，集思广益，根据发展规划和经济实力设计厂房，确保合规性、合理性和完善性，厂房总体设计应考虑以下几方面内容：①确定工艺流程布局；②确定生产、净化、暂存室区域；③确定公共工程、清洁、辅助区域；④确定设施、设备型号和安装位置；⑤确定水、电、汽供排方式及连接位置；⑥确定不同洁净度区域物料进出方式；⑦确定人员紧急出口和消防口。

某药品生产企业口服制剂生产车间布局见图 3－2。

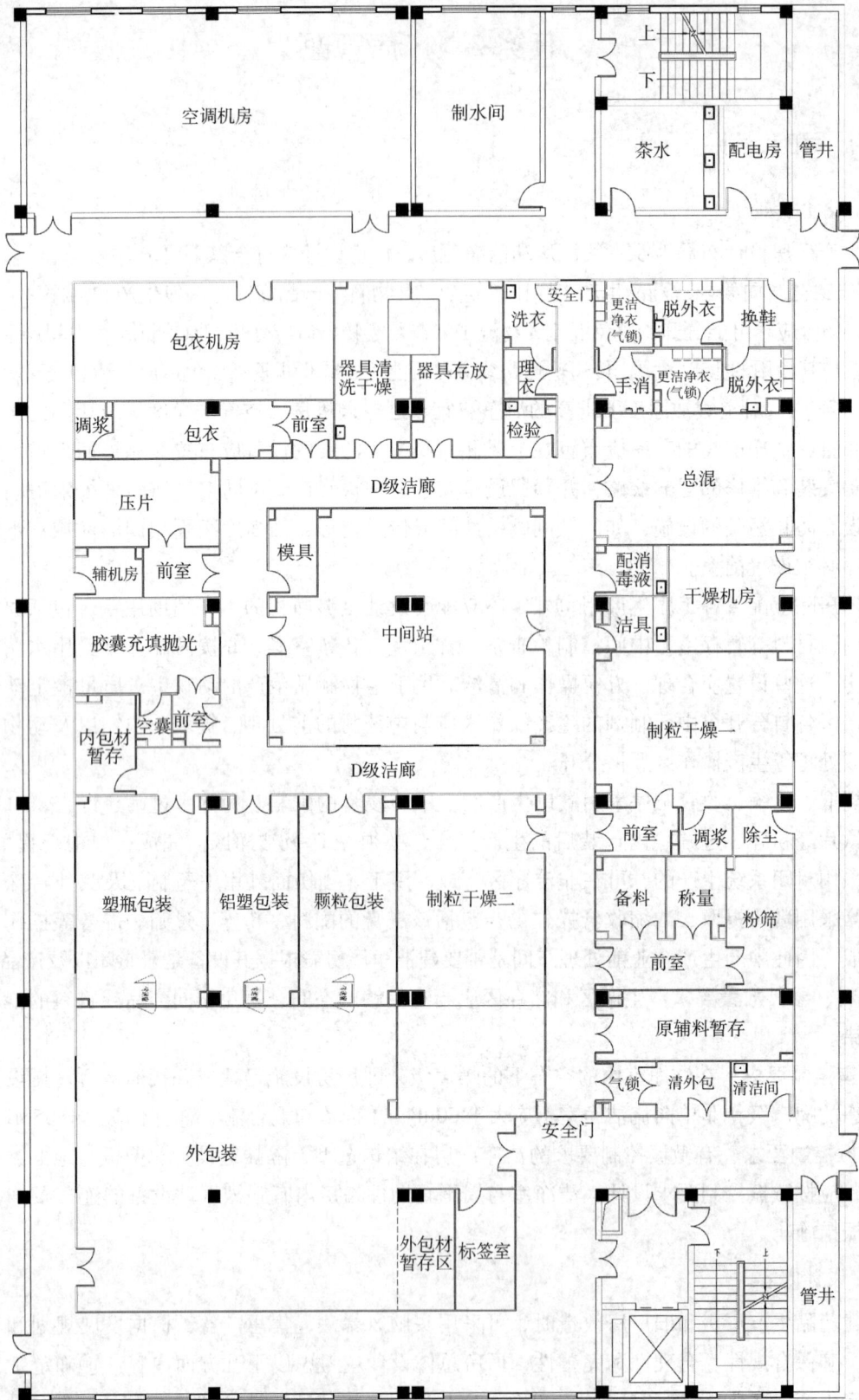

图 3-2 某企业口服固体制剂车间平面布局图

二、厂房的管理

生产厂房是 GMP 硬件的重要组成部分,它包括一般厂房和有空气洁净度级别要求的洁净厂房。一般厂房应符合一般工业生产条件和工艺要求,洁净厂房应符合 GMP 的要求。

生产厂房应根据产品生产工艺流程、设备、空调净化、给排水等其他各种设施,按国家颁布的相关法规、规范的要求综合布局。其结果应体现设计的规范性、技术性、先进性、合理性和经济性,厂房应按以下几个区域合理设置。

(一)生产区

1. 应满足产品生产工艺和空气洁净等级相协调的要求。为防止差错、交叉污染,应根据洁净厂房内产品的品种、性能特点、生产工艺、设备情况及各生产房间的压差要求等合理地进行平面布置。生产车间应按生产工艺流程,合理布局、设计紧凑,以利物料迅速传递,便于生产、操作和管理。同一厂房内以及相邻厂房之间的生产操作不得相互妨碍。生产厂房内人流、物流要严格分开,不可交叉或分流,以免产生交叉污染。洁净区内尽量做到人流、物流的路线短捷。厂房内应设置与生产规模相适应的原辅材料、中间产品、待包装产品、成品存放区域,且尽可能靠近与其相联系的生产区域,减少运输过程中的混杂与污染。存放区域内应安排待验区、合格品区和不合格品区。

2. 洁净室(区)内只布置产品生产所必要的工艺设备以及有空气洁净度级别要求的工序和工作室。对于没有空气洁净度级别要求的产品生产工序、工艺设备、工作室以及公用动力设施,均应设置在非洁净室(区)内。洁净区的内表面(墙壁、地面、天棚等)应平整光滑、无裂缝、接口严密、无颗粒物脱落,避免积灰,便于有效清洁和必要时进行消毒。

3. 根据产品工艺流程的衔接合理布置设备,设备布置应紧凑,并应符合消防安全、卫生规定。对于同一生产厂房有数条生产线或设备时,尽量使每条生产线或设备置于独立的房间内,且需与工序要求的空气洁净级别相匹配。避免在同一操作间内放置多台设备,以免造成交叉污染、混淆或差错。如同一区域内有数条包装线,应有隔离措施。

4. 制剂车间除应具有生产的各工序用室外,还应配套足够面积的生产辅助用室。应有原辅料、中间产品、内包材料、外包材料等各自的暂存室(区)以及称量室、配料室;工器具与周转容器的洗涤、干燥、存放室;清洁用具的洗涤、干燥、存放室;工作服的洗涤、整理、保管室等。

5. 设置人员和物料各自进入洁净区的净化用室和设施的通道。对极易造成污染的物料(如部分原辅料、生产中废弃物等),应设置专用出入口,但生产中产生的废弃物不应与原辅料的进口共用一个传递窗或气锁。

6. 为防止设备检修时对洁净区的污染,平面布置时要考虑便于维修管理。为减少污染,洁净室(区)内要求空气洁净度高的工序应布置在上风侧,易产生污染的工艺设备应布置在靠近回风口的位置或下风侧。

7. 生产特殊性质的药品,如高致敏性药品(如青霉素类)或生物制品(如卡介苗或其他用活性微生物制备而成的药品)必须采用专用和独立的厂房、生产设施和设备。生产 β-内酰胺结构类、性激素类避孕药品必须与其他药品生产区严格分开。

(二)仓储区

仓储区应有足够的空间,能满足原辅料、净药材、包装材料、中间产品、成品等各类物料和产品存放。每库(区)还应设待检品区、合格品区、不合格品区以及退货或召回的物料或产品专用存放区。仓库要设置接货区及发料区,接货区应有外包装清洁场所,货物不得露天存放。接收、发放和发运区域应能保护物料,产品免受外界天气如(雨、雪)的影响。仓库应设置取样室,其空气洁净度级别与生产要求一致。

仓储区的设计和建造应确保良好的仓储条件，特别注意清洁、干燥，并有通风和照明设施。仓储区应能满足物料或产品的贮存条件（如温湿度、光照）和安全贮存的要求，对温度、湿度有特殊要求的物料及危险品，应有符合贮存条件的专库，并经常进行检查和监控。仓库设有温度、湿度监测仪表及照明、通风、控制温度和湿度的设施，并应设有防虫、防鼠、防鸟类进入的设施，还应设有防火、防盗、防水淹的措施。

（三）质量控制区

质量控制区包括中药标本室、理化检验室、试剂室、仪器室、微生物检测室、留样观察室、实验动物房、办公室等，各实验室的设计应当确保其适用于预定的用途，并能够避免混淆和交叉污染。

理化检验室是各类药品检验时的样品处理、试剂配制、检验分析等的综合工作用室，占地面积相对较大，应设有毒气柜及检验用设施。仪器分析实验室包括普通仪器室、精密仪器室、天平室等，应具有干燥、防潮、防振、防静电、调温等有效措施。高温实验室可根据企业质量控制区的实际情况设置，是放置烘箱、马弗炉等高温设备的地方，一般应远离试剂室及冷藏室。试剂室只保存满足日常使用量的化学品，具备良好的通风设施，并有储存温度和湿度的要求。微生物检测室一般由准备间、操作间、灭活间、无菌室和设备间等构成，无菌室应设置相应的人员净化和物料净化设施。留样观察室存有原辅料、包装材料及成品的留样，可分区设置，室内应保持适宜的温湿度。实验动物房应按国家有关规定的要求进行设计、建造。办公室设立应靠近相关实验室，便于质检员在做实验的同时进行相关文件记录。

（四）辅助区

制剂生产车间除应具有生产的各工序用室、物料暂存室外，还应配有足够面积的生产辅助用室。应有工具、器具与周转容器的洗涤、干燥、存放室，清洁用具的洗涤、干燥、存放室，工作服的洗涤、整理、保管室，空调净化机房，车间检验室等。生活用室包括厕所、淋浴室、休息室，可根据需要设置，宜设在洁净区外，不应对生产区、仓储区和洁净区产生不良影响。更衣室和盥洗室应方便人员出入，并与使用人数相适应。洁净区入口处应设置气锁间，气锁间的出入门应采取防止同时被开启的措施。

（五）公用工程

锅炉房、变配电站、制水系统、污水处理站、空调机房、消防设施等辅助配套设施应符合国家有关专业管理部门的规定，并经验收合格。洁净厂房内的给、排水管道应敷设在技术夹层、技术夹道内或地下铺设，引入洁净室内的支管宜暗敷。给、排水支管穿过洁净室（区）墙、楼板顶棚的各类管道应敷设套管，管道与套管之间必须有可靠的密封措施。一般生产厂房排水可使用地漏，无菌生产的 A/B 级洁净区域内禁止设置水池和地漏，D 级的洁净室（区）应少设置地漏。

各种管道、照明设施、风口和其他公用设施的设计和安装为避免出现不易清洁的部位，应尽可能设计在洁净室（区）外部便于对其进行维护。洁净室（区）的电气设计和安装必须考虑对工艺、设备甚至产品的变动的灵活性，便于维修，且保持厂房的地面、墙面、吊灯等的整体性和易清洁性。室内照明应根据不同操作室的要求提供足够的照度值，主要操作室宜为 300lx。辅助工作室、走廊、气横间、人员净化和物料净化用室可低于 300lx，但不宜低于 150lx；洁净室内一般照明的均匀度不应小于 70%。

某医药制剂生产企业对厂房结构和装修实施指导见表 3-1。

表 3-1　厂房结构和装修实施指导一览表

洁净度等级	A	B	C（动态）	D（静态）
地面	整体式、无缝地面。无孔，易于清洁和消毒。典型的建筑饰面材料包括乙烯卷材（热熔接缝处理）和环氧地面		整体式、无缝地面。无孔，易于清洁和消毒。典型的建筑饰面材料包括乙烯卷材（热熔接缝处理）和环氧地面	
内墙	整体式、无缝内墙。光滑、无孔、易于清洁和消毒。典型的建筑饰面材料包括乙烯卷材（热熔接缝处理）、不锈钢或乙烯板面装饰、石膏板加环氧涂层处理、水泥抹灰加金属板或者混凝土加表面打磨处理		整体式、无缝内墙。光滑、无孔、易于清洁和消毒。典型的建筑饰面材料包括乙烯卷材（热熔接缝处理）、不锈钢或乙烯板面装饰、石膏板加环氧涂层处理、水泥抹灰加金属板或者混凝土加表面打磨处理	
天花板	整体式、无缝天花板。光滑、无孔、易于清洁和消毒。典型的建筑饰面材料包括乙烯卷材（热熔接缝处理）、不锈钢或乙烯板面装饰、石膏板加环氧涂层处理、水泥抹灰加金属板或者混凝土加表面打磨处理。灯、散流器等固定装置应为嵌入式，带垫片，表面和天花板面平齐		整体式天花板或者吊顶式天花板。光滑无孔、易于清洁和消毒。典型的吊顶结构-吊顶格栅加吊顶砖是被认可的。结合面密封以保持房间压力。吊顶板采用石膏装饰板加环氧涂层处理、水泥抹灰加金属或者预制混凝土板加表面打磨处理	
建筑结合部	墙-地结合处：圆角外开处理、与地面构成一体、拐弯处斜接处理 墙-墙结合处：圆角外开处理 墙-顶结合处：圆角外开处理、与天花板构成一体、拐弯处斜接处理		宜执行上一级要求，但不强制要求。可做最小化处理	
窗	窗框与内墙面应平齐。固定玻璃窗。所有连接处无缝，光滑。窗框不允许安装在外墙面		窗框与墙面平齐。固定玻璃窗。所有连接处无缝，光滑。易于清洁	
门	满足建筑标准。典型的门旋转方向应与气流方向相反。门视窗平整，门缝有密封材料。典型的材料包括金属、乙烯、PVC 或者类似的易于清洁的材料。禁止使用木门。不锈钢门非强制要求		满足建筑标准。典型的门旋转方向应与气流方向相反。门视窗平整，门缝密封不强制要求。典型的材料包括金属、乙烯、PVC 或者类似的易于清洁的材料。禁止使用木门。不锈钢门非强制要求	
五金结构件	尽量少用五金件或金属构件，隐蔽式闭门器和门把手最好能便于清洁。五金结构件一般选用不锈钢或金属电镀材料		尽量少用五金件或金属构件，隐蔽式闭门器和门把手最好能便于清洁。五金结构件一般选用不锈钢或金属电镀材料	
建筑缝隙密封	硅胶密封		硅胶密封	
地漏	不允许设置		必须使用带盖的地漏，盖子材料应耐腐蚀，并与地面平齐。地漏应设置水封，不能只有防倒流装置	

任务4　设施管理

一、空气净化设施管理

所谓空气净化指为了达到必要的空气洁净度，而去除污染物质的过程。为了控制药品生产环境的有害物质，需要在工艺生产洁净区域建立空气净化设施。进入洁净室（区）的空气承担的任务主要有两个：①满足洁净室各环境指标，如洁净度、温度、湿度、压力等的要求；②带走室内所产生的污染。这些主要依靠空气净化设施来完成，并且以空气洁净度级别符合有关规定为主要特征。

（一）洁净区的分类

空气洁净度是指洁净空气中的空气含尘粒的多少的程度。空气洁净度的高低可用空气洁净度级别来区别。我国 GMP（2010 年版）规定的洁净区（室）空气洁净度分为 A 级、B 级、C 级和 D 级四种级别，见表 3-2。如无菌药品各生产操作环境对空气洁净度要求见表 3-3 和表 3-4。

表 3-2　药品生产厂房洁净室（区）空气洁净度级别

洁净度级别	尘粒				微生物			
	悬浮粒子最大允许数/立方米				浮游菌 (cfu/m³)	沉降菌 90mm (cfu/4 小时)	表面微生物	
	静态		动态				接触 55mm (cfu/碟)	5 指手套 (cfu/手套)
	≥0.5μm	≥5.0μm	≥0.5μm	≥5.0μm				
A 级	3520	20	3520	20	1	1	1	1
B 级	3520	29	352000	2900	10	5	5	5
C 级	352000	2900	3520000	29000	100	50	25	—
D 级	3520000	29000	不做规定	不做规定	200	100	50	—

表 3-3　最终灭菌产品的生产操作环境对空气洁净度要求

洁净度级别	最终灭菌产品生产操作
C 级背景下的局部 A 级	高污染风险①的产品的灌装或灌封
C 级	1. 产品灌装或灌封 2. 高污染风险②产品的配制和过滤 3. 眼用制剂、无菌软膏剂、无菌混悬剂等的配制、灌装或灌封 4. 直接接触药品的包装材料和器具最终清洗后的处理
D 级	1. 轧盖 2. 灌装前物料的准备 3. 产品配制（指浓配或采用密闭系统的配制）和过滤直接接触药品的包装材料和器具的最终清洗

注：①此处的高污染是指产品容易长菌、灌装速度慢、灌装用容器为广口瓶、容器必须暴露数秒方可密封等状况；②此处的高污染风险是指产品容易长菌、配制后需等待较长时间方可灭菌或不在密闭系统中配制等状况。

表 3-4　非最终灭菌产品的生产操作环境对空气洁净度要求

洁净度级别	非最终灭菌产品无菌生产操作
B 级背景下的局部 A 级	1. 处于未完全密封①状态下产品的操作和转运，如产品灌装（或灌封）、分装、压塞、轧盖②等 2. 灌装前无法除菌过滤的药液或产品的配制 3. 直接接触药品的包装材料、器具灭菌后的装配以及处于未完全密封状态下的转运和存放 4. 无菌原料药的粉碎、过筛、混合、分装
B 级	1. 处于未完全密封①状态下的产品置于完全密封容器内的转运 2 直接接触药品的包装材料、器具灭菌后处于密闭容器内的转运和存放
C 级	1. 灌装前可除菌过滤的药液或产品的配制 2. 产品的过滤
D 级	直接接触药品的包装材料、器具的最终清洗、装配或包装、灭菌

注：①轧盖前产品视为处于未完全密封状态；②根据已压塞产品的密封性、轧盖设备的设计、铝盖的特性等因素，轧盖操作可选择在 C 级或 D 级背景下的 A 级送风环境中进行。A 级送风环境应当至少符合 A 级区的静态要求。

❓ 想一想

洁净室（区）是指需要对尘埃粒子及微生物含量进行控制的厂房、房间（区域），其建筑结构、装备及其使用均具有减少对该区域内污染源的介入、产生和滞留的功能，厂房中由洁净室所组成的区域称为洁净区。

为什么要进行不同级别的洁净度划分？

（二）空气净化系统

1. 空气净化系统的组成 药品生产环境的空气净化系统由控制室内温湿度的空气调节系统和控制室内不溶性微粒和微生物污染的空气过滤系统组成。按不同的车间布局设计和具体的生产需要，各设备有许多不同的连接组合方式，但其排列顺序和工作原理基本相似。图 3-3 是单风机集中式净化空调系统原理图，就是一种较常见的空气净化系统连接方式。

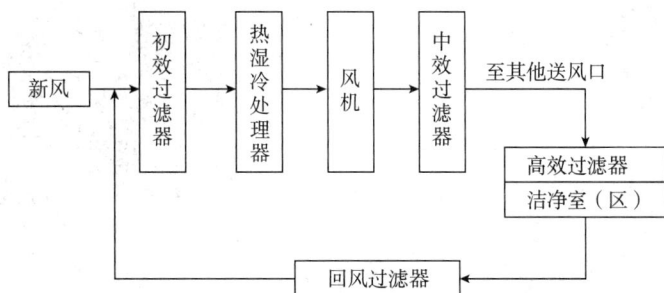

图 3-3 单风机集中式净化空调系统原理图

单风机集中式净化空调系统流程：进入洁净室（区）的空气由新风和回风组成，经冷、热、湿处理设备和初、中效过滤器过滤后，达到洁净室（区）规定的温度、湿度等要求后，通过高效过滤器进入洁净车间，再通过回风口和回风过滤器与新风结合，如此形成循环。

2. 空气净化系统的主要参数 洁净区温湿度的控制洁净区的温度和相对湿度应符合药品生产工艺要求。无特殊要求时，温度应控制在 18~26℃，相对湿度控制在 45%~65%。有特殊要求的药品，温度和湿度则要根据具体工艺要求确定。

👁 看一看

温湿度是影响药品质量的重要因素，在药品生产的各个环节中，如果温湿度控制不当会导致药品霉变、潮解和酸败等情况，洁净区温度和相对湿度应与药品生产工艺要求相适应，因此控制好药品生产过程中各个环节的温湿度是确保药品质量的关键。

空气的增湿方法：直接在空气中通入蒸汽；使水以雾状进入不饱和的空气中，使待增湿的空气和高湿含量的空气混合，从而得到未饱和的空气、饱和空气或过饱和蒸汽。

空气的减湿方法：喷淋低于该空气露点温度的冷水；使用热交换器将空气冷却至其露点以下，使原空气中的部分水汽冷凝析出；空气经压缩后冷却至初温，使其中水分部分冷凝析出；用吸收或吸附方法除水汽减湿；通入干燥空气。

空气的温度控制：通过常规的制冷、制热即可进行温控。由于空气温度的变化会响度的变化，故温度的控制需与湿度控制相连动。

3. 空气过滤器净化的原理 空气除尘的净化方式主要包括以下三种。

（1）干式纤维过滤除尘　通过滤料孔隙阻隔大于滤材孔隙的尘粒，使空气净化，药品生产均采用此类过滤器。

（2）静电吸附除尘　使含尘空气流经电场，致使尘粒带电，被阴极吸住，从而除去而净化。

（3）黏性滤料黏附除尘　含尘空气通过滤料空隙的曲折通道时，尘粒碰到黏性滤料被粘住除去尘粒，而使空气净化。

4. 空气过滤器的类型　空气过滤器一般按其过滤效率分为初效、中效和高效过滤器。

（1）初效过滤器　设置于空气净化系统机组的初始段，主要用于过滤粒径 $5\mu m$ 以上尘粒。初效过滤器有板式、折叠式、袋式等样式，外框材料可采用纸质框、铝合金框等，过滤材料有无纺布、活性炭过滤棉等，滤材支撑防护网可用不锈钢拉板网、冲孔板等，具有结构紧凑，通用性好的特点，板式过滤器和袋式器滤芯结构见图 3-4、图 3-5。

图 3-4　初、中效袋式滤芯

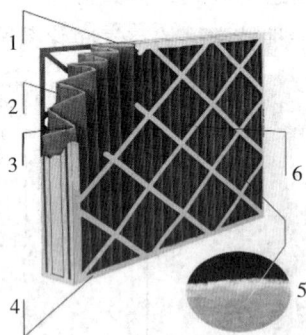

图 3-5　初、中效板式滤芯结构图

1. 滤材与边框黏结；2. 钢丝护网；3. 折叠结构滤材；

4. 铝合金边框；5. 无纺布滤料；6. 防水菱形网格支撑纸板

（2）中效过滤器　设置于空气净化系统机组的中间段，位于高效过滤器的前端，主要用于空气经过初效过滤后进一步过滤，过滤粒径 $1\mu m$ 以上尘粒，结构与初效过滤器相似。

（3）高效过滤器　设置于药品生产洁净室内的送风系统，主要用于捕集粒径 $0.3\mu m$ 以上的尘粒。均为板式过滤器，分有隔板和无隔板两种。有隔板过滤器是将滤料往返折叠制成，在被折叠的滤料之间靠波纹状分隔板支撑着，形成空气通道。无隔板过滤器是将滤料往返折叠制成，在被折叠的滤料之间用线状黏结剂或其他支撑物支撑。目前洁净厂房多采用液槽密封式高效空气过滤器，过滤器边框的一面应沿周长设一圈刀口，固定在过滤器的框架上，根据过滤器密封面尺寸设一圈沟槽。安装时，将刀口插入填充非牛顿流体材料的沟槽中进行密封。非牛顿流体密封材料如聚硅氧烷等，性能应保证在工作温度下柔韧不流淌。经中效过滤的净化空气采用顶送和侧送进入高效过滤器。高效过滤器板式滤芯见图 3-6。

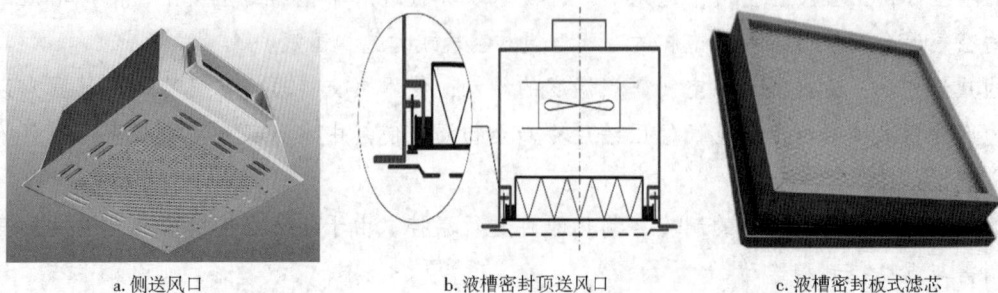

a. 侧送风口　　　　　　　　b. 液槽密封顶送风口　　　　　　c. 液槽密封板式滤芯

图 3-6　高效过滤器板式滤芯

5. 空气过滤器的技术参数　包括效率、阻力、滤材材质和用途。空气过滤器的捕尘粒径、风压阻力及适用范围见表3-5。

表3-5　空气过滤器技术性能参数

过滤器类别	捕尘粒径（μm）	风压阻力（Pa）	捕集效率（%）	滤材材质
高效	≥0.3	≤500	≥99.9	玻璃纤维
中效	≥1	≤300	60~95	合成纤维
初效	≥5	≤200	70~80	合成纤维

（三）洁净空气气流组织形式

气流组织形式就是为使药品生产洁净室内达到特定的空气洁净级别，限制和减少生产中产生的尘粒污染，而采用的净化空气在室内形成合理的空气流动状态与分布。为实现合理的气流组织，需要确定气流组织的形式，同时也要考虑气流速度、换气次数等。目前采用的主要气流组织形式有乱流（非单向流）和层流（单向流）。层流又分垂直层流和水平层流，因而洁净室有乱流洁净室、垂直层流洁净室和水平层流洁净室。

1. 单向流洁净室　指空气朝着同一个方向以稳定均匀的速率流动的洁净室。单向流洁净室是利用送风气流推挤作用，将室内微粒从一端出风口推向相对的回风口排出，单向流又分垂直单向流和水平单向流。

（1）垂直单向流洁净室　指吊顶出风口送出的净化空气向下将室内粒子推向地面，从地面或地脚回风口排出的洁净室。垂直单向流洁净室见图3-7。

（2）水平单向流洁净室　指墙壁出风口送出的净化空气沿同一水平方向将室内粒子推向对面墙壁，从相对墙壁回风口排出的洁净室。回风口位置及洁净室的布局是影响净化效果的重要因素。水平单向流洁净室见图3-8。

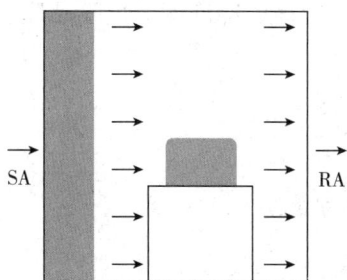

图3-7　水平单向流洁净室

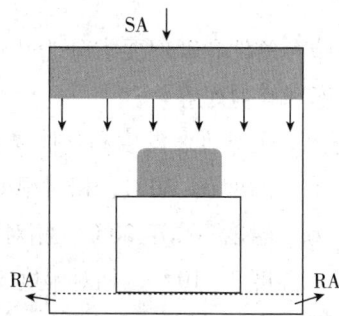

图3-8　垂直单向流洁净室

2. 非单向流洁净室　非单向流也称"湍流""紊流"或"乱流"，是一种流向不同的气流分布形式，净化空气经吊顶湍流散流器送入室内，朝不同方向扩散，将微粒推向墙壁地脚回风口排出。

药品生产企业在设计洁净室时，根据产品特性及其生产洁净度、压差需求，选择单向流或非单向流形式，以满足药品生产各工序之间的洁净区压差控制要求。洁净室空气压差计见图3-9。

3. 洁净室（区）正压的控制　空气洁净技术主要是通过空气过滤、气流组织、压差三个作用而实现的。为保证洁净室不受室外污染或邻室的污染。洁净室与室外或邻室必须维持一定的压差（正压或负压）。正的压差是洁净室抵挡外来污染的一个重要参数，负的压差是防止洁净室内污染外溢的一个重要参数。

我国GMP要求洁净区与非洁净区之间、不同级别洁净区之间的压差应不低于10Pa；相同洁净度级

a. 弹性压差计　　　　　　　　　　　b. 曲管压差计

图 3-9　洁净室空气压差计

别的不同功能区域之间也应保持适当的压差梯度，这就要求有一定的正压风或一定的排风进行调节。洁净室保持正压是为防止外界空气渗入造成污染。正压的保持可通过调节空调净化系统的送风量大于回风量和排风量的总和来实现。但在系统的运行中随着时间的推移，由于过滤器积尘阻力增加，门与传递窗的开、关，工艺排风的变化等因素的影响，原先调整确定好的正压值会发生变化，室内正压就不能保持恒定值。要实现室内正压，必须使送风量大于室内回风量、排风量、漏风量的总和。其正压值可通过室内压差表显示来调节送风量回风量和排风量进行控制。

✕ 练一练

粉尘间、称量间散尘严重，为了避免房间内含尘量大的气流扩散到其他房间，应该把粉尘间、称量间压差调整为_____压差。

二、仓储设施管理

（一）仓库

仓库按储存条件和管理要求分为普通库、常温库、阴凉库、冷库、冷冻库、危险品库、特殊管理物料与产品库和其他库等。

1. 普通库　无温度、湿度和其他要求。

2. 常温库　温度 0~30℃，相对湿度 35%~75%。

3. 阴凉库　温度不高于 20℃，相对湿度 35%~75%。

4. 冷库　温度 2~10℃，相对湿度 35%~75%。

5. 冷冻库　温度 -25~-10℃。

6. 特殊管理物料与产品库　特殊管理药品的生产企业的仓储设施应符合下列要求。

麻醉药品、第一类精神药品、第二类精神药品、医疗用毒性药品和药品类易制毒化学品，应设置专库，并不得与其他药品混放。麻醉药品、第一类精神药品专用仓库必须位于库区建筑群之内；不靠外墙，仓库采用无窗建筑形式，整体为钢筋混凝土结构，具有抗撞击能力和防火能力，入口采用钢制保险库门。

麻醉药品、第一类精神药品、医疗用毒性药品和药品类易制毒化学品，库房内外均应设置视频监视系统和防入侵报警系统，防入侵报警系统应与公安机关报警系统联网。

放射性物品应设置专库或专柜储存。剧毒化学品和第一类监控化学品，应设置专库储存。剧毒化学品库房应设置防入侵报警系统。第一类监控化学品、放射性物品的库房，宜设置防入侵报警系统。

腐蚀性物品应按不同类别、性质、危险程度、灭火方法等分区、分类储存，库房的建筑应符合国家的有关规定。高活性的物料应存放在单独的库房。

仓库应设置待验区、备料发料区，应有器具室和清洁室，用于放置器具和清洁工具。

仓库至少应有人流通道和物流通道并设有更衣室、盥洗室、沐浴等设施，仓库与洁净厂房之间应有缓冲间。仓储设施之一原料仓库平面布局见图 3-10。

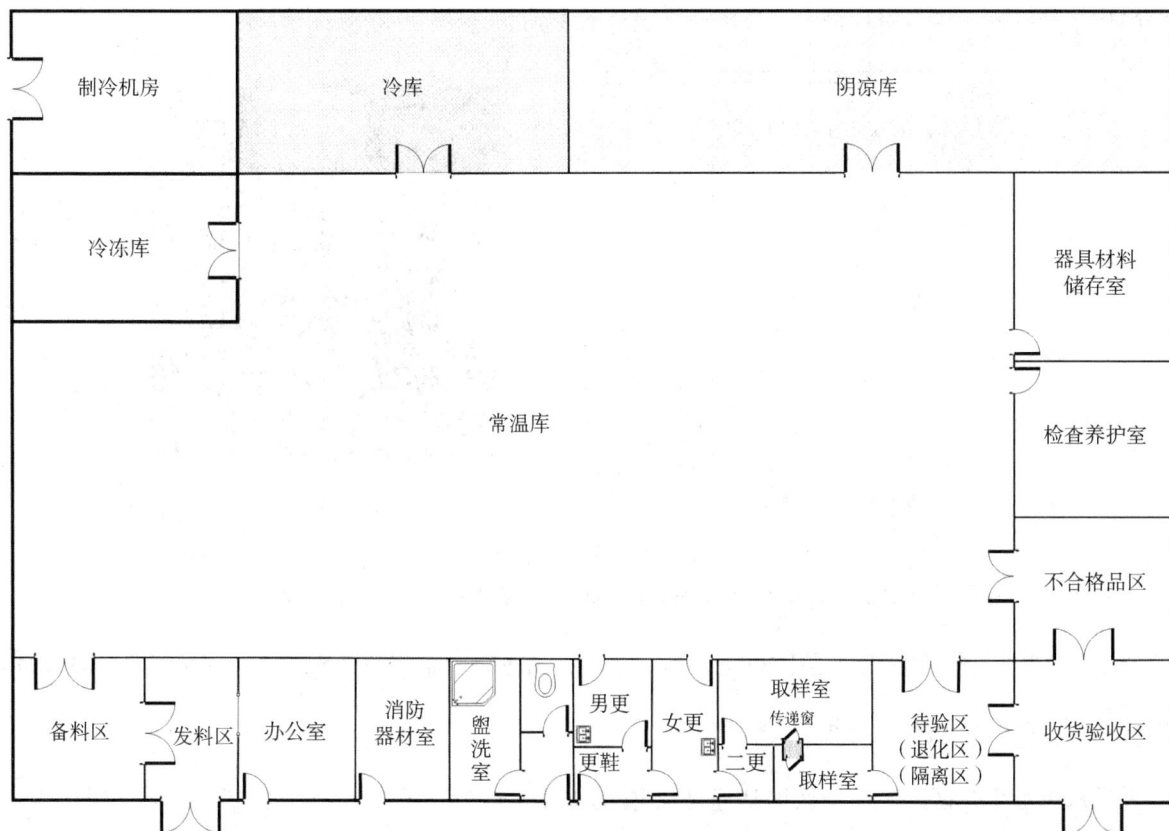

图 3-10　原料仓库平面布局图

仓库应装备完善消防防火设施，必须装备火灾报警装置以及二氧化碳、干粉灭火器。货位上应悬挂二氧化碳、干粉灭火器自动灭火器，仓库外必须设置消防带。

仓储区有适当的照明和通风设施，能保持干燥、清洁、整齐。仓储区对温度、湿度及特殊要求的物料应有有效的控制措施。

物料都应堆放在地台板上，宜采用金属或塑料地台板，其高度至少 10cm。其结构应考虑便于清洁和冲洗。产品或物料堆垛应留有一定距离，垛与垛的间距不应小于 5cm，与库房内墙、顶、温度调控设备及管道等设施间距不应小于 30cm。

仓库中的设备主要是高位叉车、手叉车、清洗机、取样间的净化工作台、特殊要求的空调恒温恒湿机组、冷库的制冷机组、计算机系统等。

※ 练一练

药品与药品的垛间距应（　　）

A. 不小于 5cm
B. 不小于 10cm
C. 不小于 15cm
D. 不小于 30cm

（二）称量室、暂存室

在药品洁净生产区域内应设置与生产规模相适应的称量室、备料室、中间产品存放区域。在洁净厂房内进行药品制剂生产都涉及称量操作，为避免称量造成粉尘和挥发性物质污染，必须设立称量室。称量室均为负压，防止粉尘或挥发物外泄，或在生产洁净区内安装负压称量罩，称量罩分负压称量罩和专门用于活性炭的活性炭称量罩。负压称量罩见图 3 – 11。

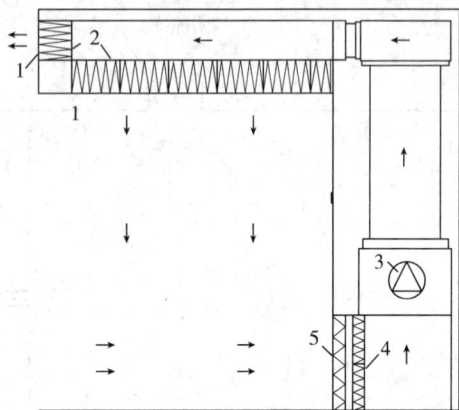

负压称量罩结构图　　　　　　　　　　　　　　负压称量罩实物图

图 3 – 11　洁净厂房负压称量罩结构图
1. 出风口；2. 高效过滤器；3. 风机；4. 中效过滤器；5. 初效过滤器

洁净厂房内根据工艺需求设置暂存室，其洁净度级别应与产品洁净度相适应，应按产品特性设计。

三、人员净化设施管理

人员从一般生产区进入控制区即洁净区必须先通过人员更衣净化设施，按相应的净化程序净化，以避免造成污染。

人员净化设施要按照相应的净化程序设计与设置，人员净化程序分为非无菌产品生区人员净化程序和无菌产品生产区人员净化程序两种。

净化室中私人外衣和洁净工作服应分室放置。存衣柜按设计人数每人一柜。洁净区入口处设置气闸室，有的还设置风淋室。气闸室的出入门应有电子联锁等防止同时打开的设施。人员净化程序见图 3 – 12、图 3 – 14，风淋室见图 3 – 13。

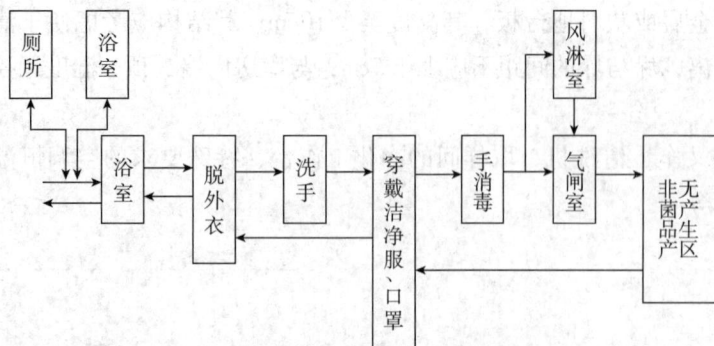

图 3 – 12　非无菌洁净区人员净化程序图　　　　　　**图 3 – 13　风淋室**

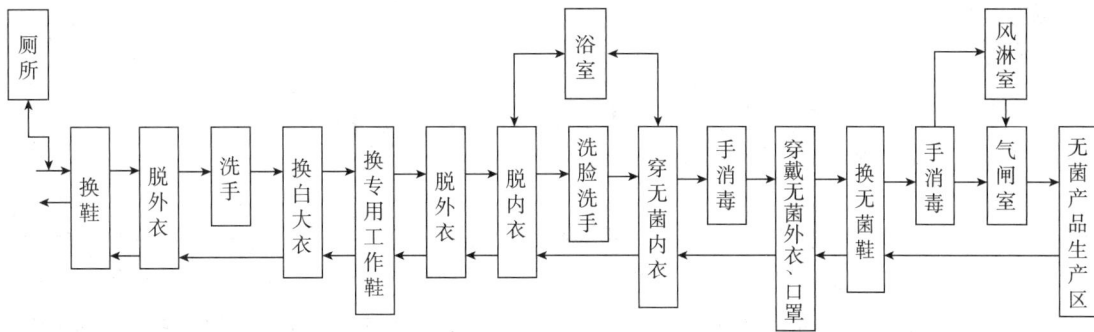

图 3-14 无菌洁净区人员净化程序图

四、物料净化设施管理

洁净厂房应设置与洁净级别相适应的物料净化用室和设施，根据实际情况可采用物料清洁间、缓冲间、气锁间或传递窗进入洁净区。洁净区内的中间产品不宜直接进入一般生产区，传输带不得穿越不同洁净级别区域，应采用可封闭隔断的过渡设施。生产中的废弃物不应与物料合用一个传递通道。物料净化设施见图 3-15、图 3-16。

图 3-15 货淋室

图 3-16 传递窗

五、质量控制设施管理

质量控制实验室应根据需要设置各种理化检验、仪器分析、生物检定、微生物检验、中药标本、留样观察室以及其他实验室，实验室应与药品生产区分开。生物检定、微生物检验和放射性同位素检定要分室进行。无菌检查室、微生物限度检查室、阳性对照室见图 3-17。

阳性对照实验室与无菌检查室和非无菌限度检查室共用人流、物流通道，易出现交叉污染。微生物实验室应划分成相应的洁净区域和活菌操作区域，同时应根据实验目的，在时间或空间上有效分隔不相容的实验活动，将交叉污染的风险降到最低。活菌操作区应配备生物安全柜，形成负压空气环境，以避免有危害性的生物因子对实验人员和实验环境造成的危害。微生物实验的各项工作应在专属的区域进行，以降低交叉污染、假阳性结果和假阴性结果出现的风险。

? 想一想

某制药企业微生物检验室在进行改造时因空间限制，在进行设计时，将阳性菌实验室、无菌检查室和非无菌产品微生物限度检查室共用人流通道，且操作检查室与二次更衣间无气锁间隔断。

这样设计是否合理？

项目五　制药设备的管理

📖 导学情景

情景描述：2006年7月24日，某市部分患者使用××公司生产的克林霉素磷酸酯葡萄糖注射液（欣弗注射液）后，出现胸闷、心悸、心慌、寒战、腹痛、腹泻、恶心、呕吐等临床症状。

情景分析：经调查，导致这起不良事件的主要原因是，××公司生产的欣弗注射液因车间更新灭菌设备，未按批准的工艺参数灭菌、降低灭菌温度、缩短灭菌时间、增加灭菌柜装载量，从而影响了灭菌效果。经中国药品生物制品检定所对相关样品进行检验，结果表明无菌检查和热原检查不符合规定，导致了严重的质量事故。

讨论：企业更新设备为什么会发生灾难？

学前导语：制药设备是将原辅料投入转化成药品的工具和载体，机械设备的功能状态和运行状态与所生产的药品质量有着很大的关系。在制药企业中，机械设备往往造价不菲，占据大量的成本投入，机械设备的发展水平也代表着制药企业在市场中的竞争能力。此外，GMP特别对药品质量与设备好坏的问题做出了明确规定。因此，对机械设备进行有效的管理，对于保障药品的质量而言是十分重要的。

任务1　概　述

一、认知设备管理

制药设备作为药品生产中物料投入转化成产品的工具和载体，与药品质量的优劣息息相关，要生产出合格的药品，必须具有过硬的生产设备和设备管理作为保障。随着科技的进步，药品生产设备也朝着高效、多功能、自动化、智能化方向发展。产品的质量和成本都依赖于设备的运行状态，因此，设备管理必须与GMP管理相适应，建立有效、规范的设备管理体系，确保药品生产的顺利进行。

设备管理包括设备选型、采购、安装调试、验证、运行使用、清洁、检修、维护、保养、改造及报废的全过程科学管理。建立有效、规范的设备管理体系，最大限度降低设备对药品生产过程发生的污染、交叉污染、混淆和差错。设备管理要保障安全、保障生产、满足生产工艺、方便操作和维护、有利于洁净等，设备要符合生产、工艺卫生要求，以最佳状态运行，顺利生产出安全、有效的药品。

二、设备管理的内容

（一）建立设备管理组织，制定设备管理制度

根据 GMP 的规定，药品生产企业必须设置设备管理部门，配备专职设备管理人员，负责设备的基础管理工作。对设备管理的职责划分、设备管理全过程的管理要点及相关记录等做出文件化规定，并组织实施。

（二）制定设备使用、清洁等操作规程（SOP）

设备操作人员应根据 GMP 和实际工作要求对所有的生产和检验设备，建立设备操作、清洁及维修、保养等其他相关的标准操作规程，明确使用过程的职责划分、工作程序和内容等。

（三）对设备进行编号

为了方便使用和管理，需要对设备进行编号。设备编号需要体现所属的使用部门；能表现集群型设备的特点；用于同一剂型和规格的设备在编号上要体现统一性。

三、GMP 对制药设备的要求

设备是药品生产中物料投入转化成产品的工具或载体。在洁净厂房中、药品生产使用的设备有直接接触药物的，也有不直接接触药物的，它们必然对环境和药品生产质量、效率产生直接影响。药品的生产是在相应的空气洁净度要求的条件下进行的，要求药品的生产能够保持与追求质量的均一性，同时又要能够及时地组织生产，以满足时效性的要求。在药品生产过程中生产工艺要素的动态性与结果的差异性，提出了对生产控制过程的精确性。正因为药品生产的特殊性，GMP 对设备的设计、选型和安装也提出了一些规范性的要求。

（一）设备的设计

1. 适用性　制药企业所用的设备设计应该充分考虑设备是在特定的环境条件中生产的事实，对药品的生产过程要保证产品质量的均一性与最佳的纯度。

2. 洁净性　药品生产的设备还需要从环境的洁净和设备自身的洁净双重考虑，不能对药品生产的过程及其环境产生丝毫的污染，要提高与药品直接接触的部位的光洁度，要便于清洗，尽可能减少加工时物料的暴露，采用密闭的管道运输。

3. 方便性　设备的设计还要考虑使用者的方便，能够简便安全地进行操作，仪表容易识别，保养快捷又不影响生产，维修便利，配件标准化。

4. 抗污染性　设备的设计从制造的材料上要考虑预防材料本身对药品生产带来的不利影响，尤其是直接与药品的原辅料接触的部位不能对药品的生产有不良反应或者释放影响药品质量的物质。

（二）设备的选型

对于设备的选型一定要进行前期的考察，尤其是主要的、关键的设备。目前适用于药品生产的设备朝着高效、高速、多功能、自动化、计算机智能化的方向发展，不仅有大量国外的设备充实了我国的制药企业，近几年 GMP 的实施使得国内制药设备的更新换代也加快了速度，增大了选择的余地。设备选型的主要考虑点在于本企业产品的剂型和工艺要求的特点结合目前的生产规模和远期的发展需要全面考虑，并进行可行性的经济分析，慎重决策。

（三）设备的安装

设备的安装与生产工艺流程、生产区域的空气洁净级别要求相适应，同一台设备的安装要穿越不同的洁净区域，区域之间要保持良好的密封性。与设备连接的管道要排列整齐，标识准确鲜明，并指明内容物的方向。设备的安装要考虑洁净消毒的可操作性，同时还要考虑保养维修的方便，设备与设备之间、设备与地面和墙面之间要保持适当的距离。

任务 2 设备的使用与维护管理

一、设备的使用管理

设备的使用等应有相对应的文件和记录，所有活动都应由经过培训合格的人员进行，每次使用后及时填写设备相关记录和设备运行日志，设备使用或停用时状态应该显著标识等。

（一）岗前培训，规范操作

设备操作人员必须经培训、考核合格后才可允许上岗操作。做到每台设备有专人负责，使用时应严格实行定人、定机，按规程进行操作，同时按时进行维护和保养，保持设备经常处于完好状态。

（二）状态标志

设备要在明显位置牢固悬挂状态标识牌，标明设备编号和内容物（如名称、规格、批号、生产日期、操作人等）。当设备状态改变时，应及时更换状态标志，避免操作失误。不合格的设备应当搬出生产和质量控制区，但在设备未搬出前，应当有醒目的红色"停用"状态标识。

（三）设备验证和校验

主要设备（例如灭菌釜等）必须经验证，以证明其性能安全可靠，能够满足工艺规定的要求方可使用。生产及检测用衡器、仪器、仪表、量具等定期校验，并贴有合格证，注明校验日期和周期。

（四）设备编号

设备编号应体现所属的使用部门。同一剂型和规格的设备编号应体现统性，能表现集群型设备特点。

（五）设备应制定标准操作规程

明确使用过程的职责划分、工作程序和内容等。在使用设备前，操作人员要先检查设备状态标志，确认状态标志与生产工艺相符。严格按照操作规程进行设备的使用和操作，并及时更换相应的状态标志。

（六）设备使用执行操作规程和巡回检查制度

当操作人员发现设备出现异常情况时，应立即停机、查找原因并及时上报。

（七）使用记录

药品生产或检验的设备和仪器，应有使用记录，使用记录内容包括设备运转记录，设备周检、点检记录，设备润滑、维护保养记录，设备故障分析维修记录，设备事故报告表，设备清洁记录等，以上记录应有专人记录并标明日期、时间，有专人检查和保存。

❓ 想一想

某一制药有限公司大输液生产车间班组女工，突然发现自己有头发大量脱落、食欲不振、长期失眠等症状，到医院检查结果是患了白血病，可是她身体一向健康，且无家族遗传史，怎么会得此病呢？调查发现，原来该女工长期负责车间清场工作，每次由她开启紫外线灯灭菌，第二天又由她关闭，而紫外线灯的开关却安装在房间内，这样她每次进行灯的开关都被紫外线照射，长期以往就对她身体造成了严重伤害。

实际上是该公司在厂房设计时忽略了一个既简单而又严重的问题，假如你是厂房设计者，你该如何解决这一问题？

二、设备的维修与维护

设备在使用过程中会逐渐磨损、老化，产生故障，带来安全隐患，因此企业应制定设备维修、维护规程。设备的维护包括设备的基础维护和日常维护。

（一）基础维护

基础维护主要由设备管理部门负责，药品生产企业首先应该建立完善的维修保养规程，并制定设备日常维护的规程和方法，设备管理部门按照各类设备的维修与保养规程、保养计划，定期组织对所有设备进行检查、保养、校正、更换、维修和评价，以支持对其运行安全性与可靠性的保障。

（二）日常维护

设备的日常维护主要是由设备使用者进行。生产和使用人员应严格遵循设备的维护操作、维护规程和安全守则，做好设备的维护记录。设备的日常维护需明确责任人和实施人、时间与地点、要求与标准、内容与方法、记录与保存等。

❤ **药爱生命**

2015 年 10 月 18 日，某制药企业 TMP 车间环合工段因长期使用反应釜，釜壁中产生了污垢，为清除污垢，A 操作工从入口孔下去清刷，随后 B 操作工开动了其他反应釜的搅拌，并顺手开了此反应釜的搅拌，在下面除垢的 A 操作工被旋转之后发出"吱吱"的声音，平台上的 B 操作工听到后，马上关闭了开关把 A 操作工救上来，该操作工头晕、不能站立，并紧急送完医院救治，其后一周不能上班。

制药企业有很多大型的仪器设备，为保护生命安全，大家要严格遵守安全生产操作规范，如遇设备故障，设备操作人员必须是经过培训并考核合格才允许上岗操作，要定期对设备进行维护、保养和检修。及时悬挂设备状态标识，定期进行设备校验，做好完备的运转、检修、保养、清洁等记录。

任务 3　设备、管道状态标志及涂色管理

一、设备、管道状态标志管理

所有使用设备都应有统一编号，要将编号标在设备主体上，每一台设备都要设专人管理，责任到人。

完好、能正常运行的设备在生产结束清场后，每台设备都应挂状态标志牌，通常有以下几种情况。

1. 运行中　设备开动时挂上"运行中"标志，正在进行生产操作的设备，应正确标明加工物料的品名、批号、数量生产日期、操作人等。

2. 维修中　正在修理中的设备，应标明维修的起始时间、维修负责人。

3. 已清洗 已清洗洁净的设备，随时可用，应标明清洗的日期。

4. 待清洗 尚未进行清洗的设备，应用明显符号显示，以免误用。

5. 停用 因生产结构改变或其他原因暂时不用的设备应挂"停用"标志。如长期不用，应移出生产区。

6. 待修 设备出现故障。

各种管路管线除按规定涂色外，应有标明介质流向的箭头"→"显示其流向地点、料液的名称等。

灭菌设备应标明灭菌时间和使用期限，超过使用期限的，应重新灭菌后再使用。

当设备状态改变时，要及时换牌，以防发生使用错误。

所有标志牌应挂在不易脱落的部位。

标志所用字的颜色如下：①"运行中""已清洁"状态标志用绿色字；②"待清洗"标志用黄色字；③"维修中"标志用黄色字；④"待维修"标志用黄色字；⑤"停用"标志用红色字；⑥"完好"标志用绿色字。

✎ **练一练**

尚未进行清洗的设备，应该悬挂的标志是（　　）

A. 运行中　　　　　　　　　　B. 维修中

C. 停用　　　　　　　　　　　D. 待清洗

二、管道涂色管理

固定管道喷涂不同的颜色，与设备连接的主要管道应标明管内物料名称及流向。管道安装应整齐、有序。但洁净室管道不可涂色，但必须注明内容物及流向，流向以箭头"→"表示。管道的颜色如下：①物料管道，大黄色；②蒸气管道，鲜红色；③常水管道，绿色；④冷冻水管道，白色字、黑色保温层；⑤真空管道，白色；⑥压缩空气管道，蓝色；⑦三废排气管道，黑色。

任务4　计量器具的管理

药品生产的各个环节中，均离不开检测与检验，其目的是保证药品生产质量。国家规定了药品生产企业必须要通过包括仪器仪表校准为主的计量工作的验收，才能保证药品生产工艺的准确执行和可靠性。

一、GMP 对计量管理的基本要求

我国 GMP 要求药品生产企业，要按照操作规程和校准计划定期对生产和检验用衡器、量具、仪表、记录和控制设备以及仪器进行校准和检查，并保存相关记录。校准的量程范围应当涵盖实际生产和检验的使用范围；应当使用计量标准器具进行校准，且所用计量标准器具应当符合国家有关规定。校准记录应当标明所用计量标准器具的名称、编号、校准有效期和计量合格证明编号，确保记录的可追溯性；衡器、量具、仪表、用于记录和控制的设备以及仪器应当有明显的标识，标明其校准有效期，不得使用未经校准、超过校准有效期、失准的衡器、量具、仪表以及用于记录和控制的设备、仪器；在生产、包装、仓储过程中使用自动或电子设备的，应按操作规程定期进行校准和检查，确保其操作功能正常，校准和检查应当有相应的记录。

二、计量器具管理的内容

药品生产企业计量管理工作的基本任务就是以《中华人民共和国计量法》为依据，以提高药品质量为目标，保证计量器具配备齐全，计量统一，量值准确可靠，使量具处于完好状态。其主要内容如下。

1. 建立计量校准管理体系依据体系指导并开展企业内的计量校准工作的实施。设立专门的校准部门和人员，监督各部门计量器具的使用、定期维护和保养。

2. 制定标准规程等文件校验管理人员负责按生产工艺的控制要求，制定校准管理规程（SMP）、校准操作程序（SOP）、校验台账、校准记录表、偏差处理流程和变更控制流程等，经相关部门审核批准后执行，严禁违章操作。

3. 校准和检查计量器具，提高测量手段，配齐企业所需要的计量仪器设备，并周期性地校准和检查企业的计量器具，由计量部门进行检查、校验并合格认证。校准合格的仪器仪表应贴上校准合格标志，并保存相关记录。

4. 做好计量管理的基础工作，并开展人员培训如计量仪器设备的档案、使用与校验、检定记录、原始技术资料等方面内容的建立与保存。定期开展计量知识、计量技术、计量管理方面的人员培训工作。

三、计量器具与设备状态标签

在校验管理规程中必须明确定义仪表的标签状态，目的是防止不合规的计量仪表继续使用。标签应张贴在测量仪表附近的控制单元的显著位置，方便用户观察，以不同颜色标签标识不同的计量仪表状态。

1. 绿色准用标签　本次校准结果符合规定要求，可在下次校准日期前使用。

2. 红色禁用标签　本次校准结果有一项以上参数不符合规定或因故暂时停用。

3. 红绿限用标签　本次校准结果有个别量程超出允差范围，但不影响使用要求，可在限定的范围内使用。

4. 黄色准用标签　此标签表明该仪表只进行安装前校准。

标签上应注明仪表编号、校准日期、校准执行人，绿色准用标签还应注明下次校准日期，红绿限用标签还应标明限用范围。

✎ 练一练

校准结果有一项以上参数不符合规定或因故暂时停用，计量仪表应站（　　）

A. 绿色准用标签　　　　　　　B. 红色禁用标签

C. 红绿限用标签　　　　　　　D. 黄色准用标签

任务 5　环境卫生管理

卫生管理是保证药品质量的关键。制药环境的卫生管理是药品生产管理的主要任务之一，对于确保药品质量具有十分重要的作用。药品生产环境是指与药品生产相关的空气、水源、地面、生产车间、设备、空气处理系统、生产介质和人等几方面的卫生。GMP（2010 年版）第四十条规定："企业应当有整洁的生产环境；厂区的地面、路面及运输等不应当对药品的生产造成污染；生产、行政、生活和辅助区的总体布局应当合理,不得互相妨碍;厂区和厂房内的人、物流走向应当合理。"药品生产企业应制定相应的环境卫生管理制度来防止药品污染,采取合适的技术手段和措施,对保障药品的质量具有十分重要的意义。

一、基本卫生要求

清洁卫生的环境是 GMP 对药品生产的基本要求。药品生产环境有两个重要的区域,即外环境和内环境,厂房之外的相关厂区为外环境,厂房内的直接生产区间为内环境,药品生产企业的环境卫生管理有不同于其他产品生产的严格要求。药品是一种特殊商品,药品质量的优劣直接影响人体健康和生命安全。药品不仅要有确切的疗效,还必须安全和质量稳定,药品一旦受到微生物的污染,微生物在一定适宜的条件下会大量生长繁殖,从而导致药品腐败变质,甚至会危及人体生命安全。

药品生产企业应制定相应的卫生措施和卫生管理制度来防止药品污染。引起药品污染的主要因素有微生物和尘埃。GMP(2010 年版)根据药物制剂不同的给药途径,对药物制剂的生产环境规定了洁净度标准。因此,采用合适的技术手段和措施管理药品生产的环境卫生,如保证生产车间卫生要求,人员、物料进出要求、清洁室清洁消毒要求,设备卫生要求,对保障药品的质量有十分重要的意义。环境卫生包括厂区环境卫生、厂房环境卫生和仓储区环境卫生等。

二、厂区环境卫生管理

(一) 厂区外环境卫生要求

药品生产厂区布局一般按照生产、仓储、质量控制、行政、生活辅助等功能区进行总体设计功能划分和总体布局安排,厂房的选址、设计、布局必须符合药品生产要求,人员流向和物品流向合理规划,最大限度地避免污染、交叉污染、混淆和差错,便于清洁、操作和维护。

1. 厂区物品的存放 厂区内车辆及其他产品必须放置在定置图规定的区域内,按要求放置。

2. 生产区周围的厂区环境 清洁、整齐,排水通畅,无杂草,无积水,无蚊蝇滋生地。

3. 生产区、生活区、辅助区 分开,并且有明显、清晰的标志。

4. 厂区绿化 可以减少露土面积,美化面积,美化环境绿化面积应达到 50% ~70%。绿化以种植草皮及绿色灌木为主,不宜选种观赏花木及高大乔木,不得种植产生花絮、绒毛、花粉等对大气产生污染的植物。

5. 厂区道路 采用混凝土路面,路面保持清洁、通畅、平整、不起尘、排水通畅。厂区进出口及主要道路应贯彻人流与物流分开的原则,将人流门和物流门分开设置。

6. 厂区应设消防通道 污水管网、雨水管网、消防管网、动力管网、电力管线、通信管线等的设置应适应厂区布局和未来规划的需要。

7. 废弃物及垃圾处理

(1) 厂区内不得堆放弃物及垃圾。生产中、工作中的废弃物及垃圾必须采用有效的隔离措施,放在密封容器内或袋中,及时送到厂区外规定的堆放地点,不得对厂区环境产生污染。

(2) 厂区邻近的弃物、垃圾存放站必须与厂区之间有效隔离措施和消毒措施,位置要远离生产区,并由专人及时清除,随时将盛装容器处理干净、消毒。

8. 厂区内施工 必须采取有效的隔离措施,将施工现场与厂区周围环境隔离。应有明显的施工标志,不得对厂区环境、物料运输和药品的生产产生污染。

9. 厂房应配套有效措施 防止昆虫或其他动物进入,应结合原料药具体品种的工艺和物料特点确定所需的防虫防鼠措施。常见的措施包括风幕、灭虫灯、粘虫胶、灭鼠板、超声波驱鼠器、捕鼠外门密封条、挡鼠板等。

？想一想

2017年暑假，药剂专业大一学生小李想利用假期到药厂参观，了解药品生产岗位操作，于是找到了在药厂工作的朋友，到该企业后发现该药厂的厂区绿化没用观赏性花草，且无泥土外露；与朋友见面时，需要朋友从生产车间出来，而自己不能到其工作车间去。回来后，小王百思不得其解。

厂区绿化为什么没用观赏性花草且无泥土外露？小李为什么不能直接进入生产车间？

（二）厂房内环境卫生要求

厂房应保持清洁，清洁要求随不同洁净级别而定，应针对各洁净等级区的具体要求制定清洁规程。在生产过程中，必要时可以进行清洁工作。所用清洁剂及消毒剂应经过质量保证部门确认，清洁及消毒频率应能保证相应洁净等级区的卫生环境要求。

1. 人员和物料　洁净厂房应有专门保洁人员负责更衣室、办公室、参观走廊及其他公用场所的清洁。生产作业区的清洁工作一般由操作人员承担，人员培训应包括清洁方法、清洁步骤、清洁率等清洁操作规程内容，在工作中严格遵照执行。同时，所有进入洁净室的人员必须保持清洁卫生，不得化妆和佩戴首饰；应穿着该洁净区域的工作服装，经规定净化程序后，方可进入洁净室，参观人员做好相应记录。

洁净区使用的物料、器具等必须按规定程序净化，如在室外做清洁处理或灭菌经传递窗或气闸室送入无菌室。

2. 清洁用具　洁净区按照分级应配有各自的清洁设备。清洁设备储藏在专用的有规定洁净级别的房间内，房间应位于相应的级区内并有明显标记。进入无菌操作区的清洁用具均需灭菌，清洁用具（桶、拖把、抹布等）应按规定进行刷洗、消毒。B级和C级区每次使用后均应用清洁剂洗涤、干燥、消毒后放在洁净塑料袋中备用。A级无菌操作区按B级及C级区的要求进行，并增加高压灭菌操作。

3. 清洁剂及消毒剂　消毒剂浓度与实际消毒效果关系密切，应按规定准确配制。有些消毒剂如果浓度过高，不仅实际消毒效果下降，对某些物体表面也有损坏作用。消毒剂要经常更换使用，以防产生耐药菌株。对消毒剂、清洁剂的微生物污染状况需定期加以监测，稀释的消毒剂和清洁剂应存放在洁净容器内，储存时间不应超过储存期；应按洁净区的面积的大小，消毒剂和清洁剂用量应按照洁净面积的大小使用，防止超量和不足，以确保效果。

4. 清洁频率及范围

（1）一般生产区　每天操作前和生产结后各清洁一次，主要工作是清除废弃物并清洗废物贮器；擦拭操作台面、地面及设备外壁；擦拭室内桌、椅、柜等外壁；擦去走廊、门窗、水池及其他设施上的污迹。每周工作结束后进行全面清洁一次。每月工作结后进行全厂大清洁，清洁范围是对墙面、顶棚、照明、消防设施及其他附属装置除尘，全面清洁工作场所。

（2）C级、D级区　至少每天一次或更换产品前对地板、洗涤盆和水池进行清洁；至少每月一次或更换产品前对墙面、设备和内窗进行清洁；至少每半年进行一次全面清洁。

（3）B级区　至少每天一次或更换产品前对地板、洗涤盆和水池进行清洁；至少每周一次或更换产品前对墙面、设备和内窗进行清洁；至少每月进行一次全面清洁。

（4）A级区　至少每天一次或更换产品前对地板、墙面、设备和内窗进行清洁；至少每月一次墙面清洁；至少每年四次全面清洁。全面清洁除日常清洁对象外，重点注意空调系统的进风口、出风口，配料间的进出风口易于集聚粉尘，应特别注意。

5. 空调运行　A级和B级区域的空调系统一般情况应连续运行。非连续运行的洁净室，可根据生产工艺的要求，在非生产班次时，空调系统做值班运行，使室内保持正压并防止室内结露。

三、不同生产区的环境卫生管理

（一）一般生产区环境卫生要求

1. 厂房内表面、窗明壁净见本色，地无浮尘，无霉斑，无渗漏，无不清洁死角；灯与管线无积尘。地面光滑，平整，清洁，无积水，无杂物；地漏干净无积垢。厂房严密，设有防止昆虫和其他动物进入的措施；生产区内无动物及昆虫。

2. 一切非生产物品及个人物品不得带入和存放于生产区，不得在生产区内从事与生无关的活动。楼道、走廊、电梯间清洁和畅通，不得堆放任何东西。人流、物流分开，有明显标记，人、物分别在规定通道出入，不得穿行。同一操作间内或相邻操作间的操作安排要合理，避免产生交叉污染。

3. 生产中的废弃物装在密闭容器内，每天及时清理到规定的废弃物堆放处，并立即清洗干净容器、车辆、工具并消毒。生产区内应设置洁具清洗间，清洁工具齐全，洗涤剂、消毒措施完备；清洗间通风良好、清洁；清洁卫生完成后，应及时清洗及消毒清洁工具，并于清洗间内整齐放置。

4. 物料、中间产品定置码放整齐，有遮盖防尘措施，标志明显；操作台地面无撒落物，无污物。工作台表面应平整，不易产生脱落物。

（二）洁净区环境卫生要求

1. 门窗、各种管道、灯具、风口及其他公用设施，墙壁与地面的交界处等应保持洁净，无浮尘。地漏干净，经常消毒，经常保持液封状态，盖严上盖。洗手池、工具清洗池等设施，里外应保持洁净，无浮尘、垢斑和水迹。缓冲室、传递柜、传递窗等缓冲设施，两门不能同时打开。在不工作时，注意关闭传递柜（窗）的门。

2. 严格控制进入洁净室的人数，仅限于该区域生产操作人员及经批准的人员进入；工作时应关闭操作间的门，并尽量减少出入次数。对临时外来人员应进行指导和监督。对进入洁净室人员实行登记制。洁净区内操作时，动作要稳、轻、少，不做与操作无关的动作及不必要交谈。

3. 洁净区内所有的物品应定数、定量、定置，无不必要的物品。洁净区所用的各种器具、容器、设备、工具、台、椅、清洁工具等均应选用无脱落物，易清洗、易消毒、不生锈、不长霉的材质，不宜使用竹、木、陶瓷、铁等材质。不宜使用不易清洗、凹陷或凸出的架、柜和设备。

4. 清洁工具使用后要及时清洗干净。消毒并及时干燥，置于通风良好的洁具清洗间内规定的位置。用前用后要检查拖布、抹布是否会脱落纤维。不同空气洁净度级别的生产区使用不同的清洁工具，二者不能互用。进入无菌室的清洁工具需先进行灭菌。清洁剂、消毒剂要定期交替使用。

5. 文件、笔等经洁净处理，不产尘，不能用铅笔、橡皮、钢笔而应用圆珠笔。洁净区内不设告示板、记录板。进入无菌室物品还须经灭菌处理。

6. 生产过程中的废弃物应及时装入洁净的不产尘的容器或袋中，密闭放在指定地点，并按规定，在生产结束时及时清除出洁净区。所用的容器内袋宜是一次性的。

7. 不必要的物品不允许带入洁净区。所有容器具、设备、工具、物料、包装材料按规定程序进行清洁、消毒后方可进入洁净区。

8. 洁净室不得安排三班生产。每天应留足够的时间用于清洁与消毒。更换品种时要保证有足够的间歇，清场与消毒。必须定期监控洁净室的环境。监测频率及项目应依据验证结果制定洁净室（区）环境监测表。

9. 定期清洗初、中效空气过滤器及更换高效空气过滤器。

10. 洁净区域内的环境控制要求：产品无特殊要求的，控制温度为 18～26℃，相对湿度为 45%～

65%。洁净室压差必须维持一定的正压。高级别的洁净区与低级别的洁净区之间的静压差 >5Pa，洁净区与室外的静压差应 ≥10Pa。洁净区内产生粉尘的操作间与其他房间或区域之间应保持相对负压。照度一般不低于300lx，目的是保证生产/维修和卫生清洁时有足够的照度。

✎ 练一练

洁净区与室外的静压差应（　　）

A．≥10MPa　　　　　　B．<10MPa

C．≥10Pa　　　　　　　D．<10Pa

（三）仓储区环境卫生要求

1. 仓储区周围环境整洁，无粉尘、有害气体、垃圾及污水等严重污染源；地面平坦、整洁、无积水，沟渠畅通，地势干燥。

2. 库房内表面光洁、平整、无积尘、无霉斑、无渗漏、无不清洁死角，做到窗明壁净。

3. 库房内地面光滑、无缝隙、清洁干净、无积水、无杂物。

4. 库房内门窗结构严密，设置能有效地防止昆虫、鸟类、鼠类等动物进入的设施。如房门口设置防昆虫的灯，库房的通风窗上安装纱网，设置防鼠器具，防蚊蝇的风幕、风帘等。

5. 仓储区应划分办公区及库房。办公区整齐、清洁，库房实行定置管理、仓库内所有物品包括物资、运输工具、衡器等，均按定置要求，定位、定量码放整齐。库内所有物品应清洁、无积尘、无油污。

四、设施设备卫生管理

（一）基本卫生要求

《规范》第三十二条规定："与药品直接接触的设备表面应光滑、平整、易清洗或消毒、耐腐蚀，不与药品发生化学变化或吸附药品。主要设备的清洁、消毒或灭菌应建立相应的制度和规程，并应有操作记录及检查、验收或验证记录。以保证设备清洗的可靠性。"应建立详尽的生产设备清洗文件或程序，针对不同类型、不同情况的设备，规定清洁过程各个环节的工作方法和工作内容，确定每种方式的清洁标准和验收标准。

1. 每一批产品生产结束，每一天生产结束，必须按标准操作程序来清洁设备。清洁要求做到设备主体清洁、无跑冒滴漏，轴见光，沟见底，设备见本色；设备周围无油垢，无污水、无杂物，与物料、产品直接接触部位无物料或产品的残留物痕迹。洁净区使用的设备、容器、管道在进行清洁以后，还必须用纯水或注射用水冲洗干净，并或进行有效的消毒；生产无菌药品的设备、容器、管道，清洁后还要灭菌。

2. 难以清洗干净的设备、容器、工具、管道，应按品种专用。

3. 原料药的生产设备、更换品种时，必须对设备进行彻底的清洁。难以清洁的特定类型的设备可专用于特定的中间产品，原料药的生产或储存。

4. 经常使用的工具、零配件等应存放于指定的工具柜内。整齐码放，专人保管。洁室内的工具、模具、零配件等应物料规定从物流通道进入，并按规定定置，整齐地码放于符合洁净室要求的架内。

5. 洁净室内的清扫工具宜采用真空清扫设备，如吸尘机。

6. 按标准操作程序的要求清理捕尘装置、管道系统和集尘器内的粉尘，注意动作要轻，避免扬起灰尘。

7. 非无菌药品生产中应避免使用易碎、易脱屑、易长霉的工器具，使用筛网时应有防止因筛网断裂而造成污染的控制措施。如生产前对筛网完好性进行检查，一批生产结束后再检查，并根据经验确定筛网的破损周期，定期在破损周期前对筛网进行更换，换下的网应检查完好性，再结合金属探测器或其他措施，以上几种方法的结合，可以预防。

8. 设备所用的润滑剂、冷却剂应不能对产品造成污染，在无法避免时，应使用食用级的润滑剂。

（二）不同设施设备清洁、消毒要求

1. 新设备的清洁与消毒 对新设备、新容器规定详细的清洗步骤，在达到去污、除油、去蜡的效果后进行彻底清洁与消毒。

2. 正常生产过程设备的清洁与消毒 对正常生产状态下的设备清洁与消毒方式进行定义，对不同类型、不同频次的设备清洁与消毒方式、方法进行规定。清洁过程可参考如下步骤进行规定：确定需清洁的污染物性质和类型→清除所有前一批次残留的标识、印记→预冲→清洁剂清洗→冲洗、消毒→干燥→记录→正确存储和使用。

3. 超清洗有效期、长时间放置后重新启用设施设备的清洁与消毒 对超清洗有效期的设备、容器应按程序进行重新清洗。对长时间放置重新启用设备、容器需按照正常的在线或离线清洗步骤做彻底清洁与消毒。

4. 维修及故障后设备的清洁与消毒 维修及故障后的设备需按照正常的在线或离线清洗步骤做彻底清洁与消毒。

5. 特殊产品及设备的清洁与消毒 对特殊产品、设备的清洁与消毒方法、频次等做出规定，不同于正常清洁的需详细描述清洁过程各环节的工作方法和内容，包括动作要领、使用工具、使用的清洁剂、消毒剂、清洁需达到的标准等，确定每种清洗方式的验收标准。常见特殊产品如黏度较大、活性成分较高的产品。

6. 对清洗站设施设备的要求 清洗站内用于清洗的设备、设施，其造型与设计应与生产设备要求一致。对清洗站用于清洁的设施设备应定置管理并明显标志，不同区域（洁净等级不同、特殊产品等）的清洁设施设备不能混用。

7. 已清洁设备的管理要求 已清洁设备存储的环境温度、湿度、洁净等级别应与生产过程的环境保持一致，建议针对不同使用要求进行分区定置管理，必要时可采取密封、单间、专区存放等存储形式，并制定严格的防止污染、交叉感染和混淆的措施。已清洁设备状态标识应按照状态管理程序规定的要求进行，对清洁状态做出定义，并规定标识管理的内容，确定标识形式、标识内容。规定对已清洁设备在使用前清洁状态的检查方法，确保对各类设施清洁与消毒的有效性。

（三）设施设备的清洁验证

药品生产的每道工序完成之后，及时对设备进行清洗是防止药品污染和交叉污染的必要措施。清洁验证目的是证明通过设定的清洗程序进行清洁后可以达到"洁净"状态。清洁验证应当综合考虑设备使用情况、所使用的清洁剂和消毒剂、取样方法和位置以及相应的取样回收率、残留物的性质和限度、残留物检验方法的灵敏度等因素。清洁方法应经过验证，证实其清洁的效果，以有效防止污染和交叉污染。

清洁验证可以确保产品不会受到来自同一设备上生产的其他产品的残留物、清洁剂以及微生物污染。清洁验证基本流程：选定清洁方式，清洁方式的选择正确与否直接影响清洁效果；工艺设备的清洁，通常采用手工清洁、自动清洁的方式。制订验证方案，包括确定最难清除的物质和最难清洁的设备（部位），确立合格标准，制订取样和检验的方法。开展试验，确定结果，按书面的验证方案开展试验，获取数据，评价结果，得出结论。验证结果表明清洁程序可以确保设备清洁达到预定标准，否则需修改程序并重新验证。

👁 看一看

国家药品监督管理局相关部门对某药厂进行跟踪检查，发现枸橼酸铁铵原料药的部分生产区生产设施、设备等均无状态标识。枸橼酸铁铵原料药和工业枸橼酸铁铵在部分生产区共线生产，由于两种产品的工艺参数有显著差异，但生产设施、设备等无状态标识，有产生混淆、差错的风险，可能影响产品质量。

处理结果：收回该企业药品GMP证书，责令企业停止生产，查清销售情况，召回相关产品，并开展立案调查。

分析：以上案例违反了GMP（2010年版）第八十七条规定：生产设备应当有明显的状态标识，标明设备编号和内容物（如名称、规格、批号）。第四十六条规定：为降低污染和交叉污染的风险，厂房、生产设施和设备应当根据所生产药品的特性、工艺流程及相应洁净度级别要求合理设计、布局和使用，确定厂房、生产设施和设备多产品共用的可行性，并有相应评估报告。因此，为了保障药品质量及安全生产药品生产企业应严格按照规范要求对生产设施设备进行管理。

（四）设施设备的清洁规程

根据设备的类型与结构、用途、所加工产品的理化性能、生产工艺要求、使用地点的洁净级别与要求清洁的内容与方式，制定明确的清洁方法、清洁周期、清洁后的检查与验证方法、清洁记录与保存的要求、无菌设备的灭菌要求与灭菌后使用的间隔天数，指定设备清洁的负责人与实施人等。

设备的清洁内容一般为清洁、消毒、灭菌、干燥等。清洁方式通常可分为就地清洁、移动清洁和混合清洁。移动清洁又可分为整机移动清洁和拆卸式移动清洁。根据企业的生产实际和设备情况选择合适的清洁方式，选择原则是不能对生产环境产生不良影响。一般来说，要尽可能多地采用移动清洁的方式，进入专用的清洁区进行清洁消毒、灭菌。

设备的清洗规程应明确洗涤方法和洗涤周期，关键设备的清洗应明确验证方法，清洗过程及清洗后检查的有关数据应记录、无菌设备的清洗，尤其是直接接触药品的部位和部件必须保证无菌，并标明灭菌日期和有效期。灭菌有效期根据设备清洗、无菌验证的结果来确定。制剂生产设备必须每批进行清洁；原料药如为连续生产时，可以生产几批或隔一段时间清洁一次。可移动的设备宜移至清洗区清洗。

❓ 想一想

生产结束后，一般操作人员会立即对设备进行清洁消毒，如果在此过程中设备清洁不彻底会导致什么后果？

项目六　制药用水

学
习
目
标

知识目标：

掌握　制药用水的分类及应用范围；二级反渗透制备纯化水的原理及流程。

熟悉　原水的预处理方法；离子交换法、电渗析法、EDI 制水法制备纯化水的原理及流程。

了解　GMP 对制药用水制备装置的要求；注射用水的制备方法及原理。

技能目标：

熟悉纯化水的制备方法及流程，能绘出纯化水系统的流程图。

素质目标：

具备制药用水规范生产的能力，同时培养学生的观察思考和动手操作能力，使其树立安全生产意识、质量意识，环保意识，以期达到培养复合型、实用型技术人才目的。

📖 导学情景

情景描述： 许多人童年最害怕的一件事就是"打针"，打针简直就是童年的噩梦。因此，医生经常会用孩子都喜欢喝的口服液来代替注射剂，它同样也能治愈疾病。

情景分析： 注射剂和口服液只是两种不同的药物剂型，它们可以达到同样的治疗疾病的目的。注射剂经过肌肉或者静脉注入人体，具有一定的疼痛感；口服液直接口服进入胃肠道，对于孩子来说，自然更喜欢口感较好的口服液而排斥注射剂。

讨论： 既然注射剂和口服液具有相同的治疗疾病的目的，那么它们在生产过程中所用的水是一样的吗？我们生活中经常用到自来水、纯净水、矿泉水，这些水可以用于药品生产吗？

学前导语： 制药用水是药物制剂生产的生命线，它不仅是一种药物制剂生产中用量大、使用广的辅料，其质量也直接影响药物制剂的质量。在制备液体制剂的过程中，如果制药用水的种类选择错误或者质量指标不符合要求，企业生产的不合格液体制剂一旦流通到市场上，将严重危害人民的生命安全。

任务1　概　述

一、制药用水的分类

水是药物生产中用量大、使用广的一种辅料，用于生产过程和药物制剂的制备，对药品的质量影响较大。GMP 规定制药用水应当适合其用途，并符合《中华人民共和国药典》的质量标准及相关要求。制药用水至少应当采用饮用水。

在《中国药典》（2020 年版）第四部其他通则制药用水中，有以下几种制药用水的定义，其质量指标见表 3 - 6。

表 3 - 6　制药用水的质量要求

项目		质量指标	
		纯化水	注射用水
性状	色	无色	
	浑浊度	澄清	
	臭和味	无臭、无味	
	肉眼可见物	不得含有	
一般化学指标	pH	符合药典规定	5.0~7.0
	氨	<0.3μg/ml	<0.2μg/ml
	易氧化物	符合药典规定	—
	总有机碳	0.50mg/L	
	不挥发物	遗留残渣<0.01mg/ml	
	电导率	依法检查应符合规定	
毒理学指标	重金属	<0.1μg/ml	
	硝酸盐（以 N 计）	<0.06μg/ml	
	亚硝酸盐（以 N 计）	<0.02μg/ml	
细菌指标	微生物限度	≤100 个/ml	≤10 个/100ml
	细菌内毒素	—	<0.25EU/ml

1. 饮用水　为天然水经净化处理所得的水，其质量必须符合现行中华人民共和国国家标准《生活饮用水卫生标准》。

2. 纯化水　为饮用水经蒸馏法、离子交换法、反渗透法或其他适宜的方法制得的制药用水，不含任何附加剂，其质量应符合纯化水项下的规定。

3. 注射用水　为纯化水经蒸馏所得的水，应符合细菌内毒素试验要求。注射用水必须在防止细菌内毒素产生的设计条件下生产、贮藏及分装。其质量应符合注射用水项下的规定。

4. 灭菌注射用水　为注射用水照注射剂生产工艺制备所得，不含任何添加剂，其质量应符合灭菌注射用水项下的规定。灭菌注射用水灌装规格应与临床需要相适应，避免大规格、多次使用造成的污染。

❓ 想一想

药监局相关部门对某药厂进行跟踪检查，发现该企业注射用水有两套分配系统分别供应 P1 与 P2 车间，两套分配系统在进入回水热交换器前合并。对回水温度只有一个温度监控探头，且回水温度监控探头设在回水热交换器之后，无法准确测量回水温度。

药监局处理结果：收回该企业药品 GMP 证书，责令企业停止生产。

本案例中为何不能正确检测循环管道中注射用水的温度？应该如何改进呢？

二、制药用水的应用范围

1. 饮用水 可作为药材净制时的漂洗、制药器具的粗洗用水。除另有规定外，亦可作为口服、外用普通制剂所用药材的提取溶剂。

2. 纯化水 可作为中药注射剂、滴眼剂等灭菌制剂所用药材的提取溶剂；口服、外用制剂配制用溶剂或稀释剂；非灭菌制剂用器具的清洗用水；必要时亦用作非灭菌制剂用药材的提取溶剂。纯化水不得用于注射剂的配制与稀释。

3. 注射用水 可作为配制注射剂的溶剂或稀释剂；静脉用脂肪乳剂的水相及注射用容器的清洗用水，必要时亦可作为滴眼剂配制的溶剂。

4. 灭菌注射用水 主要作为注射用灭菌粉末的溶剂或注射剂的稀释剂。

练一练

口服、外用制剂配制用溶剂或稀释剂，应选择（　　）

A. 饮用水　　　　　　　　B. 纯化水

C. 注射用水　　　　　　　D. 灭菌注射用水

三、GMP 对制药用水制备装置的要求

1. 设备的结构设计应简单、可靠、拆装简便。为便于拆装、更换、清洗零件，执行机构的设计尽量采用标准化、通用化、系统化的零部件。

2. 设备内外壁表面，要求光滑平整、无死角，容易清洗、灭菌。零件表面应做镀铬等表面处理，以耐腐蚀，防止生锈。设备外面避免用油漆，以防剥落。

3. 制备纯化水设备应采用低碳不锈钢，制备注射用水设备必须是优质低碳不锈钢或其他经验证不污染水质的材料。制备纯化水和注射用水的设备应定期清洗，并对清洗效果进行验证。

4. 纯化水储存周期不宜大于 24 小时，其储罐宜采用不锈钢材料或经验证无毒，耐腐蚀，不渗出污染离子的其他材料制作。储罐内壁应光滑，接管和焊缝不应有死角和沙眼。对储罐要定期清洗、消毒灭菌，并对清洗、灭菌效果验证。

5. 纯化水和制药用水宜采用易拆卸清洗、消毒的不锈钢泵输送，宜采用循环管路输送，管道、输送泵应定期清洗、消毒灭菌，验证合格后方可投入使用。

任务 2　原水的预处理

一、原水及贮罐

（一）水质要求

原水中往往含有电解质、有机物、悬浮颗料粒等杂质，如原水不经预处理，对设备的使用年限及设备的性能会产生影响，导致出水质量不合格。

原水必须符合饮用水标准，定期（每月）向自来水公司索要水质量检验报告；质量部门对原水制定内控质量标准，并定期检查（每月），主要控制指标以饮用水 GB 5749 标准为基准。

（二）原水贮罐

1. 水位控制装置 原水贮罐应设置高、低水位电磁感应液位计，动态检测水箱液位。在非低水位

时仍具备源水泵、计量泵启动的条件。

2. 原水贮罐材料 可采用304不锈钢或非金属［如聚乙烯（PE）］制成。原水贮罐多为单层，304不锈钢材料，如图3-17所示。

二、混凝

当原水中含较多胶体物质时可采用混凝技术处理，即向原水中投入化学药剂，将药剂与水混合，使水中的胶体物质产生凝聚和絮凝，影响混凝效果的主要因素有水pH、温度、水的碱度。混凝剂是水中能够将胶体颗粒聚集或黏附在一起的物质，有无机混凝剂和有机混凝剂之分。纯化水系统原水处理的混凝剂主要采用铝盐（硫酸铝，明矾）和铁盐。源水预处理中常用的无机混凝剂见表3-7。

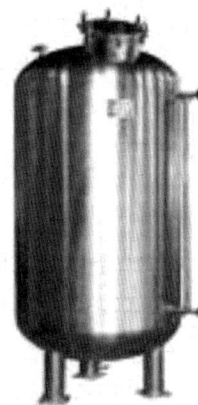

图3-17 原水贮罐

表3-7 常用的无机混凝剂

混凝剂名称	形状	适用pH
硫酸铝	块、粒、粉状	6~7.8
明矾	结晶块状	6~8
铝酸钠	结晶	—
聚合铝（PAC）	液体	7~8
硫酸亚铁（绿矾）	结晶粒状	5~11
硫酸铁	粉末状	5~11
氯化铁	结晶	8.5~11
铵矾	块状粉末	10
聚合铁（PFS）	液体固体粉末	7~8

三、过滤

原水的过滤比较简单，过滤的主要设备为砂滤器，滤料多为石英砂、无烟煤和锰砂等。原水过滤器常采用的滤材和颗粒直径见表3-8。原水通过滤料层将水中的细小杂质颗粒截留下来，可使水更加澄清、净化，使源水的浊度更低，使水中的细菌、病毒、有机物随着浊度的降低被大量去除。

表3-8 常用过滤材料

滤垫层名称	材料名称	相对密度	粒径（mm）	滤层厚度（mm）
滤层	无烟煤	1.58	0.8~2.0	600
	石英砂	2.64	0.5~1.0	230
	磁铁矿	4.74	0.25~0.50	70
垫层	磁铁矿	4.76	0.5~1.0	50
			1.0~2.0	
			2.0~4.0	70
			4.0~8.0	
	石英石	2.76	8.0~16	100

（一）石英砂滤器

1. 石英砂滤器的结构 石英砂过滤器填料为石英砂，原水通过石英砂过滤层时原水中泥沙、胶体、

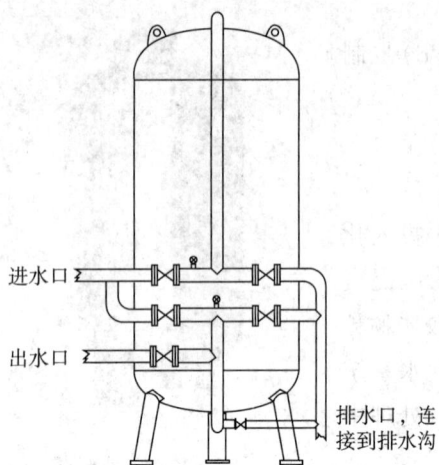

图 3 – 18　石英砂滤器

金属离子以及有机物被截留和吸附。石英砂过滤器本体是带上下椭圆封头的圆柱形钢结构，过滤器材质常用 304 不锈钢，内部采用环氧或衬胶防腐处理，内部在进水口设有布水器，下部设有集水装置，集水装置上填装有一定高度的石英砂。本体外部装置有各种控制阀门和流量计、压力表（图 3 – 18）。

2. 石英砂过滤器的正洗与反洗　石英砂过滤器运行反洗比较方便，主要是通过调节 4 个阀门，使水的方向改变，运行时是上进下出，反洗的是下进上出，再通过排污阀将反洗的污水排出，然后通过正洗，直至出水清澈干净为止。手动控制设备阀门操作位置及水流方向示意图见图 3 – 19。

（1）运行状态

（2）反洗状态　反冲洗的目的在于使滤层松动，并将滤层所截截留物冲走，从而起到清洁过滤层的作用。反冲洗时间应以反冲洗排水浊度而定，一般反冲洗至排水浊度 <3mg/L。

（3）正洗状态　运行至出水浊度 ≤1mg/L，按正洗至排水浊度 ≤1mg/L。

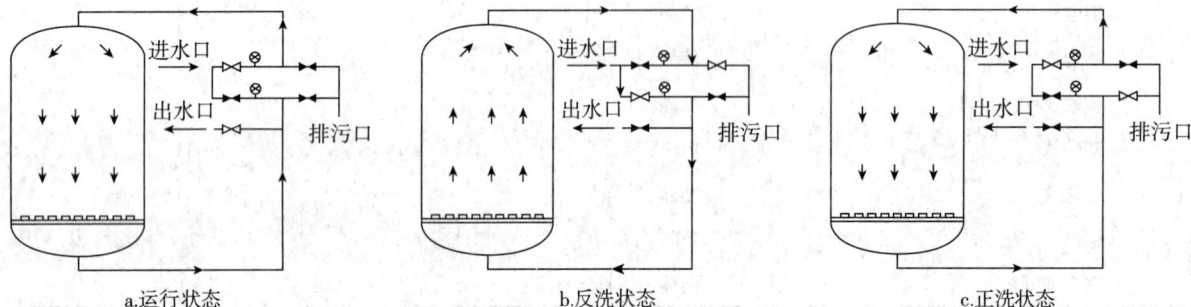

a.运行状态　　　　　　　　b.反洗状态　　　　　　　　c.正洗状态

◀▶ 表示阀门关闭；◁▷ 表示阀门开启

图 3 – 19　石英砂过滤器的正洗与反洗

3. 石英砂装填　石英砂过滤器中的石英砂根据原水质量设计各层粒径与层数，例：自上而下依次为 0.5 ~ 1.0mm（填装高度 700mm）→1 ~ 2mm 石英砂（填装高度 150 ~ 200mm）→2 ~ 3mm 石英砂（填装高度 150 ~ 200mm），共三层，如图 3 – 20 所示。

4. 日常运行检查　见表 3 – 9。

图 3 – 20　石英砂滤器装填结构示意图

表 3 – 9　日常运行检查

检查周期	检查项目	检查方法或检查点	备注
每班数次	检查有否漏水	设备的各密封部位及附属阀门等各处是否漏水	如有漏水，找出漏水点位置及原因，及时止漏
	检查有否振动	阀门开闭时是否有不正常的振动	如有振动，查明原因，及时采取解决措施
	检查各压力点	检查各压力点压力表的示值，验证有无不正常压力	如有异常压力，对照相关资料，查明原因
	检查流量	检查流量计示值，验证其是否表示正常流量	如流量表示不正常，及时查明原因，排除故障

四、软化

为降低原水中电解质含量，原水预处理时通过离子交换树脂吸附作用，通过离子交换过程用以脱除钙、镁等阳离子，降低这类阳离子对水处理系统下游设备（如反渗透膜、离子交换树脂柱及蒸馏水机）运行性能的影响。

软化器本体是带上下椭圆封头的圆柱形钢结构，过滤器材质常用304不锈钢，内部采用环氧或衬胶防腐处理，内部在进水口设有布水器，下部设有集水装置，集水装置上填装有一定高度的钠型阳离子交换树脂。本体外部装置有各种控制阀门和流量计、压力表。当原水通过软化器时，水中的钙、镁离子（形成水垢的主要成分）被树脂中的钠离子置换出来，从而达到软化水的目的，可防止原水在后续水管道和设备中结垢。软化器使用一定时间后需进行再生处理，再生液为4%～5%氯化钠溶液。再生结束后，需用纯化水冲洗树脂中残存的再生液。对硬度较高的原水预处理，应加软化工序。

五、活性炭过滤

（一）活性炭过滤的作用

活性炭过滤主要有两个功能：①吸附水中部分有机物，吸附率在60%左右；②吸附水中余氯，活性炭吸附器装填有巨大表面积和很强吸附力的活性炭，对水中的游离氯吸附率达99%以上。有机物、余氯、铁氧化物易使离子交换树脂中毒，而余氯、阳离子表面活性剂等不但会使树脂中毒，还会破坏膜结构，使反渗透膜失效。

（二）活性炭过滤器

活性炭过滤器本体是带上下椭圆封头的圆柱形钢结构，过滤器材质常用304不锈钢，内部采用环氧或衬胶防腐处理，内部在进水口设有布水器，下部设有集水装置，集水装置上填装有一定高度的活性炭和石英砂。本体外部装置有各种控制阀门和流量计、压力表。

（三）活性炭过滤器正洗与反洗

当活性炭过滤器运行至进出口压差为0.05～0.07MPa时，必须进行反洗，活性炭过滤器阀门状态见表3-10。

表3-10　活性炭过滤器阀门状态表

序号	过滤器状态	排气阀	进水阀	产水阀	反洗阀	反洗排放阀	正洗排放阀
1	排气	○	○				
2	冲洗		○				○
3	运行		○	○			
4	反洗（一）				○	○	
5	排水	○					○
6	反洗（二）				○	○	
7	正洗		○				

注：○表示阀门调节开启；空格表示阀门关闭。

（四）活性炭过滤器填料

活性炭过滤器所填活性炭为果壳炭，过滤器内的滤料底部可装填0.15～0.4m高的石英砂作为支持层，石英砂的颗粒可采用0.6～1.2mm，石英砂上可装填0.6～1.2mm颗粒状的活性炭作为过滤层，装填厚度一般为 1000 ~ 2000mm。

（五）活性炭预处理

颗粒活性炭装进过滤器前应在水中浸泡，冲洗去除污物，用 15% HCl 和 4% NaOH 溶液交替动态处理一次，用量为活性炭体积的 3 倍左右，处理后淋洗至中性。

（六）更换活性炭

活性炭一般用来吸附余氯、有机物等，当经过一段时间后（一般约为半年），活性炭吸附量达到饱和（可以出水水质判断），此时应更换活性炭，方法是打开上部入孔和下部手孔，对活性炭全部更换。

（七）日常运行检查

经过试车、调试进入正常生产后，操作人员每天要定期巡回检查设备现场。把巡回检查的结果如实记录下来，与运行记录一起给予总结，作为定期维修的资料，日常运行检查见表 3 – 11。

表 3 – 11　日常运行检查

检查周期	检查项目	检查方法或检查点	备注
每班数次	检查有否漏水	设备的各密封部位及附属阀门等各处是否漏水	如有漏水，找出漏水点位置及原因，及时止漏
	检查有否振动	阀门开闭时是否有不正常的振动	如有振动，查明原因，及时采取解决措施
	检查各压力点	检查各压力点压力表的示值，验证有无不正常压力	如有异常压力，对照相关资料，查明原因

看一看

1915 年，第一次世界大战期间，德军为了打破欧洲战场长期僵持的局面，对英法联军第一次使用了化学毒剂氯气，致使英法联军士兵顷刻间中毒死亡上万人，战场上的大量野生动物也相继中毒丧命。可奇怪的是，这一地区的野猪竟意外地生存下来。这件事引起了科学家的极大兴趣。经过实地考察和仔细研究后，终于发现是野猪喜欢用嘴拱地的习性使它们免于一死。泥土被野猪拱动后其颗粒变得较为松软，对毒气起到了过滤和吸附的作用。

根据这一发现，科学家们很快就设计制造出了第一批防毒面具。这种防毒面具使用吸附能力很强的活性炭，猪嘴的形状能装入较多的活性炭。如今尽管吸附剂的性能越来越优良，但它酷似猪嘴的基本样式却一直没有改变。

六、精滤器

（一）作用

精滤在水系统中又称为保安过滤，为使反渗透、电渗析等后续设备不因非常原因造成的水质恶化以致破坏其正常运行，特增设"把关"保安过滤器。精滤是源水进入反渗透膜前最后的一道处理工艺，其作用是防止上一道过滤工序可能存在的泄漏。

（二）精密过滤器

精密过滤器由壳体、上帽盖和数根滤芯组成，壳体和上帽盖由联接螺栓及胶垫连接在一起，滤芯为熔喷成型的孔径为 5μm 的聚丙烯（PP），精密过滤器结构见图 3 – 21。

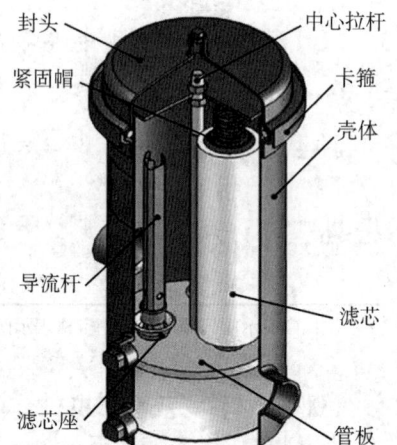

图 3 – 21　精密过滤器结构示意图

（三）滤芯清洗与更换

在使用中当精密过滤器前后压差≥0.05MPa时，说明滤芯已堵塞。此时应当拆开清洗或更换新滤芯。更换新滤芯时将上帽盖和壳体间的连接螺栓拆下，然后用手把滤芯拔出，把新滤芯带"O"型圈部位朝下，插入壳体底部插座上，安好帽盖，即可恢复使用。滤芯清洗是用5%盐酸把堵塞的滤芯浸泡20~30分钟，用刷子刷洗滤芯的表面去除杂物。刷洗完毕后用清水冲洗干净，晾干备用。

任务3 纯化水的制备

纯化水的制备方法很多，因此要结合企业的生产设备和水源质量、药品的质量目标来选择合适的水处理方法与流程，以获得符合药品生产质量要求的纯化水。

一、反渗透法

反渗透法（reverse osmosis，RO）制备纯化水的技术是20世纪60年代以来，随着膜工艺技术的进步而发展起来的一种膜分离技术，水分子不断地透过膜，经过产水通道流入中心管道，然后从出水端流出，而水中的离子、有机物、细菌等杂质就会被截流在膜的进水侧，从浓水出水端流出，从而达到分离净化的目的。

（一）反渗透原理

反渗透是渗透的逆过程，是在高于溶液渗透压的压力下，借助于只允许水分子透过的反渗透膜的选择截留作用，将原料水中的盐离子、微生物、热原、有机物等杂质分离，从而达到净化水质的目的（图3-22，图3-23）。用反渗透设备制备纯化水必须具备两个基本条件：一是只允许水分子通过的半透膜，即反渗透膜；二是大于溶液渗透压的压力。

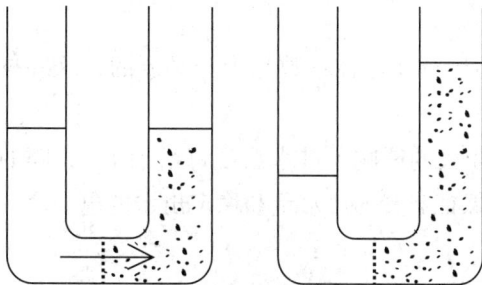

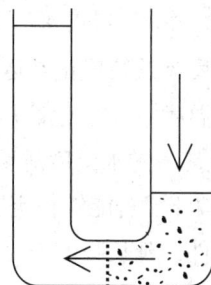

图3-22 渗透现象　　图3-23 反渗透现象

（二）反渗透膜

反渗透膜的孔径较小，一般0.1~1.0nm。膜材料多为醋酸纤维素（CA）或三醋酸纤维素等。反渗透膜组件有螺旋卷式和中空纤维式。

1. 螺旋卷式 在两层反渗透膜中间加入一层多孔支撑材料用以通过淡化水，密封二层膜的三个边缘，使盐水与通过膜的淡水隔开，再于膜下铺一层隔网（用以通过盐水）。然后沿着钻有孔眼的中心管卷绕依次叠好的多层材料，就形成一个卷式反渗透膜元件，如图3-24所示。

2. 中空纤维式 中空纤维式反渗透膜组件是数万至数十万根中空纤维，其端部由树脂固接的封头组成。用于纯化水制备时，高压盐水流过纤维外壁，而纯化水由纤维中心流出（图3-25）。

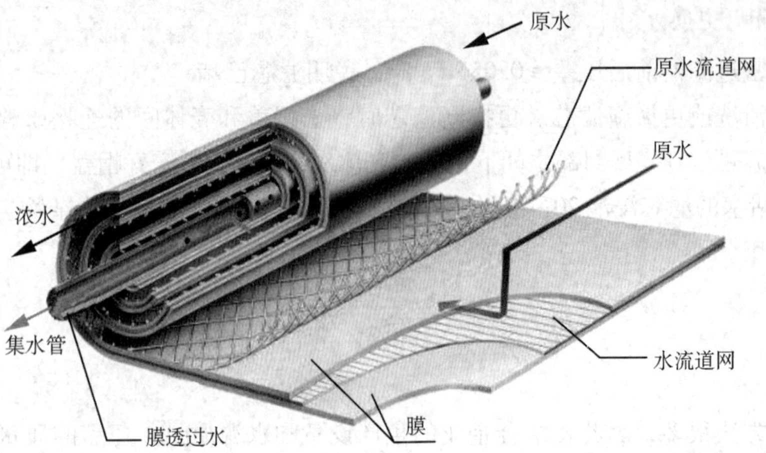

图 3 – 24 膜元件结构示意图

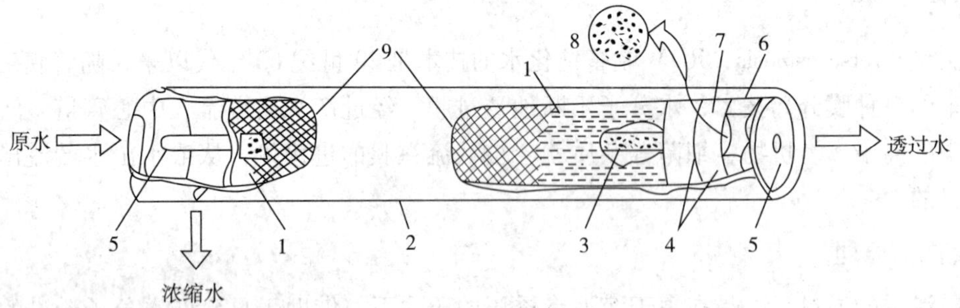

图 3 – 25 中空纤维式膜组件结构示意图

1. 中空纤维；2. 外壳；3. 原水分布管；4. 密封隔圈；5. 端板；6. 多孔支撑板；

7. 环氧树脂管板；8. 中空纤维端部示意；9. 隔网

（三）反渗透装置对原水的要求

为了确保反渗透装置正常运行，选择并确定恰当的运行及监控参数是十分必要的，这些技术参数主要包括进水温度、pH、运行压力、水质等。

1. 进水温度 进水温度对反渗透装置的产水量有较大的影响，进水温度每增加 1℃，膜的透水能力大约增加 2.7%。若能够恒定膜的进水温度，则可以保证装置的产水量和稳定出水的电导率，并且保护反渗透膜组件，延长膜的寿命。

2. 进水的 pH 反渗透装置的运行过程中，进水的 pH 应控制在 4 ~ 7 之间，因为水偏酸性，对于常用的醋酸纤维素膜来说较合适，与 pH 在 4 ~ 7 之外时，将加速膜的水解和老化。芳香聚酰胺膜由于对游离的氯离子较敏感，当游离氯小于 0.1mg/L 时，pH 宜小于 8。当游离氯小于 0.25mg/L 时，pH 宜大于 8。

3. 反渗透装置的运行压力 膜的渗透压力与膜本身无关，而与水中的含盐量和水温有关。提高反渗透系统的运行压力可以使膜被挤压密实，使盐的透过率减小，水的透过率会成比例增加。但运转压力过高，会加快膜的衰老，膜压实变形，从而加速膜的透水率降低，通常在反渗透系统中的运行中，压力以不超过 2.75Mpa 为宜。

（四）反渗透主机

反渗透主机的主要部分是反渗透膜组件，由于反渗透的出水偏酸性，金属的膜壳会逐渐被腐蚀，因此，膜壳的选材应保证主机除盐的作用长期、稳定、可靠地达到设计要求。反渗透基准水温为 25℃，反渗透系统的总脱盐率应大于97%。

（五）反渗透系统的操作

反渗透设备使用的适用条件是进水最佳温度为20~25℃，最高操作温度不要大于40℃。操作压力应在膜耐受范围内。反渗透系统的操作程序如下。

1. 运行前准备

（1）开机前，将RO系统中每个组件的出水阀全部开启，关闭所有取样阀，关闭淡水阀和清洗进水阀；开启淡水排放阀及电控箱上主电源、自动开关。

（2）低压冲洗 一般用于新RO膜元件投入使用及刚刚化学清洗后。当预处理运行正常，出水水质符合RO系统进水指标时开启RO系统浓水阀、淡水排放阀。调节进水压力在0.3~0.5Mpa，使RO系统处于低压冲洗状态，浓水、淡水全部排放，一般冲洗时间为2~6小时。

2. 系统运转 RO系统运行上述准备工作完毕后，开启RO前级增压泵，当RO进水压≥0.05Mpa时，RO高压泵自动起动（也可关闭自动开关，手动开启RO高压泵）。然后慢慢调节RO进水阀及浓水阀，使之达到设定的产水量及浓水排放量。当纯水电导率小于进水电导率乘以0.05，即可以开启淡水阀，关闭淡水排放阀，设备进入正常运行。通常对于第一次已调好的阀门开度可不再调整。

3. 停机 停机前，启动清洗泵（一级反渗透装置为中间水箱泵），开启清洗阀，用RO出水冲洗RO膜元件2~5分钟，浓水排放，冲洗完毕后，关闭泵及清洗阀。

（六）一级反渗透系统

当反渗透系统制得的出水用作普通的、非注射级的化学原料药的工艺用水，或是用作某些肠道用中药材提取工艺用水，且水源的水质较好、含盐量不太高，反渗透系统可采用一级反渗透系统。一级反渗透系统除盐率较二级或多级反渗透装置低，但与传统的离子交换方式的除盐相比较，具有无酸碱污染、不需要单独的具有防腐蚀、高排污标准的纯化水工房、占地面积小的优点。

（七）二级反渗透系统

二级反渗透系统通常可作为大多数制药用水的除盐工艺，系统通常用于原水中含盐量较高、同时对反渗透装置的出水水质要求比较高的情况，获得的水质完全可以满足化学原料药制造所需的工艺用纯化水、固体口服的中药制剂生产用水、化学药品制剂（肠道制剂）、生产工艺用水、多数注射级的非肠道制剂生产工艺辅助用水和注射用水对原水水质的要求。

一级反渗透能除去90%~95%的一价离子、98%~99%的二价离子，但除去氯离子的能力达不到药典要求，只有二级反渗透才能较彻底地除去氯离子，故目前药品生产企业普遍采用二级反渗透设备制备纯化水。二级反渗透装置是以串联方式，即将第一级反渗透的出水作为第二级反渗透的进水。二级反渗透系统的第二级的排水（浓水）的质量远远高于第一级反渗透的进水，可以将其与第一级反渗透的进水混合作为第一级的进水，以提高水的利用率。图3-26为常见的二级反渗透设备制备纯化水工艺流程图，设备主要包括原料水箱、原料水泵、多介质过滤器、活性炭吸附器、保安过滤器、一级高压泵、二级高压泵、反渗透主机、清洗水箱、清洗水泵、中间水箱、纯化水箱、纯化水泵、紫外线杀菌器等部件。

✎ 练一练 ————————————————————————————————

与一级反渗透相比，二级反渗透除去（ ）的能力较为彻底。

A. 镁离子   B. 钙离子

C. 氯离子   D. 氢氧根离子

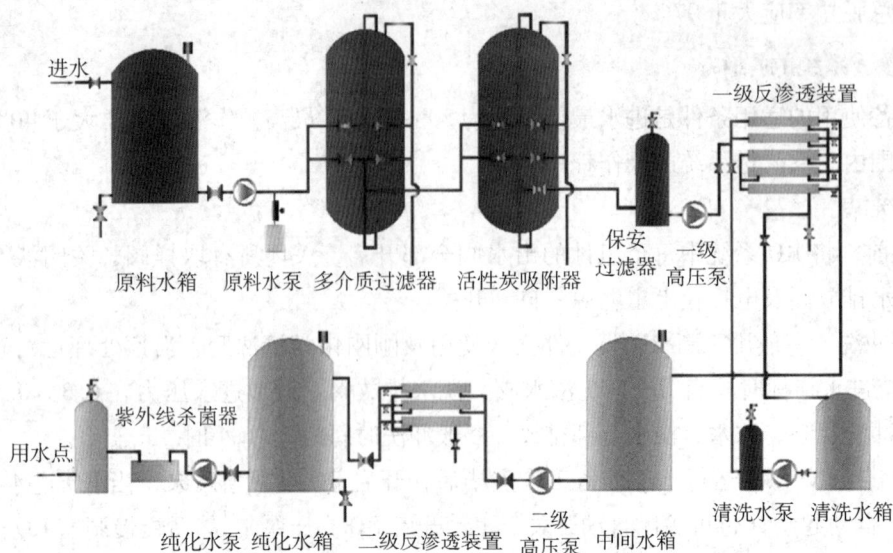

图 3 – 26　二级反渗透设备制备纯化水工艺流程

二、离子交换法

（一）工作原理

该法是利用阴、阳离子交换树脂中含有的 H^+ 和 OH^- 与原水中的电解质离解出的阳、阴离子进行交换，原水中的离子被吸附在树脂上，而从树脂上交换出来的 H^+ 和 OH^- 结合成水，从而除去原水中的离子。

以氯化钠（NaCl）代表水中无机盐类，水质除盐的基本反应可以用下列化学反应方程式表达。

水中的阳离子与阳树脂上的氢离子交换：

$$H^+ + NaCl \rightarrow Na^+ + HCl$$

水中的阴离子与阴树脂上的氢氧根离子交换：

$$OH^- + HCl \rightarrow Cl^- + H_2O$$

由此看来，水中的 NaCl 已分别被阳树脂上的 H^+、阴树脂上的 OH^- 所取代，而生成物只有 H_2O，故达到了去除水中盐的目的。

此法的主要优点是原料水的除盐率高，化学纯度高，设备简单，节约能量，成本低，但在去除热原方面，不如重蒸馏法可靠。缺点则是离子交换树脂再生时会产生大量的废酸、废碱，严重污染环境，破坏生态平衡。

（二）离子交换柱

1. 离子交换柱的结构　离子交换柱常用有机玻璃或内衬橡胶的钢制圆筒制成。一般产水量在 $5m^3/h$ 以下时，常用有机玻璃制造，其柱高与柱径之比为 5 ~ 10。产水量较大时，材质多为钢衬胶或复合玻璃钢的有机玻璃，其柱高与柱径之比为 25。在每只离子交换柱的上、下端分别有一块布水板，此外，从柱的顶部至底部分别设有进水口、上排污口、树脂装入口、树脂排出口、下出水口、下排污口等（图 3 – 27）。

2. 离子交换柱的填充　阳柱及阴柱内离子交换树脂的填充量一般占柱高的 2/3。混合柱中阴离子交换树脂与阳离子交换树脂通常按照 2∶1 的比例混合，填充量一般为柱高的 3/5。

3. 树脂的预处理、转型及再生　新树脂投入使用前，应进行预处理及转型。当离子交换器运行一个周期后，树脂因吸附饱和而失去交换能力，则需活化再生。新树脂预处理时先用饱和食盐水浸泡冲洗，再用酸、碱浸泡，并用纯化水冲洗干净，方可投入生产使用。转型与再生的原理相同，都是用酸中的 H^+ 或碱中的 OH^- 将树脂上的其他阳、阴离子置换下来，以获得氢型和羟型树脂，但需根据树脂的种类和性质选用不同的酸或碱，如强酸性阳离子交换树脂可用 4%～10% 盐酸或 2%～4% 硫酸转型或再生、强碱性阴离子交换树脂可用 4%～10% 氢氧化钠转型或再生。所用的酸、碱液平时贮存于单独的贮罐中，用时由专用的输液泵输送，由出水口向交换柱输入，由上排污口排出。

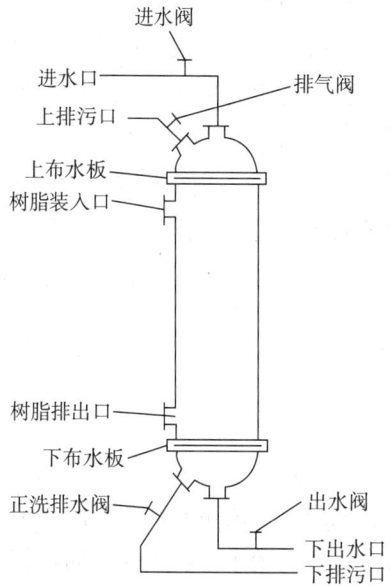

图 3-27　离子交换柱的结构示意图

三、电渗析法

(一) 工作原理

如图 3-28 所示，电渗析法的特点是依靠外加电场的作用下，利用阴阳离子交换膜对溶液中电解质离子的选择透过性，使溶液中的阴、阳离子发生分离的一种过程。阳离子膜只能透过阳离子，阴离子膜只能透过阴离子，最终使溶液中阴、阳离子发生离子迁移，分别通过阴、阳离子交换膜而达到除盐或浓缩的目的。

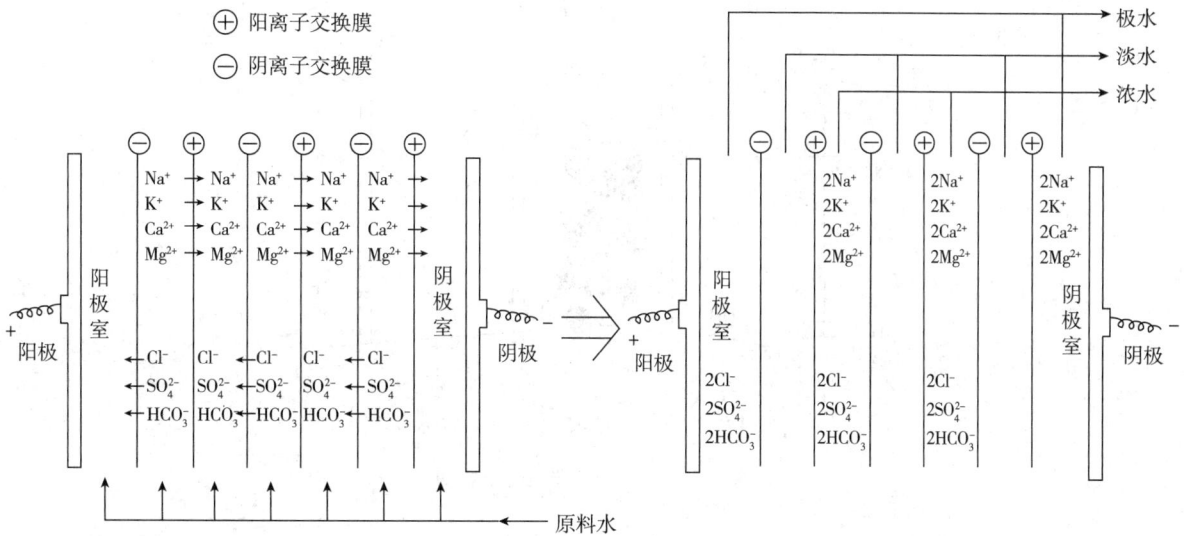

图 3-28　电渗析原理示意图

(二) 电渗析器的组成

电渗析器主要由电极与极框组成的电极部分、离子交换膜与隔板组成的膜堆部分、紧固装置、附属设备等组成。

1. 电极部分　电渗析器对所用电极材料的要求：导电性能好，机械强度高，电化学稳定性好，价格低廉，加工方便等。常用电极材料有二氧化钌、石墨、不锈钢等。

2. 膜堆部分　电渗析器中各片离子交换膜之间用隔板隔开，隔板上的过水通道构成隔室。在电渗析器中阴、阳离子交换膜与隔板交替排列，即阳膜、隔板、阴膜、隔板、阳膜、隔板、阴膜、隔板……通过电场力对水中离子的吸引和离子交换膜的选择通过，相邻的两个隔室分别称为浓室和淡室，组成最基本的脱盐单元。由一对阳膜和一对隔板组成的一对浓室和淡室称为一个膜对。多个膜对堆叠（组装）在一起称为膜堆。

3. 紧固装置 电渗析器的紧固装置由夹紧板和紧固螺杆构成。把电极板、阳离子交换膜、阴离子交换膜隔板等按顺序排列好，然后夹紧就构成了电渗析器。

4. 附属设备 包括直流电源、仪器仪表、水泵水槽。

四、EDI 制水法

（一）工作原理

EDI（electro - deionization）又称连续电除盐技术，它科学地将电渗析技术和离子交换技术融为一体，通过阳、阴离子膜对阳、阴离子的选择透过作用以及离子交换树脂对水中离子的交换作用，在电场的作用下实现水中离子的定向迁移，从而达到水的深度净化除盐，并通过水电解产生的 H^+ 和 OH^- 对装填树脂进行连续再生，因此 EDI 制水过程不需酸、碱化学药品再生即可连续制备高质量的超纯水。

如图 3 - 29 所示，工作时，在电渗析淡水室内填充阳、阴离子交换树脂，当原料水进入淡水室后将会发生：①淡水室内的阳、阴离子交换树脂对水中的离子进行吸附和交换；②在电渗析电场的作用下，水中的离子做定向迁移，并分别透过两侧的离子交换膜进入浓水室；③水在电场作用下不断解离的 H^+ 和 OH^- 对离子交换树脂进行再生。由此可见，EDI 的工作原理就是离子交换、离子迁移、树脂电再生三个子过程的有机结合，并且是一个相互促进、共同作用的过程。

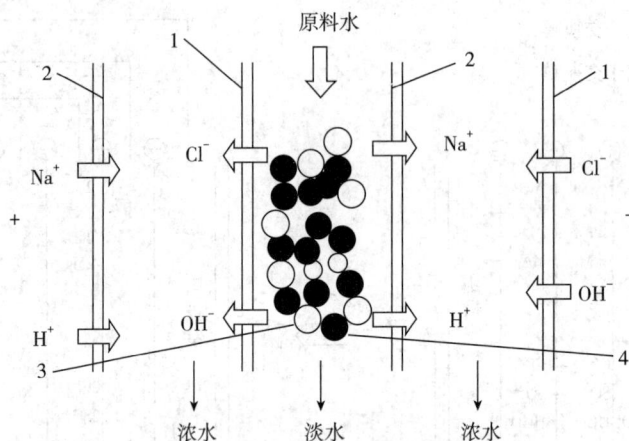

图 3 - 29 EDI 工作原理示意图

（二）EDI 的特点

和传统离子交换法相比，EDI 具有以下特点：①EDI 离子交换树脂用量少，仅为传统离子交换法的 5% 左右，并且树脂不需化学再生，节省酸和碱，降低运行及环保成本；②EDI 树脂再生时不需要停机，可长时间稳定运行；③EDI 制备的水质量高且水质稳定；④能耗低，仅消耗电能；⑤占地面积小，容易实现自动化，便于操作。

由于制备纯化水的设备各有特点，故在药物制剂生产中，通常将不同的制水设备联合使用，以便制备出高质量的纯化水。以下为药品生产企业常用的几个制备纯化水的工艺流程：①饮用水→机械过滤器→电渗析制水设备→离子交换制水设备→纯化水；②饮用水→机械过滤器→超滤器→反渗透制水设备→EDI 单元→纯化水。

任务4 注射用水的制备

一、注射用水的质量要求

注射用水与纯化水的区别主要在于细菌内毒素的限制要求，注射用水的质量必须符合《中国药典》（2020年版）规定，应为无色的澄明液体，无臭。pH要求5.0~7.0，氨、硝酸盐与亚硝酸盐，电导率，总有机碳，不挥发物与重金属及细菌内毒素，微生物限度检查均应符合规定。

二、制备注射用水的工艺流程

制备注射用水的常见工艺流程如下：①纯化水→多效蒸馏水机或气压式蒸馏水机→热贮水器→注射用水；②饮用水→机械过滤器→膜滤→反渗透制水设备→离子交换制水设备→膜滤→UV杀菌→多效蒸馏水机或气压式蒸馏水机→热贮水器→注射用水。

其中，流程①是纯化水经蒸馏所得的注射用水，各国药典均有收载。流程②是用反渗透加离子交换法制成高纯化水，再经紫外线杀菌和超滤去除热原，经微膜滤除微粒所得的注射用水。此操作费用较低，但受膜技术水平影响，我国尚未广泛应用。但是，《美国药典》（23版）已收载反渗透法为制备注射用水法定方法之一。

三、蒸馏法制备注射用水

通过加热蒸发、气液分离和冷凝等过程，达到水中化学物质、微生物、细菌内毒素限度符合质量要求。其中列管式多效蒸馏水机是蒸馏法制水的常用设备，此类蒸馏水机采用列管式多效蒸发器以制取蒸馏水。理论上，效数越多，能量的利用率就越高，但随着效数的增加，设备投资和操作费用亦随之增大，且超过五效后，节能效果的提高并不明显。

实际生产中，多效蒸馏水机一般采用3~5效，图3-30是五效蒸馏水机的工艺流程。蒸馏时，进料水（纯化水）先进入冷凝器预热，然后依次通过4、3、2级塔，最后进入1级塔，此时进料水温度

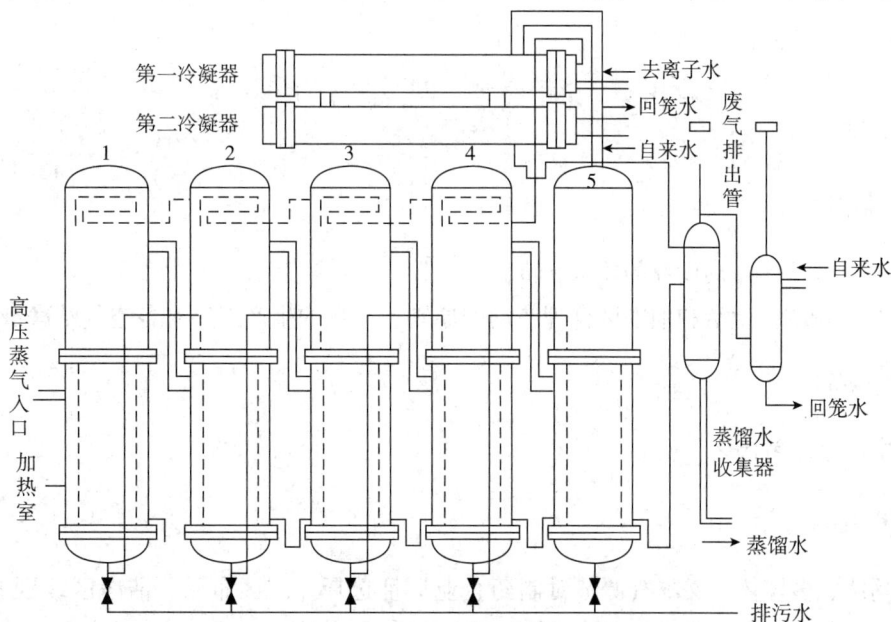

图3-30 五效蒸馏水机结构示意图

达 130℃或更高，在 1 级塔内，进料水在加热室受到高压蒸汽加热，一方面蒸汽被冷凝为回笼水，同时进料热水迅速被蒸发，蒸发的蒸汽进入 2 级塔加热室，供 2 级塔热源，并在底部冷凝为蒸馏水，而 2 级塔的进料水是由 1 级塔底部在压力作用下进入。同样的方法供给 3、4、5 级。

四、注射用水的贮存要求

一般情况下，注射用水的制备水源是纯化水，通过蒸馏等方法获得符合标准的注射用水。为保证注射用水的质量，应减少原料水中的细菌内毒素，监控蒸馏法制备注射用水的各个生产环节，并防止微生物污染，应定期清洗与消毒注射用水系统。

注射用水储罐和输送管道所用材料应当无毒、耐腐蚀；储罐的通气口应当安装不脱落纤维的疏水性除菌滤器；管道的设计和安装应当避免死角、盲管。注射用水可采用 70℃以上保温循环状态下存放。

❤ 药爱生命

目前瓶装水、桶装水已成为大众消费品，但瓶装水和桶装水从成本、用量、方使性和可靠性上已难以满足需求，家用净水设备逐渐引起人们关注。那么到底该如何选择净水器呢？

其实净水器的好坏并不是绝对的，再优质的净水产品，若与净化的水质不符，净水效果也会大打折扣。因此，消费者一定要具体问题具体分析。根据自己所在地区的水质，选择最为合适的净水器产品种类。

中国北方高硬度水质和南方石灰岩地区，水中钙、镁离子含量较高，容易结垢，应选购带离子交换树脂滤芯的高级过滤净水器。

水中含氯、异色异味较重、有机物含量较多的城市自来水，可选购活性炭载量较多旳家用净水器。因为活性炭对水中余氯、异色异味有强力吸附作用，对有机物有明显的去除效果。

用于城乡水质较浑浊的自来水净化的，应选购有粗滤、精滤双重功能的家用净水器。对于水中污染严重，要求彻底滤除水中任何杂质，不需直接饮用的，应选购反渗透纯水机。

水的质量与人们的生命息息相关，如果地下水不经处理直接饮用，水质中钙、镁离子严重超标，时间一久，患胆结石、胆囊炎的概率就会增加，严重危害人民的生命健康。

实训 2　制药企业厂区布局设计

一、实训目的

1. 掌握制药企业厂区布局设计的要求和步骤。
2. 熟悉生产、行政、生活和辅助区合理布局的原则；常见的生产工序对各空气洁净级别的要求。

二、实训任务

绘制制药厂区平面布局图。

三、实训内容

首先通过网络、多媒体、文本资源，对制药企业厂址选择、厂区布局、洁净区级别要求等内容进行总结，结合相关制药工程与设备实训。具体步骤如下。

（1）污染严重的区域应位于全年最大频率风向的下风侧。

（2）对厂区按行政、生产、辅助和生活等进行划区。

（3）其中洁净厂房应布置在厂区内环境清洁，人流、货流不穿越或少穿越的地方，并应考虑产品工艺特点，合理布局，间距适当。

（4）洁净厂房周围宜设置环形消防车道并达到相应的绿化面积。

（5）厂区主要道路应人流与货流分流。物流道路应固定走向，厂区内的道路要径直短捷。人流和物流之间，原料物流和成品物流之间应尽可能避免交叉和迁回，尽量减少物料往返输送。人流和物流出入门必须分别设置。

（6）此外，水、电、汽、热、冷等公用设施，应力求考虑靠近负荷中心，以使各种公用系统介质和输送距离最短，相关管道铺设合理，以便使能耗最低。

四、实训注意

（1）厂区划区域分布应全面考虑各种功能区，不要遗漏，根据全年最大频次风向综合布局。根据生产品种、生产能力、所需设施设备等合理分配单体厂房的面积、相关公用设施的分布及人流、物流走向尽可能节约空间、避免污染及交叉污染、降低能耗。

（2）生产厂房、质检办公、动物房、生活区的分布还应考虑便于管理。不同单体建筑之间的距离要符合相关建筑、消防等规范要求。

五、实训检测

学生应按行政、生产、辅助和生活划区描述厂区分布，根据生产品种描述相应厂房单体及配套的公用工程设置，标出厂区主要人流、物流干道及走向，标出主要生产工序的洁净级别，绘出厂区平面布局图。

六、实训报告

学生按照实训目的，结合本章知识和自己的总结，有条件的可就近参观药品生产企业，同时结合实训要求、内容等撰写实训报告。

目标检测

一、A 型题（最佳选择题）

1. 药品生产企业的厂址最适宜选择的地方是（　　）

    A. 市区　　　　　　　B. 机场附近　　　　　　C. 偏远山区　　　　　　D. 郊区

2. 下列操作中应该在 A 级洁净区进行的是（　　）

    A. 洗瓶　　　　　　　B. 烘干　　　　　　　　C. 灌装　　　　　　　　D. 灭菌

3. 生产设备的物料管道应当有（　　）

    A. 状态标识，清洁状态　　　　　　　　B. 标签流向

    C. 状态标识状态　　　　　　　　　　　D. 名称和流向的标识

4. 本次校准结果有一项以上参数不符合规定或因故暂时停用使用的标签是（　　）

    A. 红色禁用标签　　　　　　　　　　　B. 红绿限用标签

    C. 黄色准用标签　　　　　　　　　　　D. 绿色准用标签

5. 纯化水应用于 （　　）

　　A. 非灭菌制剂用器具的初洗

　　B. 配制注射剂、滴眼剂等的溶剂

　　C. 制备注射用水的水源

　　D. 无菌冲洗剂配制用溶剂

6. 注射用水的储存应该采用 （　　） 以上保温循环

　　A. 65℃　　　　　　　　B. 70℃　　　　　　　　C. 75℃　　　　　　　　D. 80℃

7. 关于设备的清洁，描述正确的有 （　　）

　　A. 口服片剂生产设备最后清洗可使用饮用水

　　B. 在清洗的设备不需挂状态牌，清洗后再挂"已清洁"状态

　　C. 清洗后的设备放在清洗间，使用时再运至生产线

　　D. 设备的日常维护主要是由设备使用者进行

8. 关于生产车间的卫生要求，叙述错误的是 （　　）

　　A. 禁止随意开门、开窗

　　B. 与药品直接接触的设备，应使用药用或食用级润滑剂、冷却剂

　　C. 操作间或生产线、设备、机械、容器等均应有卫生状态标志

　　D. 生产中为了提高办事效率，适当情况下可以用跑步代替慢走

9. 关于洁净区卫生叙述，不正确的是 （　　）

　　A. 洁净区内不得存放多余的物料及与生产过程无关的物料

　　B. 产尘多的工作间应增设局部除尘设施，在该工序生产开始后5~10分钟启动除尘机

　　C. 所有传递窗两边的门不得同时打开

　　D. 每班的生产工作开始时必须检查温、湿度，符合要求后方可进行

10. 关于药品生产区域清洁卫生，叙述不正确的是 （　　）

　　A. 每个岗位必须有专用的清洁工具，不得跨区使用

　　B. 清洁剂要求每月轮换使用

　　C. 清洁程序应遵循先物后地、先内后外、先上后下、先拆后洗、先整后零的擦拭原则

　　D. 现场无任何废弃物、无上次生产遗留物，用手擦拭任意部位，应无尘迹和脱落物

11. 关于制药企业设备清洁验证，叙述不正确的是 （　　）

　　A. 确认和验证是一次性的行为

　　B. 高级别洁净区药品生产采用的传送设备不得穿越较低洁净级别生产区域

　　C. 生产的产品质量有所改变或增加生产相对更难清洁的产品时，需要再验证

　　D. 首次确认和验证后应根据产品质量回顾分析情况进行再验证

12. 关于药品生产区域的设施、设备清洁，说法不正确的是 （　　）

　　A. 使用后的消毒剂不应对设备、物料和成品等产生污染

　　B. 设备维修及故障后，无须清洁与消毒

　　C. 清洁方法应经过验证

　　D. 用于清洁的设施设备应定置管理并有明显标志

二、B 型题（配伍选择题）

[1 ~ 4]

    A. 纯化水   B. 蒸馏水   C. 注射用水

    D. 灭菌注射用水   E. 制药用水

1. 作为配制普通药物制剂的溶剂或试验用水（   ）

2. 为配制注射剂用的溶剂，经蒸馏所得的无热原水（   ）

3. 用于注射用无菌粉末的溶剂或注射液的稀释剂（   ）

4. 包括纯化水、注射用水和灭菌注射用水（   ）

三、C 型题（综合分析选择题）

[1 ~ 3]

2020 年 12 月，某制药有限公司发生爆炸并起火，经调查，事故原因是某制药有限公司工厂四楼片剂车间洁净区段制粒房间进行混合、制软剂、制粒、干燥等操作，检修人员为给空调更换初效过滤器时暂停了空气净化系统，净化后的空气无法进入洁净区。同时，由于操作过程中存在边制粒、边干燥的情况，烘箱内循环热气流使粒料中乙醇聚集达到极限而发生爆炸。

1. 无特殊要求时，洁净区的温湿度应可控制在（   ）

    A. 温度 18 ~ 24℃，相对湿度 50% ~ 70%

    B. 温度 20 ~ 24℃，相对湿度 45% ~ 65%

    C. 温度 18 ~ 28℃，相对湿度 50% ~ 70%

    D. 温度 18 ~ 26℃，相对湿度 45% ~ 65%

2. 洁净区与非洁净区之间、不同级别洁净区之间的压差应当不低于（   ）

    A. 5Pa   B. 10Pa   C. 15Pa   D. 20Pa

3. 2010 年版 GMP 对尘埃粒子数的检测主要是（   ）

    A. <0.5μm 和 5μm 的粒子   B. ≥0.5μm 和 5.0μm 的粒子

    C. ≤0.05μm 和 5.0μm 的粒子   D. >0.05μm 和 5.0μm 的粒子

四、X 型题（多项选择题）

1. 设备管理应当建立相应的操作规程包括（   ）

    A. 设备使用   B. 清洁   C. 维护   D. 维修

2. 制药工艺用水包括（   ）

    A. 饮用水   B. 纯化水   C. 注射用水   D. 灭菌注射用水

3. 洁净室是根据需要，对（   ）进行控制的密闭空间

    A. 空气中尘粒（包括微生物）   B. 温度

    C. 相对湿度   D. 压力

4 模块四
生产管理

项目七 物料和产品

导学情景

情景描述：2001 年 8 月 24 日，某省某市药监局接到群众举报：该市多人服用"梅花 K"黄柏胶囊中毒住院。某市局感到事态严重，迅速派人赶到市医院进行调查，发现患者服用的问题"梅花 K"均标示"某半宙制药集团第三制药厂"（后更名为"某金健制药厂"，以下简称"某半宙"）生产。据患者反映，该产品在当地媒体大作宣传，声称能通淋排毒、解毒疗疮，治疗多种女性炎症（夸大宣传）。许多女性经不住广告诱惑，纷纷到市内药店购买，但服用几天后出现了胃痛、呕吐、浑身乏力等不良症状。经某市药检所抽样检验，检出非法添加的四环素成分，初步认定该"梅花 K"系假药。几日后某省在全省范围内封杀"梅花 K"黄柏胶囊。

情景分析：经调查发现，为加大药效，厂方在黄柏胶囊中掺加已经变质过期的盐酸四环素。患者服用后可引起肾小管性酸中毒，临床上表现为多发性肾小管功能障碍综合征。

讨论：导致"梅花 K"事件发生的原因是什么？

学前导语：药品安全与广大人民群众的身体健康和生命安危息息相关，药害事件影响社会稳定，药品生产企业必须根据《药品管理法》和《药品生产质量管理规范》等法律法规要求建立质量保证体系，加强药品生产管理，加强《药品生产质量管理规范》等药事法规培训，确保生产过程持续符合法定要求，保障人民群众用药安全。

任务 1 物料管理

药品作为特殊的商品，最重要的价值体现之一就是它的质量属性。决定药品质量的因素有很多，比如工艺的执行、环境的控制、人员的素质、设备和物料等；而物料则是决定药品质量的基本要素；我国 GMP 对物料管理进行了详细的规定；物料需要有合格供应商、流向清晰并可追溯、制定相关管理制度，对物料收发、检验、存放等环节进行严格控制。

物料组成包括了：原料、辅料、包装材料等。原料药是指药品处方中起治疗疾病作用的化学成分；辅料是指生产过程或调配处方时所用的附加剂或赋形剂（例如硬脂酸镁作为助流剂、乳糖作为填充剂、柠檬酸作为矫味剂等）；GMP 中指的包装材料一般指的是直接接触药品的包装物和容器、印刷包装材料（标签和说明书），而发运的纸箱或泡沫箱等包装容器一般为转运用。

一、我国 GMP 对物料管理的要求

我国现行版 GMP 是 2010 年修订版，其中第六章规定了药品生产所用的原料、辅料和包装材料等物料的管理制度。药品上直接印字的油墨应当符合食用标准。进口的原辅料应符合国家相关进口管理规定。

1. 物料管理的基本原则

（1）所有物料需要检验合格后方可使用；执行复验期的物料在确定复验合格后使用；药品所用的原料、辅料及包装材料需要符合相应的质量标准。

（2）防止污染、交叉污染、混淆及差错是 GMP 的核心内容，也是物料管理的基本要求；因此要制定严格的管理文件及操作规程，保证物料的正确接收、存储、发放、使用、发运及销毁；对于不合格的物料，应在醒目位置贴上红色标签，并划定指定隔离区域暂存；处理时需向质量管理部门提出申请，并由质量负责人批准后，方可进行后续处理（处理方式有：退货、销毁、重新精制等）。

（3）物料在检验合格后应根据国家药监部门批准或法规要求的条件进行存储；一般按品种分类、分批次存储；发放及发运应遵循"先进先出、近效期先出"等原则。

（4）物料运输过程应满足其相应的存储要求，充分考虑物料特性，制定合理运输计划并对运输商进行资质确认（尤其是特殊药品及冷链条件的运输）。

? 想一想

2021 年 3 月 3 日，日本厚生劳动省发布消息称，在一家开展优先对医疗从业人员进行接种的医疗机构内，用于储藏新冠疫苗的超低温冷库于 2 月 26 日发生故障，1032 剂新冠疫苗被迫报废。据悉，本次事故中涉及的新冠疫苗需要在低于 −70℃ 的超低温下储存和运输。

思考：1. 当前国外疫苗紧张，只因库房温度超标的疫苗是否可以让步使用？

2. 需要低温存储物料或产品的库房，应如何避免类似事故？

2. 原辅料的管理　负责原辅料接收的人员，应根据制定的岗位操作规程进行入库前的核验，核查运输工具或车辆是否符合相应原辅料的存储要求、核查每一包装单元原辅料的品名、批号、数量及外观是否破损等信息，并分产品、分批次进行请验；只有经质量管理部门检验合格并批准放行的原辅料方可入库使用。在库期间应定期对物料进行养护，执行复验期的原辅料或在存储期间发现对质量有不良影响的情况应及时复验。

3. 包装材料的管理　我国 GMP 明确要求管理的包装材料是与药品直接接触的和印刷的包装材料。管理和控制的要求与原辅料相同；包装材料由专人进行管理，并制定相关操作规程避免发放和领用时可能产生的混淆和差错。印字包材的管理应严格控制，岗位操作人员上岗前应经过专业培训及职业考核；保证发放的包装材料正确无误。发放的直接接触药品的和印刷的包装材料应有标签或标识，以标明所用产品的名称和批号。应当设置专门存放区域或房间存放，未经授权人员禁止进入。用于不同产品的标签或散装的印刷包装材料应置于密闭容器进行转运，防止混淆。需要销毁的包装材料应经质量

部门批准后方可销毁。

4. 特殊药品的管理 我国 GMP 规定的特殊药品分为麻醉药品、精神药品、医疗用毒性药品（包括包材）、放射性药品和易制毒类化学品等。该类药品的收发、存储、管理应该执行国家相关规定。

5. 其他 不合格物料的每个容器上均应贴有清晰醒目的标志，并划定专门区域隔离存放；处理时，应向质量负责人申请并进行记录。原料或其他产品涉及回收时，需要进行质量风险的评估，并制定相应的操作文件进行指导；回收的产品应当按照最早批次确定有效期，并进行稳定性考察等质量控制手段。

👁 **看一看** —————————————————————————————————————

SAP

SAP 系统（systems applications and products in data processing），又称企业管理解决方案，其功能为：借助软件程序为企业定制并创建管理系统，对企业的人力资源、物流运输、销售服务、交易支付、产品规格及质量、生产活动、原材料采购、货物仓储及库存管理等全部经营活动与环节，实施监督、分析及管理，形成数据化的资源管理系统。

物料管理环节的 SAP 有很多优势：以工作流程为导向的处理功能对所有采购处理最佳化，可自动评估供应商，透过精确的库存和仓储管理降低采购和仓储成本，并与发票核查相整合。能够及时冻结存在疑似质量问题的物料或成品，解冻操作则需要质量管理部门的授权，更好地避免混淆、差错，避免存在质量问题的产品上市销售给消费者带来用药隐患。

二、物料的采购管理

（一）物料采购管理的原则

药品的质量与生产过程中使用的物料有着密切关系，通俗的讲，物料采购的不好，成品肯定不好；物料采购的合格，成品质量可能会合格。因此，采购物料应遵循以下原则。

1. 采购的物料需要符合相应的法定或企业制定的标准。

2. 采购的物料需要已取得国家或其他监管部门的批准文件或已在国家药品监督管理局药品评审中心（以下简称 CDE）进行关联审评审批备案登记的。

3. 企业质量管理部门应专人进行供应商管理，建立合格供应商系统并在年底对供应商进行测评。当需要变更供应商时，应经质量部门批准。

👁 **看一看** —————————————————————————————————————

原辅料关联审评审批

2019 年 7 月 16 日，国家药品监督管理局（NMPA）发布了关于完善药品关联审批审批的事项公告。自本公告发布之日起，各级食品药品监督管理部门不再单独受理原料药、药用辅料和药包材注册申请（即不再发放批准文号），国家药品监督管理局药品审评中心建立原料药、药用辅料和药包材登记平台（以下简称为登记平台）与数据库，企业或者单位可通过登记平台按本公告要求提交原料药、药用辅料和药包材登记资料，获得原料药、药用辅料和药包材登记号，待关联药品制剂提出注册申请后一并审评。

药品制剂注册申请与已登记原辅包进行关联，药品制剂获得批准时，即表明其关联的原辅包通过了技术审评，登记平台标识为"A"；未通过技术审评或尚未与制剂注册进行关联的标识为"I"。

（二）物料采购

近几年，全球因物料来源问题而导致的药害事件不断发生，各国药品监督管理部门将采购环节也逐步纳入了检查范围；我国 GMP 规定企业应定期对物料进行评估，对供应商资质进行复核，以加强对物料采购环节的管理。

1. 供应商的选择 一般供应商选择的程序如下。

$$采购寻源——样品或抽样检验——质量评估 \genfrac{}{}{0pt}{}{合格}{不合格} 工艺验证——纳入供应商体系管理$$

（1）采购寻源 即寻找合格的资源（供应商）。以前的寻源手段一般是电话咨询和供应商主动介绍。随着计算机化系统的普及和社会的快速发展，现在寻源手段较为丰富，一般包括：电话、网络搜寻、各类信息传递、国家或各省政府组织的会展等。现在还有部分企业通过运用大数据系统对预选物料供应商进行初步筛选。海量的信息汇总至企业质量部门进行分析评估以初步确定供应商资质和其他信息。

（2）质量评估 质量管理部门负责组织实施对所用的物料供应商进行质量分析，并与相关部门制定现场审计的方案和计划；对疑似或存在重大缺陷的供应商（生产商）应"一票否决"。质量管理部门负责供应商管理的人员每年对合格供应商进行资质再评估，对已过期的资料及时要求供应商补齐更新，不再满足供货条件的应撤销其供货资质。

供应商选择的最重要参考因素之一就是现场审计，企业应安排满足相关资质要求的人员进行供应商审计，主要确定所购物料对药品质量的影响程度及供应商生产、质量管理的能力，供货能力也应纳入参考范围。审计时应确认供应商资质：营业执照、原辅料关联审评登记备案资料、药品 GMP 证书（如有）等资质证明材料，并核对证照的有效期、生产范围、检验报告单、稳定性考察等内容。不同物料供应商需求资料如表 4-1 所示。

表 4-1 供应商资质材料明细表

资料类别	资料名称	药用原料	药用辅料	进口药用原辅料	包装材料	化工物料	食用级物料
1 基本资质	1.1 营业执照正/副本	√	√	√	√	√	√
	1.2 生产许可证	√	√	×	⊙	⊙	⊙
	1.3 注册批件/补充批件/再注册批件	√	√	√	⊙	×	×
	1.4 GMP 证书	√	×	×	×	×	×
	1.5 印刷经营许可证	×	×	×	⊙	×	×
2 样品及其资料	2.1 样品	√	√	√	⊙	√	√
	2.2 供需双方检测报告	√	√	√	√	√	√
	2.3 发票	⊙	⊙	⊙	⊙	⊙	⊙
3 技术资料（A）	3.1 质量标准及检验方法	√	√	√	√	√	√
	3.2 工艺流程图	√	√	⊙	√	√	√
	3.3 BSE/TSE 风险声明及调查表	√	√	√	⊙	⊙	⊙
	3.4 安全技术说明书	⊙	⊙	⊙	⊙	⊙	⊙
	3.5 API/辅料/内包材登记号及授权书	⊙	√	√	⊙	×	×

续表

资料类别	资料名称	药用原料	药用辅料	进口药用原辅料	包装材料	化工物料	食用级物料
3 技术资料（B）	3.6 合成工艺路线及机制	√	⊙	⊙	×	⊙	⊙
	3.7 关键起始物料合成工艺路线	√	⊙	⊙	×	⊙	⊙
	3.8 起始物料/中间体质量标准	√	⊙	⊙	×	⊙	⊙
	3.9 起始物料及各中间体样品及COA	√	⊙	⊙	×	⊙	⊙
	3.10 稳定性数据	√	⊙	⊙	⊙	⊙	⊙
	3.11 粒度、晶型及杂质谱	√	⊙	⊙	×	⊙	⊙
4 平台资料	4.1 供应商基本情况调查表	√	√	√	√	√	√
	4.2 公司及质量组织机构图	√	√	√	√	√	√
	4.3 生产/检验设备、仪器清单	√	√	√	√	√	√
5 专业资质	5.1 应许可批准的需要许可批准	√	√	√	√	√	√
	5.2 生产许可证（含供货物料）	√	√	×	⊙	⊙	⊙
	5.3 环保批复及指标	⊙	⊙	×	⊙	√	⊙

注："√"表示需要；"×"表示为不需要；"⊙"表示如有要求的需提供。

（3）质量协议与合同　质量管理部门应与物料供应商签订质量协议，协议中应明确双方承担的责任，例如：①乙方（供应商）提供给甲方的产品及加工过程中所用物料应符合国家法定质量标准、行业标准或甲方规定的质量标准要求。②乙方需随货同行原厂检验报告书。如检测设备不能满足个别检测项目的检测，需进行委托检验时，应提供委托检验机构出具的检验报告。不同类别物料的质量协议内容条款可以进行侧重调整。

签订合同时，应规定物料或产品符合相应国家或地区的法律法规规定，一般企业先签订一年左右的短期合同，等考察一段时间或物料质量和供货能力稳定后再酌情签订长期合同。

示例1：质量协议（模板）

质量协议

甲方：　　　　　　　　　乙方：

为保证甲方所购的产品的合法性、安全性及质量要求，明确双方质量责任，按《中华人民共和国药品管理法》《产品质量法》《药品生产质量管理规范（2010年修订）》等有关GMP、GSP、药政法规要求，经甲乙双方协商一致，签订以下质量保证协议。

1. 质量管理要求：
2. 生产过程管理、工艺技术要求：
3. 包装要求：
4. 标签要求：
5. 贮藏条件：
6. 货物验收与不合格品处理：
7. 资质证照管理：
8. 保密责任：
9. 协议有效期：

甲方（公章）：_____　　　　乙方（公章）：_____
质量责任人_____　　　　　　质量责任人_____
____年___月___日　　　　　　____年___月___日

三、物料仓储管理

合格物料经过验收入库后，之后的在库管理和养护环节很重要，不同物料应根据对应的储存条件分库存放，并要有明显的状态标识。仓库管理人员应当定期进行库房检查，及时登记或更新物料台账。

库房应该配备设备设施，科学对物料进行在库养护。如与地面隔离设备；防潮、防虫、防鼠等设备；空气交换的设备；自动监测设备；照明设备等。冷库应当配备两个以上独立冷库；温度自动监测、显示、记录、调控、报警的设备；冷库制冷设备的备用发电机组或者双回路供电系统；对有特殊低温要求的药品，应当配备符合其储存要求的设施设备。

（一）物料分类

1. 根据物料分类　一般将库房划分为：原料库、辅料包材库、成品库、特殊药品库等。

2. 按照温湿度条件分类　一般划分为：常温库（0～30℃），冷库（2～10℃），阴凉库（不超过20℃）；库房的相对湿度应保持在45%～75%之间。

（二）物料接收

原辅料、直接接触药品的包装材料和印字包材应该制定验收操作规程，所有物料入库前应该细致检查，确保来货信息与采购订单一致，确认供应商是经过质量管理部门批准并已在合格供应商目录里的。

库房验收人员应对随货的书面凭证进行审核，例如检验报告书（单）、发票、合格证等。审核的内容包括但不限于名称、规格、批号、数量或重量等信息，并且应该和采购合同一致。进口物料或产品需要复核随货是否有口岸药检院的检验报告单。物料应逐件进行目视检查，外包装无破损、受潮、雨淋、霉变、虫蛀鼠咬等，并填写记录。中药材及中药饮片每件包装上应有明显标识，标注其品名、批号、产地、数量、来源等信息。

进入制剂的原辅料及直接接触药品的包装材料和印字包材应检查是否是双层的洁净袋包装。

标签、说明书等印字包材到货后，库房人员应对照质量部门批准的标准样本进行外观、尺寸、材质、颜色等项目的检验。

（三）物料入库

1. 初验合格后的物料，入库后挂上黄色的待验标识牌，并在货位卡上记录本次入库的数量、批号、物料代码等信息。不同类物料一般分库存放，如仓储条件允许，建议同类物料不同批号之间需设立物理隔断等措施，避免发生混淆和差错。入库后及时登记台账信息，特殊药品或剧毒品则登记相应的专用记录或台账，并执行双人复核、双人双锁的管理。

2. 请验、取样、送检。仓库物料管理人员应及时填写"请验单"，并交由质量管理人员安排取样工作。取样人员接到取样单后，应到达现场核对物料是否符合取样条件；然后按照抽样原则进行取样并粘贴已打印的取样证（白色）。

进入洁净区的物料需将物料转移至洁净级别相同的取样室取样，以避免因外部环境不同造成对物料的污染、交叉污染。用于外包装的小盒、说明书、标签等一般建议在同等洁净级别下进行取样。完成取样后，取样人员应及时送至质量控制部门（质量检验部门）进行检验，合格后开具检验合格报告单、放行单；经相关人员审核放行后通知仓库管理人员更换状态标识牌。对于检验不合格的物料，挂上红色不合格标识并按不合格品处理流程进行处置。

? 想一想

物料取样原则

一般情况下，取样以到货物料的件数进行计算；这里说的件数一般指的是物料包装单元（例如袋、箱、盒、卷等）。设每批件数为 N，当 $N \leqslant 3$ 时，应逐件取样；当 $N > 3$ 时，按 $\sqrt{N} + 1$ 取样（如到货物料为 9 件，代入公式 $\sqrt{9} + 1 = 4$，即从 9 件货物中取 4 件）。一般取样量以三倍检验量为准（例如 A 产品全检量需要 20g，一般取样量即为 60g）。

思考：为什么取样量要多于检验量？

（四）物料储存与养护

1. 库房要求　库房必须具备必要的照明通风、灭火防盗、防虫防鼠及温湿度测量设施。应保持卫生整洁，地面干燥无积水、不起灰尘，墙角与房顶无积尘和蜘蛛网。对有温湿度储存要求的物料，库房必须配备温湿度控制设施（如中央空调控制系统、空调、除湿机等）；对无温湿度贮存要求的物料可在普通库房内储存。仓库温湿度控制设施必须通过设备管理部门的验证和校验，确保设施符合储存条件及摆放位置的要求，否则不得使用。

2. 物料存放　物料存放应按物料的存储属性和类别选择相应库房进行摆放，对需要遮光、阴凉或冷藏储存的物料，应摆放在具备相应储存条件的库房内。

不同品名、规格和批号的物料按规定的距离分开码放，利于通风取样，发货时应遵循先进先出的原则。

3. 在库养护　物料储存期间质量的稳定性，与储存条件和保管方法有着密切关系。如果储存保管不当，会使药品变质、失效，贻误病情，甚至危及生命，有时还可能引起燃烧或爆炸。在库储存期间，由于受到外界环境因素的影响，随时都可能出现各种质量变化现象。

（1）合理堆码　分类储存，设置标志：注意不同批号药品不得混垛；药品与非药品、外用药与其他药品分开存放，并间隔一定距离或采取有效分隔、识别措施，防止混淆。

利用空间，保证安全：堆放物料时应在不影响通道及防火设备的情况下，充分利用空间，以提高仓容利用率；规范操作，保证人身安全；遵守外包装标识要求，轻拿轻放；控制堆放高度，不超过仓库地面负荷能力，保证库房安全。

利于收发，方便工作：入库物料依据先产先出、近期先出的原则，按生产批号和效期分别堆放。堆放位置相对固定，安排层次整齐、清楚，既美观，又方便工作。包装箱的品名、批号等内容易于观察和识别，便于仓储管理和质量控制。

码放的物料，必须遵守下列码放标准：垛与垛之间距不小于 5cm；垛与墙之间距不小于 30cm；垛与柱间距不小于 30cm；垛与地面之间距不小于 10cm；库内主要通道宽度不小于 120cm；仓库内设备、设施与货物堆垛之间不少于 30cm；码垛下必须加垫仓板，垫仓板上平面距地面距离不小于 10cm；消防过道不少于 100cm；电器设施、架定线路及其他设施与贮存物料垂直及水平间距不少于 30cm；桶装物料的码放高度不超过 1.6m。

（2）养护方法　物料和产品在库时，应按照已批准的储存条件进行分类储存。例如保温措施有库房增加暖气片、火墙取暖、空调调节等。降温措施有通风、加冰、空调降温等措施。需要避光、遮光的物料在保证温度的情况下尽量置于阴暗处，增加窗帘进行遮光等措施。

库房巡检员应每日检查防鼠防火措施，保证仓库正常运行。

（五）物料领用与发放

随着计算机系统及相关物料管理软件的成熟，利用系统化进行物料管理有着巨大的优势；例如：运用 SAP 系统进行物料管理，如果检验指标不合格，可以及时在系统上冻结该批物料，意味着不经过相关授权解冻操作，无法进入下一步使用。这样能很好地避免因人员操作的失误所引起的物料领用差错。

物料领用前，仓库管理人员应核对该物料状态，只有经过检验合格、开具合格报告单并经相关人员签批放行的物料方可进入下一步使用。

1. 发放原则　物料进入库房后，应严格执行相关管理规定——见单发料。仓库人员接到已批准的物料领用单或成品出库单据后，方可按单发料。并且严格执行以下规定。

（1）"三查六对"　"三查"即核查领用部门，核查领料凭据或物料、成品领用单，核查领用器具能否满足要求；"六对"即核对领料凭证与实物的物料代码、品名、规格、批号、数量、包装是否一致。

（2）"四先出"原则　即先产先出、先进先出、易变先出和近效期先出。

（3）按批号发货原则　物料发放时尽量将同一批次完整发出，如无法进行整批发料，应严格制定该批物料领用计划，直到整批领用完。整批发料有利于质量追踪和溯源调查，也防止开包太多产生的零头物料，影响物料在库质量。

2. 物料发放管理

（1）填写出库凭据　车间或其他领用部门填写物料领用单交库房管理人员，仓库人员核对相关信息无误后，填写出库凭证并交由主管审核。特殊管理的物料需双人复核后交主管审核批准。

（2）登记台账　发料结束后，仓库人员应及时登记发货台账并更新货位卡信息，以便下次发货数量无误。

（3）配货转运　库房配送人员核对出库凭证和领料单信息无误后，按照出库信息逐件、逐批地将物料准备好，并转运至指定地点。高架库人员在计算机系统输入领取物料的货位号后，一键出库。

任务2　产品管理

在药品生产过程中，产品包括中间产品、待包装产品、成品。产品应有唯一的批号，账、卡、物相应信息必须保持一致。

为了防止药品生产过程中出现污染、混淆和差错，应当建立产品相关操作规程，确保产品的正确接收、贮存、发放、使用和发运，防止发生污染、交叉污染、混淆和差错。不合格的中间产品、待包装产品和成品的每个包装容器上都应当有清晰醒目的标志，并在隔离区内妥善保存，处理时应遵循相关SOP流程并及时记录。

👁 **看一看**

产品包括药品的中间产品、待包装产品和成品。

中间产品指完成部分加工步骤的产品，尚需进一步加工才能成为待包装产品。

物料包括原料、辅料、包装材料等。例如：化学药品制剂的原料是指原料药；生物制品的原料是指原材料；中药制剂的原料是指中药材、中药饮片和外购中药提取物；原料药的原料是指用于原料药生产的除包装材料以外的其他物料。

原辅料指除包装材料外，药品生产中使用的任何物料。

一、中间产品和待包装产品的管理

中间产品和待包装产品应当有明确的标识，在适当的条件下贮存，并至少标明：产品名称、企业内部的产品代码、产品批号、数量或重量、生产工序、产品质量状态（如待验、合格、不合格、已取样等）。在生产过程中，产品一般在相应级别的洁净厂房中流动，也会根据生产情况在仓储区的中转站暂存。

存放于中转站的中间产品和待包装产品存放于适合的洁净容器内并牢固附有明显的状态标识。不同品种、不同规格、不同批号的产品间应有一定距离，产品须加盖密封存放，并根据质量状态贴有不用颜色的标签（合格为绿色、不合格为红色、待验为绿色），并分区域存放。

中间产品和待包装产品经检验合格后方可向下一工序移交，管理员填写发放记录，下一工序的领料员进行复核，管理员和领料员共同签字。中转站应实行上锁管理，管理人员离开时必须上锁后方可离开。

？想一想

待包装产品可否包括在中间产品中？

二、成品的管理

成品的仓储管理与原辅料的仓储管理基本相同，都包括接收、待验、检验、入库储存、授权人放行、发运等环节。成品发运时应及时记录。成品在未取得放行单前应显示待验状态，取得放行单后方可标识为合格状态。

每批产品须经质量授权人批准后方可放行。

成品出库发运应遵循先进先出的原则，每批成品均应有销售记录，能够追查每批药品的售出情况，对于退货产品、收回产品应建立退货记录，按照相应 SOP 进行处理。

成品储存保管要做到：安全储存、降低损耗、科学养护、保证质量。对温度敏感的药品应注意仓库的内环境温度。各种测量和监控仪器应定期校验，记录结果并加以保存。

三、产品的回收

回收定义：在某一特定的生产阶段，将以前生产的一批或数批符合相应质量要求的产品的一部分或全部，加入到另一批次中的操作。

企业须制定相应 SOP。产品回收需经预先批准，并对相关的质量风险进行充分评估，根据评估结论决定是否回收。回收应当按照预定的操作规程进行，并有相应记录。回收处理后的产品应当按照回收处理中最早批次产品的生产日期确定有效期。

？想一想

注射剂灯检工序产生的可见异物不良品，可以带入下批回收吗？

制剂产品不得进行重新加工。不合格的制剂中间产品、待包装产品和成品一般不得进行返工。只有不影响产品质量、符合相应质量标准，且根据预定、经批准的操作规程以及对相关风险充分评估后，才允许返工处理。返工应当有相应记录。

对返工或重新加工或回收合并后生产的成品，质量管理部门应当考虑需要进行额外相关项目的检验和稳定性考察。对退货进行回收处理的，回收后的产品应当符合预定的质量标准和 GMP 第一百三十三条的要求。

不合格的物料、中间产品、待包装产品和成品的处理应当经质量管理负责人批准，执行相应 SOP，并及时记录。

项目八　批生产记录与批包装记录

📖 导学情景

　　情景描述：2020 年江苏某药品生产企业生产的产品因处方调整，于 2020 年 10 月 18 日向国家药品监督管理局申请变更，获批后企业针对该产品工艺规程进行修订升级，但未及时更新批生产记录上处方的内容（版本未升级）；该企业质量管理部门在生产现场检查中发现岗位上仍然使用旧版本的批生产记录，按照原处方进行投料生产，导致整批产品报废处理。

　　情景分析：经调查发现，该企业在处方调整获批后未及时更新批生产记录中处方内容，文件版本未及时升级，也未进行变更识别其他相关工作，导致新进岗位操作人员仍使用旧版本批记录上制定的处方进行投料生产。最终造成整批产品报废处理，造成直接经济损失达 200 万元。

　　讨论：该案例中该企业违反了哪些 GMP 规定？批生产记录应如何正确管理控制？

　　学前导语：生产过程中批生产记录的正确使用及填写直接关系到药品生产过程的合规性，药品生产企业必须根据《药品生产质量管理规范》等法律法规要求加强药品生产管理，确保生产过程持续符合法定要求，保障人民群众用药安全。

任务 1　批生产记录

一、批的含义

　　药品生产批号可以用于追溯和审查该批次药品的生产历史。在生产过程中，药品批号主要起标识作用。在药品形成成品后，根据销售记录，可以追溯药品的市场去向；了解药品进入市场后的质量状况；在需要的时候可以控制或回收该批药品。对药品监督管理者来说，可以依据该批药品的抽检情况及使用中出现的情况进行药品质量监督和药品控制。在药品的使用中，也都涉及药品批号。

　　批是指经一个或若干加工过程生产的、具有预期均一质量和特性的一定数量的成品。为完成某些生产操作步骤，可能有必要将一批产品分成若干亚批，最终合并成为一个均一的批。在连续生产情况下，批必须与生产中具有预期均一特性的确定数量的产品相对应，批量可以是固定数量或固定时间段内生产的产品量。

二、批次的划分原则

　　一般来说，批次的划分按药品剂型来分类。

　　原料药：连续生产的原料药，在一定时间间隔内生产的在规定限度内的均质产品为一批。间歇生产的原料药，可由一定数量的产品经最后混合所得的在规定限度内的均质产品为一批。混合前的产品必须按同一工艺生产并符合质量标准。

　　无菌产品：大、小容量注射剂以同一配液罐一次所配制的药液所生产的均质产品为一批。粉针剂以同一批原料药在同一连续生产周期内生产的均质产品为一批。冻干粉针剂以同一批药液使用同一台冻干设备在同一生产周期内生产的均质产品为一批。

非无菌药品：固体、半固体制剂在成型或分装前使用同一台混合设备一次混合量所生产的均质产品为一批。如采用分次混合，经验证，在规定限度内所生产的一定数量的均质产品为一批。

中药制剂：固体制剂在成型或分装前使用同一台混合设备一次混合量所生产的均质产品为一批。如采用分次混合，经验证，在规定限度内所生产一定数量的均质产品为一批。

液体制剂、膏滋、浸膏、流浸膏等以灌装（封）前经同一台混合设备最后一次混合的药液所生产的均质产品为一批。

编制批号时，应确保同一批号不会重复出现。批号给定后应立即记录，记录内容应包括给定批号的生产日期、产品名称和批量。

👁 看一看

药品批号

一般来说，药品生产企业有自己制定批号的规范要求，为方便批号信息的查阅和追溯，批号按年、月、日加序号来编制。举例如下。

1. 片剂、胶囊剂、颗粒剂、无菌制剂以年、月、日编制。例如：舒必利片 20220628 批号，即为 2022 年 6 月 28 日开始投料的产品批号。同一天投料生产的同品种同规格多批次时以年、月、日加一位序号编制产品批号。如 2022 年 6 月 18 日投料生产了两批同规格的舒必利片，产品批号分别编制为 202206181 和 202206182。

2. 原料药产品批号的编制方法以年、月加两位数流水号编制批号，例如替莫唑胺 20220903 批号，即为 2022 年 9 月份生产的第 3 批。

3. 如果生产的原料药同时供无菌和制剂同时使用的，应在在批号后加上字母以示区别；如口服固体胶囊用的替莫唑胺原料，批号为 20220901（2022 年 9 月份生产的第 1 批）；同时如果该批供无菌注射用替莫唑胺使用时，批号可以编制为 20220901A。

三、批生产记录的管理

批生产记录是指记录每批药品生产过程的所有文件和记录，并可追溯所有与成品质量有关的历史信息，包括生产过程中控制的细节和所发生的偏差与异常情况记录。批生产记录不单是记录生产过程的流水账，而是能够通过批生产记录直观地反映出药品动态生产的全过程。

批生产记录原版空白记录应当经生产相关部门审核并由质量负责人批准后，方可使用。记录使用、复印、发放和销毁均应按照相关操作要求进行管控。每批生产的产品只能发放一份原版空白的批记录复印件，并进行企业内部编号管理，防止私自复印。

（一）批生产记录编制的原则

我国药品 GMP 第八章第四节详细规定了批生产记录的相关编制要求；要求每批产品均应当记录相应的生产过程，保证该批产品生产历史可追溯，发生偏差或异常时能够及时调阅记录进行生产过程回顾。

记录编制的原则主要依据现行批准的产品生产工艺规程内容、岗位操作规程（SOP）和其他关键参数指标、处方等内容进行设计、制定。批记录应进行版本控制，防止记录升级后的领用差错。

批生产记录的编号原则：质量管理部门可以按生产品种的四位年份加三位流水号对批生产记录进行编号。例如：2021001，即 2021 年的第一份批生产记录。如果某工序一份记录不能满足生产需要或填写过程中多次出现填写错误可申请补发或换发，可在该记录编号后加 1、2…以示区别。

批生产记录编制应充分体现产品生产的全过程。进行每项操作时应及时记录。记录原则：生产过程怎么操作，记录就怎么填写。例如：湿法制粒时共分两次加入黏合剂2kg；第一次加入1.5kg，第二次加入0.5kg，那么记录时不能只记录最终加入的总重量，而是需要记录每次加入的黏合剂的重量和总重量。操作结束后，生产操作人员应对岗位批生产记录进行确认并签名和备注日期。记录信息填写错误时，应在错误内容上划"—"，在旁边的空白处填写正确的信息并备注填写错误的原因，再签字备注记录日期（修改时的日期）。

生产部门记录管理人员应在整批生产结束后，汇总批生产记录进行审核并签字，然后交质量管理部门进行评价，并作出是否放行的判断。

如记录出现破损或污染，影响阅读的情况，可由使用部门将原记录拿到质量管理部门进行更换，原始记录不得销毁，作为誊写记录的附件保存。质量管理部门及时登记记录补发情况。

（二）批生产记录管理的重要性

通过前面的案例可以看出，批生产记录不仅仅是几页纸张那么简单，如果企业没有对记录在制定、版本控制、原版空白记录保存等方面进行管理，轻则受到监管机构的警告，重则引发质量事故或经济损失。因此，各生产企业必须认识到批记录管理的重要性。

1. 满足法规要求 我国GMP是具有法律效应的一部规范准则，里面明确规定了批生产记录的相关管理要求。如果企业未对记录管理制定有效的措施将面临药品监管机构警告或处罚。

2. 保证生产过程可追溯 批生产记录是依据生产工艺、岗位操作规程及关键参数等内容来制定的，通过一份批生产记录可以再现药品动态生产的全过程，保证生产环节的可追溯。

3. 避免混淆和差错 批生产记录具有产品、批次唯一性，即一批次产品只有唯一的一份批记录；产品生产前，车间向质量部门申请复印批生产记录，并由质量部门批记录管理人员在复印好的记录上标记唯一流水号，以区别于同产品不同批次的生产记录。这样可以避免批记录发放的混淆和领用的差错。

四、批生产记录的内容与格式

我国GMP（2010年版）第一百七十五条中规定，批生产记录的内容应当包括如下信息。

1. 产品名称、规格、批号信息；

2. 生产及中间工序开始、结束的日期和时间；

3. 每一生产工序的负责人员的签名；

4. 生产操作步骤人员的签名，必要时应当有复核人员的签名（如称量工序）；

5. 每一原料药的批号以及实际称量的数量（包括投入的回收或返工处理产品的批号及数量）；

6. 相关生产操作或活动、工艺参数及控制范围，以及所用主要生产设备的编号；

7. 中间控制结果的记录以及操作人员签名；

8. 不同生产工序所得到的产量及物料平衡计算；

9. 对于特殊问题或异常事件的记录，包括与工艺规程的偏差情况的详细说明或调查报告，并签字批准。

批生产记录的制定内容应至少包括上述信息，也可以将部分内容详细分解后加入批生产记录中去，但要充分评估岗位操作的可信性和有效性。

? **想一想**

2021年5月12日，制粒岗位人员当班生产结束后，操作人小张将已填写的批生产记录交至车间文件管理人员。5月13日，文件管理员审核时发现搅拌时间填写错误，正确信息应为15分钟，而小张写成了10分钟，随即通知小张来进行记录错误修订。修改内容如下，搅拌时间：15分钟，错误原因：时间记录错误；小张/2021.05.12。

请问：小张对错误记录的修改是否正确？

任务2 批包装记录

药品的批包装记录是指用纸质或电子记录来体现药品包装全过程的文件或程序，在 GMP 中也有相关编制、填写等规定。

药品包装一般指的是利用适当的容器和包装技术对药物制剂的半成品或成品进行分装（包括：分灌、封、装、贴签等操作），为药品提供质量保护、注明产品内容与说明的一种加工过程总称。

一、药品包装的分类

（一）内包装

内包装是指直接与药品接触的包装材料或容器，即内包材，如：西林瓶、安瓿瓶、药用聚乙烯瓶、直接接触药品的 PET 复合膜、PVC、药用铝箔等。内包材必须符合国家药品监督管理局颁布的《国家药品包装容器（材料）标准》，即通常所说的 YBB 标准。采购该类包材时，需要核对对方是否经批准注册，是否具有药包材批准文号或在国家药品监督管理局药品审评中心进行登记备案。药品内包装材料、容器（药包材）的更改，应根据所选用药包材的材质，做稳定性试验，考察药包材与药品的相容性。

👁看一看

YBB 标准

YBB 标准是由国家统一制订。它取代过去国家、行业和企业的三级标准，在产品的材质、造型以及稳定性等方面，作出了更高的要求，新标准的颁布旨在加强对直接接触药品的包装材料和容器的监管，进一步推进和完善作为药包材管理最基础的标准化工作。

从 2002 年开始，国家局组织直接接触药品包装材料和容器标准制（修）定计划，到目前已经发布的药包材标准共有五辑。

第一辑共有 12 个产品标准；一个通则；一个指导原则。第二辑共有 19 个产品标准；一个通则。第三辑为方法标准，共有 25 个方法。第四辑共有 15 个产品标准。第五辑共有 25 个产品标准；有 16 个方法；有 6 个正式（转正）标准。

（二）外包装

外包装系指内包装以外的包装，例如外包装盒、罐、桶及箱等。按由里向外分为中包装和大包装。外包装应根据药品的特性选用不易破损的包装，以保证药品在运输、贮藏、使用过程中的质量。

国家食品药品监督管理总局于 2006 年实施的《药品说明书和标签管理规定》（24 号令）中规定，药品包装、标签及说明书必须按照国家药品监督管理局规定的要求印制，其文字及图案不得加入任何未经审批同意的内容。

二、包装的作用

（一）保护药品

药品的包装可避免药品上市流通后，受外界温湿度、空气、光照等因素影响，防止药品出现裂片、挥发、变质等现象，也可以防止虫鼠的破坏导致药品变质、变性。

（二）方便转运和识别

药品在上市后，合理的包装有利于转运过程的搬运、堆码，方便装卸、流通等环节的操作。在包装上已标注重量、数量的，有利于交接时的清点、登记记录、验收等工作。

通过包装上的产品信息（包括产品名称、规格、包装数量、适应证、用法用量等），可使医务工作者和患者直观地了解到药品的详细信息，便于识别，防止出现发药、用药错误的情况。随着包装技术和材料的发展，很多药品生产企业开始减少使用塑瓶包装，采用可使药品单元分装的形式来进行包装（如可剪开的 PVC 硬片与铝箔的包装形式，或双铝包装；国外部分企业开始尝试使用 7 片塑盒包装，并在每个格子上标注星期），利于患者分装携带，服用。

（三）提升企业品牌形象

通过药品包装所传递的信息：商标、图案、药品信息、使用方法等内容，向公众传递药品生产企业的信息，因国家对药品广告有着严格的管控，所以通过精美的实物包装来进行品牌宣传，有利于提升企业形象。

三、批包装记录的管理

我国 GMP（2010 年版）第一百七十六条要求，每批产品或每批中部分产品的包装，都应当有包装记录，以便于追溯该批产品包装操作及与质量有关的情况。

（一）编制原则

批包装记录应该依据已批准的工艺规程与包装相关的内容进行制定。批包装记录在设计时，应充分考虑如何避免差错，应考虑实用性与可操作性。批包装记录的每一页均应标注包装产品的名称、规格、批号等信息。

（二）记录的管理

批包装记录应涵盖药品包装的全部工序，确保记录的完整性。原版的空白包装记录审核、批准、发放和复制的要求与批生产记录的要求一致。经过批准的批包装记录应由质量部门文件管理人员进行管理。

（三）批包装记录的内容

1. 产品的名称、规格、包装形式和批号、生产日期及有效期；

2. 包装操作的日期和时间；

3. 包装操作负责人的签名；

4. 包装工艺操作人员的签名；

5. 每一包装材料的名称、批号和实际使用的数量；

6. 根据工艺规程所进行的检查记录，包括中间控制结果；

7. 包装操作的详细情况，包括所用设备及包装生产线的编号；

8. 所用印刷包装材料的实样，并印有批号、有效期和其他打印内容；不易随批包装记录归档的印刷包装材料可采用印有上述信息内容的复制品；

9. 对特殊问题或异常事件的记录，包括对偏离工艺规程的偏差情况的详细说明或调查报告并经签字批准；

10. 所有印刷包装材料和待包装产品的名称、代码，以及发放、使用、销毁或退库数量、实际产量以及物料平衡检查。

项目九　GMP 之生产管理

📖 **导学情景**

　　情景描述：2019 年 5 月 10 日，某省药品监督管理局在检查过程中发现，该企业生产的复方枇杷止咳颗粒未按处方投料，发现实际购入量明显少于使用量。薄荷脑领用台账和检验原始记录造假，编造 30kg 薄荷脑的购买、入库、检验及使用记录。复方枇杷止咳颗粒生产过程中存在使用过期薄荷脑投料情形。

　　情景分析：经调查发现，该企业在实际生产过程中为了降低生产成本，在生产时使用过期原料，并对物料账目及检验记录造假，导致该事故的发生。

　　讨论：为什么已经获得 GMP 认证的药企仍然发生上述违法违规生产问题？该事件给我们哪些启示？在药品生产管理中应如何防止此类问题发生？

　　学前导语：药品"质量第一"毋庸置疑，药品生产必须保证真实性。药品安全直接关系到广大人民群众的身体健康和生命安危。药品生产企业必须根据《药品管理法》和《药品生产质量管理规范》等法律法规要求建立质量保证体系，加强药品生产管理，加强《药品生产质量管理规范》等药事法规培训，确保生产过程持续符合法定要求，确保药品生产的真实可控，杜绝一切造假行为，对产品的质量负责，对人民群众的生命健康负责。

任务 1　GMP 对药品生产管理的基本要求

一、药品生产管理

　　生产管理是一切管理的基础，是企业对提供产品或服务的系统进行设计、运行、评价和改进的各种管理活动的总称。药品生产管理是各项工艺技术标准和管理标准在生产过程中的具体实施，同时也是保证药品质量形成的关键环节。生产管理的目标，就是要稳定的产品质量、可靠的交货期、提高生产效率以及具有良好的生产能力。

　　药品生产是一个十分复杂的过程。从原料进厂，到成品制造出来并出厂，涉及许多生产环节和管理，如果任何一个环节疏忽，都有可能导致药品质量不符合国家规定的要求，如人员、设备、方法、物料、环节、操作等，因此，必须在药品生产过程中实行全过程的管理控制，以此来保证药品质量。要达到上述要求，必须实施 GMP。多年的实践证明，GMP 是一套行之有效的先进的科学管理制度，对保证药品质量起到至关重要的作用。

　　"质量源于顶层设计，标准源于精准执行"，药品质量实现于制造过程，GMP 使药品生产管理有法可依，有法必依。执行 GMP 是药品生产管理的基础。是确保药品生产质量的一种科学、先进、有效的管理手段。

👁 **看一看**

　　生产过程管理的重要环节：工艺技术管理、批号管理、包装管理、生产记录管理、不合格品管理、物料平衡检查和清场管理。

二、我国 GMP 对生产过程管理的基本要求

我国 GMP（2010 年修订）中关于生产管理的相关规定共有三十三条。提出对药品生产管理的总要求，强调药品生产工艺的法规符合性要求。强调生产过程中防止混淆、防止污染及交叉污染、防止差错的重要性及措施，生产操作和包装操作的关键环节等内容。在此列举出基本要求，后续章节对各类规定有详细阐述。

GMP 是药品生产管理的基本准则，是保证药品质量的关键环节，适用于药品生产的全过程，是药品生产管理的基本要求。药品生产必须依据符合法规许可和药品注册批准的资料制定生产工艺规程、质量标准等技术文件。工艺规程、操作规程等应经过验证，证明其稳定、可靠且可重现，并不得随意更改。

生产过程需得到严格控制，应建立生产过程的完整记录；核心要求是建立及时、准确、完整的批记录，并可追溯。必须制定：符合参数范围的关键生产参数；防止生产过程发生污染的措施；影响产品质量的生产现场条件。生产过程的偏差和变更应得到严格控制，所有的偏差处理及变更都应在质量风险评估的基础上进行管理。

药品生产必须进行批管理，制定批号编制原则并执行，确保每批产品具备"同一性质和质量""同一连续生产周期"，并且可追溯，使生产出来的药品从原辅料供应商直至产品用户，形成完整的物流系统。

在药品生产过程中，所有药品的生产和包装应当按照批准的工艺规程、操作规程和质量标准等文件来执行，并有记录。通过对人员、硬件、软件的严格管理和实施，达到：所有行为有标准、所有行为有监控、所有行为有记录、所有行为有追溯。确保生产过程的有效性、稳定性及可控性，使最终产品达到规定的质量标准。

练一练

药品生产过程中影响药品质量的因素包括（　　）。

A. 环境　　　　　　　　　　　B. 人员

C. 工艺　　　　　　　　　　　D. 设备及原料

任务 2　生产操作规程

在药品生产过程中，企业都必须建立标准的书面操作规程和指令，防止口头传达信息导致传递内容发生偏离。部分企业制定的操作规程和指令并不完善，或者未严格执行，故而导致生产过程发生问题或事故。

一、生产操作中的主要规程和指令

所有的生产操作都应按照批准的工艺规程和操作规程来进行。主要包括：生产工艺规程、岗位操作法、标准操作规程（SOP），它们在生产中起着非常重要的作用。

（一）生产工艺规程

1. 概念　规定为生产一定数量成品所需起始原料和包装材料的数量，以及工艺、加工说明、注意事项，包括生产过程中控制的一个或一套文件。工艺规程体现药品生产的全过程，企业必须严格执行工艺规程，不得随意更改。如需更改，则按照规定管理程序进行申请、审批手续。

工艺规程是产品设计、质量标准和生产、技术、质量管理的汇总,它是企业组织与指导生产的主要依据和技术管理的基础,是药品生产各部门必须共同遵守的技术准则,以保证每一个药品在有效期内的质量有效性、稳定性、可控性。

2. 工艺规程制定的依据 药品生产企业主要依据药品注册批准文件、国家药品标准(如《中国药典》)、产品研发技术资料及生产过程积累数据、设备操作规程(说明书、确认资料)、工艺验证和GMP 要求进行制定。

练一练

所有药品的生产和包装都应按照批准的工艺规程和操作规程进行操作并记录,以确保药品达到规定的质量标准,并符合药品生产许可和( )的要求。

A. 国家标准　　　　　　　　B. 注册批准

C. 质量标准　　　　　　　　D. 内控标准

3. 生产工艺规程的格式和内容 根据 GMP 的要求,生产工艺规程的内容和格式可分为三个部分。

(1)概述 封面上应标明确本工艺是某一产品的生产工艺规程,首页内容相当于说明或企业通知各下属部门执行本规程的文件,包括批准人签章及批准执行日期等。工艺规程内容可划分若干单元,目录中注明标题及所在页码。

(2)正文 是生产工艺规程的核心部分,主要由生产处方和生产工艺、生产操作要求和包装操作要求等组成。

生产处方和生产工艺包括:①产品名称和产品代码。②产品剂型、规格和批量。③生产处方所用原辅料及生产过程中所用物料清单;写明每一物料的制定名称、代码、规格、质量标准(或文件编号)和用量;如原辅料的用量需要折算时,应说明计算方法。④产品特性概述(包括产品的物理特性描述,如外观、颜色、性状、单位重量等);产品质量标准编号、注册标准编号。

生产操作要求包括:①对生产场所和所用设备的说明,如操作间的位置和编号、洁净度级别、必要的温湿度要求、设备型号及设备编号等。②关键设备的准备(如清洗、组装、校准、灭菌等),所采用的方法或相应的操作规程编号。③生产流程图及详细的生产过程、步骤和工艺参数说明(包括关键工艺参数清单)。④所有中间产品、待包装产品、成品的控制方法及质量标准(或文件编号)。⑤预期的最终产量限度,应包括中间产品、待包装产品、成品的产量限度、物料平衡的计算方法和限度(包括理论收率、计算收率和实际收率的计算方法)。⑥中间产品和待包装产品的贮存要求,包括容器、标签及特殊贮存条件。⑦需要说明的其他特别注意事项。

包装操作要求包括:①以最终包装容器中产品的数量、重量或体积表示的包装形式;②所需全部包装材料的完整清单,包括包装材料的名称、数量、规格、类型以及与质量标准有关的每一包装材料的代码;③印刷包装材料的实样或复制品,并标明产品批号、生产日期、有效期的打印位置;④需要说明的特别注意事项,包括对生产区和设备进行的检查,在包装操作开始前,确认包装生产线的清场已经完成等;⑤包装操作步骤的说明,包括重要的辅助性操作和所用设备的注意事项、包装材料使用前的核对;⑥中间控制的详细操作,包括取样方法及标准;⑦待包装产品、印刷包装材料的物料平衡计算方法和限度。

在实际生产中,由于制剂、中成药、原料药等生产过程有各自特点,所编制的生产工艺规程在内容和格式上会有所不同。

(3)补充部分 包括附录、附加说明和附页。①附录:对正文内容所做的补充,用以帮助理解正文中的有关内容,以便于理解、掌握和使用生产工艺规程,如理化常数、曲线、图表、计算公式、换算表等。②附加说明：说明生产工艺规程起草的单位和部门，负责解释的单位和部门。③附页：供修改时登记批准日期、文号、内容等使用。

4. 工艺规程编制时的注意事项　工艺规程作为企业组织与指导生产的主要依据和技术管理工作的基础，同时也是员工生产和质量控制的操作指南，要求内容必须全面。工艺规程中有较多内容重复时，可将相同内容汇编，集中为一个或几个文件，工艺规程中体现版本号及文件编号即可。

工艺规程在编制时，以体现生产方法为原则，可形式多样；体现实用性，并以作为其他文件的重要依据为原则。

示例2：原料药生产工艺规程的主要内容

原料药生产工艺规程

1. 产品概述；

2. 原辅料、包装材料的规格；

3. 化学反应过程（包括副反应）及生产流程图；

4. 工艺规程；

5. 生产工艺和质量控制检查，中间产品和成品质量标准；

6. 技术安全与防火（包括劳动保护、环境卫生）；

7. 综合利用（包括副产物回收处理）与"三废"处理、"三废"排放标准；

8. 操作工时与生产周期；

9. 劳动组织与岗位定员；

10. 设备一览表及主要设备生产能力（包括设备规格、型号）；

11. 原材料、动力消耗定额和技术经济指标；

12. 物料平衡（包括收率计算）；

13. 附录，包括理化常数、图表、计算公式、换算表等；

14. 附页，供修改时登记批准日期、文号、内容等。

示例3：制剂生产工艺规程的主要内容

制剂生产工艺规程

生产处方：

1. 产品名称和产品代码。

2. 产品剂型、规格和批量。

3. 所用原辅料清单，包括生产过程中使用但不在成品中出现的物料，阐明每一物料的指定名称、代码和用量；如原辅料的用量需要折算时，应当说明计算方法。

生产操作要求：

1. 对生产场所和所用设备的说明，包括操作间的位置和编号、洁净度级别、必要的温湿度要求、设备型号和编号等；关键设备的准备，如清洗、组装、校准、灭菌等，所采用的方法或相应操作规程编号。

2. 详细的生产步骤和工艺参数说明，如物料的核对、预处理、加入物料的顺序、混合时间、温度等。

3. 所有中间控制方法及标准。

4. 预期的最终产品限度，必要时，还应当说明中间产品的产量限度以及物料平衡的计算方法和限度。

5. 待包装产品的贮存要求，包括容器、标签及特殊贮存条件。

6. 需要说明的注意事项。

包装操作要求：

1. 以最终包装容器中产品的数量、重量或体积表示的包装形式。

2. 所需全部包装材料的完整清单，包括包装材料的名称、数量、规格、类型以及与质量标准有关的每一包装材料的代码。

3. 印刷包装材料的实样或复制品，并标明产品批号、有效期打印位置。

4. 需要说明的注意事项，包括对生产区和设备进行的检查，在包装操作开始前，确认包装生产线的清场已经完成等。

5. 中间控制的详细操作，包括取样方法及标准。

6. 待包装产品、印刷包装材料的物料平衡计算方法和限度。

附页，供修改时登记批准日期、文号、内容等。

示例4：×××片工艺规程

×××片工艺规程

文头：

公司名称：××××

文件名称：×××片100mg（300万片）工艺规程

文件编号、文件版本、生效日期；

起草部门、起草人、起草日期、复核人、复核日期；

审核部门、审核人、审核日期；

批准部门、批准人、批准日期；

文件分发部门、分发份数。

正文：

1. 目的

建立×××片100mg（300万片）工艺规程，保证工艺控制和工艺步骤严格地按规定执行。

2. 适用范围

适用于×××片100mg（300万片）的生产过程和中间控制。

3. 定义

工艺规程：为生产特定数量的成品而制定的一个或一套文件，包括生产处方、生产操作要求和包装操作要求，规定原辅料和包装材料的数量、工艺参数和条件、加工说明（包括中间控制）、注意事项等内容。

4. 职责

4.1 车间工艺员、操作人员负责执行本工艺规程。

4.2 QA负责本工艺规程的监督、指导。

5. 规程内容

5.1 产品概述

性　状：本品为白色片。

适应证：××××××的治疗。

贮 藏：遮光，密闭保存。

有效期：36个月。

批准文号：国药准字H××××××××

执行标准：《中国药典》（2020年版）二部

5.2 生产处方

5.2.1 产品名称和产品代码

通用名称：×××片； 英文名称：××××××； 产品代码：×××

5.2.2 产品剂型、规格和批量

产品剂型：片剂； 规格：100mg； 批量：300万片

5.2.3 原辅料清单（例）

原辅料名称	物料代码	批准处方	生产处方	备注
		1000片处方量（g）	300万片处方量（kg）	
×××	×××	×××	×××	

5.3 工艺流程图

5.4 生产场所和设备

5.4.1 生产场所（例）

操作间		洁净度级别	温湿度	
功能间名称	功能间编号		温度/℃	相对湿度/%
×××	×××	D级	18~26	45~65

5.4.2 生产设备、仪器一览表（例）

设备名称	设备型号	设备编号	数量/台	生产厂家	定置功能间
×××	×××	×××	××	××××××	×××

5.5 生产操作

5.5.1 原辅料领用生产操作（此处详细操作内容为举例，以下各操作具体过程略。在实际工艺规程中需写明每一步骤操作过程要求，体现工艺规程的可执行性）

5.5.1.1 物料管理员根据"批生产指令单"，填写"配送单"，经车间主任签字确认后，送至计划调度部开"领料单"。物料管理员需要对开具的"领料单"进行复核。

5.5.1.2 计划调度部按照"领料单"组织配送。

重要提示：1)"批生产指令单"需要经过车间复核，复核重点是配方是否准确；

2) 车间手工开具"配送单"且必须明确物料编号。

5.5.2 物料接收

5.5.3 脱包

5.5.4 粉碎筛分

5.5.5 称量

5.5.6 制粒、整粒、干燥

5.5.7 总混

5.5.8 颗粒中转站

5.5.9 压片

5.5.10 片芯中转站

5.5.11 中间控制方法（例）

工序	标准	控制方法	
		频次	检测方法
粉碎过筛	原辅料外观性状见原辅料质量标准	随时	目测
称配	物料、数量准确	称量时	按处方配，称量时一个操作，一个复核

5.5.12 物料及产品质量标准（例）

序号	文件名称	文件编号
1	×××质量标准	××××××

5.5.13 物料平衡计算方法及限度（例）

5.5.13.1 物料平衡限度

项目		限度（单位:%）
粉碎筛分	×××物料平衡	95.0 ~ 100.0
称量	×××物料平衡	99.50 ~ 100.00

5.5.13.2 计算方法（例）

a）物料平衡计算方法

$$粉碎筛分物料平衡 = \frac{实际产量 + 可收集量}{投料量} \times 100\%$$

$$称量物料平衡 = \frac{称量后重量 + 可收集量}{称量前重量} \times 100\%$$

5.5.13.3 待包装产品的贮存要求

5.6 包装操作（此处详细操作内容为举例，以下各操作具体过程略。在实际工艺规程中需写明每一步骤操作过程要求，体现工艺规程的可执行性）

5.6.1 包装形式（例）

瓶装，100 片/瓶，10 瓶/盒，48 盒/箱

5.6.2 包装材料清单

5.6.3 印字操作

5.6.4 包材中转站管理员按"车间暂存、中转管理规程""车间包材管理规程"进行管理。

5.6.5 塑瓶包装（内）

5.6.6 塑瓶包装（外）

5.6.7 中间控制方法（例）

工序	标准	控制方法	
		频次	检测方法
塑瓶包装（内）	装量：每瓶装100片，且异常数量不得有	随时	目测
塑瓶包装（外）	产品批号、生产日期、有效期、流水号清晰正确	随时	目测

5.6.8 包材质量标准

5.6.9 取样方法

5.6.9.1 按"产品取样操作规程"进行取样操作。

5.6.10 物料平衡、包装材料物料平衡计算方法及限度

5.6.10.1 物料平衡限度（例）

项目	限度（单位:%）
包装物料平衡	98.0 ~ 102.0
成品率	90.0 ~ 102.0

5.6.10.2 计算方法

a）包装物料平衡计算方法

$$物料平衡 = \frac{实际产量 + 可收集量 + 取样量}{投料量} \times 100\%$$

b）成品率计算方法

$$成品率 = \frac{实际产出（万片）}{投入量（万片）} \times 100\%$$

c）包装材料平衡计算方法

领入数 = 实际使用数 + 损耗数 + 批记录留样数 + 样品使用数 + 结余数 + 盈亏数

6. 环境、健康和安全（EHS）

6.1 生产过程中操作人员注意劳保用品穿戴，操作人员在操作时尽量避免粉尘飞扬。

7. 相关文件

《药品生产质量管理规范》（2010 年修订）

《文件与记录管理规程》QS00002

8. 附件

8.1 标签样张：见"×××片标签小样标准"

8.2 中盒标签样张：见"×××片中盒标签小样标准"

8.3 说明书样张：见"×××片说明书小样标准"

9. 变更历史记录

（二）岗位操作法

1. 概念 岗位操作法是对各具体生产操作岗位的生产操作、技术、质量管理等方面所做的进一步详细要求，是生产工艺规程的具体体现。

岗位操作法经批准后不得随意更改，与工艺规程保持一致，如需修订，则按照规定管理程序进行申请、审批手续。

2. 岗位操作法的内容与格式 岗位操作法的格式同样分为概述、正文、补充三个部分。概述、补充部分和生产工艺规程基本一致，正文部分由于不同药品种类的生产，内容会有所不同。

示例5：原料药岗位操作法内容

原料药岗位操作法

1. 原料药规格、性能；
2. 本岗位化学反应及副反应；
3. 生产操作方法与要点（包括设备停、开注意事项）；
4. 重点操作的复核制度；
5. 安全防火和劳动保护；
6. 异常情况的处理；
7. 本岗位中间产品控制及质量标准；
8. 主要设备维修、使用与清洗；
9. 度量衡器的检查与校准；
10. 综合利用与"三废"治理；
11. 工艺卫生和环境卫生；
12. 理化常数、计算公式、换算表等；
13. 附页，填写修改时登记日期、文号和修改内容等。

示例6：制剂岗位操作法内容

制剂岗位操作法

1. 生产操作法；
2. 重点操作复核；
3. 复查制度；
4. 中间产品控制及质量标准；
5. 安全防火和劳动保护；
6. 设备使用、维修情况；
7. 技术经济指标的计算；
8. 卫生和环境卫生；
9. 度量衡器的检查和校准；
10. 理化常数、计算公式、换算表等；
11. 附页，填写修改时登记日期、文号和修改内容等。

（三）标准操作规程

1. 概念　经批准用来指导设备操作、维护与清洁、验证、环境控制、取样和检验等药品生产活动的通用性文件，称为标准操作规程（standard operation procedures，SOP）。

SOP是药品生产员工的操作指南，以确保每个人能够正确、及时的执行生产及质量相关活动和流程。SOP是对某一项具体操作所做的具体指令，是一个经批准的文件，是组成岗位操作法的基础单元。SOP一经批准发布，生产操作人员必须严格执行，任何人不得随意改动，SOP结合工艺规程、设备、新技术的变动情况可做相应调整修订，并且关键程序需经验证。如需修订，则按照规定管理程序进行申请、审批手续。

2. SOP的分类　SOP描述与实际操作有关的详细、具体工作，是文件体系的主要组成部分，包括生产操作SOP、检验操作SOP、设备操作SOP、设备维护保养SOP、环境监测和质量监控SOP、清洁SOP等。

（1）生产操作SOP　描述产品生产过程中与各工序实际操作有关的详细具体的工作，这类文件主要由生产车间起草编写，如名称为×××工序生产操作规程（包括岗位操作法和岗位 SOP 两方面的内容）、×××工序清场操作规程等。

（2）检验操作 SOP　描述原辅料、包装材料、工艺用水、中间产品、成品检验过程中有关详细具体的工作，这类文件主要由质量检验部起草编写。

（3）设备操作 SOP　描述生产、检验仪器设备的使用方法和步骤、注意事项等。这类文件主要由设备部起草编写。

（4）设备维护保养 SOP　描述生产、检验仪器设备的维护保养方法、程序，维护保养校验时间和频次、所使用的润滑剂等。由设备部起草编写。在实际使用中，也可以将设备操作 SOP 和设备维护保养 SOP 两者内容合二为一，名称可写为×××仪器（设备）操作维护规程。

（5）环境监测和质量监控 SOP　描述洁净室（区）温湿度、风量风速、空气压力、尘埃粒子、沉降菌监测方法、所要达到的标准、监测位置和频次以及质量保证部对于药品生产各个环节（如物料、生产各工序）的监控方法和程序。这类文件由质量保证部起草编写。

（6）清洁 SOP　描述各种设备设施、容器具的清洁方法和程序、所要达到的标准、间隔时间、所要使用的清洁剂或消毒剂，清洁工具的清洁方法和存放地点，以保证产品生产和检验过程中不被污染或混淆。这类文件主要由使用、实施的部门起草编写。

3. SOP 的内容和格式　SOP 属于标准类文件，编写应使用统一模板。每一 SOP 应有统一的格式文头，内容包括：企业名称、文件名称、文件编号、制定人及制修订日期、审核人员及审核日期、批准人员及批准日期、颁发部门、生效日期、分发部门等。

正文内容主要包括：目的；范围；依据；定义；职责；程序：操作步骤或程序（准备过程、操作过程、技术过程），操作标准，操作结果的评价，操作过程的复核与控制，操作过程的事项与注意事项，操作中使用的物品、设备、器具及其编号，操作异常情况处理等；相关 SOP；附件；历史记录；发放部门等。

示例 7：设备操作维护 SOP

××设备操作维护 SOP

文头：

公司名称：××××

文件名称：×××押印机操作维护规程

文件编号、文件版本、生效日期；

起草部门、起草人、起草日期、复核人、复核日期；

审核部门、审核人、审核日期；

批准部门、批准人、批准日期；

文件分发部门、分发份数。

正文：

1. 目的

建立×××押印机标准操作、维护规程。

2. 适用范围

××车间×××押印机操作、维护活动的管理。

3. 定义

无。

4. 职责

4.1 车间大班长负责本规程监督管理。

4.2 印签岗位操作人员负责本规程的执行。

5. 规程内容

5.1 岗位操作人员在操作设备前插上电源插头，按下控制按钮，将计数器清零。

5.2 换字模

5.2.1 将锌字从模具柜中取出。

5.2.2 拉出印字轮头固定套及印字轮头。

5.2.3 取下锌字固定挡片，根据所印标签情况更换字，再把固定挡片插入。

5.3 逆时针方向打开胶木挡板。

5.4 将油墨轮固定套取下，换上新油墨，套上固定套，顺时针盖上挡板。

5.5 松开导片螺丝，取出标签约 100 张送入两导片之间，将导片靠近标签后，拧紧螺丝，按下打印开关，标签开始送出，如有双张可顺时针旋转逆转轮调节手柄。如出现卡纸，可逆时针旋转，一直调至分张正确分明。

5.6 当分张调整适当后，以这 100 张标签进行反复演练，并将每次在计数器上显示的数字核对，如每次计数均相同，才算是调整正确。

5.7 将温度开关旋钮打开预热 5~10 分钟后可将温度旋钮调整到 6~8 刻度值。

5.8 将字模套回轴心，左右旋转，使印字轮头的孔套入固定栓，再将印字头固定在孔套上，如所印字太深可顺时针转动印压调整螺丝，所印字太浅可逆时针转动印压调整螺丝，原则是越轻越好，以印出的字体鲜明为主。

5.9 如所印字位置靠前可逆时针旋转操作盘上位置旋钮（A 为粗调，B 为精调），印字位置靠后可顺时针旋转，如印字位置靠上可将导片上移，反之则下移。

5.10 操作人员需根据所打印出来字体的清晰情况及有关要求来作最终调整。

5.11 设备维护内容

5.11.1 每运行三个月，维保人员需检查设备计数器及其光电，应确保其正常、可靠。

5.11.2 每运行三个月，维保人员需检查电源开关、调整装置、温控及加热装置、指示灯等，应确保电源开关安全、可靠；调整装置调节灵活、方便；温控及加热装置正常、有效；指示灯指示正常。

5.11.3 每运行三个月，维保人员应检查逆转轮、出纸轮、输送辅助轮、承印轮的磨损情况，应印字清晰、出标可靠、运行稳定，轮无破损，否则应及时更换。

5.11.4 每运行三个月，维保人员应检查设备送料带的磨损情况，应无破损、鞍裂、打滑现象，传动应可靠、有效、平稳，否则应及时更换。

5.11.5 每运行半年，维保人员应检查设备电机的运行情况，应运行平稳，无窜动跳动、无异常发热、无异声等异常情况，否则应拆除保养或更换。

6. 环境、健康和安全 EHS

6.1 设备运行前必须清理机台上的调试工具、配件等杂物，以免造成设备损伤。

6.2 操作人员在启动设备前必须做出警示，以免设备运行时造成其他人员的身体伤害。

6.3 设备进行调试或维修时需做好个人防护措施，以免造成设备对人员的身体伤害。

6.4 电气控制柜需在车间电工在现场时才能开启检修或清洁。

6.5 设备在运行时不允许进行任何机械调整。

7. 相关文件

《药品生产质量管理规范》（2010 年修订）

8. 附件

无。

9. 变更历史记录

变更号	版本号	生效日期	制修订内容摘要
××××	00	××××	新制定
××××	01	××××	修改 5.11.5 原"每运行一年"为"每运行半年"

二、生产操作中规程和指令的编制

生产操作中所用规程和指令的制定和修改应当有规定的起草、审核、批准和修订的程序，一经批准正式执行后，不得随意更改。所有的规程和指令都应当有编号，进行分类管理，便于查询、使用。

（一）编制程序

编写生产操作中有关的规程和指令等文件，首先要做好文件的标准化工作，有充分、合理的依据，应当根据国家相关法律法规、药品标准、GMP，并结合本企业实际情况及分析方法验证的基础上进行编制。

1. 准备阶段　由企业技术管理部门组织编写人员学习有关药品生产管理的法律法规（尤其是 GMP）、上级有关部门颁发的技术管理等文件（如国家/省药监局颁发的各类文件），拟定编写大纲，统一编写格式要求，制定各类文件标准格式及编写流程。

2. 组织编写　根据谁使用谁编写的原则，生产技术部门和具体负责生产的车间负责人组织有关技术人员、设备人员、质量控制人员和生产操作人员进行工艺操作规程、岗位操作法、SOP 初稿的编写，质量管理部门根据工艺规程中的要求，制定中间产品和成品质量标准、检测方法和监督频次。

编写时药品名称不能用商品名、代号等，应当按《中国药典》（2020 年版）或经药品监督管理部门批准的法定名称。无法定名称的一律用通用的化学名称，可附注商品名。文件中常用名词、专业术语、符号应做到统一、简化，能够正确地传递各类信息。所用的计量单位均应使用国家规定的计量单位，文件中使用的语言应当确切、易懂，避免产生歧义，对规程的描述应清晰、可操作性强。

3. 讨论初审　初稿编写完成后，由起草人组织有关人员和实际操作人员进行讨论修改，部门负责人初审签署意见后将初审稿报至技术管理部门。

4. 专业审查　由文件负责起草部门组织质量管理、工程设备、物资管理、生产车间等相关部门讨论，进行全面审核，包括各类数据、参数、工艺、标准、设备、仪器、安全措施等方面，再一次进行修订。

5. 修改定稿　由文件起草人对再一次修订意见进行整理、定稿，报至部门负责人审核签字确定。

6. 审定批准和发放　定稿后的文件报至各相关部门负责人进行最终审核并签字，由文件批准部门负责人最终审定批准执行。由文件管理员确定文件编码，打印盖章，注明文件执行日期。

批准生效的文件应当分类管理，确定编号、保密级别、打印数量及分发部门，由文件管理员填写文件发放登记表并将电子文档及正式文件原稿存档。

产品工艺规程属于企业内部保密性技术资料，应当控制发放范围，妥善保管。

（二）变更与修订

如果客观生产条件发生变更，则有必要对生产操作中的有关规程和指令进行修订。修订必须按照规定的程序进行，该程序与编制程序基本一致。根据变更涉及谁则由谁修订的原则，涉及部门提出书面申请，组织修订，经有关负责人批准后执行，在文件中注明修订日期、实施日期、审批人签章及文件编码更新等。

重要变更需随同变更申请表提供相关的稳定性数据、验证情况或其他有关数据，尤其是对变更内容所造成的潜在影响因素的分析，重要变更由质量管理部门审核后报药监部门审批或备案。

（三）培训与实施

任何有关生产操作的规程和指令在正式实施之前，都必须由技术、质量管理、使用部门、培训管理部门等组织操作人员和管理人员进行学习和培训。新员工必须经过相关岗前培训，经考核合格后方能上岗。

生产操作中的各类规程及指令一经批准实施后，各操作人员及管理人员都应当严格执行，不得随意更改，对不符合生产操作规程的指令及对未经批准变更的操作指令，操作人员均应拒绝执行。技术、质量管理等部门应经常进行追踪随访，了解各文件执行情况，并对文件执行过程中产生的问题进行必要的指导、帮助和纠正。

对非正常情况下不能按正常的程序和指令操作时，操作人员应当进行紧急处理并如实记录，及时上报，由生产技术管理、质量管理部门提出处理方案，经批准后方可继续生产。

❓ 想一想

GMP 是药品生产的基本要求，我们为什么要实施 GMP？

任务3 工艺卫生管理

卫生工作对于减少药品污染、确保药品质量、实施 GMP 有特殊重要的意义。建立科学合理的卫生管理系统在药品质量管理中是非常重要的。

一、卫生的含义

（一）卫生

世卫组织对卫生的定义为"身体、精神与社会适应上处于完全良好的状态"，其内涵是指身体、生理、心理处于健康、和谐的状态，是对常规卫生意义的深化。GMP 要求的卫生是洁净、纯净的要求，是指在药品生产、取样、包装、储存以及运输过程中，没有化学性质和微生物性质的外来杂质进入，原料、中间产品、待包装产品和成品都不被杂质沾染干扰。根据 GMP 相关章节的要求，卫生在 GMP 实施中主要包括环境卫生、工艺卫生和人员卫生三个方面。本章节主要介绍工艺卫生内容。

（二）工艺卫生

指在生产环境中，和药品相接触的设备设施和工艺条件中的配套措施，包括原辅料、设备、容器、生产介质的清洗消毒，工艺技术和工艺流程在制定和实施过程中对卫生要求的保证。

（三）环境卫生

指在药品生产企业中与药品生产直接相关的空气、水源、地面等方面的卫生，包括内环境和外环境两个重要区域。

（四）人员卫生

是指对涉计药品生产所有人员的卫生要求，一方面是对人员身体状况的卫生应有硬性要求，另一方面在工作中应树立符合药品生产要求的个人卫生习惯。

二、与卫生有关的概念

为保证药品质量，在药品生产过程中达到洁净、纯净的操作手段一般为灭菌与消毒，这两种方法，能够在药品生产过程中去除微生物污染，从而达到卫生要求。

（一）消毒

是利用化学或物理方法杀死与药品生产相关原料、设备设施、容器、包装物和环境中病原微生物的一种措施，可以防止微生物污染或传播，消毒的方法分为物理方法和化学方法。

物理消毒方法包括：①机械消毒，如手的清洗、佩戴口罩，通风装置过滤作用使微生物不能进入等。②热力消毒，包括火烧、煮沸、蒸汽、干热等手段，可通过使微生物蛋白质凝固变性而消灭污染。③辐射消毒，包括日晒、紫外、红外、微波等手段。在药品生产企业中，紫外灭菌的应用比较广泛。

化学消毒指使用化学消毒剂进行消毒。根据消毒机制的不同，消毒剂可分为：①凝固蛋白类，如酚类、酸类和醇类；②溶解蛋白类，如碱性药物（氢氧化钠、石灰等）；③氧化蛋白类，如含氧消毒剂和过氧化物消毒剂，应用广泛的漂白粉属于此类；④阳离子表面活性剂，如新洁尔灭；⑤烷基类，如福尔马林、环氧乙烷等。进行消毒操作时，应根据使用对象和生产产品的要求，选择适合的方法操作，以达到GMP的相关要求。

（二）灭菌

灭菌是利用物理或化学方法杀死物体内外包括芽孢在内的所有微生物的一种措施，经灭菌操作的物体上寄生的微生物丧失生产繁殖能力，达到控制污染的目的。灭菌比消毒要求严格，除杀灭细菌芽孢在内的病原微生物以外，还要杀灭非病原微生物。

常见的灭菌方法有湿热灭菌法、干热灭菌法、气体灭菌法（如环氧乙烷）、辐射灭菌法（包括引起电离的X射线及非电离辐射的紫外线、红外线、微波等电磁波辐射）、过滤灭菌法等。

在操作规程中，应按照先消毒再灭菌的顺序进行，同时，物品洁净程度及导致污染的风险高低，也是选择灭菌方法的依据。

（三）抑菌

指采用物理或化学方法抑制细菌、真菌等微生物生长繁殖，降低微生物活性，使其繁殖能力降低或停滞繁殖，该操作不能使微生物全部死亡，主要适用于暂时性防止污染的操作。

（四）无菌

不含有存活微生物的状态称为无菌，是一种理想状态，是各种药物灭菌操作的目的。

三、工艺卫生的管理要求

生产工艺卫生包括物料卫生、设备卫生、生产介质卫生和工艺技术卫生等。本章节主要介绍物料卫生、生产介质卫生、几种常见剂型的生产工艺技术卫生管理。

（一）物料的卫生管理

1. 使用前经过检验　药品生产所使用的原料和辅料应当按照卫生标准和程序进行检验，只有合格后方可使用，不合格的原辅料应及时按照规定的程序进行处理。

2. 更换或清除外包装　一般原辅料外包装经过运输会有受污染的情况，因此送入仓库或车间配料前应清除或更换包装，防止将污染物带入。

3. 配料操作防止污染　原辅料在配料时应按规定在配料间分发，防止称量和配料过程中产生的粉尘对周围空气、环境和设备造成污染。

4. 选择适宜包装材料　包装材料的卫生情况会直接影响到产品质量，因此选择直接接触产品的包装材料应当以易清洁或耐受必要的清洗过程为基本条件，对于无菌产品所使用的直接包装容器，应当可以进行灭菌和除热源处理。

5. 选择适宜剂量 在确定包装剂量时应注意，需制定防止污染及交叉污染措施并严格执行。大剂量和多剂量在分装过程中容易被污染，小剂量和单剂量包装则相反。

（二）生产介质的卫生管理

参与药品的生产但最终不构成药品成品组成部分的物质称为生产介质。药品生产过程中使用的介质比较多，常见的有各种气体和水，这些介质的洁净程度直接关系到药品生产工艺的卫生。

1. 空气的卫生管理 有效控制空气中的污染物是保证药品生产工艺卫生的重要环节。方法有：首先是规范使用洁净区，洁净区是一个控制空气尘粒物质的特定区域，是保护产品不受空气传播污染的一个最有效的措施；其次是使用各种滤器（过滤用的装置，是对液体或气体进行过滤的一种器具），常用的方法有：过滤法、静电沉淀法、空气冲气法或空气净化法（将空气通过水淋浴）等。

2. 水的卫生管理 工艺用水是指药品生产工艺中使用的水，包括饮用水、纯化水、注射用水。在各类水的生产环节中，稍有不慎，都有可能造成微生物污染。在雨水季节或管道破裂、检修安装后，容易造成局部地段水质污染，更应注意水质的卫生学检查；而在枯水季节也会因为自来水中有机物太多而影响纯化水的质量。

为了防止产品受到污染，药厂必须严加控制用于生产过程中的水，要控制好用于清洗设备的水，防止污染通过水传播。所有工艺用水在用于药品生产过程以前都必须经过必要的方法处理。达到质量标准方可使用。对生成过程中用水和设备清洗用水应当制定科学合理的卫生管理流程。

工艺用水必须严格执行保证其质量的具体规定；自来水虽经处理但仍不属于饮用水，水源、水处理设备及处理后的水均应对化学污染、生物污染进行定期监测。必要时对内毒素污染进行监测并记录保存。生物制品所用的注射用水在制备后 6 小时内使用；作为生产用水或作为最后淋洗容器、封盖及设备用水，其质量应符合注射用水规定并进行微生物学检查；作为在灭菌容器内冷却制品用水的质量，应经过除菌处理和微生物学检查，所有检查项目均应符合质量标准。

练一练

利用某种方法杀死所有病原微生物的措施为（　　）。

A. 消毒　　　　　　　　　　B. 灭菌

C. 无菌　　　　　　　　　　D. 清洗

（三）常见剂型的生产工艺卫生管理

药品制剂的生产工艺各有不同，其生产线上的卫生要求也因剂型而不同，以下列举几种常见剂型的生产工艺卫生管理。

1. 片剂生产工艺卫生管理 片剂是药品生产中品种最多、产量最大的一种剂型。是目前世界各国药典中收载品种最多的一种剂型。片剂常见的制备方法有湿法制粒压片和粉末直接压片。

片剂一般工艺卫生要求：原辅料进入车间配料间前，应在指定地点除去外包装或更换包装后进入配料间；制粒间必须洁净，制粒设备必须定期清洗，按照相关 SOP 要求操作；湿粒干燥时，时间、温度根据品种设置；压片机应单机操作间安装，防止多台机器交叉污染，同时有利于除尘，压片机需定期清洗、消毒；成品及中间产品应存放在洁净的容器中，包衣片剂在干燥贮存时，应防止污染（如用石灰干燥剂时）；生产片剂的生产操作间（包括制粒间）应符合相应洁净区要求，必要时对操作间采用紫外线消毒。

2. 口服液体制剂生产工艺卫生管理 口服液体制剂常见的剂型有：糖浆剂、水剂、合剂、浸膏剂、酒剂、酊剂、乳剂等。其生产过程工艺操作不同，多数液体制剂有成为菌类培养基的可能，染菌状况不一，含糖、蜂蜜的液体制剂更易受到感染，在生产过程中防止污染，必须做到严格执行工艺卫生管理要求。

操作过程中，原料、浸提的液体应严格控制防止污染；生产和包装车间应洁净，操作间应定时定期紫外线消毒；配制容器、贮液容器及管道使用前必须清洁、消毒，必要时应进行灭菌处理，溶解药物和配液用水，应使用新鲜冷开水或纯化水；配制完毕后应及时分装；分装用具、包装材料必须在分装前进行清洁、消毒或灭菌，分装时药液不应外流或溢出，尤其是部分中药口服液，如瓶口有残留药液，容易导致其瓶口发霉染菌；制剂分装后，密封后按要求贮藏。

3. 注射剂生产工艺卫生管理　注射剂为无菌制剂，按灭菌方式分为最终灭菌制剂和非最终灭菌制剂。最终灭菌制剂允许在药物灌封结束后使用适当的方法进行灭菌和处理。而非最终灭菌的无菌制剂，其最终产品不能以热力灭菌法进行处理。

无菌制剂比一般制剂的卫生工艺要求严格得多，特别是对非最终灭菌的无菌制剂要求更为严格。注射剂的生产操作人员均必须进行岗前培训，掌握无菌操作技术且考核合格后方可上岗操作。

无菌制剂卫生工艺要求如下。

（1）制备最终灭菌的无菌制剂，应在洁净级别为 B 到 C 的洁净区中进行。配制溶液时，所用的设备、容器、管道等均必须按照本岗位制定的卫生 SOP 执行，经过彻底清洗、消毒或灭菌处理，合格后方可使用；配制用水应当是新鲜制备的合格的纯化水，一般不应超过制备后 12 小时；安瓿瓶和容器洗涤后，一般应在 120～140℃进行干燥、灭菌。

（2）非最终灭菌的无菌制剂，应在不低于 B 级、局部在 A 级的洁净区中制备。其容器必须在150～170℃进行干燥灭菌。其操作应严格遵守本岗位制定的相关 SOP。

（3）耐热的注射剂，在灌封后以 115℃或 120℃蒸汽灭菌；非耐热的注射剂，可用过滤除菌，其操作应严格遵守无菌操作 SOP 的各项要求。

（4）粉针剂的原料应无菌，并且必须在无菌室内按无菌操作规程进行分装。

？ 想一想

在无菌制剂生产过程中，灭完菌后的胶塞如何实现转移？

任务4　生产过程管理

一、防止生产过程中的混淆、污染和交叉污染

生产中的"三防"："防止混淆、防止污染、防止差错"是 GMP 的根本。

（一）混淆的概念

混淆是指一种或一种以上的其他原材料或成品与已标明品名的原材料或成品相混。包括几种情况：①几种不同的原辅料混在一起；②两种不同编码的同类包材及标签等混在一起；③两种不同的产品、不同批号的同种产品或同种/同批而所用包材不同的产品相混；④合格品与不合格品或已检品与待检品相混等。

（二）产生混淆的主要原因

1. 厂房　生产区域过于狭小，同一区域有不同规格、品种、批号的产品同时生产；生产中的物料流向设计不合理，生产线交叉等。

2. 设备 生产中使用的设备、容器无状态标志，清场不彻底等造成混淆。

3. 物料 原辅料、包装材料、中间产品等无明显标志，放置混乱，散装或放在易破损的包装中，印刷性包装材料管理不善等。

4. 人员 由于生产人员未经培训合格上岗，工作责任心不强，不按规定的操作规程操作，操作人员的随意性或主观性操作等原因造成。非生产人员进入等原因造成有意或无意的混淆。

5. 制度 管理制度不健全或执行不到位，无复核、统计、监督、发现问题未及时查找原因等。尤其是配料、包装等过程管理不严格造成。

（三）防止混淆的管理

1. 生产区域生产应专一，工序衔接合理 在同一生产区域中，不得同时进行不同品种和规格的药品生产操作，只能生产同一批号、同一规格的相同产品；对于有数条包装线同时进行包装时，要有一定的间隔距离，采取有效的隔离措施。原则上每个包装间每次只能包装一个品种、规格的产品，防止发生混淆、差错、污染及交叉污染。

生产区域应根据生产工艺合理布局，生产流程应顺向布置，避免物料、中间产品、待包装产品等进入下一道工序的路径出现交叉，产生混淆。设置适当的原辅料、包装材料处理区域，使原辅料和包装材料入口分开设置，防止因物流通道不合理产生混淆。各功能间的大小合理布局，实行定置管理，产品储存面积设置合理，采取有效的物理隔离措施，防止产生混淆。设置不同净化级别的清洁区和通道，减少人流物料混杂造成的混淆风险。

2. 生产前应认真检查 生产前应当认真检查，核对生产指令、物料，应确认生产区域无上批产品的遗留物，确认设备、容器等均已洁净或灭菌。确认上次生产结束已完成清场工作，并检查合格，并有已清洁、已消毒、已清场等标识。

3. 状态标识应明确 生产中状态标识不明确是造成混淆的主要原因之一。生产区域每一操作间、每一生产设备、每一盛放物料的容器均应有状态标识，注明正在生产的品名、规格、批号、数量、批量等内容。

4. 人员控制 生产区和辅助生产区进行生产操作的人员要严格进行控制，仅限于经批准的人员进入，防止其他外来人员行为不规范造成的差错和混淆。

5. 管理制度应健全 各项管理制度及操作规程是实施 GMP 的关键依据。因此应建立健全各项防止混淆的措施，在各项管理制度及操作规程中体现，使每个相关人员都能正确规范操作，严格执行，形成按规程操作、按规定填写记录、发生偏差及时上报的工作习惯，最大限度地防止人为混淆因素。

6. 人员有效培训 人是 GMP 实施过程中非常重要的因素，其一切活动都决定着产品的质量，药品生产企业所有生产操作人员、设备维修人员均应定期接受培训，增强责任心。培训内容除 GMP 基本知识的培训外，还应有 SOP 培训，为了保证培训的有效性，在人员正式上岗前，必须考核合格。上岗后，须定期进行抽查、评估效果，最大限度地防止人为混淆因素。

👁 看一看

某药企生产的××胶囊完成充填后送往质量部门检验时发现胶囊中混有性状不同的药粉，经检验为其他品种的药粉。生产车间立即开始调查。

调查结果：胶囊填充时，胶囊充填机的附属吸尘器出现故障，维修人员检修后，机器能够运转后便交付给操作人员使用，操作人员用了一段时间后发现没有吸尘效果，检查发现是吸尘器反转，且将一些积累在吸尘器中其他品种的药粉吹入充填的胶囊中，操作人员让维修人员将反转的吸尘器改正后，继续生产，未能发现对产品质量的影响。

分析改进：①维修人员未能正确履行维修职责，修理完后没有进行认真检查，虽然吸尘器能动，却是反转！所以说并没有修好。②机器维修之后没有执行验收程序，或者企业没有建立验收程序，机器的维修哪怕是只换一个插头也需要执行严谨的验收程序。③机器维修好以后，重新开机时，监控的频次和范围应当相当于新开机时的程序。

（四）污染的概念

污染是指在生产、取样、包装或重新包装、贮存或运输等操作过程中，原辅料、中间产品、待包装产品、成品受到具有化学或微生物特性的杂质或异物的不利影响。所以，当药品中存在有不需要的物质或当这些物质的含量超过规定限度时，可以认为该药品受到了污染。

污染的常见形式有五种：尘粒污染、微生物污染、遗留物污染、异物污染和交叉污染。这些污染的存在，会给药品质量带来巨大隐患，应及时予以清除和防范。

1. 尘粒污染 指产品因混入不属于其构成的尘粒而在组成上变得不纯净，污染物质包括尘埃、污物、棉绒、纤维、头发等。

2. 微生物污染 是由细菌、真菌、病毒等微生物及其代谢物的存在所造成的。

3. 遗留物污染 指在药品生产过程中，一些具有化学或微生物性质的杂质或外来物质在前一个生产周期未能被全部清除，导致遗留进入或沾染到此生产周期的原料、中间产品、待包装产品或成品中。在药品生产过程中，产生的尘粒和蒸气漂浮在空气中，运行空气净化系统可去除。而残留于设备内部、设备管道中，可能因为清场不完全从而形成污染。

4. 异物污染 分为两种情况：①在药品生产过程中，设备设施必须使用的介质由于泄露或倒灌，进入、沾染原料、中间产品、待包装产品或成品；②设备设施及密封材料、容器与要去直接接触的部位发生吸附渗透、氧化剥离等化学反应，形成新的异物进入造成污染。

常见情形有：润滑剂、加热介质、冷却剂等泄漏，水力喷射器、真空泵因突然停机造成的循环水倒灌造成的污染。异物污染不是由药品的原辅料和产品导致的。在预防过程中，应注意工艺设计合理。

5. 交叉污染 指洁净厂房内，当两种以上药品同时生产时，生产、取样、包装、储存或运输过程中，药品的组成部分彼此进入或沾染对方原料、中间产品、待包装产品或成品而造成的污染。

（五）防止污染和交叉污染的管理

生产操作中可能的污染主要是通过以下途径产生，如：人员、设备、环境、物料等。污染可能是交叉污染、灰尘污染或微生物污染。对于一些外来物质的污染，无法通过最终检验来识别，会给产品带来巨大的质量风险，生产管理人员应从人员、设备、环境、物料、生产过程、状态标识等方面采取预防措施，避免污染和交叉污染，并定期对避免污染和交叉污染的措施的实用性和有效性进行评估。

1. 人员

（1）对生产人员培训上岗，使其熟练地掌握各项操作规程，对于进入关键操作区人员，需做更衣确认（表面微生物监测），连续三次，每年重复一次，合格后领取合格证后方可进行关键操作。生产厂房仅限于经批准的人员出入，对非生产人员（外来人员、设备维修人员、实习学生等）需进行指导和监督。

（2）每年对从事药品生产、检验、维修等与药品接触的人员进行一次体检，防止人员对药品造成污染。

2. 设备和工器具

（1）选用表面光洁、平整、易清洗或消毒、耐腐蚀、不与药品发生化学变化或吸附药品的设备。设备所用的润滑剂、冷却剂等不得对药品或容器造成污染。所有管道的设计和安装应避免死角、无盲管。

（2）生产和包装设备按其设备清洁规程进行清洁，设备清洗部分和容器具按照相应的清洁规程进行清洗，清洁方法必须经过验证，并在日常的清洁过程中严格执行。

（3）所有附着粉尘或液体的器具应包裹、覆盖或经除尘等处理后进行转移。盛装过物料的一次性容器或塑料袋应及时按照相关 SOP 处理。定期监测洁净区设备的微生物数。

？ 想一想

固体制剂车间多品种生产时，除洁净走廊保持正压防止交叉污染以外，是否还需要采取别的措施，比如加穿洁净服、设置气锁进行隔离等？

3. 水系统 生产用水的制备、储存和分配应能防止微生物的滋生和污染，储罐和输送管道所用材料应无毒、耐腐蚀。管道的设计和安装应避免死角、盲管。生产区域的水池、排水口均应有防倒流装置，并保证下水顺畅。对水系统及用水点定期进行检验，确保工艺用水符合质量标准，在使用前后对用水点进行消毒处理。

4. 环境

（1）与药品直接接触的空气应经净化处理，符合生产要求，空气洁净级别不同的相邻房间之间的静压差、洁净室（区）与室外大气的静压差应大于 10Pa。并有指示压差的装置，生产前应检查确认压差正常。必要时相同洁净区的不同功能区之间也保持一定的压差。生产过程中防止粉尘飞扬，产尘操作间（如干燥、取样、称量、混合等）应保持相对负压，有粉尘的房间内安装捕尘设施，并采取专门的措施避免交叉污染，以便于清洁。

（2）根据生产工艺要求区分洁净级别，对空调系统进行定期检查，定期监测尘埃粒子，定期监测洁净室（区）空气的微生物数。如果利用空调系统回风，应经过净化处理，以避免交叉污染的风险。空调系统排至室外的废气应经净化处理并符合要求，排风口应远离其他空气净化系统的进风口。

（3）建立洁净室（区）工艺卫生等的检测制度并定期检测。采取经过验证或已知有效的清洁和去污染操作规程对操作间、设备、容器和工器具进行清洁、消毒和灭菌；必要时，对设备表面的残留物进行检测。无菌区域的消毒剂配制用水采用注射用水，固体制剂消毒剂配制最低采用纯化水，生产和清洁过程中避免使用易碎、易脱屑、易发霉器具；严格控制清洁（灭菌）的物品的存放要求以及存放时间，超过规定时间要再次清洁（灭菌）。

5. 物料 在生产的每一阶段，都应保护产品和物料免受微生物和其他污染。制剂生产所用的原辅料要控制微生物限度，以有效减少微生物造成的污染及内毒素的产生。生产操作应能防止中间产品或原料药被其他物料污染。原料药精制后的操作，应特别注意防止污染。

原辅料配料室的环境和空气洁净度要与生产一致，并有捕尘和防止交叉污染措施。对于高活性、高毒性、高致敏性物料或产品的操作，要有防止污染和交叉污染的措施，防止粉尘的产生和扩散。对毒性中药材和中药饮片的中药提取用溶剂需回收使用的，要制定回收操作规程；回收后溶剂的再使用不得对产品造成交叉污染，不得对产品的质量和安全性造成不利影响。药材的洗涤应采用流动水，用过的水不得用于洗涤其他药材。不同药性的药材不得在一起洗涤。软膏剂、乳膏剂、凝胶剂等半固体制剂以及栓剂的中间产品应当规定贮存期和贮存条件，要有明确的物料状态标识。

6. 压缩空气 与药品直接接触的压缩空气应经净化处理，达到生产要求；对压缩空气系统进行运行和维护，定期监测压缩空气的微生物数。

7. 生产区域 不同品种、规格药品的生产操作不能在同一生产操作间同时进行生产。生产时可采用阶段性生产方式，注射剂原则每班只安排一个品种的生产，原料药生产一个单元同时只安排一个批号的操作,固体制剂每个操作间生产一个批次和单品种。安排不同品种的药品生产必须在分割的区域内进行,应采取严格的规程和措施,避免在生产操作中颜料和中间产品的误用。

无菌药品生产用物料、容器、设备或其他物品需进入无菌作业区时应经过消毒或灭菌处理,严格按产品工艺要求的规定洁净级别条件进行操作,并定期监控生产环境的清洁及卫生状态。

生产青霉素等高致敏性药品等必须使用独立的厂房与设施,分装室应保持相对负压;生产 β – 内酰胺结构类药品必须使用专用设备和独立的空气净化系统,并与其他药品生产区域严格分开。生产激素类、抗肿瘤类化学药品应避免与其他药品使用同一设备和空气净化系统;不可避免时,应采用有效的防护措施和必要的验证。

包装操作规程应当规定降低污染和交叉污染、混淆或差错风险的措施,包装开始前应当进行检查,确保工作场所、包装生产线、印刷机及其他设备已处于清洁或待用状态,无上批遗留的产品、文案或与本批产品包装无关的物料,检查结果应当有记录。包装开始前,还应当检查所领用的包装材料准确无误,核对待包装产品和所用包装材料的名称、规格、数量、质量状态,且与工艺规程相符。每一包装操作场所或包装生产线,应有标识标明包装中的产品名称、规格、批号和批量的生产状态。

? 想一想

这里的"生产"是否包括外包装过程(仅加包装盒和说明书?如果只是激素类药品的外包装是否需要独立的空气净化系统?其外包装生产车间是否必须与其他生产区严格分开?(以上外包装仅指二级包装,与药品没有直接接触)

8. 状态标识管理　药品生产企业应建立状态标识管理规程,并经过相关部门批准实施。管理规程中应明确规定各类标识的格式、文字等内容,除在标识上使用文字说明外,也可采用不同的颜色区分被标志物的状态,(如待验、合格、不合格、已清洁、待清洁等),并在管理规程中附样张。

对于状态标识的印制、登记、领用、签发、归档、处理等管理工作,由生产管理部门在管理规程中做出统一规定并组织实施。

状态标识使用范围及内容:生产期间生产区域及辅助区域各工序操作间、设备、管道及所有物料、中间产品或待包装产品的容器都应贴有明显状态标识,以防止混淆或差错。①生产操作间必须有生产状态标识,标明正在生产的情况,内容包括正在生产的品名、规格、批号、生产工序和批量等。②生产设备必须有状态标识,表明设备名称、性能状况、负责人等。停运的设备标明其性能状况、待修或维修,是否能用等。对已损坏报废的设备设施,必须由生产线上移出。③容器必须有状态标识,标明内容物的情况,如品名、规格、批号、状态等。④必须有卫生状态标识,标明生产操作间、生产线、设备、容器等卫生状况,如已清洁、已消毒、已清场等。

固定的管道可按《医药工业设备及管路涂色的规定》喷涂不同的颜色,与设备连接的主要管道应标明管内物料名称及流向。

二、生产过程的管理

生产过程是药品制造全过程中决定药品质量的最关键和最复杂的环节之一。药品生产过程实际上包括两种同时发生的过程,一是产品的生产过程,二是文件记录的传递过程。产品的生产过程是物料投入、目标产物的生成以及后续处理的过程。文件记录的传递过程是由生产部门发出生产指令,确定批号和签发批生产记录,并在生产过程中由操作人员完成各种批生产记录、批包装记录以及其他辅助记录(如设备使用记录、清洁记录等),中间产品检验人员完成的检验记录、成品检验人员完成的检验记录经部门负责人或授权人员审核并归档。质量管理人员对这些记录审核,作为批放行的一部分。

（一）**GMP 对生产过程的要求**

生产开始前应当进行检查，确保设备和工作场所没有上批遗留的产品、文件或与本批产品生产无关的物料，设备处于已清洁待用状态。检查结果应有记录，还应核对物料或中间产品的名称、代码、批号和标识，确保生产所用物料或中间产品正确并且符合要求。

生产期间使用的所有物料、中间产品或待包装产品的容器及主要设备、必要的操作室应当贴签标识，容器、设备或设施所用标识应当清晰明了。生产过程严格按批准的生产工艺规程、SOP、批生产记录要求操作，不得随意变更。测量、称重或分装等关键工序操作要求有第二人现场复核。

应进行中间控制及必要的环境监测，并予以记录。在生产的每一阶段，应当保护产品和物料免受微生物和其他污染。有毒、有害、高活性、易燃、易爆等危险岗位要严格执行安全操作规程，并采取有效的防范措施。对于生产区的微生物控制，应从进入生产区的人员、生产设备设施器具、物料、相关控制程序文件、生产环境五个方面进行控制。

每次生产结束后应当进行清场，确保设备和工作场所没有遗留与本次生产有关的物料、产品和文件。下次生产开始前，应当对前次清场情况进行确认。

每批药品的每一生产阶段完成后必须由生产操作人员清场，并填写清场记录。清场记录内容包括：操作间编号、产品名称、批号、生产工序、清场日期、检查项目及结果、检查合格后发放清场合格证并纳入批生产记录。

示例 8：清场合格证样张（图 4－1）

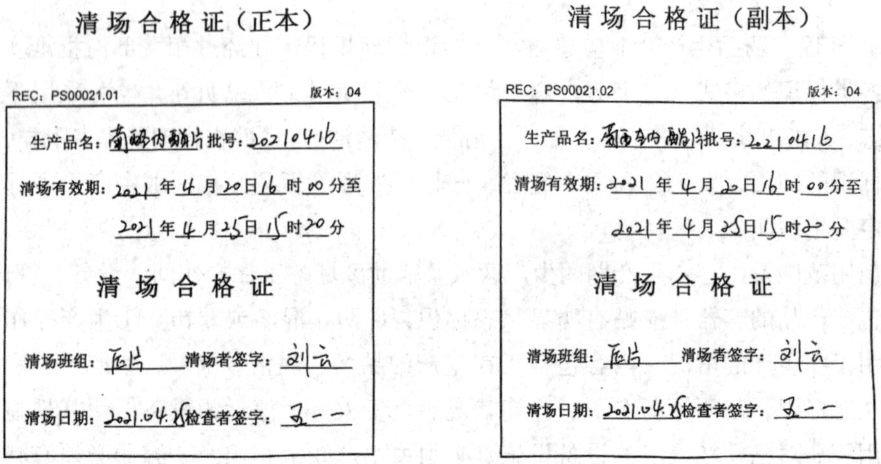
清场合格证（正本）

REC：PS00021.01　　版本：04

生产品名：葡醛内酯片　批号：20210416

清场有效期：2021 年 4 月 20 日 16 时 00 分至 2021 年 4 月 25 日 15 时 20 分

清场合格证

清场班组：压片　清场者签字：刘云

清场日期：2021.04.25　检查者签字：王一一

清场合格证（副本）

REC：PS00021.02　　版本：04

生产品名：葡醛内酯片　批号：20210416

清场有效期：2021 年 4 月 20 日 16 时 00 分至 2021 年 4 月 25 日 15 时 20 分

清场合格证

清场班组：压片　清场者签字：刘云

清场日期：2021.04.25　检查者签字：王一一

图 4－1　清场合格证样张

每批产品应当检查产量和物料平衡，确保物料平衡符合设定的限度。如有差异，必须查明原因，确认无潜在质量风险后，方可按照正常产品处理。

（二）**生产过程的控制**

生产过程的控制是生产管理的核心要素，目的是为了确保产品质量满足规定的质量标准要求，对生产过程中影响产品质量的各个因素进行控制，以做到及时发现和消除产品实现过程中的异常情况，杜绝将前一个工序出现的问题带到后一个工序中去，以确保过程的稳定性和产品质量的一致性。

任何生产过程都必须具备相应的过程控制程序，其内容应涵盖以下项目。

1. 制造过程控制程序

（1）生产过程开始前的检查　该过程包括：生产现场的检查、生产环境的检查、生产设备、生产用工器具的检查，生产用原辅料的检查。

（2）生产期间的控制　该过程包括：对生产现场、环境、物料、生产设备和工艺参数的确认；对于关键的工艺参数的检查及复核；生产用水的使用规定；生产过程中，中间产品的质量控制及生产过程中异常情况的处理。

（3）生产过程结束后的控制　该过程包括：中间产品、待包装产品的入库、结批及物料平衡计算，中间产品及待包装产品的标签打印，生产结束后的清场。

2. 包装过程控制程序

（1）包装过程开始前的检查　该过程包括：包装现场环境的检查，层流罩装置、模具、检重仪等计量器具及各种仪表的检查；包装用包装材料、待包装产品及产品合格证的检查，设备关键工艺参数设置的检查，批号的检查及留样，产品的检验及放行等。

（2）包装期间的控制　该过程包括：开机前、用餐后及休息后对生产现场环境的检查，对自控系统检测仪器工作状态的确认，对生产过程中使用包装材料、待包装产品及产品合格证的确认；生产过程中内、外包材上生产日期、批号、有效期至等压印信息的确认，包装过程中产品的质量控制，生产过程中剔除品/废品/不合格品/零箱产品的处理，包装过程中的异常处理。

（3）包装过程结束后的控制　包装过程结束后，对所使用的待包装产品、成品及印字包材的数量进行物料平衡计算。物料平衡是指产品或物料实际产量或实际用量及收集到的损耗之和与理论产量或理论用量之间的比较，并考虑可允许的偏差范围。物料平衡是质量指标，物料平衡控制的目的是防止混淆和差错的质量问题，有利于及时发现物料误用和非正常流失。

3. 原料药的生产过程控制

（1）离合成重点生产越近的工序，如纯化后的原料药应当采取有效防止污染的措施。

（2）如果多个产品在一个生产区域或车间同时进行的情况下，应当制定严格的规程避免在生产操作中原料和中间产品的误用。

（3）投料区域应是清洁、整齐的，如果中间产品的提取是在开放区域中进行，应当与其他工序的设备保持充足的距离，比如过滤器和干燥器之间。

（4）机械部件的磨损带来的污染，比如粉碎机、金属筛网等，可以通过周期性检查，或配备在线的金属探测器来控制。

（5）预防机械密封带来的污染，比如轴承漏油、冷冻盐水渗入等。

（6）预防人员带入的颗粒、微生物以及抹布、清洁工具等带来的污染。

👁 看一看

中间控制也称过程控制，指为确保产品符合有关标准，在生产中对工艺过程加以监控，以便在必要时进行调节而做的各项检查。可将对环境或设备控制视作中间控制的一部分。

4. 口服固体制剂的生产过程控制　在对产品质量和工艺要求有充分理解的基础上，应定义与各生产单元相适应的控制水平、保护级别、验证程度，并判断每一区域的产品发生混淆从而导致污染的风险。

（1）应有合适的尺寸、建造和布局来进行所有必需的操作，包括人员操作、产品生产、设备移动等，易于清洁和维护。

（2）应设计足够空间、有序的转运通道，以防产品混淆和交叉污染。

（3）应有保护产品不受化学、物理、微生物及其他外部环境污染的措施。

（4）应有专门的预防措施，以确保有危害的物料不会发生不可接受的风险（交叉污染、个人、环境等）。

5. 不同制剂产品及不同生产特性产品的生产过程控制　　根据不同制剂产品及不同产品的生产特性特点来判断影响产品质量的关键过程。

（1）**无菌药品**　　无菌药品的生产是制药企业生产过程控制最为严格的生产方式。无菌药品分为最终灭菌产品、非最终灭菌产品。非最终灭菌产品分为无菌分装、药液的除菌过滤两种生产方式。对于无菌产品来说，在降低污染方面有特殊的要求，尤其是微生物、颗粒物质、热原（内毒素）的污染。这些污染的控制主要在于生产过程和环境控制的符合性与严格程度。

（2）**中药产品**　　中药生产的原料来源大多是原药材，要达到投料的净药材要求，一般都需要进行药材的前处理。前处理主要是进行药材的净制和干燥过程的二次污染防范；炮制必须按照规定的炮制规范进行，产品的炮制工艺应经过验证。因炮制工艺的偏移，会影响炮制后药材的质量和药效，对制剂产品的质量影响重大。

在完成药材的提取浓缩或喷干制粒后，应将该生产阶段的产品（中药提取的浸膏或浓缩液、喷干粉等）按照中间产品的要求进行管理。因此，除了产品工艺控制所需的中间产品质量标准的制定与监测外，还要关注在贮存过程中的包装方式、贮存的温度以及贮存的时间，以防止贮存不当发生的质量变化。

（3）**生物制品**　　传统药品通常使用重复性好的化学和物理技术进行生产和质量控制。生物制品的生产涉及生物过程和生物材料，如细胞培养方法、活性物质材料提取方法等。生物制品质量控制涉及的生物学方法，较物理、化学测定方法具有更大的可变性。生物制品生产过程控制至关重要，生产过程的某些缺陷和不足往往不能通过成品检测发现。因此，生物制品的生产、质量控制应引起高度重视。生物制品的生产从使用活性成分开始，全过程应严格按 GMP 要求进行。

👁**看一看**

根据生物制品的用途可分为：预防用生物制品、治疗用生物制品和诊断用生物制品。

人用生物制品包括：细菌类疫苗（含类毒素）、病毒类疫苗、抗毒素及抗血清、血液制品、细胞因子、生长因子、酶、体内及体外诊断制品以及其他生物活性制剂，如毒素、抗原、变态反应原、单克隆抗体、抗原抗体复合物、免疫调节及微生物制剂等。

任务5　委托生产

随着我国药品行业不断发展、不断进步，药品的研发不仅仅只局限于生产企业，具有一定科研能力的机构也参与到药品研发中来。2017 年我国加入 ICH（国际人用药品注册组织协调会），已上市药品许可持有人（marketing authorization holder，MAH）的概念被越来越多的制药人所知晓，2019 年版《药品管理法》中对该制度进行了详尽规定。

药品上市许可持有人（MAH）制度是指拥有药品技术的药品研发机构、药品生产企业等主体通过提出药品上市许可申请并获得药品上市许可批件，并对药品质量在其整个生命周期内承担主要责任的制度。根据自身状况，上市许可持有人可以自行生产，也可以委托其他生产企业进行生产。那么，委托生产需要如何申请？是否存在不准委托生产的情形呢？下面跟大家详细讲解。

👁**看一看**

MAH 制度

药品上市许可持有人（**MAH**）制度，通常是指拥有药品技术的药品研发机构、药品生产企业等主体，通过提出药品上市许可申请并获得药品上市许可批件，并对药品质量在其整个生命周期内承担主要责任的制度。在该制度下，上市许可持有人和生产许可持有人可以是同一主体，也可以是两个相互独立的主体。根据自身状况，上市许可持有人可以自行生产，也可以委托其他生产企业进行生产。如果委托生产，上市许可持有人依法对药品的安全性、有效性和质量可控性负全责，生产企业则依照委托生产合同的规定就药品质量对上市许可持有人负责。

药品上市许可持有人制度源起于欧美国家，是一种将药品上市许可与生产许可分离管理的制度模式。MAH 制度使得研发机构等不具备相应生产资质的主体，得以通过合作或委托生产的方式获得药品上市许可，有效保护了其研发积极性，同时也有利于减少重复建设、提高产能利用率。

一、委托生产的发展

委托生产是指一家厂商根据另一家厂商的要求为其生产产品，并由对方贴上自己的品牌商标的交易形态。所谓药品委托生产是指已取得药品注册证书 MAH 的技术改造和能力或产能不足暂无法保障市场供应，将产品通过协议交由具备药品生产条件的企业进行生产的行为。

药品委托生产的兴起源于欧美，一些投资者掌握新药研发的实验室信息但又不想将资金投入前期投资巨大的生产工厂，因此委托生产的理念被人们逐渐接受。对于委托方可以无需配备任何生产设备设施，将资金转移至新药的进一步开发。对于受托方而言，可以充分利用现有资源，增加就业率，同时又可以促进自身生产、质量管理水平的提升。

2010 年版 GMP 正式确定了委托生产在我国的法律地位，我国新药研发和药品委托生产进入了新的快速发展时期。一些基底雄厚的药品生产企业还积极参与到跨国药品的委托生产，大大提升了我国药品行业的国际影响力。

二、委托生产的管理

委托生产活动中持有药品注册批件的一方称之为委托方，而接受产品委托生产的一方为受托方。

考虑涉及两个组织或团队工作开展的复杂性，更重要的是要保障产品的质量，保证公众的用药安全，1999 年，国家药品监督管理局印发了《关于药品异地生产和委托加工有关规定的通知》（以下简称规定），对药品委托加工做出了十六条暂行规定，其中"药品委托加工"即为今天的药品委托生产。2014 年 10 月，国家食品药品监督管理总局出台了《药品委托生产监督管理规定》，在 2010 年版 GMP 基础上细化了药品委托生产的管理要求。

2020 年 9 月，为细化《药品管理法》（2019 年版）中关于委托生产的内容，由国家药品监督管理局制定的《药品委托生产质量协议指南（2020 年版）》（以下简称《指南》）重磅出炉，进一步规范了药品委托生产过程中的双方职责，通过法规手段约束委托方和受托方在药品生产、加工、销售等环节的行为，避免存在监管的真空区域，以保证患者用药安全，保障公众生命健康。

《指南》规定，委托方和受托方应当建立有效的沟通机制，在质量协议中确定技术质量直接联系人，及时就质量协议执行过程中遇到的问题进行沟通。当变更控制、偏差、检验结果超标/检验结果超趋势、质量投诉等方面工作出现争议时，双方应当及时开展沟通协调，确保在合法依规、风险可控的范围内妥善解决，沟通结果应当以书面的形式进行记录，并经双方签字确认后保存。

（一）委托方管理要求

委托方依法对药品研制、生产、经营、使用全过程中药品的安全性、有效性、质量可控性负责，不得通过质量协议将法定只能由持有人履行的义务和责任委托给受托方承担。委托生产期间，持有人应当对受托生产的全过程进行指导和监督，督促受托方持续稳定地生产出符合预定用途和注册要求的药品，定期对受托方的质量管理体系进行审核。除此之外，委托方还应进行如下管理。

1. 委托方应当对受托方进行评估，对受托方的条件、技术水平、质量管理情况进行现场考核，确认受托方是否具备完成相关生产的能力和基础配置等要求，是否能持续保证符合 GMP 要求，并对发现的问题进行风险评估。

2. 委托方应当向受托方提供所有的必要资料，以保证受托方能够按照药品注册法规、GMP 及其他法律法规对委托生产的相关规定进行合规生产，保证药品顺利上市。委托方应当使受托方充分了解产品特性、操作相关的问题，包括产品或操作可能对受托方环境、厂房、人员、设备设施或其他方面造成的危害。

3. 委托方应当对受托方生产或检验的全过程进行监督，可以委派人员长期驻厂或采用其他手段以保证委托方对受托方生产检验的全程参与。

4. 委托方应当确保物料和产品符合相应的质量标准。MAH 制度里面详细说明了，委托方对药品安全起主体责任。因此，虽然物料是受托方使用，但采购、检验、放行等工作依然应当由委托方负责。

5. 委托方负责委托生产药品的质量和销售。委托方在药品生产、检验结束后，应与驻场人员或通过其他手段对该批次的生产和检验情况进行确认，保证各环节无异常；保证过程中发生的变更可控、保证偏差已关闭、保证相应的纠正预防措施是合理有效的；然后交由委托方质量受权人进行产品放行销售。

（二）受托方管理要求

作为在委托生产活动中直接生产和管理的一方，受托方的相关要求也应该进行控制；国家制定的法规再完善、委托方的技术转移再细致，如果受托方未遵照规定执行，那将给双方都带来损失。我国 GMP 第十一章第三节单独对受托方的资质要求和管理进行了细述。

1. 受托方必须具备足够的厂房、设备、知识和经验以及人员，满足委托方的生产或检验工作的要求。

2. 应当确保所收到的委托方提供的物料、中间产品和待包装产品适用于预定用途。

3. 受托方不得从事对委托生产或检验的产品质量有不利影响的活动。受托方不得将委托的产品转交其他企业生产。

除此外，受托方应当严格执行质量协议，确保委托生产药品遵守 GMP，按照国家药品标准和经药品监督管理部门核准的注册标准和生产工艺进行生产，负责委托生产药品的出厂放行。其药品名称、剂型、规格、生产工艺、原辅料来源、直接接触药品的包装材料和容器、包装规格、标签、说明书、批准文号等应当与持有人持有的药品批准证明文件载明内容和注册核准内容相同。受托方应当积极配合持有人接受审核，并按照所有审核发现的缺陷，采取纠正和预防措施落实整改。

三、质量协议

质量协议是指在对产品的质量方面进行约束，以达到双方满意的结果所签订的协议。可以是技术问题、检测内容、供货等内容。

药品委托生产活动中的质量协议主要用于约束委托方和受托方关于药品生产、检验和管理过程中，通过签订药品委托生产质量协议（以下简称质量协议）落实药品管理法律法规及药品生产质量管理规范规定的各项质量责任，以保证药品生产全过程持续符合法定要求。质量协议应当详细规定委托方和受托方的各项质量责任，并规定委托方依法对药品生产全过程中药品的安全性、有效性、质量可控性负责。

质量协议的起草应当由委托方和受托方的质量管理部门及相关部门共同参与，其技术性条款应当由具有制药技术、检验专业知识和熟悉 GMP 的主管人员拟订。

质量协议应当在双方协商一致的前提下，由双方的法定代表人或者企业负责人（企业负责人可以委托质量负责人）签署后生效。

示例9：质量协议模块

质量协议模块

1. 基本信息

1.1 产品信息

委托生产产品信息：产品名称、药品注册证号、适应证、规格、用法用量、受托方内部代码，委托受托方进行产品的生产、检验、出厂放行并运输至持有人指定地点，运输方式、产品储存条件。持有人根据药品质量标准确定储存条件、生产日期、产品批号、有效期编制原则。

1.2 联系方式

委托方（以下称持有人）和受托方的联系方式，示例如下。

委托方（持有人）
企业名称
药品生产许可证编号
统一社会信用代码
住所（经营场所）
联系人
联系电话
传真
电子邮箱

受托方
企业名称
药品生产许可证编号
统一社会信用代码
住所（经营场所）
联系人
联系电话
传真
电子邮箱

1.3 职责

委托方和受托方应当履行药品管理法律法规规章和药品生产质量管理规范规定的相关义务，并各自承担相应职责。

质量协议双方应当遵守所有药品相关的法律法规和技术规范要求，建立良好的沟通机制，确保委托生产药品的安全、有效、质量可控。

1.4 注册资料和技术文件

委托方应当在生产工艺验证前将产品生产相关的注册资料和技术文件转交给受托方，如有需要应当派驻人员对受托方进行培训。相关注册信息发生变更时，持有人应当在相关注册信息获准变更之日起___×___日内告知受托方。

受托方应当对所有本质量协议涉及产品的注册资料和技术文件进行保密，并根据药品管理法律法规和技术规范的要求建立相应的质量体系和质量文件，对于本质量协议涉及产品工艺规程、质量标准、批记录等关键质量文件，应当经双方审核同意。

2. 法律法规依据

双方应当遵循《中华人民共和国药品管理法》《中华人民共和国疫苗管理法》《中华人民共和国药品管理法实施条例》《药品注册管理办法》《药品生产监督管理办法》《药品生产质量管理规范》以及其他药品相关的法律、法规、规章、技术规范和标准要求。

委托方与受托方应当及时就任何已知的可能影响生产药品质量和双方职责的现行法律法规的变化，进行相互之间的书面通知。涉及本质量协议相关内容的，应当按照法律法规要求进行修订。

3. 人员

按照 GMP 要求，受托方应确保相关人员经过培训和资质确认。

4. 厂房、设施与设备

受托方应当确保与该产品生产和检验相关的厂房设施、设备、计算机系统等状态良好并均已被确认，生产工艺、清洗方法、分析方法等均已通过相关验证。对发生可能影响产品安全、有效和质量可控的变更，经双方评估需进行再验证的，受托方应当进行再验证活动。受托方应当根据委托生产药品的特性、工艺和预定用途等因素，确定厂房、生产设施和设备多产品共用的可行性，并有相应的报告。产品共线生产风险评估报告应当经持有人审核批准。

5. 物料与产品

5.1 物料

持有人负责物料供应商的选择、管理和审核，供应商应当符合国家药品监督管理局制定的质量管理规范以及关联审评审批有关要求。持有人应当将合格供应商目录提供给受托方，经受托方审核合格后，纳入受托方合格供应商目录中，用于受托方入厂时的核对验收。

持有人和受托方应当事先约定物料采购方。产品生产使用的物料采购由 <u>持有人/受托方</u> 负责，应当承担供应商管理和物料的质量保证工作。质量协议约定方应当按照法律法规要求建立物料收货、检验、留样、放行、储存的相关程序，并按照程序对物料进行接收、检验、留样、放行、储存等。

未在该目录中的物料不得用于委托生产。持有人如需增补合格供应商目录和变更物料供应商的，应当与受托方签订补充协议。

5.2 返工、重新加工和回收

受托方应当制定书面的返工、重新加工和回收的管理程序，并经双方审核同意。

受托方如需要对本质量协议涉及的产品进行返工、重新加工或者回收的活动，应当提前告知持有人并得到其书面批准后方可进行生产操作。

受托方应当记录所有的返工、重新加工和回收活动，并将其作为批记录的一部分进行保存。

6. 确认与验证

6.1 验证计划的制度

受托方应当在产品生产前制定相关的验证计划。

6.2 厂房设施、设备的确认

受托方负责对产品生产和检验使用的相关厂房、设施、设备、计算机系统进行确认和预防性维护、维修，确保其始终处于已验证的状态；负责对仪器仪表进行定期校验，确保其在有效期内使用。

6.3 工艺和分析方法验证

受托方应当进行产品的工艺验证，首次工艺验证通过后应当进行持续工艺确认，如发现异常情况，应当按照本质量协议"偏差和 OOS 管理"进行处理。工艺验证方案和报告应当经质量协议双方审核批准。

6.4 清洁验证

受托方应当对直接接触药品的生产设备和用具进行清洁验证，以防止污染和交叉污染。清洁验证的方法应当经过验证或者确认，方案和报告应当经质量协议双方审核批准。

7. 文件管理

7.1 生产工艺

受托方应当按照本质量协议，根据药品监督管理部门核准的生产工艺和质量标准，按照持有人提供的技术资料，起草委托生产产品的生产工艺规程、空白批记录等相关质量文件，并经双方审核同意。

受托方应当按照生产工艺规程进行生产操作并及时、如实记录。

当任何与批准的工艺规程发生偏离时，受托方应当按照本质量协议"偏差和 OOS 管理"进行偏差调查和处理。

当产品的生产工艺需要变更时，双方应当按照本质量协议"变更控制"进行管理。

受托方应当在符合相应条件下根据批准的生产工艺规程组织生产，并按规定进行记录。

7.2 生产、检验和设备记录

受托方应当建立本质量协议涉及产品的生产、检验设备的使用、清洁和消毒等记录，记录内容包括但不限于设备状态，使用过的所有产品/物料的批次信息和设备运行状况、运行参数等。

每个批次产品应当有批生产记录、批包装记录和批检验记录（包括中间产品检测和产品放行前 QC 检验记录）。

受托方应当按照本质量协议"文件管理"要求保存所有与产品生产相关的记录。

7.3 批生产记录

受托方应当建立批生产记录的管理程序，并根据批准的工艺规程制定产品批生产记录；批生产记录应当包括产品的所有生产步骤。任何批记录的变更，应当按照本质量协议"变更控制"进行管理。

受托方应当按照批记录和 GMP 要求完整地记录所有的生产过程。

7.4 文件管理

受托方应当妥善保存本质量协议涉及产品的生产、检验和发运等相关文件和记录，记录至少保存至产品有效期后＿×＿年，文件长期保存；对本质量协议涉及产品的监管部门检查文书，至少保存＿×＿年。持有人有权获得并保存该委托产品的检查报告。

所有文件材料保存期限前＿×＿个月，受托方应当书面咨询持有人相关文件的处理方式，并依据持有人指令进行相关文件的销毁或者转移。

应当由持有人书面批准的文件包括但不限于：工艺规程，批生产记录，物料、中间产品、产品质量标准，生产工艺验证方案和报告，分析方法验证方案和报告，产品投诉调查报告，可能影响产品质量、安全性或者法律法规符合性的偏差调查报告，可能影响产品质量、安全性或者法律法规符合性的变更资料，产品质量回顾分析年度报告，物料质量回顾分析年度报告，供应商档案等。

8. 生产管理

8.1 产品批号编制

受托方应当制定产品批号编制程序和原则。

8.2 生产日期和有效期

受托方应当制定产品的生产日期、有效期管理程序和原则。

8.3 生产现场监督

针对本质量协议涉及产品的生产过程，持有人应当对受托方的生产活动进行指导和监督。

9. 质量控制和质量保证

9.1 质量控制实验室管理

9.1.1 取样

质量协议约定的责任方应当制定对物料、中间产品、产品等取样的标准操作程序，并按照程序取样。取样应当具有代表性。

9.1.2 检验

受托方应当建立实验室控制的管理程序，确保所有的检验活动在符合 GMP 要求的条件下进行。

受托方应当根据药品监督管理部门核准的物料和产品的质量标准进行检验，成品必须按照注册批准的方法进行全项检验，其中本质量协议涉及所有质量标准应当经持有人审核批准。

受托方应当根据有关规定，制定原辅料、包装材料、中间体和成品的分析方法验证（转移或者确认）方案，完成工作后形成验证报告。验证方案和验证报告应当由持有人批准后才能用于正式生产产品的检验。

9.1.2.1 物料

质量协议约定的责任方应当确保所有生产用物料符合批准的质量标准，只有检验合格经放行的物料才能用于产品生产。如质量标准发生变更的，双方应当按照本质量协议"变更控制"进行管理。

9.1.2.2 中间产品

受托方应当根据批准的质量标准执行并记录所有的中间产品检验。

9.1.2.3 产品

产品经检验不符合批准的质量标准，应当按照本质量协议"偏差和 OOS 管理"进行处理。

9.1.3 留样

质量协议约定的责任方应当根据 GMP 要求对物料、产品进行留样。留样应当按照注册批准的储存条件至少保存至药品有效期后 1 年，物料应当在规定条件下储存至少保存至产品放行后 2 年。留样应当作好相应的记录。

9.2 物料和产品放行

物料放行：质量协议约定的责任方负责物料放行，保证所有生产用物料符合批准的质量标准，并检验合格。

产品出厂放行：受托方应当建立相应的组织机构、管理系统以及取样检验等质量控制措施，在产品放行前应当完成必要的检验，确认其质量符合要求。受托方的质量受权人负责审核产品的批生产记录和批检验记录等，并做出是否出厂放行的决定。当作出不予出厂放行决定时，受托方应当立即告知持有人。当产品出厂放行后，受托方发现产品存在不符合国家药品标准或者经药品监管部门核准的生产工艺要求的风险时，应当立即告知持有人。

产品上市放行：持有人应当建立药品上市放行的规程，并配备质量受权人依据该规程对受托方出厂放行的产品进行全面审核，不仅应当审核检验结果是否符合国家药品标准，还应当审核药品生产过程是否符合 GMP、核准生产工艺以及原料辅料包材是否符合法定要求。受托方完成生产放行后，将批生产记录和批检验记录等提交给持有人进行最终审核，由持有人作出是否上市放行的决定。当作出不予上市放行决定时，持有人应当立即告知受托方。

9.3 持续稳定性考察

质量协议约定的责任方负责对物料、中间产品、产品进行稳定性考察。当稳定性考察样品出现 OOS/OOT 时，双方应当立即进行沟通并开展调查，并对 OOS 按照本质量协议"偏差和 OOS 管理"进行处理。

9.4 变更控制

持有人是变更的责任主体，应当按照国家药品监督管理局的规定，全面评估、验证变更事项对药品安全性、有效性和质量可控性的影响。持有人和受托方应当按照药品管理法律法规规章和相关技术指导原则，对变更进行管理。

双方应当建立变更控制程序，明确发生的变更可能影响产品安全性、有效性、质量可控性或者法规符合性时的工作措施，并做好工作衔接与配合。受托方发起变更，应当提前 ___×___ 日通知持有人，相关变更风险程度由持有人评估确定，变更实施前应当经持有人审核批准。持有人发起变更，应当提前 ___×___ 日书面通知受托方进行评估和实施。

持有人应当进行充分研究和验证，并按照规定经批准、备案后实施或者报告，确保能够持续稳定生产出与变更实施前药品质量一致的药品。

9.5 偏差和 OOS 管理

双方应当根据 GMP 的要求建立偏差和 OOS 管理程序。与本质量协议涉及产品相关的生产、检验、储存、发运、稳定性考察等工作中发生的偏差或者 OOS，受托方应当按照标准操作规程进行记录、调查并保存。调查必须评价该偏差或者 OOS 对产品安全性、有效性和质量可控性的影响，应当查找原因并采取有效的纠正预防措施。受托方应当将所有偏差报告报持有人审核评定。

对于不影响产品安全性、有效性和质量可控性的微小偏差，由受托方进行记录、调查、评估和跟踪。在产品放行时，持有人应当对所有偏差进行审核。

对于可能影响产品安全性、有效性和质量可控性的偏差和 OOS，受托方应当在 ___×___ 日内书面通知持有人，并自偏差或者 OOS 发生之日起 ___×___ 日内完成调查，报持有人审核批准。

9.6 产品质量回顾分析

质量协议约定的责任方负责每年对委托生产药品进行产品质量回顾分析，并在所定回顾周期结束后的 ___×___ 日内完成报告，报持有人书面批准。

9.7 投诉与不良反应

当收到有关产品质量的投诉时，持有人应当会同受托方对产品投诉进行调查；受托方应当予以配合，在 ___×___ 日内完成自查报告，并报持有人批准；持有人根据自查情况，对涉及质量投诉的产品采取相应的处置措施。对因生产环节造成的质量缺陷，受托方应当制定有效的纠正和预防措施，并由持有人审核批准。

当受托方收集到其他产品的质量投诉风险可能涉及受托产品时，受托方应当及时通报持有人相关信息，并组织调查，建立相关的纠正预防措施，按照变更管理相关流程报持有人审核批准。

持有人应当建立药物警戒体系，按照要求开展药物警戒工作。持有人和受托方应当经常考察本单位的药品质量、疗效和不良反应，发现疑似不良反应的，应当及时按照要求报告。质量投诉由持有人负责，受托方应当协助配合，受托方在收到投诉后，应当及时告知持有人。

10. 产品储存、发运与召回

10.1 产品储存

受托方应当对物料及产品的储存条件进行有效监控和维护，对生产用物料、中间产品和产品按照标识的储存条件进行储存，并应当符合 GMP 要求。

10.2 发运

产品由持有人上市放行后，按照合同约定将产品运输至持有人指定地点。在产品的储存和发运期间，受托方应当采取必要的措施，确保产品没有混淆、差错、污染和交叉污染的风险，确保产品在储存和运输过程中符合 GMP 要求。受托方应当采取必要的措施，以确保产品包装的完整性。

10.3 召回

持有人负责产品的召回工作，作出是否对相关批次产品进行召回的决定。受托方应当提供相应信息并予以配合召回工作。

受托方有合理依据认为应当召回本质量协议涉及的相关批次产品，应当以书面形式向持有人陈述意见并说明原因。

11. 现场审核

持有人应当对受托方的生产条件、技术水平和质量管理情况进行现场审核，确保其具备本质量协议涉及产品的生产条件和质量管理能力。在对受托方资质确认审核通过后，持有人应当至少每年对受托方进行一次现场审核，对疫苗受托方应当每季度进行一次现场审核，对其他高风险品种受托方每半年进行一次现场审核。发现严重质量安全风险等必要情况时，持有人应当立即对受托方进行有因审核。受托方应当积极配合持有人进行现场审核。

在审核过程中，持有人应当遵守受托方的制度、程序和安全保密工作要求。

持有人在现场审核过程中发现的缺陷项，受托方应当积极整改，制定整改计划，明确纠正预防措施，在审核结束后___×___日内报持有人审核批准，整改完成后___×___日内持有人进行审核确认。

12. 合规性支持

当持有人需要获得产品生产相关资料用于药品监管部门检查、产品注册申报等情形时，受托方应当配合提供相关资料，包括但不限于产品研究资料、分析方法验证报告、工艺验证报告等。

持有人负责将药品生产销售、上市后研究、风险管理等情况按照规定进行年度报告，负责建立并实施药品追溯制度、实施短缺药品停产报告，受托方应当协助配合。

13. 监管部门监督检查

如果受托方或者持有人接到监管部门对相关产品或者场地进行监督检查的通知时，应当在___×___日内及时告知持有人，并在监督检查结束后___×___日内将检查情况书面报告持有人。

持有人在接受药品监管部门监督检查时，如需提供委托生产相关资料的，受托方应当配合提供；需要开展现场检查时，受托方应当予以配合。

在监督检查过程中，如有需要，一方应当积极协助另一方接受监督检查。

14. 质量争议解决

当委托生产相关产品出现质量争议，双方应当遵循药品法律法规规章规定、GMP 要求和质量协议约定进行解决。

14.1 双方应当直接沟通，确认事件的实际情况。

14.2 受托方应当进行调查并出具完整的调查报告。调查报告应当详细描述事件经过、发生原因、调查结果和相关证据等。调查报告应当报持有人审核批准。双方根据调查报告协商解决。

14.3 质量争议无法协商解决的，双方应当选择第三方进行评估和判定，并根据第三方评估判定结果商定解决。

14.4 持有人负责委托生产产品的最终处理。

14.5 其他情形。

15. 期限

本质量协议自签订之日起生效，在委托生产期间持续有效。

如双方停止委托生产，本质量协议应当至少保存至最后一批上市放行的药品有效期后一年。

需要变更本质量协议内容的，双方应当协商一致并重新签署，旧版质量协议随新版质量协议的执行自动失效。

16. 变更历史

日期	版本	变更概述

17. 签名

持有人

起草人	审核人	批准人
签名	签名	签名
职务	职务	职务
日期	日期	日期

受托方

起草人	审核人	批准人
签名	签名	签名
职务	职务	职务
日期	日期	日期

四、合同管理

合同又叫契约，1999 年 3 月 15 日第九届全国人民代表大会第二次会议通过的《中华人民共和国合同法》第一章第二条指出"合同是平等主体的自然人、法人、其他组织之间设立、变更、终止民事权利义务关系的协议。"合同的存在意味着双方共同履行的责任和义务受到约束，并在一段时间内阐明双方需要进行的工作，并告知一旦发生违约事件，如何去处理，处理的依据是什么，走什么样的法律程序。具体条款可参照如下内容。

1. 合同中应详细写明所需委托生产药品的名称、规格、商品名、执行标准等信息。

2. 药品委托生产的双方之间签订的合同应当详细规定两方需要遵守的规定、需要履行的义务等内容。委托方应在合同中明确其对产品的最终质量负责。

3. 明确产品的验收标准，如产品质量标准、处方、生产工艺、外包装等信息应与批准的内容一致。生产过程严格按照委托方提供的工艺生产，产生的偏差和变更及时通知委托方并制定关闭措施和行动。

4. 生产计划的执行和销售：委托方根据市场需求向乙方下达生产计划，计划中需求的数量不得少于受托方生产的每批的最少批量。受托方应当在规定时间内完成生产并交付产品，并凭委托方出具的最终放行凭证发货。

5. 结算和付款：受托方按批与委托方进行费用结算，生产过程中产生的费用、检验费、人工费等与甲方协商决定。委托方验收产品合格后及时向受托方付清委托生产的全部费用。其他关于费用的协议应在合同中详尽说明。

6. 交货地点及方式也应该在合同中说明。

7. 违约及责任：合同本身的意义就是契约精神，如果有一方违反了合同的条款，应规定其应承担的后果。

8. 其他不可抗力的因素：包括自然因素、国家政策调整或其他无法预知的因素导致的委托生产活动无法进行的，应该也在合同中标注。

9. 其他未尽的事项，双方可以另行协商约定并对合同进行补充，补充的协议条款与原合同具有同等法律效力。

? 想一想

某一类新药研发机构 A 取得了药品注册批件后，与 B 生产企业达成了委托生产的协议；在双方沟通中，A 机构因着急药品上市销售，对 B 企业的资质要求进行了粗略审核，然后签订了相关协议。B 企业因最近药监部门检查过程中发现的问题，被暂停生产，未对 A 机构通报；为不影响药品生产，随即与其集团下的 C 企业联系，将产品交由 C 药企暂时生产一段时间。

请问：1. 整个委托生产过程中，存在哪些违反 GMP 条款或其他法律法规的情况？

2. A 机构应如何对 B 企业进行生产能力和质量管理方面进行确认？

实训 3 填写批生产记录和批包装记录

【实训目标】

掌握批生产记录和批包装记录书写规范。

【实训器材】

F - 30B 粉碎机；ZS - 350 振荡筛；电子秤；中性笔（黑/蓝色）；容器；抹布、拖把等清洁工具。

【实训内容】

批生产记录是产品一个批次的待包装品或成品的所有生产记录，批生产记录能提供该产品的生产历史以及与质量有关的情况。对于每一种产品都应有批生产记录，它应该包括和每一批产品有关的完整信息。

一、批生产记录和批包装记录书写规范

1. 操作人员应按要求认真适时填写，填写时做到字迹清楚、内容真实、数据完整，并由操作人及复核人签字。

2. 记录应保持整洁，不得撕毁或任意修涂改。任何隐去原有记录进行的修改行为均是不允许的。更改错误时应在原错误地方划一横线，在上方或旁边填写上正确的数据，并签上修改人的姓名及修改日期；修改后原来的数据或文字应清晰可见。按表格内容填写齐全，不得留有空格，如无内容可填时可在该项中画一斜线或横线，如有与上项相同内容不得填写为"同上"或打上"…"，必须如实填写。

3. 记录应现场及时记录，不允许进行事后补写，更不允许超前记录。

4. 填写记录时应记录完全，操作者、复核者均应填写姓名全名，不得只写姓或者名。不得简写、缩写或使用代码。

5. 记录过程中的数据处理：书写任何数据及文字包括签名时应尽量做到清晰易读，且不得擦掉，不得用铅笔或具有挥发性物质的笔书写；数据与数据之间应留有适当的空隙；书写时应注意不要跑出相应的表格。

6. 书写中出现任何书写错误均不得进行涂黑原数据后书写新数据、采用涂改液修改错误数据后书写或用刀片刮掉错误数据后书写等行为，修改时同第2条要求。

7. 日期书写格式：应按 2021 年 7 月 10 日或 2021.07.10 的样式进行书写。

8. 数据的真实性：批记录要求真实、客观地重现生产及检验过程中所有操作行为的数据，记录中的任何数据均应真实有效，不允许存在任何形式的编造数据，估计数据等行为。

9. 签名的真实性：批记录中的任何签名必须保证是本人签名，任何情况下均不允许代签，签名必须工整、易于识别。

10. 记录的书写应使用简体中文，不得使用繁体字、不规范简化字等；数据的填写应由该生产步骤的操作人员进行，并签名及签署开始日期及时间后由复核人进行复核并签名、签署日期及时间。

11. 注意事项

（1）记录填写内容要准确、及时、完整，字迹清晰不潦草。文字应规范、易读。各记录项目及内容用语必须统一规范，不随意编造。

（2）记录用笔不应用红色或铅笔，尽量选用不带笔帽的记录笔，以免笔帽脱落或丢失而在生产中带来隐患。

（3）如果纵向有几行均无内容填写，可用一斜线划之，但不可以用省略号或波浪线。

（4）参加实训人员可分组进行，每 4~6 人为一组，自行确定各组长，分配任务，互换角色。

二、记录填写

1. 批生产记录填写　作为粉碎过筛岗位的操作人，写出 2021 年 7 月 10 日葡醛内酯片（规格 100mg），批量 54 万片，过筛目数 80、120 粉碎过筛的原始记录。记录中的人员用本人真实姓名填写。

相关条件：操作人按指令领取原辅料，如原辅料库存不足，可用空白物料代替，在标签上注明。

批生产记录示范

原辅料的领取情况如下。

原辅料名称	领取数量（kg）
葡醛内酯	54
淀粉	11.37
糊精	5.4

粉碎过筛岗位生产记录填写内容如下。

××制药有限公司粉碎过筛岗位生产记录

1. 原辅料进出站

步骤	过程
1	进站： • 中转站管理员接收配送后已分料的原辅料，确认领入的物料数量准确 • 外观检查：检查确认包装袋上没有破损、有无异物 • 标识检查：确认物料有明显的标识（品名、批号、数量） 　检查结果确认：□合格　□不合格　（偏差编号） • 领入原辅料暂存间，填写物料状态标识 • 登账：登记原辅料领用记录 • 电子秤及编号： 表格：原辅料名称 / 规格 / 批号 / 物料重量（毛重）/ 理论重量（净重） 送料人/日期：　　　　　中转站管理员/日期：
2	出站： • 操作人员对照批生产指令单到暂存间领料 • 检查物料外观及标识信息，无误后双方在"原辅料收发记录"和批生产记录上签字 表格：原辅料名称 / 规格 / 批号 / 物料重量（净重） 领料人/日期：　　　　　中转站管理员/日期：
备注	

2. 粉碎筛分

2.1 房间/设备确认 & 校准确认

确认			校准确认		
房间/设备名称		编号			
房间	□粉碎筛分		清洁状态	□已清洁	□未清洁
			环境状态	□合格	□不合格
			标识状态	□正确	□不正确
			清场合格证	□有	□没有
容器具	料抄	——	清洁状态	□已清洁	□未清洁
ZS-350 振荡筛			清洁状态	□已清洁	□未清洁
			设备状态	□正常	□异常
F-30B 粉碎机			清洁状态	□已清洁	□未清洁
			设备状态	□正常	□异常
人员	N/A		健康状态	□良好	□不合格
			人员卫生状态	□合格	□不合格
			上岗前培训	□有	□没有

检查人：　　　　　　　　　　　　　　　　　日期：

2.1.1 环境要求：温度 18~26℃、湿度 45%~65%，压差大于 5Pa。

2.1.2 填写生产状态标示牌（品名、规格、产品批号、数量、生产日期），挂"生产中"状态标识牌。

2.1.3 参与该品种生产人员健康状态、卫生状态符合要求，并且上岗前经过培训。

2.1.4 清洁检查

a) 检查生产状态标识、设备状态标识应为"已清洁"状态。

b) 检查上批产品的清场合格证（副本）。

c) 确认生产现场、设备和工器具的清洁状态，是否有与生产无关的文件、物品在现场。

2.1.5 检查 ZS-350 振荡筛，F-30B 粉碎机设备状态标识应为"正常"状态，各部件、螺钉紧固，没有松动。

QA 确认：

□在清场效期内且标识准确

□房间环境及设备器具状态良好

□人员健康卫生状态良好且经过上岗前培训

QA：　　　　　　　　　　　　　　　　　日期：

2.2 物料领入

序号	成分	物料批号	标准重量（kg）	实际毛重（kg）	皮重（kg）	净重（kg）	备注
1	葡醛内酯		54.00				
2	淀粉		11.37				
3	糊精		5.4				
合计		N/A		N/A	N/A	N/A	N/A

领料人/日期：　　　　　　　　　　　　　复核人/日期：

2.3 物料确认

确认		
外观、性状	☐合格	☐不合格
数量	☐正确	☐不正确

操作人/日期：   复核人/日期：

2.3.1 检查物料外包装袋，要求塑料袋没有损坏，且贴有明显、完整的标识（品名、批号、数量）。

2.3.2 检查物料外观，要求颜色符合下表规定。

品名	性状
葡醛内酯	白色结晶或结晶性粉末
淀粉	白色粉末，无臭
糊精	白色或类白色的无定形粉末；无臭，味微甜

2.3.3 将物料逐一进行称量。

2.3.4 将领回的物料整齐码放在操作间并要有物料标签。

QA 确认：☐ 物料外观与性状   ☐ 干燥度   ☐ 内包装

☐ 物料标识   ☐ 筛网及容器   ☐ 与生产指令核对一致

QA：   日期：

2.4 筛网领入/确认

序号	筛网（目）	设备	实际领入（目）	确认	
1	120	ZS-350 振荡筛		☐正确	☐不正确
2	80	F-30B		☐正确	☐不正确

操作人/日期：   复核人/日期：

2.4.1 操作人员领入筛网，由当班班组长发放。

2.4.2 领入的筛网目数必须双方确认正确。

2.4.3 确认筛网完好，筛网无磨损和破裂情况。

2.5 粉碎过筛

2.5.1 试运行

步骤	过程
1	• 确认以下部分是正确安装在万能粉碎机上 布袋　☐ 正确　☐ 不正确 滤袋　☐ 正确　☐ 不正确 筛网　☐ 正确　☐ 不正确 挂设备"运行"牌 • 开启电源，启动"绿色"按钮试运行 5 分钟，检查要没有异常声响

操作人/日期：   复核人/日期：

2.5.2 粉碎

步骤	过　程
1	开始时间：_____年___月___日___时___分 • 先启动风机，再启动粉碎机"主机"按钮 • 用料抄将下述物料加入料斗内粉碎 投入葡醛内酯：_____kg • 调节料斗挡板（2/3处）控制物料粉碎的速度，缓慢下料 • 粉碎完毕后，让机器空转半分钟左右，将物料以最少量留于机腔内部 • 关闭机器与风机的"红"色按钮及电源 • 打开收集箱柜门，解下乳胶管，取出物料收集袋 • 将布袋移到称配间称重并记录重量（粉碎过筛后） <table><tr><td>序号</td><td>名称</td><td>皮重（kg）</td><td>毛重（kg）</td><td>净重（kg）</td></tr><tr><td>1</td><td>葡醛内酯</td><td></td><td></td><td></td></tr><tr><td>2</td><td>葡醛内酯</td><td></td><td></td><td></td></tr><tr><td>3</td><td>葡醛内酯</td><td></td><td></td><td></td></tr><tr><td colspan="2">合计</td><td></td><td></td><td></td></tr></table> • 收集粉碎过筛后所有的物料量　　　　葡醛内酯可收集量：_____kg • 物料平衡： $$\frac{物料重量+可收集量}{领入量}\times100\%$$ 物料平衡=_____% 限度：98.0%~100.0% 结束时间：_____年___月___日___时___分 QA确认 □符合规定　　　　　　　　□不符合规定 QA：　　　　　　　　　日期： 若超出或低于标准必须进行分析、查找偏差原因 偏差编号：

操作人/日期：　　　　　　　　　　　　复核人/日期：

2.5.3 过筛

步骤	过　程
1	开始时间：_____年___月___日___时___分 • 将下列物料过120目筛 淀粉：_____kg 糊精：_____kg • 将物料移至称量间称量重量，记录并贴上标识 结束时间：_____年___月___日___时___分 <table><tr><td>项目</td><td>皮重（kg）</td><td>毛重（kg）</td><td>净重（kg）</td></tr><tr><td>淀粉</td><td></td><td></td><td></td></tr><tr><td>糊精</td><td></td><td></td><td></td></tr></table>

步骤	过 程		
1	• 收集过筛后所有的可收集物料	淀粉可收集量：	_____ kg
		糊精可收集量：	_____ kg
2	• 物料平衡：	淀粉物料平衡 =	_____ %
		糊精物料平衡 =	_____ %
	限度：90.0% ~100.0%		
	• 收率：		
	$$\frac{实际产量}{投料量} \times 100\%$$		
	限度：98.0% ~100.0%	淀粉收率：	_____ %
		糊精收率：	_____ %
	QA 确认		
	□符合规定　　　□ 不符合规定		
	QA：　　　　　　　　　日期：		
	若超出或低于标准必须进行分析、查找偏差原因		
	偏差编号：		

操作人/日期：　　　　　　　　　　　　　　复核人/日期：

2.6 清场

步骤	过 程
1	• 房间名称：□粉碎筛分 1　　□粉碎筛分 2
	• 清场类别：□批清洁　　　　□彻底清洁
	• 与本批生产有关的产品、物料、记录和文件已清除
	• 生产状态标识牌、设备状态标识牌等悬挂正确
	• 设备清洁：
	□容器内外干净无积水
	• 生产用具清洁：
	□运输工具、周转容器、收集袋等已清洁干净
	• 清洁工具清洁：
	□清洁工具分为设备清洁工具和环境清洁工具已清洁干净
	□丝光毛巾、拖布、吸尘器、擦墙器（毛头）、擦玻璃器、地刮等已清洁干净
	• 操作间环境卫生：
	□操作台、凳子、地漏、存放柜等已清洁干净
	□地面、墙面、门窗、台面、回风口等已清洁干净
	□顶棚、灯具、开关、插座无粉尘、无污迹
	• 核对处理的所有原辅料，确认与批生产记录填写一致
	清场合格证已填写
	清场合格证粘贴处

操作人/日期：　　　　　　　复核人/日期：　　　　　　　QA/日期：

2. 批包装记录填写 作为包装岗位的操作人,写出 2021 年 7 月 11 日葡醛内酯片(可为空白片)(规格 100mg)塑瓶包装过程的原始记录。包装规格 100 片/瓶,批号为 20210701 的包装原始记录,记录中的人员用本人真实姓名填写。

相关条件:操作人按指令领取葡醛内酯片(空白片)50 万片,本工序的物料平衡范围为 99.0% ~ 100.0%,外包装岗位物料平衡为 100%。

包装要求:塑料瓶每瓶装 100 片,铝箔封口、加盖,经传递窗送入外包室。采用 15ml 塑料瓶,药瓶外贴标签装入中盒,每 10 瓶为一个中盒,放 10 张说明书,外贴标签。纸箱每箱装 10 盒,放产品合格证一张。用专用封箱带封口,捆扎机捆扎。

包装岗位生产记录填写情况如下。

批包装记录示范

××制药有限公司塑瓶包装岗位生产记录

3. 包装

3.1 生产指令

产品名称	产品批号	生产日期	有效期至	数量
葡醛内酯片				

签发人/日期:　　　　　　　　　　　复核人/日期:

异常情况说明:

3.2 生产前确认

3.2.1 填写生产状态标示牌(品名、规格、产品批号、数量、生产日期)。

3.2.2 挂"生产中"状态标识牌。

3.2.3 参与该品种生产人员健康状态、卫生状态符合要求。

3.2.4 检查生产岗位的生产状态标识,检查上批产品的清场合格证(副本)。

3.2.5 确认生产现场、设备和工器具的清洁状态,没有与生产无关的文件、物品在现场。

3.2.6 检查塑瓶包装线,并按设备点检要求进行点检。

确认			校准确认		
房间/设备名称		编号			
房间名称	□塑瓶包装(内)		清洁状态	□已清洁	□未清洁
			标识状态	□正确	□不正确
			清场合格证	□有	□没有
容器具	不锈钢桶、不锈钢盆	——	清洁状态	□已清洁	□未清洁
人员		——	健康状态	□良好	□不合格
			人员卫生状态	□合格	□不合格
塑瓶包装线			清洁状态	□已清洁	□未清洁

检查人/日期:

3.3 物料领入

3.3.1 包装材料领入

序号	包材名称	包材批号	领入数量（只）	领用人/日期	发放人/日期
1	15ml 塑料瓶				
2	15ml 塑料盖				

包材质量要求：目测无污点、霉斑等；规格应符合包装要求；计数使用。

3.3.2 葡醛内酯片领入

序号	产品批号	桶号	领入数量（kg）	领用人/日期	发放人/日期
1					
2					
3					
4					
5					

3.4 塑瓶分装

3.4.1 分装

步骤	过　程
1	开始时间：____年___月___日___时___分 • 用料抄将葡醛内酯片加入到加料斗内，按设备操作规程操作 • 封口：手工旋开瓶盖检查铝箔封口情况，不得有封口不严现象 • 瓶装数量：100 片/瓶，不得或多或少 • 外观：整洁、无粉尘 • 封口电流：_____A 结束时间：____年___月___日___时___分 产量计算：瓶_____万片 包材使用： 表1 装量检查： • 开机运行，生产连续 15 瓶，确认装量的准确性，异常停机需重新确认 • 运行过程中每两小时抽检，连续 15 瓶检查一次，确认装量的稳定性 • 每班累计抽检数量不得低于 50 瓶，异常装量不得有；若抽检过程中发现异常装量，重复抽检 1 次，应全部合格，若仍有，则停机检查 表2
备注	

表1：
包材名称	使用量（只）	损耗量（只）	结余量（只）	
塑料瓶				
塑料盖				

表2：
检查数量（瓶）	检查结果	异常数量（瓶）	检查时间	检查人

操作人/日期：　　　　　　　　　　　　　　　　复核人/日期：

3.4.2 物料平衡计算

1	物料平衡计算：
	产量：　　　　　　　　　　　　　　领入量：
	可收集量：　　　　　　　　　　　　取样量：
	物料平衡计算公式： $$\dfrac{产量+可收集量+取样量}{领入量}\times100\% \qquad 限度：99.0\%\sim100.0\%$$ $$———————\times100\%$$ 物料平衡：_____%

计算人/日期：　　　　　　　　　　　　　复核人/日期：

3.5 清场

步骤	过　　程
1	• 房间名称：□塑瓶包装（内） • 清场类别：□小清场　□大清场 开始时间：_____年___月___日___时___分 • 与本批生产有关的产品、物料、记录和文件已清除 • 生产状态标识牌、设备状态标识牌等悬挂正确 • 设备清洁：□设备内、外表面干净无粉尘 • 生产用具清洁：□运输工具、周转容器、收集袋等已清洁干净 • 清洁工具清洁：□丝光毛巾、拖布、吸尘器等已清洁干净 • 操作间环境卫生 　□操作台、凳子、存放柜等已清洁干净 　□地面、墙面、门窗、台面、回风口等已清洁干净 　□顶棚、灯具、开关、插座无粉尘，无污迹 • 核对处理的所有原辅料，确认与批生产记录填写一致 • 清场合格证已填写 结束时间：_____年___月___日___时___分 清场合格证粘贴处

操作人/日期：　　　　　　复核人/日期：　　　　　　QA/日期：

4. 塑瓶包装（外）

4.1 生产前确认

4.1.1 检查生产区已清洁，无包材、记录、字模等遗留物，核对标示牌。

4.1.2 岗位操作人员根据下发的指令单填写设备状态标识，标明品名、规格、批号、数量。

4.1.3 检查生产岗位的生产状态标识，检查上批产品的清场合格证（副本）。

4.1.4 确认生产现场无与本批生产无关的文件、物品在现场，如有必须清理干净。

4.1.5 设备按要求进行点检。

确认			确认结果		
房间/设备名称		编号			
房间名称	□塑瓶包装（外）		清洁状态	□已清洁	□未清洁
			环境状态	□合格	□不合格
			标识状态	□正确	□不正确
			清场合格证	□有	□没有
塑瓶包装线			清洁状态	□已清洁	□未清洁

检查人/日期：

4.2 物料领入

4.2.1 外观质量：包材如损坏、受污染比较严重不得使用。

4.2.2 文字内容印刷：文字印刷不清晰、不正确、位置错误、套色不清或缺少相应文字内容的包材不能使用；核对包装材料的品名、规格、数量。

序号	包材名称	批号	领入数量	领用人/日期	发放人/日期
1	葡醛内酯片标签				
2	中盒				
3	葡醛内酯片大箱				
4	装箱单				
5	葡醛内酯片说明书				
6	中盒封口签				

领用人/日期：　　　　　　　　　　　　　　发放人/日期：

4.3 字模安装确认

4.3.1 安装/确认

步骤	过　程
1	• 贴标签人员将领取的字模对照生产任务指令单逐一将字模安装在字模槽内 • 字模安装确认 时间：　　　　　　　　　　产品批号： 生产日期：　　　　　　　　有效期至： 安装人/日期：　　　　　　　复核人/日期：

4.4 样签确认

步骤	过　程
1	● 试打印一张样签留样，操作人、复核人复核后经大班长复核确认无误并签字 ● 样张确认： 时间：　　　　　　　　　　　　　产品批号： 生产日期：　　　　　　　　　　　有效期至： 操作人/日期：　　　　　　　　　复核人/日期： 大班长/日期： 标签样张粘贴处（已打字）

4.5 外包装操作

4.5.1 操作

步骤	过　程
1	开始时间：　　　年　　月　　日　　时　　分 贴签操作1： ● 样张确认正确后，可以进行标签打印操作 ● 在标签打印过程中要随时观察，发现异常及时停机 　标签打印内容应打印在正确位置上，位置适中 　产品名称、规格、批号等内容应正确且清晰可辨 　检查每卷标签是否有接头，有接头处需要确认接头前后内容，以防版本错误 　本班共使用标签_____卷，有_____处接头，经检查确认内容，版本一致 　检查人/日期： 贴签操作2： ● 设备自动贴签，要求：贴标签应端正，倾斜≤3mm且不得有未贴签 ● 随时收集废标签，及时粘贴在纸上 ● 标签使用情况 | 使用数（张）	损耗数（张）	批记录使用数（张）	检验使用数（张）	结余数（张）
---	---	---	---	---
					  　操作人/日期：　　　　　　　　　　　　复核人/日期： 装盒、装箱操作： ● 包装方式：10瓶分两排摆放在1个中盒内；将10张说明书折叠后放入1个中盒内；将48个中盒放入1个大箱内；将1张装箱单放入大箱内 ● 要求：说明书、大箱、装箱单印刷内容应完整、清晰 ● 产品批号、生产日期、有效期打印应端正、清晰 ● 包装材料表面破损、有油污及有异物粘附、粘贴不严不得包装 ● 空瓶、未贴签、歪签（贴签倾斜≤3mm）、签无批号、打印不完整的、错位不得入中盒 ● 装中盒人员在装入盒内之前必须检查每瓶标签印字情况及标签质量 ● 盖盒操作人员在盖盒前检查盒内必须是10个药瓶且有说明书，确认后贴上封口标签，同时要检查封口标签的质量

领入数量（已打印）（张）	使用数（张）	损耗数（张）	结余数（张）

操作人/日期：　　　　　　　　　　　复核人/日期：

封箱操作：

- 将箱皮按折叠线将底部折好，用胶带纸封口，翻正后按包装规格将中盒放入包装箱内
- 打包装箱按包装规格装箱（48 个中盒）并放入一张装箱单，装箱单所印项目应填写齐全，班组长负责复核
- 打包装箱封口胶带封至箱两边约 4cm 处，打包带要端正、牢固、位置在两侧约 1/4 处。打包装箱内、外的批号应完整一致，与当天的生产指令中的产品批号一致
- 包材使用情况

（单位：只、张）

项目	使用数	损耗数	留样数	结余数
无字中盒				
大箱				
装箱单				
说明书				
中盒封口签				

结束时间：_____年___月___日___时___分	产量：___箱___瓶
操作人/日期：	复核人/日期：

4.6 包材平衡

领入数 = 使用数 + 损耗数 + 批记录留样数 + 样品使用数 + 结余数 + 盈亏数

（单位：只、张）

包材名称	领入数	使用数	损耗数	批记录留样数	样品使用数	结余数	盈亏数
标签							
中盒			—				
说明书							
大箱			—		—		
装箱单							

是否平衡：是□　否□

情况说明：

4.7 清场

步骤	过　程
	● 房间名称：□塑瓶包装（外） ● 清场类别：□小清场　□大清场 开始时间：_____年___月___日___时___分 ● 与本批生产有关的产品、物料、记录和文件已清除 ● 生产状态标识牌，设备状态标识牌等悬挂正确 ● 设备清洁：□ 设备内、外表面干净无粉尘 ● 生产用具清洁：□运输工具、周转容器、收集袋等已清洁干净 ● 清洁工具清洁：□丝光毛巾、拖布、吸尘器等已清洁干净 ● 操作间环境卫生 　□操作台、凳子、存放柜等已清洁干净 　□地面、墙面、门窗、台面、回风口等已清洁干净 　□顶棚、灯具、开关、插座无粉尘，无污迹 ● 清场合格证已填写 结束时间：_____年___月___日___时___分 清场合格证粘贴处

操作人/日期：　　　　　　　　　复核人/日期：　　　　　　　　QA/日期：

实训 4　标准操作规程的起草

【实训目标】

要求起草相应的标准操作规程（SOP）。

【实训内容】

根据以下内容，写一份实验室清洁标准操作规程。

1. 清洁工具　抹布、毛刷、百洁布、塑料扫帚、拖把、塑料簸箕、塑料面盆。

2. 清洁剂　饮用水、玻璃清洁剂、纯化水。

3. 清洁次序　清洁次序从上到下，先里后外。

4. 清洁方法　①实验台的清洁：一般工作台面在实验后及时清场，并用饮用水洗涤后的干净抹布擦干。②自左至右，由上而下擦拭台面，蒸馏台在工作完毕后应及时擦净台上的碱液。③实验仪器及设备的清洁：用饮用水洗净后的抹布擦拭实验仪器及设备表面和内部污垢；水浴箱内的水需每月更换。④水斗的清洁：用百洁布或毛刷擦洗水斗，使水斗各个面及底部角落无污垢。⑤房间环境的清洁：a.用饮用水拖洗地坪，使地板无灰尘和污迹，及时拖洗。b. 用饮用水及抹布擦拭工作室内窗。

5. 清洁频度　①每周进行清洁的范围：水斗、毒气柜、工作室内窗。②每个工作日进行清洁的范围：地坪、实验仪器、设备、工作台面。

6. 清洁用工具的清洁和存放　①清洁完毕，抹布及拖把用饮用水洗净并绞干；塑料扫帚、塑料簸箕、塑料桶（盆）及家务手套用饮用水洗净，沥干水分。②清洁工具清洁完毕后，应及时将其放入指定的清洁工具专用贮存地点。③清洁后的检查：a. 每日清洁后自查并及时填写清洁记录；b. 检查标准：水斗、毒气柜、实验仪器及设备、工作室内窗、工作台面等无污垢粘附，地坪清洁无杂物、无积水。

　　7. 注意事项　①清洁消毒过程中浸湿抹布、拖把的饮用水应经常更换，直至清洁完毕。②清洁时，清洁人员应戴上手套，以免清洁剂损伤皮肤。③应注意安全操作，避免不必要的人身伤害或设备的损坏。

【实训步骤】

1. 使用中性笔（黑色或蓝色）填写，不得使用铅笔、圆珠笔等易于擦洗笔迹的记录工具。
2. SOP 应格式齐全，符合 GMP 要求，体现操作全过程。
3. 参加实训人员可分组进行，每 4~6 人为一组，自行确定各组长，分配任务，互换角色，便于及时发现问题，使 SOP 具备可操作性。

【实训思考】

SOP 起草的几个关键要素是什么？

目标检测

一、A 型题（最佳选择题）

1. 药品上直接印字所用油墨应当符合（　　）要求
   A. 工业级　　　　　　B. 食品级　　　　　　C. 药用级　　　　　　D. 其他级别

2. 所有到货物料均应当检查，以确保与订单一致，并确认供应商已经（　　）批准
   A. 质量管理部门　　　　　　　　　　　B. 生产部门
   C. 生产管理负责人　　　　　　　　　　D. 质量管理负责人

3. 以下物料需执行双人双锁管理的是（　　）
   A. 普通原料　　　　　　B. 普通辅料　　　　　　C. 包装材料　　　　　　D. 特殊药品

4. 包装材料存放区域（　　）不得进入
   A. 操作人员　　　　　　B. 未经批准人员　　　　　C. 未经授权人员　　　　D. 非本区工作人员

5. 阴凉库的温湿度储存要求是（　　）
   A. 温度不超过 20℃，湿度 35%~75%　　　　　B. 温度 2~8℃，湿度 45%~75%
   C. 温度 0~30℃，湿度 35%~75%　　　　　　D. 温度不超过 20℃，湿度 45%~75%

6. 每次生产结束后应当进行（　　），确保设备和工作场所没有遗留与本次生产有关的物料、产品和文件
   A. 清场　　　　　　B. 物料平衡　　　　　　C. 贴签标识　　　　　　D. 物料核对

7. 在干燥物料或产品，尤其是高活性、（　　）或高致敏性的物料或产品生产过程中，应当采取特殊措施，防止粉尘的产生和扩散
   A. 高刺激性　　　　　　B. 高毒性　　　　　　C. 高致畸性　　　　　　D. 高耐药性

8. 有数条包装线同时进行包装时，应当采取（　　）或其他有效防止污染、交叉污染、混淆的措施
   A. 清场　　　　　　B. 确认　　　　　　C. 隔离　　　　　　D. 特殊

9. GMP 要求洁净区使用的消毒剂品种应定期更换，其目的是（ ）

　　A. 便于设备和厂房清洁 　　　　　　　B. 以免对人员健康产生不良影响

　　C. 防止产生耐药菌株 　　　　　　　　D. 防止污染和交叉污染

10. 批生产记录应保持清洁，不得撕毁和任意涂改；更改时，应（ ）

　　A. 彻底涂掉或刮掉原数据 　　　　　　B. 在更改处签名

　　C. 交由车间负责人签名 　　　　　　　D. 在更改处签名及日期，并使原数据仍可辨认

11. 主要固定管道应当标明内容物（ ）

　　A. 名称 　　　　　　B. 流向 　　　　　　C. 状态 　　　　　　D. 名称和流向

12. 药品委托生产必须经批准，其审批的具体部门是（ ）

　　A. 国务院药品监督管理部门批准

　　B. 国务院药品监督管理部门批准或国务院药品监督管理部门授权的省级药品监督管理部门批准

　　C. 省级药品监督管理部门批准或县级药品监督管理部门批准

　　D. 市级药品监督管理部门批准或县级药品监督管理部门批准

二、B 型题（配伍选择题）

A. 生产商的检验报告 　　　　　　　　　B. 精制、干燥、包装

C. 称量室和备料室 　　　　　　　　　　D. 不与药品发生化学反应或吸附药品

1. 药品生产对设备要求非常严格，尤其直接与药品接触的设备应（ ）

2. 原料药生产的关键工序是指原料药的（ ）

3. 物料的质量评价内容应当至少包括物料包装完整性和密封性的检查情况和检验结果（ ）

4. 与药品生产洁净级别的要求一致，并设有捕尘和防止交叉污染设施的地方（ ）

三、C 型题（综合分析选择题）

2020 年 12 月，某药企质量检验部门发现制剂车间送检的某样品的杂质不符合规定，经调查，发现生产人员在生产过程中误用不合格的辅料，导致该起质量事故的发生。

1. 生产操作前，应当检查所领用的原辅料正确无误，核对原辅料的名称、规格、数量、（ ），且与工艺规程相符

　　A. 入库序号 　　　　B. 批号 　　　　C. 质量状态 　　　　D. 物料编码

2. 不合格的物料需要标注（ ）的状态标识

　　A. 红色 　　　　　　B. 绿色 　　　　C. 黄色 　　　　　　D. 白色

3. 不合格的物料、中间产品、待包装产品和成品的每个包装容器上均应当有清晰醒目的标志，并在（ ）内妥善保存

　　A. 隔离区 　　　　　B. 待验区 　　　　C. 库房 　　　　　　D. 取样区

4. 不合格的物料处理需（ ）批准

　　A. 仓库管理人员 　　　　　　　　　　B. 生产负责人

　　C. 质量负责人 　　　　　　　　　　　D. 企业负责人

5. 仓库现有一批待检的物料，因生产急需，仓库可以（ ）

　　A. 可以发放

　　B. 待 QC 检验合格即可发放

　　C. 待 QC 检验合格，QA 审核无误并放行后，方可发放

　　D. 无须等待 QC 检验，只要 QA 审核无误后，即可发放

四、**X 型题**（多项选择题）

1. 产品包括（　　）

　　A. 原料　　　　　　　　B. 中间产品　　　　　　C. 待包装产品　　　　　D. 成品

2. 物料是指（　　）

　　A. 原料　　　　　　　　B. 中间产品　　　　　　C. 辅料　　　　　　　　D. 包装材料

3. 应当定期检查防止污染和交叉污染的措施并评估其（　　）

　　A. 适宜性　　　　　　　B. 有效性　　　　　　　C. 通用性　　　　　　　D. 适用性

4. 生产开始前应当进行检查，请选出正确的检查项目（　　）

　　A. 设备处于待用状态

　　B. 检查记录

　　C. 确保设备和工作场所没有上批遗留的产品、文件或与本批产品生产无关的物料

　　D. 设备处于已清洁状态

5. 包装期间，产品的中间控制检查应当至少包括下述内容（　　）

　　A. 包装外观及包装完整性　　　　　　　　B. 产品和包装材料正确性

　　C. 打印信息　　　　　　　　　　　　　　D. 在线监控装置的功能

6. 生产药品时进行防范措施有（　　），以防止药品被污染和混淆

　　A. 生产前应确认无上次生产遗留物

　　B. 不同产品品种、规格的生产操作不得在同一生产操作间同时进行

　　C. 应防止尘埃的产生和扩散

　　D. 每一生产操作间或生产用设备、容器应有所生产的产品或物料名称、批号、数量等状态标识

5

模块五
质量管理

项目十　质量管理

学习目标

知识目标：

掌握　术语释义；质量风险管理流程；质量风险；评估技术；风险控制、质量风险管理的方法与工具。

熟悉　QA 和 QC 与 GMP 的关系；质量风险管理的目的、特点、原则、沟通和审核。

了解　全面质量管理的核心；质量风险管理的意义。

技能目标：

能解释质量管理的要求；能分析和评价质量风险，并能参与管理。

素质目标：

明确质量风险管理流程以及其在企业生产中的意义，提高自身的学习积极性，强化质量风险意识。

导学情景

情景描述：2020 年 12 月，日本制药企业小林化工公司被曝出其制造的治疗脚癣等疾病的口服抗真菌药中混入了过量催眠成分。服用这些药物的患者中共 239 名报告健康受损，一些患者服药后失去意识，造成了 22 起交通事故；还有 2 名患者服药后死亡。当地政府实施调查后，对其下达了停业整顿 116 天的要求。

情景分析：该企业已召回共计 41 种问题药品。经调查，该事件原因为一种主要成分被错误地替换成了睡眠诱导剂成分，且添加量达到了最高限量的 2.5 倍。

该企业管理层承认从 16 年前就已经掌握这一情况，但却放任至今，存在问题药品依旧出厂销售；且公司近 80% 的药品生产记录涉嫌造假，40 年前就已开始捏造质量检验结果。

讨论：该事件的主要原因是什么？质量管理应如何实施，如何建立完善的质量保证体系，监督药品生产、检验等，保证产品质量？

学前导语：企业应当建立符合药品质量管理要求的质量目标，将药品注册的有关安全、有效和质量可控的所有要求，系统地贯彻到药品生产、控制及产品放行、贮存、发运的全过程中，确保所生产的药品符合要求。

任务1　概　述

一、质量管理的术语

（一）质量管理

质量管理（quality management，简称 QM）是确定质量方针、目标和职责，并在质量体系中为达到质量目标，通过诸如质量策划、质量控制、质量保证和质量改进而进行的全部管理职能的所有活动。

（二）质量体系

质量体系（quality system，简称 QS）是为实施质量管理所需的组织结构、程序、过程和资源。"组织结构"的含义是指组织为行使其职能，按某种方式建立的职责、权限以及相互关系。"程序"的含义是为进行某项活动所规定的途径。"过程"的含义是将输入转化为输出的一组彼此相关的资源和活动。"资源"的含义是指包括人员、资金、设施、设备、技术和方法。质量体系这些内容应以满足质量目标的需要为准。一个组织的质量体系主要是为满足该组织内部管理的需要而设计的，它比特定顾客的要求更广泛，因顾客仅仅评价质量体系中的有关部分。为了合同约定或强制性质量评价的目的，可要求对已确定的质量体系要素的实施进行证实。

（三）质量控制

质量控制（quality control，简称 QC）是质量管理的一部分，强调的是质量要求。具体是指按照规定的方法和规程，对原辅料、包装材料、中间品和成品进行取样、检验和复核，以保证这些物料和产品的成分、含量、纯度和其他性状符合已经确定的质量标准。

（四）质量保证

质量保证（quality assurance，简称 QA）也是质量管理的一部分，强调的是为达到质量要求应提供的保证。质量保证是一个广义的概念，它涵盖影响产品质量的所有因素，是为确保产品符合其预定用途并达到规定的质量要求，所采取的所有措施的总和。质量保证与质量控制是相互关联的，质量保证以质量控制为基础，进一步引申到提供信任的目的，从目的出发，质量保证可分为内部质量保证和外部质量保证两种。

1. 内部质量保证　在企业内部，质量保证的主要目的是向企业最高管理者提供信任，即使企业最高管理者确信本企业的产品能满足质量要求。为此，企业中有一部分管理人员专门从事监督、验证和质量审核活动，以便及时发现质量控制中的薄弱环节，提出改进措施，促使质量控制能更有效地实施，从而使企业最高管理者"放心"。但是，随着人们对质量问题认识的深化，我们不难发现，企业最高管理者也有向全体员工提供信任的必要，这是建立全体员工对于企业质量管理的信心的重要活动。因此，内部质量保证是企业最高管理者实施质量活动的一种重要管理手段。

2. 外部质量保证　在合同或其他外部条件下，质量保证是向顾客或第三方提供信任，即使顾客或第三方确信该企业已建立完善的质量管理体系，对合同产品有一整套完善的质量控制方案、办法，有信心相信该企业提供的产品能达到合同所规定的质量要求。因此，企业质量保证的主要工作是要促使完善质量控制活动，以便准备好客观证据，并根据顾客的要求，有计划、有步骤地开展提供证据的活动。

（五）质量方针

质量方针（quality policy）又叫质量政策，是指由企业高层管理者制定并以正式文件签发的对质量的总体要求和方向，及其质量组成要素的基本要求，它为下一步制定相应质量目标提供基础架构，是制定质量相关职能的基础。质量方针是通过质量管理体系内各职能部门制定并完成各自相应的质量目标实现的。其含义主要有以下三点。

1. 质量方针应与企业的宗旨相适合，是企业总方针的一个组成部分，是企业管理者对质量的指导思想和承诺。

2. 质量方针是企业内各部门和全体人员执行质量职能以及从事质量管理工作所必须遵循的原则和指针，是统一和协调组织质量工作的行动指南，也是落实"质量第一"思想的具体体现。

3. 质量方针是指导企业成员沟通意见和开展质量活动的一般规定，显然它给企业的各级管理者提供了一定的自主权。

（六）质量策划

质量策划（quality planning）是确定质量以及采用质量体系要素的目标和要求的活动。质量策划是企业质量管理中的筹划活动，是企业最高管理者和质量管理部门的质量职责之一。它包括以下内容。

1. 产品策划 对质量特性进行识别、分类和分级，并且建立目标、质量要求和约束。

2. 管理和作业策划 为实施质量体系准备，包括组织工作和进度安排。企业为了不断完善质量管理体系并使之有效运作，必须对人员进行培训，包括学习质量管理理论、方法、标准，确定质量管理体系的过程内容，提出质量管理体系各过程的控制目标和要求等，并规定相应的作业过程和相关资源，以实现企业的质量目标。

3. 编制质量计划 为满足顾客的质量要求，企业要根据自身的条件开展一系列策划的组织活动，提出明确的质量目标和要求等，制定相应的质量管理体系要素和资源文件，并对质量改进加以预测。

（七）质量改进

质量改进（quality improvement）是指为向本组织及其顾客提供更多的利益，在整个组织内所采取的旨在提高活动和过程效果和效率的各种措施。

（八）质量目标

质量目标（quality objective）：最高管理者应确保在企业的相关职能和层次上建立相应的质量目标，质量目标与质量方针保持一致，与相关部门和人员职责对应。质量目标的制订、实施和完成通过下列措施体现。

1. 高层领导者应确保制定和实施与质量方针相符合的质量目标。

2. 质量目标应与业务目标相结合，并符合质量方针的规定。

3. 企业各级相关部门和员工应确保质量目标的实现。

4. 为了实现质量目标，质量管理体系的各级部门应提供必要的资源和培训。

5. 应建立衡量质量目标完成情况的工作指标，并对其进行监督、定期检查完成情况、对结果进行评估，并根据实际情况采取相应的措施。

企业可根据具体情况建立相应的管理流程，保证管理者完成各自的职责，从而保证质量方针、质量目标和质量计划的建立和实施。

二、质量管理原则

为了成功地领导和运作一个组织，需要采用一种系统和透明的方式进行管理。针对所有相关方的需求，实施并保持持续改进其业绩的管理体系，可使组织获得成功。质量管理是组织各项管理的内容之一。以下八项质量管理原则已经成为改进组织业绩的框架，其目的在于帮助组织达到持续成功。

（一）以顾客为关注焦点

组织依存于顾客，因此组织应理解顾客当前和未来的需求，满足顾客要求并争取超越顾客期望。"以顾客为关注焦点"是 2000 年版 ISO 9000 国际标准提出的八项质量管理原则的首要原则。药品是关系生命安危的特殊商品，认识顾客对药品需求的特殊性，强化企业全员的 GMP 意识和质量意识是十分必要的。前联邦德国格仑南苏制药厂因生产具有致畸作用的"反应停"药片而造成"20 世纪最大的药物灾难"不得不倒闭，就是一个典型的例子。

GMP 认证是国家药品监督管理局对药厂能否提供符合 GMP 要求药品的监督检查措施。只有实施

GMP，才能说明制药企业具备了起码的"以顾客为中心"的企业理念。

（二）领导作用

领导者确立组织统一的宗旨和方向，他们应该创造并保持使员工能充分参与实现组织目标的内部环境。

制药企业的产品质量是企业各方面的工作（包括实施 GMP）的综合反映，关系到企业的生存与发展。企业的最高管理者必须对质量方针的制定和实施负责，确立组织统一的宗旨和方向。通过实施GMP，建立规章制度，形成具有自己独特风格的企业文化，是制药企业最高领导者的职责。

（三）全员参与

各级人员都是组织之本，只有他们的充分参与，才能使他们的才干为组织获益。我国 GMP 对各级人员都提出了要求。实质上，GMP 是体现"全员参与""全过程参与"和"全面参与"的全面质量管理（TQM）在制药企业的具体运用。在质量管理原则中，"全员参与"不仅体现了"以人为本"的管理思想，也体现了对员工的激励和培养、对人力资源的开发，使员工强化 GMP 意识。把个人责任制与企业产品质量联系在一起，会促进企业 TQM 与 GMP 水平的提高，会使企业产品质量得到提高。

（四）过程方法

将相关的活动和资源作为过程进行管理，可以更高效地得到期望的结果。2000 年版 ISO 9000 国际标准特别强调了质量管理原则中的过程方法。任何使用资源将输入转换为输出的活动或一组活动都可视为过程。通常，一个过程的输出将直接成为下一个过程的输入。制药企业的 GMP 诸要素如原辅料、包装材料的采购、接收、检验、评价，生产、包装、中间产品、产品检验，物料、产品的保存、评价和销售等环节，都必须把好质量关，才能保证产品的质量符合规定要求。

（五）管理的系统方法

识别、理解和管理作为体系中相互关联的过程，有助于组织实现其目标的效率和有效性。制药企业质量管理体系的核心内容是 GMP，GMP 体现了制药企业质量管理体系的灵魂。通过 GMP 认证，可确认制药企业是否建立了质量管理体系。制药企业构造这样一个体系，可以用最有效的方式实现组织的质量目标。制药企业内的管理体系包括质量管理体系、环境管理体系、财务管理体系。

（六）持续改进

组织总体业绩的持续改进应是组织的一个永恒的目标。制药企业要把产品、过程和体系的持续改进作为组织内每个成员的目标，为员工提供持续的改进方法和培训，在组织内应用始终如一的方法来持续改进组织的业绩，以质量求生存，向管理要效益。

（七）基于事实的决策方法

有效决策是建立在数据和信息分析基础上的。制药企业质量管理体系的有效性之一，表现为数据的准确和信息流的畅通。要确保数据和信息充分可靠，并采用正确的方法分析数据和信息。根据对事实的分析，加上经验和直觉判断，作出决策和采取行动。制药企业发展的关键是决策，决策要有明确的目标，目标之一是药品的高质量。制药企业除了管理决策（如 GMP 规定的质量否决权）、业务决策（如确定销售的目标市场）之外，重要的是战略决策。

（八）互利的供方关系

组织与其供方是相互依存的，互利的关系可增强双方创造价值的能力。我国 GMP 规定，质量管理部门应会同有关部门对主要物料供应商的质量体系进行评估。以质量体系评估或审核为纽带，建立起在对短期的收益和长期的利益综合平衡基础上的相互关系，与伙伴共享经验和资源，共享信息和对未来的计划，可以优化成本和资源，针对市场或顾客的需求和期望的变化，联合做出灵活快速的反应，增强双方创造价值的能力。

总之，我国制药企业面对市场经济的发展，应根据自身的实际情况，把质量管理原则运用到实施 GMP 的过程中，并作为建立本企业质量管理体系的基础。

👁 看一看

2016 年，国家食品药品监督管理总局（以下简称总局）对涉及 19 个国家的进口国内药品进行了境外生产现场核查。涉及化学药品 40 个，包括注射剂、固体制剂、植入剂、鼻喷剂等，其中含生化药 3 个，延伸检查原料药 6 个，疫苗、血液制品、治疗用生物制品 11 个，植物药 4 个。检查共发现缺陷 117 项，其中严重缺陷 3 项，主要缺陷 18 项。

问题主要集中在质量控制与质量保证、物料系统、变更管理等方面。严重缺陷主要为生产工艺一致性以及数据可靠性问题；实际生产工艺、生产场地等与注册申报不一致，重大变更等情况未向我国有关部门进行申报却已执行；数据可靠性存在重大问题，严重影响产品质量等。

根据处理进度不同，2016 年总局先后做出了停止进口递法明片、脑蛋白水解物注射液、救心丸、细菌溶解物、头孢泊肟酯等产品的决定。此外，有 8 个品种的境外生产企业获知需要接受中国监管部门的检查，退出了中国市场或不再办理注册申请。

三、质量管理的发展

国家标准对质量定义为一组固有特性满足要求的程度。更流行、更通俗的定义是从用户的角度去定义质量：质量是用户对一个产品（包括相关的服务）满足程度的度量。质量是产品或服务的生命，质量受企业生产经营管理活动中多种因素的影响，是企业各项工作的综合反映。要保证和提高产品质量，必须对影响质量各种因素进行全面而系统的管理。但人类对质量与质量管理的认识，并不是一蹴而就，而是一个由初级到高级、不断发展的过程。质量管理的发展经历了以下三个主要阶段。

（一）质量检验阶段

质量检验阶段属于质量管理的最初阶段，在这一阶段，人们对质量管理的概念还仅限于质量的检验。根据质量把关责任人的不同，又分为三个阶段：①生产操作人的质量管理。也就是说生产者生产的产品质量的优劣，基本都是靠生产者本人的技术水平和经验自行进行判断，企业里一般也没有专门的质量检验人员或管理人员。②检验者的质量管理。20 世纪初，由于工业化革命的兴起，人类生产力水平发生质的飞跃，产品数量激增，生产者已经没有能力或精力来进行产品质量的判别，这样，就从生产者中分离出一批人，专门进行质量检验工作，于是人类质量管理进入"检验者的质量管理阶段"。这个时候，质量管理的主要着眼点通常是"进行百分之一百的检验"来确保产品质量。③统计质量控制阶段。20 世纪 20 年代，由于生产力的巨大提高，产品的数量越来越多，进行百分之一百的检验变得十分烦琐，由于检验具有的"破坏性和滞后性"等特点，使得很多产品进行这样的检验有时甚至不可能进行，比如药品等。于是开始强调统计管理技术的应用，通过有规律的"取样和抽样"来判断产品的质量情况，这一段时期又被称为"基于统计学的检验者的质量管理阶段"。将数理统计的方法用于质量管理中，这无疑是一个巨大的发展和进步。

（二）全面质量管理阶段

20 世纪 50 年代后，人们发现对那些质量必须百分之一百符合要求的、否则就会产生严重不良后果的产品，如药品等，如果只凭统计质量检验也难以满足这些产品的质量要求。1961 年，美国通用电气公司质量经理菲根堡姆（A. V. Feigenbaum）发表了《全面质量管理》一书，在该书中，菲根堡姆认为，全面质量管理是为了能够在最经济的水平上，考虑到充分满足用户需求的条件下进行市场研究、设计、生产和服务，把企业各部门的设计质量、过程控制质量和质量改进等活动构成一体的有效体系。简而言之，就是产品质量的评价不仅来自最后的检验手段或检验方法的优劣，同时来自市场调研、设计开发、生产控制及物流等产品制造的所有环节。因此，有必要建立一个和各部门管理水平密切相关的质量管理体系，以真正保证和提高产品质量。结果来自过程，一个产品生产的每一个过程必然都会对产品的质量造成影响，而要保证和提高产品质量就必然需要从产品生产的所有环节和过程去考虑。全面质量管理思想的提出，为质量管理的系统化、科学化提供了指南和依据，对现代质量管理的发展产生了深远的影响。全面质量管理经过几十年的发展，融合了其他现代质量管理思想的精华，已形成了一个比较严密且完整的质量学说体系，目前已经成为全球通用的质量管理模式。

（三）标准化全面质量管理阶段

由于人类社会发展的不断进步，人类沟通中的不断交流和融合，全面质量管理也面临着新的问题。比如，全面质量管理虽然强调"全过程、全方位、全员"进行控制，对产品生产所涉及的硬件、软件、人员和工作现场（流程）这些要素进行全面管理，但对这些要素管理的标准是什么？尤其对于药品这类重要的产品，这个问题就显得非常重要，因此，"标准化全面质量管理"时代悄然到来，在现代化生产中，标准化是实行全面质量管理，稳定提高产品质量的重要保证。企业要加强质量管理，就需要对生产经营过程中的各个环节，通过技术标准、管理标准和工作标准的形式为企业管理的全过程提供控制依据，使企业管理有法可依，实现从"人治"向"法治"的转变。因此，产品标准是否先进、合理及能否在生产实践中正确地贯彻，都会直接影响产品质量。企业只有积极采取国内外先进标准，做到"不合乎标准的原料不投产，不合乎标准的半成品不深加工，不合乎标准的产品不出厂"，才能确保产品质量，使企业生产出更多优质产品，同时揭示出产品质量的差距，使企业及时采取措施消除影响产品质量的因素，促进产品质量的不断提高。

GMP 就是药品生产全面质量管理标准化的产物，是标准化全面质量管理在医药行业的具体体现。因此，全面质量管理在药品生产过程中的应用，必须贯彻 GMP 标准，使得全面质量管理更加生动，更加实用，切合药品生产与质量管理的实际需要。

四、全面质量管理简介

（一）全面质量管理的概念

全面质量管理（total quality management，TQM）是质量管理经历了质量检验阶段和统计质量管理阶段后发展的产物，是指以企业为主体，建立质量体系把全体员工组织起来，综合运用管理技术、专业技术与现代化管理方法，努力控制各种因素，提高商品、工作服务管理水平，把企业内各部门的研制质量、维持质量和提高质量的活动构成一体的一种有效体系，以最经济的手段，为用户提供满意的商品和服务，并取得良好的社会和经济效益的全企业、全员、全过程的科学质量管理活动。TQM 的基本核心是强调员工的工作质量，保证工序质量，以工序质量保证产品质量，达到全面提高企业和社会效益的目的。TQM 的意义是提高产品质量、改善产品设计、优化生产流程、鼓舞员工的士气和增强质量意识、改进产品售后服务、提高产品市场的接受程度、降低经营质量成本、减少经营亏损、降低现场维修成本和减少责任事故。

实施 GMP 是药品生产企业推行 TQM 的具体标准和措施。药品如果只按照质量标准检验合格，并不能完全、客观地反映药品生产的全过程，而且，对于药品生产企业，生产过程是一个连续的生产过程，质量检验是不可逆的，一旦发现原料、辅料、半成品、成品不合格，往往会造成很大的浪费，所以单靠原料、辅料、半成品、成品的终端控制是远远不够的，需要运用全面质量管理的思想进行生产全过程的控制。只有生产过程控制在稳定状态下，才能保证物料进入制造阶段、半成品流入下道工序、成品进入市场最大限度地保证成品合格，尽可能地减少资源浪费。药品生产企业只有从原料采购、入库开始，一直到制造、成品出厂全过程实施 GMP 管理，药品的质量才能真正得到保证。因此，必须制定原辅料、包装材料、中间体（半成品）、成品质量标准（包括法定标准和企业内控标准），建立原辅材料生产企业质量审计和进厂验收等制度，对工艺用水、生产环境监测制定相应的标准，制定和完善产品工艺规程和岗位操作规程，健全工艺卫生管理制度、留样观察制度、用户访问制度等各项管理制度，并相应建立各项记录。生产管理、质量管理、物流管理与工程维护等部门应分别对自身系统内的各控制环节进行全面检查，不断发现问题，不断持续改进，才能全面提高产品质量。

（二）全面质量管理的主要内容

1. TQM 的中心思想

（1）全面的质量　包括产品质量、服务质量、成本质量。

（2）全过程的质量　质量贯穿于生产的全过程，工作质量决定产品质量。

（3）全员参与的管理　强调全员参与质量把关。

（4）全方位的质量　目的是建立一套完善的质量保证体系。

2. TQM 的特点

（1）一切为用户着想　"质量第一"的思想。

（2）一切以预防为主　产品质量是设计和生产出来的。

（3）一切用数据说话　统计的方法处理数据。

（4）"一切按 P（plan）、D（do）、C（check）、A（action）办事"

这四条即所谓的"全面质量管理的四个一切"。

3. TQM 的工作方法　主要有 PDCA 循环和质量目标管理。

4. TQM 主要内容的含义　质量控制（quality control）的"质量"并不是"最好"，而是指"最适合于一定顾客的要求"，这些要求是产品的实际用途，产品的售价。"控制"表示一种管理手段，包括四个步骤：①制定质量标准；②评价标准的执行情况；③偏离标准时采取纠正措施；④改善标准的计划。

（1）影响产品质量的因素　可分为两大类：①技术方面，如设施设备、材料工艺等；②人员方面，即操作者、维护和管理人员。在这两类因素中，人是决定性因素。要有效地控制影响产品质量的因素，就必须在生产或服务过程的所有主要阶段加以控制。这些控制就叫质量管理工作（job of quality control），按其性质可分为四类，即新设计控制、进厂材料控制、产品控制和专题研究。质量管理贯穿在工业生产过程的所有阶段，质量管理的基本原理适用于任何制造过程，由于企业行业、规模的不同，方法的使用上略有不同，但基本原理仍然是相同的。方法上的差别可概括为：在大量生产中，质量管理的重点在产品；在单件小批生产中，重点在控制工序。

（2）质量体系的建立　是开展质量管理工作的一种最有效的方法与手段。在组织方面，全面质量管理是管理部门的工具，用来委派产品质量方面的职权和职责，以达到既可免除上层管理部门不必要的日常繁杂事务，又可保留上层管理部门确保质量成果令人满意的手段的目的。质量管理工作必须有上层管理部门的全力支持，企业负责人应当成为企业质量管理工作的"总设计师"。质量管理体系工作包括两个方面：①为有关的全体人员和部门提供产品的质量信息和沟通渠道；②为有关的雇员和部门参与整个质量管理工作提供手段。

值得注意的是，在全面质量管理工作中，无论何时、何处都会用到数理统计方法，但是，数理统计方法只是全面质量管理中的一个内容，它不等于全面质量管理。全面质量管理工作的一个重要特征是从根源控制质量。例如，通过操作者自己衡量成绩来促进和树立他对产品质量的责任感和关心。

（三）标准化

1. 标准化概述 按照我国国家质量管理协会的定义，标准就是对重复性事物和概念所做的统一规定。它以科学技术和实践经验的综合成果为基础，经有关方面协商一致，由主管机构批准，以特定形式发布，作为共同遵守的准则和依据。

标准化是稳定的质量系统的保障，是提高产品质量和发展产品品种的重要手段。企业无论是生产还是评定和检验产品，都必须有一定的标准。产品标准为质量管理提供了目标，同时又起到揭示差距、鞭策后进的作用。一般说来，企业的标准化工作推行得越全面，产品质量的提高和产品品种的发展就越有保证。

企业标准化的对象是企业生产经营活动中存在着的重复性事物和概念，具体包括"物"和"事"两大方面，所谓"物"是指产品、材料、设备和工具等有形的事务；所谓"事"则是指事物的处理方法、工作程序等无形的事物。

企业标准化的基本任务就是结合企业的各项工作，特别是全面质量管理、全面经济核算，通过制定和贯彻标准，使企业的生产、技术、经营活动合理化，改进质量，提高效率，降低成本，以最少的投入实现企业的目标。

2. 标准化的基本原理 在全面质量管理过程中，首先要解决如何对质量要素进行标准化的问题。因此，标准化的原理决定标准化工作的实施。一般说来，标准化的基本原理主要有以下五个方面的内容。

（1）最佳协调原理 实际上就是全面质量管理过程中进行标准化的意义和依据，也就是说，我们必须协调和平衡生产系统、设计系统以及销售系统，使得它们能够按照我们所设计的质量要求生产出符合顾客需求的产品。因此，质量在管理过程中所起的作用是对全过程进行平衡和协调。

（2）简化统一原理 含有高新科技的产品，其意义并不在于产品本身使用过程中的高科技性和复杂性，真正的高科技产品应该能够让顾客使用起来感觉非常简单，完全可以用最简单的操作来取代过去复杂的程序，而达到甚至超过原来的使用效果。这种原则也就是全面质量管理中所提到的标准化的简化统一原理。

（3）分解合成原理 可以用电脑的组装和拆卸过程进行形象的比喻。我们在质量管理过程中将整体的质量分解成独立的质量要素，选择质量要素进行调查、收集和分析数据。当每个独立的质量要素问题都得到解决以后，再将它们进行合成，从而将完整、尽可能完美的产品提供给顾客。因此，分解合成原理实际上为我们提供了一种进行标准化的方法。

（4）优选再现原理 在进行标准化的过程中，优选再现原理是指通过 PDCA 循环工作，一旦解决某一个质量问题后，就需要对所采取的有效措施进行标准化，这是一个优选的过程。优选再现原理必须能够使得这种质量控制方法可以不断得到提高和修订。因此，优选再现原理也为我们提供了一种标准化的方法。

（5）稳定过渡原理 在对原有的质量控制方法不断提高和修订的过程中，一定要学习和吸取前一版质量标准、质量要求和质量管理办法的优点，并在此基础上进行创新。于是便形成了稳定过渡原理。

3. 标准化的形式 从标准化的五个基本原理中，可以清楚地看到标准化的五种形式：简单化、统一化、系统化、通用化以及组合化与模块化。其中，简单化要求将最复杂的东西最简单化，让使用更为方便；统一化要求使质量能有统一的标准可依；系统化、通用化以及组合化与模块化要求质量能够进行分解和组合。

4. 标准的类型　总体上可以划分为三大类：技术标准、管理标准和工作标准。其中，技术标准包括基础标准、产品标准、方法标准、工艺标准、设备标准、安全卫生与环境标准等；管理标准包括管理业务标准、质量管理标准（如 ISO 9000）、程序标准等；工作标准包括专用工作标准、通用工作标准、管理工作标准等。

（四）PDCA 循环及其应用

药品质量是依靠诸多方面的因素来保证的，加强对药品生产过程的科学管理是保证药品质量的重要环节之一。PDCA［plan（计划）、do（实施）、check（检查）和 action（处理）的缩写］循环是美国著名的质量管理专家戴明于 20 世纪 5 年代初提出来的管理理论，故又称戴明环。它是指在一切管理活动中，提高管理质量和效益所进行计划、实施、检查和处理等工作的循环过程。运用 PDCA 循环的原理，加强对生产企业的监督管理，对保障药品质量、提高监管效能具有重要的现实意义。过程管理方法中最完善的是国际标准化组织在所有过程管理中使用的 PDCA 方法模式。"一切按 P、D、C、A 办事"是全面质量管理的基本观点之一。该方法模式本身就是一个从初级向高级循环转动的过程，使一个体系达到对质量的有效管理，获得良好的效率。在药品生产企业中应用 PDCA 方法模式推进质量管理，能更好地实施 GMP。

1. 计划（plan）　包括方针和目标的确定以及活动计划的制订。PDCA 方法的核心是计划。计划在实施、检查和处理阶段有其不同的内涵。把握好计划，就把握了 PDCA 方法的灵魂，其他阶段的工作也就能顺利有效地展开，达到计划要求的结果。针对推行 GMP 实施的计划，首要前提是企业最高管理者对 GMP 充分地理解和掌握，积极参与计划活动。质量管理计划可以涵盖以下内容。

（1）全面分析现状　识别企业特点、运作的主要过程和各关键子过程以及支持性过程，分析这些过程的相互关系和作用。企业建立的质量管理制度，可作为对企业状况进行分析的线索和路径。换言之，经综合分析所识别的企业生产经营特点及过程之间的相互关系则为制定这些管理制度的依据。

（2）设计文件系统　设计不同层次的文件，在质量体系运行中发挥不同的作用。文件可以分为三个层次：①质量方针和质量目标类文件；②标准类文件，包括技术标准、管理标准和工作（操作）标准；③记录（凭证）类文件以及文件管理控制程序。文件应符合国家法律法规及明示规定要求。根据企业的特点制定管理和工作标准性文件和记录（凭证）类文件，强制性法规标准必须直接采用为技术标准性文件，通常记录（凭证）类文件对标准类文件起到支持性作用。最后，不可缺的是要有如何控制文件的程序文件，以确定文件编写、审批、修改、分发、保存、处置等的方式方法。

（3）明确界定职责　质量体系和文件必须注重规定过程的接口关系，妥善界定和分配职责。因为在实施 GMP 时各个过程之间的关系作用纵横交错，如不能清晰地加以区别和规定，会使各部门和人员的职责不明，进而影响体系运作的有效性和效率。实践中要注意根据实际操作情况适时对文件给予评审和修订。

（4）建立质量体系　应考虑与企业原有的其他管理体系的相容性。避免将各种管理体系简单重叠而造成效率下降，甚至是负效率。建议编写文件采用"自下而上"的方法，以确保文件能反映过程特点，增强文件的可操作性。建立质量体系时进行资源配置还应关注成本因素。GMP 要求的基本硬件、软件配置必须给予满足，切不可因节约而达不到规范的要求。

2. 实施（do）　具体运作实现计划中的内容。当总体质量体系计划完毕，形成文件后，则进入实施阶段。首先应组织员工对体系文件学习理解，培训各相关岗位人员，研究分析实施过程中不可预见因素，以及确定对突发性事件将采取的应变措施等。按循序渐进的原则推进实施，对药品生产、储存、销售以及相关的资源和活动均加以控制。实施过程必须有良好的沟通、交流和信息反馈渠道，以便企业的最高领导者和有关员工都能及时知晓体系的建立和运行状况，确保实施顺利进行。

3. 检查（check） 总结执行计划的结果，分清对、错，明确效果，找出问题。检查环节的重要性体现在为质量体系提供的自我完善、持续改进的机制。检查除对产品检验，还包括对人员、质量体系运作情况和各项改进措施的评价、审核和验证等，是推动 PDCA 方法不断向前转动的重要环节。应做好如下工作。

（1）检查计划 主要包括体系、人员和措施，确定检查的准则、方法以及检查的实施方案。检查准则为相关的要求，如规范、法规、体系文件，包括顾客的要求。检查方法包括查（记录、档案）、问（与当事负责人交谈）、看（实际操作情况）、收集客观证据，并将其与检查准则对比评价，以获得检查结果。

（2）体系运行状况的检查 企业最高管理层应每年至少进行一次企业质量体系评审。由各部门准备相关的体系运行情况资料，参加评审会议。对照检查准则评价体系运行是否符合规范要求，是否适合企业运作，是否具备有效性和效率，提出改进的建议和意见，形成决定落实实施。

（3）人员的检查 根据 GMP 对企业各层次、各岗位的学历、技能、经验等方面的要求进行人员考核。检查培训计划有否制订和实施，以及培训记录的情况审核，评价培训效果，跟踪验证受训人员在岗位的能力状况改善的结果。有条件的企业应结合对员工绩效的管理考核，实施对 GMP 人员的检查。人事教育部门与业务部门和其他职能管理部门共同确定岗位的工作要求，评定考核准则、员工岗位工作绩效记录和评价方式。通过绩效的管理必能达到提高效率的目的。

4. 处理（action）

（1）行动或处理 对总结检查的结果进行处理，对成功的经验加以肯定，并予以标准化或制定作业指导书，便于以后工作时遵循，对于失败的教训也要总结，以免重现。处理既是 PDCA 方法中的最后一环，亦是启动下一轮 PDCA 转动的一环。通常根据检查环节中发现的问题，确定处理的方式和应采取的措施。但在 GMP 的质量体系建立和实施之初，有些症结在各部门运行过程中已表现出来，遇到这样的情况相关部门应及时采取措施加以解决，而不要等下一轮检查再处理。

（2）处理方法 对在检查或其他环节发现的问题分析查找原因，特别是查找潜在的、将来可能产生严重问题的原因。为能准确找到真正的原因所在，有必要使用数理统计技术，确定改进和预防问题发生的措施和措施执行的跟踪验证。

（3）评审 实施措施前，需对措施进行评审，确定是否有必要采取这些措施，以及措施实施将会给体系的其他程序带来的相关影响。除符合规范和各种相关要求之外，还应与措施所针对的问题的影响相适应。例如，质量问题的不良影响已达企业外部，其措施就必须有达到消除不良影响的能力，才能称之为相适应。

（4）验证 措施的实施应进行验证。实施改进措施，实际上已使原体系提升了一个台阶，而验证工作则是体系在新台阶运行状况的分析，为下一个循环的计划提供依据。药品生产企业推行 GMP 是一项复杂的系统工程，企业可以通过 PDCA 方法，使质量管理工作更上一层楼。

5. 质量目标管理 目标管理一种管理模式，它是根据注重结果的思想，先由组织最高管理者提出组织在一定时期的总目标，然后由组织内各部门及全体员工根据总目标确定各自的分目标，并在获得适当资源配置和授权的前提下积极主动地为各自的分目标而奋斗，从而使组织的总目标得以实现的一种管理模式。目标管理模式的实施可分为四个阶段：确定总体目标，目标分解，资源配置，检查和反馈。目标管理模式的优点非常显著。首先，它使组织的运作有了明确的方向，使每个人都明确了努力的目标；其次，促使权力下放，强调员工自我控制，可以充分激发员工的积极性；再次，它为业绩的检查反馈和效果评价提供了更为客观的基础。

（1）质量目标管理的概念 质量目标管理是一种程序和过程，按照 PDCA 程序，通过企业中的上级和下级一起商定组织的共同目标来决定上下级的责任和分目标，并以此作为评估和奖励每个层次与个人贡献的标准。质量目标管理也是一种管理思想和法则，它强调以人为本，"千斤重担人人挑"，采取一系列有效的方法和手段，完成策划的目标，并评价和寻找改进的时机，以达成并推进目标的管理。

（2）质量目标的制定　企业质量目标是企业在质量方面追求的目的。企业质量目标的建立为企业全体员工提供了其在质量方面关注的焦点，同时，质量目标可以帮助企业有目的地、合理地分配和利用资源。一个切合实际的质量目标可以激发员工的工作热情，引导员工自发地努力为实现企业的总体目标做出贡献，对提高产品质量、改进作业效果有其他激励方式不可替代的作用。那么，如何制定企业的质量目标呢？

首先，企业质量目标应分阶段制定，分为中长期质量目标及年度（季度、月度、周等）质量目标。企业各层次应依照企业的中长期质量目标和年度（季度、月度、周等）质量目标，制定本层次相应阶段的分解质量目标，企业内各层次相应阶段的分解质量目标值应不低于企业的质量目标要求。

其次，企业各阶段质量目标都应包括总体质量目标和各层次的分解质量目标。质量目标制定的基本原则如下。

1）质量目标应根据企业的质量方针制定。

2）质量目标应在分析当前主要质量问题的基础上制定，应根据企业当前的实际情况，选择重点、关键项目作为质量目标。质量目标的内容可包括：①产品要求，即体现产品的固有特性（如物质的、感官的、行为的、时间的、工效的、功能的特性）和产品的赋予特性；②满足产品要求所需的内容，即满足产品要求所需的资源、过程、文件和活动等；③质量目标应包括对持续改进的承诺，体现分阶段实现的原则。企业应根据行业的特点、产品和服务的特点、自身的特点确定质量目标的内容。

3）质量目标应能够具体量化，应设立可测量的质量目标值。质量目标应明确指标如何采集、数据如何处理、计算的公式、考核的频次等。质量目标应尽可能量化，让员工明确质量控制必须达到的程度，为员工提供自我控制质量的依据，为组织、层次、个人评判业绩提供标准。

4）质量目标应略高于现有水平，并确认经努力后可实现。质量目标值原则上应是经过员工努力之后可以达到的数值。质量目标既不能高不可攀、好高骛远和脱离实际，也不能唾手可得、失去对员工的激励作用和背离企业的发展需要。企业应制定适宜的、有挑战性的质量目标，不断激励员工的积极性和创造性，满足企业与时俱进的发展要求。

5）质量目标应兼顾企业的长远考虑和当前需要、企业利益与社会效益、企业发展与员工发展。质量目标不能片面化，而应综合平衡各方面愿景、考虑和利益。只有全面的质量目标才会得到各方面的拥护和支持，才能使员工团结一致、共同努力。只有这样的质量目标，企业才有生命力，也只有全面的质量目标，才能真正地引导企业走向卓越。

（3）质量目标制定的依据　应包括（但不限于）以下几个方面：①顾客需要和市场情况；②企业对顾客、对社会的承诺；③法律法规的要求；④本行业市场竞争对手的情况；⑤与本行业有关的社会经济发展动向和政府宏观政策调整；⑥企业中长期发展规划和经营目标；⑦企业质量方针；⑧企业管理评审的结果；⑨企业上一年度末实现的质量目标及存在的问题。

6. 质量目标制定的步骤　一般来说，质量目标制定有如下几个步骤。

（1）找出组织质量工作目前需关注的关键问题。通过对市场调查、管理评审、围绕质量工作难点问题的统计分析，明确组织与先进企业、顾客的需求等方面存在的差距和不足，找出对质量方针有重大影响的关键事项，也可以通过质量审核的结果。不合格出现的情况、纠正或预防措施等来发现问题。

（2）对关键事项进行分析，确定问题的范围分析对关键事项影响重大的因素，并充分考虑其资源、人员等配置情况，考虑其对企业的影响程度，根据这些影响因素来确定质量目标的范围。

（3）由企业存在的问题引出质量目标。根据企业存在问题制定的质量目标应具有针对性和挑战性，并且在实施过程中具有可操作性。例如，发现产品的合格率较低，可以产生一个新的合格率水平控制点；发现企业质量损失率太高，可以制定一个新的质量损失率控制标准。

（4）可由质量管理部门根据质量目标建立原则，提出多个质量目标备选方案，通过高层领导讨论后确定企业的最终质量目标。

有的企业分两步制定质量目标：第一，每阶段终期由企业各层次统计、检查本阶段该层次分解质量目标实现情况，并制定下一阶段的分解质量目标，完成分解质量目标报告提交企业质量目标制定部门。第二，企业质量目标制定部门在整理汇总企业各层次分解质量目标报告后，提出下一阶段的质量目标草案，组织企业各层次进行评审和确认，形成企业下一阶段总体质量目标。

7. 质量目标的修改　当实现质量目标的主、客观条件发生变化，导致原质量目标无法实现时，企业应对质量目标做出修改。具体情形包括（但不限于）：①质量目标存在不合理性或质量目标已实现，需制定新的质量目标；②企业组织机构发生重大变动；③与质量目标相关的法律、法规和其他要求发生变化；④相关方提出特殊要求。

练一练

PDCA 循环方法的核心是（　　）。

A. 计划（plan）　　　　　　　　B. 实施（do）

C. 检查（check）　　　　　　　　D. 处理（action）

任务 2　质量保证与质量控制

一、质量保证

（一）质量保证的定义

质量保证就是为使产品或服务符合规定的质量要求，并提供足够的置信度所必须进行的一切有计划、系统的活动。质量保证也可以理解为使人们确信某一产品、过程或服务的质量所必需的全部有计划有组织的活动。也可以说是为了提供信任，表明实体能够满足质量要求，而在质量体系中实施并根据需要进行证实的全部有计划、有系统的活动。

药品质量保证就是按照一定的标准生产产品的承诺、规范、标准，由国家药品监管部门提供药品质量技术标准和药品生产过程标准如 GMP，当然客户也可以提供类似的标准，药品生产企业按照标准组织生产药品，药品监管部门和客户对产品进行必要的检验，对生产现场进行必要的考察，以保证产品的质量符合社会大众的要求。

为使药品监管部门和客户确信企业能满足质量要求，而在质量体系中实施并根据需要进行证实的全部有计划、有系统的活动，称为质量保证。显然，质量保证一般适用于有合同的场合，其主要目的是使用户确信产品或服务能满足规定的质量要求。如果给定的质量要求不能完全反映用户的需要，则质量保证也不可能完善。

质量保证分为内部质量保证和外部质量保证，内部质量保证是企业管理的一种手段，目的是为了取得企业领导的信任。外部质量保证是在合同环境中，供方取信于需方信任的一种手段。因此，质量保证的内容绝非单纯的保证质量，而更重要的是通过对那些影响质量的质量体系要素进行一系列有计划、有组织的评价活动，为取得企业领导和客户的信任而提出充分可靠的证据。

（二）质量保证与质量控制和 GMP 的关系

质量保证是一个广义的概念，包括影响产品质量的所有个别或综合因素，指为确保产品符合预定质量要求而采取的所有计划与活动的总和。因此，质量保证包含 GMP 以及 GMP 以外的其他要素，如产品的设计和开发等。

质量管理确保方针得以贯彻，质量保证定义保证质量的总方针，GMP 是质量保证的一部分，质量控制又是 GMP 的一部分，主要根据标准对环境、设施、原辅料、产品进行检验。由此可见，质量保证包含质量控制，此外，质量保证还包括质量策划和质量改进。质量控制的责任是为质量保证提供法律依据和技术支持，着眼于影响产品质量的过程控制，其工作重点在产品；而质量保证则着眼于整个质量体系，是系统提供证据从而取得信任的活动。两者都以保证质量为前提。没有质量控制就谈不上质量保证；反之，质量保证能更有效地促进质量控制。质量保证包容了质量控制，质量控制是质量保证的基础，质量保证是质量管理的精髓。质量保证是对所有有关方面提供证据的活动，这些证据是为了确立内部和外部信任所需要的，表明质量职能在贯彻。

1. 质量保证系统的目的　对于药品生产企业和 GMP，其质量保证系统应当确保以下几方面。

（1）药品的设计与研发体现 GMP 的要求。

（2）生产管理和质量控制活动符合 GMP 的要求。

（3）管理职责明确。

（4）采购和使用的原辅料和包装材料正确无误。

（5）中间产品得到有效控制。

（6）确认、验证的实施。

（7）严格按照规程进行生产、检查、检验和复核。

（8）每批产品经质量受权人批准后方可放行。

（9）在贮存、发运和随后的各种操作过程中有保证药品质量的适当措施。

（10）按照自检操作规程，定期检查评估质量保证系统的有效性和适用性。

2. 质量保证系统的基本要求　GMP 中规定质量保证系统对药品生产质量管理的基本要求包括以下几方面。

（1）制定生产工艺，系统地回顾并证明其可持续稳定地生产出符合要求的产品。

（2）生产工艺及其重大变更均经过验证。

（3）配备所需的资源，至少包括：具有适当的资质并经培训合格的人员；足够的厂房和空间；适用的设备和维修保障；正确的原辅料、包装材料和标签；经批准的工艺规程和操作规程；适当的贮运条件。

（4）应当使用准确、易懂的语言制定操作规程。

（5）操作人员经过培训，能够按照操作规程正确操作。

（6）生产全过程应当有记录，偏差均经过调查并记录。

（7）批记录和发运记录应当能够追溯批产品的完整历史，并妥善保存、便于查阅。

（8）降低药品发运过程中的质量风险。

（9）建立药品召回系统，确保能够召回任何一批已发运销售的产品。

（10）调查导致药品投诉和质量缺陷的原因，并采取措施，防止类似质量缺陷再次发生。

二、质量控制

(一) 质量控制的概念与分类

质量控制 (QC) 是质量管理的一部分,致力于满足质量要求。世界卫生组织 GMP 指出,质量控制是 GMP 的一部分,它涉及取样、质量标准、检验以及组织机构、文件系统和产品的放行程序等。质量控制旨在确保所有必要的检验都已完成,而且所有物料或产品只有经认定其质量符合要求后方可发放使用或发放上市。质量控制不仅仅局限于实验室内的检验,它必须涉及影响产品质量的所有决定。质量控制独立于生产是非常重要的。

现代质量工程技术把质量控制划分为若干阶段,在产品开发设计阶段的质量控制叫作质量设计;在制造中需要对生产过程进行监测,该阶段称为质量监控阶段;以抽样检验控制质量是传统的质量控制,被称为事后质量控制。在上述若干阶段中,最重要的是质量设计,其次是质量监控,再次是事后质量控制。对于质量水平较低的生产工序,事后检验是不可少的,但质量控制应从源头治理,预防越早,效果越好。事后检验控制要逐渐取消,事实上一些发达国家中的企业已经取消了事后检验。综上所述,过程监控是产品质量一个源头控制质量的关键。要保证产品质量,必须加强对生产过程的质量进行控制。质量控制是为了达到质量要求所采取的作业技术和活动。其目的是监视过程并排除质量环所有阶段中导致不满意的因素,以此来确保产品质量。无论是中间产品还是最终产品,它们的质量都可以用质量特性围绕设计目标值波动的大小来描述。波动越小,则质量水平越高。当每个质量特性值都达到设计目标值,即波动为零时,表明该产品的质量达到最高水平,但实际上这是不可能的。所以我们必须进行生产过程质量控制,最大限度地减少波动。

对于药品生产企业,质量控制是 GMP 的一部分,涉及药品生产的整个过程的控制,从所用物料的购入、储存、发放到中间产品和成品,从设备的安装、维修、保养到各项卫生管理制度,从产品生产到产品销售与收回,从程序执行到各种记录形成,必须全面符合 GMP 的要求,质量控制主要包括内部控制和外部控制。外部控制是指 QA 和 QC 指定专人定期对原料生产、供应商进行审核,制定审核的质量标准。购入原料前,QC 应按原料药质量标准对样品进行检验。原料购入后进行验收,抽样再进行检验,以确保所有指标和生产、供应商提供的质量证书相一致。按规定条件储存保管,并留出一部分作保留样。应按照储存条件的质量标准,对原料的质量稳定性进行评估,为确定原料贮存期、药品有效期提供数据。建立各种原料药的档案,所有文件应留档备查。内部控制指 QA 负责检查各级部门日常各项记录,包括:物料验收、生产操作、检验、发放、成品销售和用户投诉等的记录;厂房、设施和设备的使用、维护、保养、检修等的记录,发现问题,及时展开调查,部门负责人应协助 QA 的调查,详细记录调查过程和结果并采取必要措施,防止类似问题的再次发生。

(二) GMP 对质量控制的要求

对于药品生产企业、应结合质量控制的功能与实施的程序,GMP 对质量控制的要求如下。

1. 应当配备适当的设施、设备、仪器和经过培训的人员,有效、可靠地完成所有质量控制的相关活动。

2. 应当有批准的操作规程,用于原辅料、包装材料,中间产品、待包装产品和成品的取样、检查、检验以及产品的稳定性考察,必要时进行环境监测,以确保符合本规范的要求。

3. 由经授权的人员按照规定的方法对原辅料、包装材料、中间产品、待包装产品和成品取样。

4. 检验方法应当经过验证或确认。

5. 取样、检查、检验应当有记录,偏差应当经过调查并记录。

6. 物料、中间产品、待包装产品和成品必须按照质量标准进行检查和检验,并有记录。

7. 物料和最终包装的成品应当有足够的留样，以备必要的检查或检验；除最终包装容器过大的成品外，成品的留样包装应当与最终包装相同。

总的来说，质量控制的职责还包括：制订、验证和实施所有质量控制规程，评价、维护和保存对照品/标准品，确保物料和产品容器上的标示正确无误，监测活性药物成分和产品的稳定性，参与产品质量的调查，以及参加环境监测活动等。所有这些活动都应按照既定的书面规程进行；必要时，应予以记录。

? 想一想

质量保证（QA）与质量控制（QC）的区别有哪些？

任务3　质量风险管理

一、质量风险管理的定义

质量风险管理是在整个产品生命周期中采用前瞻或回顾的方式，对质量风险进行评估、控制、沟通、审核的系统化过程。质量风险管理贯穿于整个产品生命周期，正在成为一个有效的质量体系的重要组成部分。

在质量体系中，质量风险管理是一种以科学为基础，并且切合实际的决策的过程。有效的质量风险管理能使所做的决策更全面、合理，同时能证明企业的风险处理能力，有助于管理部门监督的深度和广度。质量风险也有助于各利益相关者更好地利用资源。

二、质量风险管理的目的

质量风险管理的目的即目标，旨在提供证据信息的识别风险，为消除和降低风险提供有效的方法，从而达到可接受水平，主要包括：①认识风险及其对药品生产管理与质量控制的潜在影响；②识别引发风险的主要因素、系统及企业的薄弱环节；③有利于正确选择消除和降低风险的应对措施；④建立风险优先控制处理顺序；⑤通过调查，采取纠正和预防偏差的措施进行防范；⑥满足监管要求。

三、质量风险管理的特点

质量风险管理具有以下特点：①不确定性；②突发性；③复杂性；④危害性；⑤可检测性；⑥管理决策主观性；⑦相关利益者影响性；⑧人文环境依赖性。在质量风险管理中，了解质量风险管理的特点至关重要，可助于正确使用评估方法，从而采取更好的控制方法，以消除或降低风险。

四、质量风险管理的意义

实施质量风险管理对企业生存和发展具有深远的意义，主要包括以下几点：①提高风险管理意识，有效配置和使用风险管理资源；②实施主动性、前瞻性的管理，改善内部管理和控制；③改进对威胁和机会的识别；④促使企业的生产管理和质量控制达到合规性、严谨性；⑤避免或减少损失，改善资金状况和财务报告；⑥提高安全、环保、职业健康水平；⑦提高利益相关者对企业的信心；⑧提高企业的学习能力；⑨增强企业的生存和持续发展能力。

五、质量风险管理的原则

质量风险管理体现企业的质量风险承受度，应遵循的主原则包括：①质量风险评估要以科学知识为基础，最终目的在于降低质量风险。②质量风险管理程序的实施力度、形式和文件的要求应科学、合理，并与存在风险的级别相适应。

六、质量风险管理的流程

风险管理流程包括风险评估、风险控制、风险沟通、风险审核。

质量风险管理应解决五方面的问题：哪些可能会出现风险？出现风险的可能性有多大？危害或损失如何？是否与利益相关方沟通？有无控制和防范措施？质量风险管理流程如图5-1。

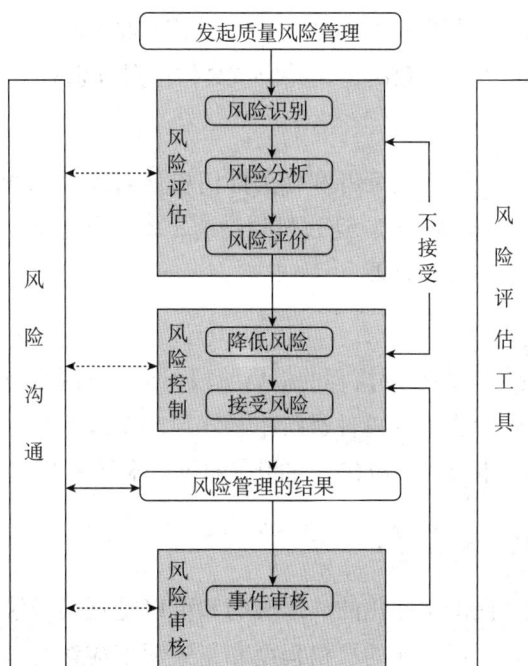

图5-1　质量风险管理流程

（一）风险评估

风险评估（risk assessment）是风险管理过程的第一步，包括风险识别（risk identification）、风险分析（risk analysis）和风险评价（risk evaluation）三个部分。

1. 风险识别　其内容包括：确定事件并启动质量风险管理；确定风险评估的问题；收集和组织信息。

在此阶段应清楚地确定风险问题或事件对质量风险管理的结果有很重要的影响。通常需要考虑的风险包括对患者的风险、产品不符合标准要求的风险、法规不符合的风险等。在此阶段还需收集背景信息并确定质量风险管理项目小组人员及资源配置等。用于识别风险的信息可以包括历史数据、理论分析、成型的意见以及影响决策的一些利害关系等。

2. 风险分析　对已经被识别的风险及其问题进行分析，进而确认将会出现问题的可能性有多大，出现的问题是否能够被及时发现以及造成的后果。通过分析每个风险的严重性和发生的可能性，对风险进行深入的描述，然后在风险评估中综合上述因素确认一个风险的等级。

3. 风险评价　应用风险评估的工具进行风险评价，风险评价可以确定风险的严重性，将已识别和分析的风险与预先确定的可接受标准比较。可以应用定性和定量的方式确定风险的严重性。风险评估的结果可以表示为总体的风险值，例如：定量地表示为具体的数字，如 0 ~ 10 （或 0% ~ 100%）；或定性地表示为风险的范围，如高、中、低。

（二）风险控制

风险控制（risk control）的目的是将分析降低到一个可以接受的水平。风险控制的实施一般包括降低风险（risk reduction）和接受风险（risk acceptance）两个部分。

1. 降低风险 确定降低风险的方法。当风险超过可接受的水平时，降低风险将致力于减少或避免风险。包括采取行动降低风险的严重性或风险发生的可能性；应用一些方法和程序提高鉴别风险的能力。需要注意的是，降低风险的一些方法可能使系统引入新的风险或显著提高其他已存在的风险，因此风险评估必须重复进行以确定和评估风险的可能的变化。

2. 接受风险 即确定可接受的风险的最低限度，设计理想的风险沟通和审核策略来降低风险至可接受的水平，这个可接受水平由许多参数决定，并应该具体情况分别对待。

（三）风险沟通

在风险管理程序实施的各个阶段，决策者和相关部门应该对流程和管理方面的信息进行交换和共享，即进行风险沟通（risk communication）。通过风险沟通，能够促进风险管理的实施，使各方掌握更全面的信息，从而调整或改进措施及其效果。

（四）风险审核

风险审核（risk review）是在风险管理流程的最后阶段，应对风险管理程序的结果进行审核，尤其是对那些可能会影响原先质量管理决策的事件进行审核。风险管理是一个持续性的质量管理程序，应当建立阶段性的审核检查机制，审核频率应建立在相应的风险水平之上。

七、质量风险管理的方法与工具

质量风险管理工具可以通过提供文件化的、透明的和可以重现的方法来进行质量风险管理并提供科学实用的决策依据。质量风险管理实施的严格程度和正式程度应该与所处理问题的复杂性和严重性相一致，对于比较复杂或关键的问题，应考虑使用下面列举的一些标准的风险管理工具来实施质量风险管理。这些风险管理工具可以被认为是思考风险的方法，在运用中我们可以灵活借鉴或结合各种工具的优点，不应局限于某种思维方式，从而帮助我们更全面地审查风险。

（一）基本风险管理方法

一些简单的方法常被用于建立风险管理结构，通过组织数据来促进分析和决策，常用的简易方法有流程图、检查表、过程图、因果分析图等。

（二）非正式的风险管理方法

制药企业常常会使用经验化的方法对风险进行评估和管理，比如基于各种现象、趋势和其他信息的总结。这些方法也能够提供有用的信息来支持，如投诉、质量缺陷、偏差和资源分配的处理。

（三）危害分析和关键控制点

危害分析和关键控制点（Hazard Analysis and Critical Control Points, HACCP）是一个系统性的、主动预防性的方法，用于保证产品质量的可靠性和安全性，它结构化地运用技术和科学原理去分析、评估、预防和控制产品生命周期中的风险或危害。危害分析和关键控制点包括如下 7 个步骤。

1. 进行危害分析并确定流程中每个步骤中的预防措施。

2. 确定关键控制点。

3. 确定关键控制限度。

4. 建立关键控制点的监控系统。

5. 制定当监控系统显示关键点失控时所采取的纠正措施。

6. 建立用于证明危害分析和关键控制点系统有效运行的确认系统。

7. 建立记录保存系统。

HACCP 可能会被用于确定和管理物理、化学以及生物危害（包括微生物污染）相关的风险。当产品和工艺理解是足够广泛的、能支持关键控制点的确定时，则 HACCP 是非常有用的。HACCP 分析的输出结果是一风险管理工具，它便于对生产过程中关键控制点进行监控。

（四）危害和可操作性分析

危害和可操作性分析（Hazard and Operability Study，HAZOP）有其理论基础，即假定风险是由设计或操作意图的偏差所引起的。它是一个使用"引导词"来标识风险的系统创意群思技术。"引导词"（没有、更多、而不是、部分等）被用于相关参数（污染、温度等）以帮助标明可能的使用偏差或设计意图偏差。HAZOP 经常会组织一个团队，团队成员的专业知识涵盖工艺或产品设计及其应用。

HAZOP 可被用于原料药或制剂的生产工艺、设备和厂房，同时被制药企业用于工艺安全危害的评估。和 HACCP 类似，HAZOP 分析的输出结果是风险管理的一系列关键操作。它有助于生产过程中关键控制点的日常监控。

（五）失败模式和影响分析

失败模式和影响分析（Failure Mode Effects Analysis，FMEA）是一种被广泛应用的方法，用于评估流程的潜在失败模式及其对目标或产品质量的可能影响。失败原因被确认后，可以采取相应措施将潜在的风险消除、降低或控制起来。其输出结果是每个潜在失败模式的相对风险程度"得分"，并按照得分进行重要性排序。可应用于设备、厂房、生产工艺分析，以确定高风险步骤或关键参数。

（六）失败模式、影响和危害度分析

可对 FMEA 进行延伸，包括对后果的严重程度、各自发生可能性和它们的发现能力，这样，FMEA 就变成了失败模式、影响和严重性分析（FMECA）。为了进行这样的分析，应建立产品或工艺的质量标准。FMECA 可以确定在什么地方采用合适的预防措施以减少风险。FMECA 在制药行业内主要应用于生产工艺相关失败和风险，FMECA 的输出结果是每一失败模式的相对风险"得分"，该"得分"被用于在风险基础上对这些模式进行排序。

（七）故障树

故障树（Fault Tree Analysis，FTA）是一种描述事故因果关系的有向逻辑"树"，是安全系统工程中重要的分析方法之一。FTA 是一种图形演绎法，主要遵循从结果找原因的原则，将项目风险的形成原因由整体到部分按树枝形状逐级细化，分析风险及其产生原因之间的因果关系。它用一定的逻辑关系符号表示出顶事件、二次事件……底事件的逻辑关系，逻辑门的输入为"因"，输出为"果"。故障树分析是用于评估多个因素如何影响某一问题的很好方法。故障树分析的结果包括失败模式的视觉陈述和每个失败模式可能性的定量估计。它对于风险评估和监测程序开发都是很有用的。

（八）预先危害分析

预先危害分析（PHA）是应用以前在危害或失败方面的经验或知识去确定将来的危害、危险情况或可能引起危害的事情，并估计它们在某一具体活动、厂房、产品或系统内发生的可能性。PHA 可被应用于产品、工艺和厂房设计等方面，也可被用于评估基本产品类型，产品分类和特殊产品的危害类

型。当几乎没有设计或操作规程方面的信息时，初步危害分析经常会被用于项目开发的早期阶段，因此，它经常作为进一步研究的铺垫。

（九）风险排序和过滤

风险排序和过滤是对风险进行比较和排序的工具。复杂系统的风险排序通常需要评估每个风险的多个不同定量因子和定性因子。这个工具是将一个基本的风险问题分解成所需要的多个组分，以抓住风险相关因子。这些因子被组合成一个相对风险得分以进行风险排序。"过滤器"以风险得分的加权因子或截点的形式用于测量和确定管理或方针目的的风险排序。

（十）支持性统计工具

统计工具可以支持和促进质量风险管理。它们可以对数据进行有效的评估，也可以帮助确定数据集的重要性。以下是经常用于制药行业的一些主要统计工具：①控制表，包括合格控制表（见 ISO 7966）、数学平均值和警告限的控制表（见 ISO 7873）、累积表（见 ISO 7871）、休哈特常规控制图（见 ISO 8258）、加权移动平均法等；②设备设计；③柱状图；④佩尔托排列图等。

质量风险管理是一个药品全面质量管理的过程，应用科学的方法把握药品质量，规范操作，预测风险，防止质量缺陷的产生，真正为大众生产出安全有效、质量可控的药品是药品生产企业工作的重中之重。药品生产企业应结合自身实际，运用上述方法做好药品质量风险管理工作。

❤ 药爱生命

世界卫生组织《疟疾实况报道》显示，2000 年至 2015 年期间，全球各年龄组危险人群中疟疾死亡率下降了 60%，5 岁以下儿童死亡率下降了 65%。青蒿素类药物作为治疗疟疾的主导药物，发挥了至关重要的作用。

青蒿素的发现是人类征服疟疾进程中的一大步，也是中国传统医药献给人类的一份礼物。20 世纪 60 年代，在氯喹抗疟失效、人类饱受疟疾之害的情况下，屠呦呦接受了 "523" 办公室的抗疟研究任务。其团队首先收集整理中医药典籍、走访名老中医，汇集了 640 余种治疗疟疾的中药单秘验方。这些药方指明了以中草药的提取分离为研究的潜在方向。在青蒿提取物实验药效不稳定的困境中，东晋葛洪《肘后备急方》有关青蒿截疟的记载启迪了研究思路，屠呦呦团队改进了提取工艺，富集了青蒿的抗疟成分，并最终于 1972 年发现了青蒿素。

屠呦呦的创造性研究使得上亿人免于疟疾折磨，无数人受惠于她的 "青蒿素"。2015 年 10 月 5 日，瑞典卡罗琳医学院宣布将诺贝尔生理学或医学奖授予屠呦呦以及另外两名科学家，以表彰他们在寄生虫疾病治疗研究方面取得的成就。

这是中国医学界迄今为止获得的最高奖项，也是中医药成果获得的最高奖项。屠呦呦站在领奖台上，她说："这不仅是授予我个人的荣誉，也是对全体中国科学家团队的嘉奖和鼓励。"青蒿素的发现体现了我国科研人员协作奋进、勇于奉献的科研精神，展示了不凡的中国力量。

项目十一　质量控制与质量保证

学习目标

知识目标：

掌握　检验管理、放行要求、变更控制的内容。

熟悉　不合格品、偏差的处理方式；供应商评估内容；投诉与不良反应有关术语。

了解　物料与产品留样、持续稳定性考察的项目与内容；纠正与预防措施管理、产品质量回顾分析的要求。

技能目标：

能按标准和规程取样、检验、填写记录和报告；能按规程进行持续稳定性考察实验并能正确填写记录；能按规程对供应商评估和考核；能按规程报告药品不良反应。

素质目标：

了解质量控制与质量保证在企业发展中的重要性和严格性，在学习过程中培养自身认真细致的态度，提高科学逻辑素养，强化实践能力。

导学情景

情景描述：2006 年 4 月，广州中山三院多位患者先后突然出现急性肾功能衰竭症状。院方通过排查，基本确定原因为齐齐哈尔第二制药有限公司生产的亮菌甲素注射液。经广东省药品检验所检验，该批号亮菌甲素注射液中含有有毒有害物质二甘醇。经原国家食品药品监督管理局调查，该药厂原辅料采购、质量检验工序管理不善，相关人员和责任人违反药品采购及质量检验的管理规定，购进了不法商人以工业原料二甘醇冒充的药用辅料丙二醇，制造出毒药亮菌甲素注射液并投入市场，最终导致 13 人死亡、部分人肾毒害的惨剧。

情景分析：化验室主任等人严重违反操作规程，未将检测图谱与标准图谱进行对比鉴别，并在发现检验样品相对密度与标准严重不符时，将其改为正常值，签发合格证。

讨论：这次事件中暴露出的诸多问题值得我们反思，那么质量控制实验室的检验人员应如何执行检验规程和质量标准？

学前导语：药品质量控制实验室是质量管理体系的重要组成部分，是独立行使检验职权的技术职能机构，在执行质量标准和判定检验结果时，不应受生产企业内部、外部任何方面的干扰。

任务 1　质量控制实验室管理

质量控制实验室是质量控制活动的载体，是样品测试的重要场所，而在测试过程中要依赖于试验的仪器、设备、器具等，应按照制定和批准的规程进行操作。由于这些操作的结果直接影响产品质量符合性以及过程符合性的判断，因此实验室管理的重要性是很显然的。

药品生产企业检验部门必须按企业检验规程规定的要求进行取样、检验、留样，相关操作方法等不能随意变更，应数据精确、结论清晰、记录准确。检验后的检验报告书应经检验人、复核人、质量管理负责人签名后方可正式生效，及时发放至各使用单位，使用单位依据检验结果是否合格来使用物料，合格的物料方可投放使用，合格的中间产品方可放行进入下道工序，合格的成品方可放行进行销售。每批药品的检验记录应当包括中间产品、待包装产品和成品的质量检验记录，可追溯该批药品所有相关的质量检验情况。

一、取样管理

为确定药品或物料的质量是否符合预先制定的质量标准，需要根据制定的取样方案对药品或物料进行取样，取样方案中应明确取样的方法、所用的取样器具，确定取样点、取样频率、样品的数量和每个样品的重量及盛装样品用的容器等。取样是整个质量控制过程中非常重要的一个环节，对于从一批产品中取出的样品，虽然数量很小，但是对该批整批产品的质量来说却是具有代表性的。因此，有必要非常仔细地制定取样计划，执行取样程序。

（一）取样人员要求

抽样方案由企业质量检验部门指定的人员负责设计，设计人员需具备一定的经验、判断力、检验知识和技能及有关数理统计学相关知识，并由经授权的人员负责对物料、中间产品、成品和留样观察样本的抽样。取样人员应具有良好的视力和对颜色分辨、识别的能力；能够根据观察到的现象做出可靠的质量判断和评估；有传染性疾病和在身体暴露部分有伤口的人员不应该被安排进行取样操作；取样人员还要对物料安全知识、职业卫生要求有一定了解；取样人员应该接受相应的技能培训，使其熟悉取样方案和取样流程，必须掌握取样技术和取样工具的使用，必须意识到在取样过程中样品被污染的风险并采取相应的安全防范措施，同时应该在专业技术和个人技能领域得到持续的培训。

（二）取样原则和取样数量

取样时可以遵循基于每个物料供应商级别而制定的取样原则。如果未对物料供应商进行分级管理，至少需要按照物料件数进行取样，假定包装总件数为 N，如果 $N \leqslant 3$，逐件取样；如果 $3 < N \leqslant 300$，取样件数为 $\sqrt{N} + 1$；如果 $N > 300$，则取样件数为 $\sqrt{N}/2 + 1$。中药材及饮片取样件数一般为：设总件数 M，当 $M < 5$ 时，逐件取样；$5 \leqslant M < 100$ 时，取样 5 件；$100 \leqslant M \leqslant 1000$ 时，按 5% 比例取样；当 $M > 1000$ 时，超过部分按 1% 比例取样。贵重药材逐件取样。取样量为一次全检量的 3 倍。特殊药品如毒麻药品可根据实际情况另行规定。

（三）取样方法

取样方法必须明确说明样品量，其中信息应该包含样品数量（一个或多个）及每个样品的取样量、样品取样位置（例如底部、中间、表层、里面或者是外围）。如果要取多个样品，应该在取样方法里说明样品是否应该混合。一般用于物料的逐件鉴别试验的样品不允许被混合。样品混合需要在进行试验前根据批准的实验方法进行。

取样时，要注意以下几点：①绝对不允许同时打开两个物料包装，以防止物料的交叉污染；②取不同种类的物料时必须更换套袖；③从不同的物料包装中取样时必须更换一次性塑料手套（对于只接触外箱和外层包装的取样协助人员不作此要求）；④在取样始和结束时检查取样工具的数量，以避免将取样工具遗留在物料中；⑤如果在同一天需要在同一取样间进行不同种类物料取样，最好按照包装材料、辅料、原料药的顺序进行取样操作，不同各类物料之间必须根据规程要求进行取样间的清洁。

（四）样品标识及记录

取回的样品必须贴上标签进行标识，标签上至少应该包括以下内容：样品名称；样品批号；取样日期；样品来源（应具体到包装容器号）；样品储存条件；如需要，应标明取样时间和样品测试允许时间；取样人。

取样过程应该被记录在取样报告或取样记录中。取样记录上应该包含取样计划中的所有内容，如样品名称、批号、取样日期、取样量及样品来源（即样品取自哪个包装）、取样工具以及取样人等信息应该清楚地记录在取样记录中，必要时还应在取样记录上注明取样时的温度、湿度以及样品暴露时间等信息。

（五）取样的异常处理

取样时，取样人员需要对产品（物料）外包装和物料外观进行现场检查，需要检查核对标签，如品名、生产日期和失效日期等信息。如果发现不符合的现象，取样人员应立即停止取样，将观察到的不符合现象记录在取样记录中，并通知公司质量管理相关部门进行调查处理，调查可与采购人员和供应商/生产商一起进行。

二、留样管理

企业按规定保存的、用于药品质量追溯或调查的物料、产品样品为留样。用于产品稳定性考察的样品不属于留样。

（一）留样的基本原则

应当按照操作规程对留样进行管理；留样应当能够代表被取样批次的物料或产品；也可抽取其他样品来监控生产过程中最重要的环节（如生产的开始或结束）；存放留样的容器应贴有标签，对于原辅料应注明产品名称、产品批号、取样日期、储存条件和储存期限等。对于成品的留样容器应注明产品名称、批号、失效期及留样的保留时间，同时留样需要有相应的记录。企业应制定相应规程来规定留样的使用，一般情况下，留样仅在特殊目的时才能使用，如调查、投诉。使用前需要得到质量管理负责人的批准。物料或产品已按照规定保存并超过保存期后需要进人报废程序，执行前需得到质量管理部门的批准，报废时可根据企业规定的流程进行，并对所有报废进行存档。

（二）物料留样的要求

1. 制剂生产用每批原辅料和与药品直接接触的包装材料均应当有留样。与药品直接接触的包装材料，如输液瓶，若成品已有留样，可不必单独留样。

2. 物料的留样量应当至少满足鉴别的需要。

3. 除稳定性较差的原辅料外，用于制剂生产的原辅料（不包括生产过程中使用的溶剂、气体或制药用水）和与药品直接接触的包装材料的留样应当至少保存至产品放行后两年。如果物料的有效期较短，则留样时间可相应缩短。

4. 物料的留样应当按照规定的条件贮存，必要时还应当适当包装密封。

（三）成品留样的要求

1. 每批药品均应当有留样；如果一批药品分成数次进行包装，则每次包装至少应当保留一件最小市售包装的成品。

2. 留样的包装形式应当与药品市售包装形式相同。

3. 每批药品的留样数量一般至少应当能够确保按照注册批准的质量标准完成两次全检（无菌检查和热原检查等除外）。

4. 如果不影响留样的包装完整性，保存期间内至少应当每年对留样进行一次目检观察，如有异常，应当进行彻底调查并采取相应的处理措施。

5. 留样观察应当有记录。

6. 留样应当按照注册批准的贮存条件至少保存至药品有效期后一年。

7. 如企业终止药品生产或关闭的，应当将留样转交授权单位保存，并告知当地药品监督管理部门，以便在必要时可随时取得留样。

三、检验管理

质量检验就是对产品的一项或多项质量特性进行观察、测量、试验，并将结果与规定的质量要求进行比较，以判断每项质量特性合格与否的一种活动。严格按照批准的质量标准和检验方法对药品（包括原料药和制剂）进行全项检验，是保证药品质量的重要措施和有效手段，对防止不合格物料或中间产品进入下一环节、杜绝不合格产品出厂销售等都起到重要作用。

（一）检验的基本原则

检验应当有书面操作规程，规定所用方法、仪器和设备，检验操作规程的内容应当与经确认或验证的检验方法一致。检验操作必须执行检验操作规程和质量标准。如在检验过程中，有符合下列情形之一的，应当对检验方法进行验证：采用新的检验方法；检验方法需变更的；采用《中国药典》及其他法定标准未收载的检验方法；法规规定的其他需要验证的检验方法。对于不需要进行验证的检验方法，企业应当对检验方法进行确认，以确保检验数据准确、可靠。

（二）检验记录的要求

检验记录是检验人员对其检验工作的实时记录，检验的内容必须和质量标准及分析方法一致，检验记录应涵盖检验过程的所有信息，应当可追溯。

检验记录应当至少包括以下内容。

1. 产品或物料的名称、剂型、规格、批号或供货批号，必要时注明供应商和生产商（如不同）的名称或来源；②依据的质量标准和检验操作规程。

2. 检验所用的仪器或设备的型号和编号。

3. 检验所用的试液和培养基的配制批号、对照品或标准品的来源和批号。

4. 检验所用动物的相关信息。

5. 检验过程，包括对照品溶液的配制、各项具体的检验操作、必要的环境温湿度。

6. 检验结果，包括观察情况、计算和图谱或曲线图，以及依据的检验报告编号。

7. 检验日期。

8. 检验人员的签名和日期。

9. 检验、计算复核人员的签名和日期。

（三）检验记录的修改

检验记录是出具检验报告书的依据，是进行科学研究和技术总结的原始资料。每批物料和产品均需进行检验并出具检验报告书（表 5-1）。检验报告书中的结论作为物料和产品放行的依据之一。记录填写的任何更改都应当遵循以下原则：在错误的地方画一条横线并使原有信息仍清晰可辨，书写正确信息后签注姓名和日期。对于更改的记录，可采用必要时说明理由的方式，也可采用所有更改必须加注更改理由的方式。各企业所用的更改方式需要在操作规程中明确规定。为避免文字描述内容过多，可使用缩写形式表示，这种缩写形式也应当在操作规程中明确规定。

表5-1 药品检验报告单

药品名称		来货数量		来货件数	
规　格		检品数量		检验地点	
产　地		包　装		来货批号	
来货单位					
检验依据			验收日期		
检验情况及意见			药品跟踪验证情况		
	验收员：			验收员：	日期：
业务部门意见					
	经办人：			经理：	
向发货方提请处理意见					
质量管理部：					
经理：					
主管领导：					
签名：					

四、实验室管理

药品质量控制实验室即质量检验室，是质量管理体系的重要组成部分，是独立行使检验职权的技术职能机构，在执行质量标准和判定检验结果时，不受生产企业内部、外部任何方面的干扰。质量控制实验室管理是确保所生产的药品适用于预定的用途，符合药品标准和所规定要求的重要因素之一。

质量控制实验室的人员、设施、设备应当与产品性质和生产规模相适应。质量控制负责人应当具有足够的管理实验室的资质和经验，可以管理同一企业的一个或多个实验室。检验人员至少应当具有相关专业中专或高中以上学历，并经过与所从事的检验操作相关的实践培训且通过考核。药品生产企业可以根据生产规模设立一个或多个实验室，例如微生物实验室、仪器分析实验室、理化实验室、原辅料实验室、包材实验室、车间中控实验室等。质量控制实验室应当配备药典、标准图谱等必要的工具书，以及标准品或对照品等相关的标准物质。

质量控制实验室应当至少有下列详细文件：①质量标准；②取样操作规程和记录；③检验操作规程和记录（包括检验记录或实验室工作记事簿）；④检验报告或证书；⑤必要的环境监测操作规程、记录和报告；⑥必要的检验方法验证报告和记录；⑦仪器校准和设备使用、清洁、维护的操作规程及记录。

任务2 供应商管理

药品管理部门对GMP实施力度进一步加强，物料的管理尤其是供应商的管理在制药企业质量管理过程中起着越来越重要的作用。供应商的管理是物料管理的源头，也是产品质量持续稳定的关键环节。想要确保在药品生产过程中使用质量合格的物料和优质的服务，就必须要建立供应商的管理体系。

从 GMP 针对物料供应商的评估和批准的要求来看，物料供应商的管理应包含：建立相关文件；定期的现场审计、评估，并形成审计报告；供应商变更的管理；与主要物料供应商签订质量协议；定期的质量回顾分析等。

? 想一想

2012 年，新闻媒体曝光了一些企业用皮革肥料经过脱色漂白和清洗后加工制成工业明胶，销售给药用胶囊生产企业或食品生产企业生产药用辅料空心硬胶囊或食品，所用空心硬胶囊或明胶生产的产品检出重金属铬，且含量超出现行版《中国药典》和 GB 国家标准限度。

想一想：如何选择合规性的物料供应商，保证所购物料符合要求？

一、供应商的批准和撤销

药品生产企业需要按照法规要求建立供应商的评估、批准、撤销等方面的流程，明确供应商的资质，分级标准，各级别供应商的选择原则、质量评估方式和标准、批准及撤销程序。

质量管理部门对物料供应商的评估应当包括：供应商的资质证明文件、质量标准、检验报告、企业对物料样品的检验数据和报告。如进行现场质量审计和样品小批量试生产的，还应当包括现场质量审计报告，以及小试产品的质量检验报告和稳定性考察报告。

供应商的批准需注意以下几个关键点。

1. 供应商必须是经过质量部门批准的，建立批准的供应商清单并定期更新。

2. 供应商的资质证明文件应齐全并符合法规要求，并应定期对其回顾和进行更新。原料药供应商应持有《药品生产许可证》或《药品经营许可证》及《营业执照》，企业应通过认证获得《GMP 证书》或《GSP 证书》，所购原料药应在其经营许可范围内，产品应有批准文号。药用辅料实行分类管理，对新的药用辅料和安全风险较高的药用辅料生产企业应取得《药品生产许可证》，品种必须获得注册许可，应药用辅料批准文号；其他辅料生产企业及其产品应在药品监督管理部门备案，应有备案文件。进口原辅料供应商应有国家药品监督管理局核发的注册证书。直接接触药品的包装材料和容器供应商，应有药包材批准证明文件（《药包材注册证》《进口药包材注册证》及《药包材补充申请批件》等）；印刷包装材料企业应具有合法资质。

3. 进行现场质量审计或通过调查问卷进行评估。现场质量审计应当核实供应商资质证明文件和检验报告的真实性，核实是否具备检验条件。应当对其人员机构、厂房设施和设备、物料管理、生产工艺流程和生产管理及质量控制实验室的设备、仪器、文件管理等进行检查，以全面评估其质量保证系统。现场质量审计应当有报告。

4. 对新增供应商应进行样品的检测，如有需要还应进行样品小批量的试生产、工艺验证或稳定性考察。

5. 与批准的主要物料的供应商签订质量协议。质量协议的内容包括但不限于对厂房、生产设备、工艺要求、取样方法、包装、标识方法，运输条件和变更的规定及每个检验项目的检验方法和限度。在给供应商发放第一个正式订单前，质量标准应经供需双方批准，否则，应有书面的合理的解释。

6. 当对不同类别物料的供应商进行批准时，其质量评估方式和评估标准可以有所区别。

7. 从经过批准的供应商处购买的物料可以直接用于上市销售产品和医学研究产品的生产。如果从未经批准的供应商处购买原料药，该原料药将不能用于上市销售的产品的生产（但可以用于其他目的的产品生产，例如医学研究的产品或注册用稳定性研究产品）。

8. 物料管理部门应根据批准的供应商清单中所列的供应商的信息对来料进行核对。

供应商审批表如下（表 5 - 2）。

表 5 - 2　供应商审批表

供应商审批表		
供应商名称：	地址：	联系人及联系方式：
供应何种物料：	审计时间：	上次审计时间：
审计原因：		
审计方式： 　　　　　　　　　　　　　　　资质审计：　　　　现场审计：		
存在的缺陷：		
质量管理部门意见：		
质量授权人意见： 　　　　　　　　　　　　　　　签名： 　　　　　　　　　　　　　　　日期：		

二、供应商审计

审计活动的主要目的是确定供应商与相关质量要求和商务要求的符合性，以确保供应商根据必要的质量标准持续地提供服务，生产和提供产品并及时确定哪些方面供应商需要整改和采取预防措施。

对供应商的审计（包括现场审计和书面审计）是评估供应商本身的质量保证能力的方式。企业应建立相关的供应商审计活动的流程，包括对于审计人员的要求和任命，对于审计原因、频次的规定，审计内容和流程的规定。

供应商的审计应注意如下的几个关键点。

1. 并不是需要对每一种物料的供应商都进行现场审计，一般是要求关键的对产品质量有影响的或主要的（包括关键的和用量较大的）供应商需要考虑进行现场的审计，如有特殊原因不能执行现场审计，可以通过书面审计的形式来代替现场的审计。

2. 对于审计人员应具有相关的法规和专业知识，经过相关的审计培训，具有足够的质量评估和现场质量审计的实践经验。

3. 当出现下列情况之一时，可考虑对供应商进行现场审计或书面审计。①首次审计：对新生产商、经销商；新产品；新的生产场地，新的生产线。②原因审计：重大的质量投诉；重大的 HSE 的事故；对某几个质量要素的重点检查。③追踪检查：对上一次审计问题所采取的整改措施的确认。④根据常规审计频次进行的再审。

4. 每年根据供应商的常规审计频次，相关部门的审计需求以及供应商的表现来制定下一年的供应商审计计划，并定期回顾审计计划的执行情况。

5. 可以从以下几个方面来对供应商进行现场或书面考核：供应商的资质证明文件的真实性；质量保证系统；人员机构；厂房设施和设备；生产工艺流程和生产管理；物料管理；质量控制；文件系统。

6. 对于现场审计所发现的问题，应要求供应商限期整改并提供书面的整改报告（表5-3），在确认整改报告符合要求后，才可结束该次审计。

表5-3 供应商现场审计报告

被审计单位名称：		
审计日期：		
被审计方信息		审计组信息
工厂地址：		项目负责人：
联系人：		联系人：
		审计组成员：
审计报告总结		
1. 结论：		
2. 存在的问题及结论： （包括审计的目的、依据，存在的问题，严重缺陷有几项，一般缺陷有几项，建议项有几项，是否通过现场审计，被批准与否或需整改后经过重新审计的结论） 审计状态： 目前审计次数：		审计频率：（如36个月）
3. 批准状态： □批准　　　□整改后重新审计　　　□不批准		
4. 背景信息		
4.1 拟提供物料种类		4.2 上次审计日期
5. 审计背景		
5.1 供应商简介 （包括公司性质、规模，人员包括质量管理人员情况、重要客户名称、质量认证情况、生产过程是否使用有机溶剂或有毒溶剂、操作流程、自上次审计以来的主要变更等） 5.2 审计目的： 5.3 审计范围： （厂房、设施、设备、人员、质量管理体系等） 具体审计内容包括： （厂房、设施的管理，洁净空气的控制、管理，水的控制、管理，变更控制、偏差处理、风险管理、培训、质量管理、质量控制、仓贮管理，文件及管理等） 5.4 审计缺陷定义及分类 （严重缺陷：对本公司产品产生不利结果的可能性较高，导致产品的安全和主要质量指标严重偏离；或主要缺陷合并的系统严重缺陷。 一般缺陷：对本公司产品有潜在的质量隐患，但不存在系统严重的缺陷，通过整改较容易消除这种隐患。 建议：无不符合性，但有利于管理水平的提高或有利于本公司产品的质量） 5.5 上次审计缺陷项完成整改情况：		

续表

6 本次审计发现的缺陷： 6.1 存在的具体问题： 6.2 缺陷分类： 6.2.1 严重缺陷： 6.2.2 一搬缺陷： 6.2.3 建议：	
7. 好的经验：	
8. 感谢及要求：	
9. 审计组成员签名：	
10. 质量管理部意见： 签名或印章 日期：	
11. 附件名称：	

三、供应商的质量回顾

供应商对于物料风险的影响是明显的。从一个长期合作的供应商采购的物料，和从新供应商采购的物料，其风险程度是不一样的；而同样是长期合作的供应商，经过现场审计的供应商和未经过现场审计的供应商，其风险程度也是不一样的。所以评估供应商的质量风险，构成了物料管理的重要组成部分。

供应商的质量评估除了如上所述的供应商审计外，还需定期对供应商的供货质量情况进行评估，主要包括对所供物料的质量投诉情况、生产过程中造成的偏差情况、检验结果超标、不合格率、审计结果等方面进行评估。另外，还可增加对于供应商运输服务情况、到货情况、售后服务情况等方面的评估。对供应商的资质，也应定期回顾和更新。

企业应建立供应商质量评估的标准，对于超出标准的供应商或出现重大质量问题的供应商，应考虑对其采取相应的纠正和预防措施。也可根据供应商质量回顾的结果，来决定下一年供应商的分级情况。

四、供应商变更的管理

供应商的变更通常包含两个方面：一方面是企业主动的变更，如开发新的供应商、撤销供应商、包装材料的变更等；另一方面是供应商采取的变更，如新的生产场地、起始物料的变更、生产工艺的变更、质量标准和检验方法的变更等。企业应根据变更管理及相关法律法规的要求，对不同类型的变更提起变更申请，进行相关研究工作（样品检验、工艺验证或稳定性考察等）及在政府部门进行再注册或备案。

五、供应商档案

企业应当对每家物料供应商建立质量档案，档案内容应当包括供应商的资质证明文件、质量协议、质量标准、样品检验数据和报告、供应商的检验报告、现场质量审计报告、产品稳定性考察报告、定期的质量回顾分析报告等。由专人负责管理，如供应商资料发生变化，应当及时收集整理，保证各项文件及时归档。

供应商管理要点：应有书面的关于供应商管理的流程；用于上市产品生产的物料供应商应经过批准，然后才能采购；应对供应商进行定期的审计和质量评估；与主要物料的供应商签订质量协议；对于供应商的变更，应进行相关的研究工作。

任务 3　物料和产品放行

放行是指对一批物料或产品进行质量评价，做出批准使用或投放市场或其他决定的操作。物料和产品放行是质量保证的一个重要环节，其主要目的是保证物料、产品及其生产过程符合相应的法规要求和质量标准。因此，各药品生产企业应当分别建立物料和产品批准放行的操作规程，明确批准放行的标准、职责，并有相应的记录。

物料和产品放行的主要流程包括质量评价和批准放行。质量评价就是对物料和产品所有相关的原始数据进行评估和批准的过程，也就是判断物料、工艺和过程是否符合质量标准、注册标准和 GMP。

物料放行的质量评价主要包括对生产商的检验报告和质量部门检验报告（含物料初检情况，如物料包装完整性和密封性的检查结果）的评价。产品放行的质量评价主要包括对批生产记录和批检验记录的回顾，另外，评价时还需要考虑环境监测和中间过程控制的数据。

物料放行人员可以是指定人员，中间控制的放行也可以是指定人员而不一定要求是质量受权人，只有成品放行才必须经质量受权人批准。这就意味着生产、实验室或质量保证人员可以放行物料或中间产品。比如某些工厂的中间控制由实验室承担，放行与否的决定取决于测试数据的结论，可以由实验室负责人或 QA 决定是否放行。这样的指定人员的要求是需要体现在内部程序中的，但这不意味着如何进行放行前工作的减少，放行的基本原则要求还是同成品放行的原则一致。指定人员的放行职责也同质量受权人在成品放行中一样，包括需要具备一定的放行要求知识和培训，独立做出放行决定（包括合格或不合格情况下）等基本的原则要求。

一、物料的放行要求

检验人员按产品质量标准进行检验后，由质量管理有关人员对检验结果及相关记录进行审核，最后由质量负责人据审核结果确定物料与中间产品是否可以使用。经检验合格的生产物料，由质量部门发放检验合格报告书、合格标签和物料放行单。指定人员将物料状态由待检变为合格。不合格物料不可以投入使用，不能流入下道工序。

物料的放行的基本要求：①物料的质量评价内容应当至少包括生产商的检验报告、物料包装完整性和密封性的检查情况和检验结果；②物料的质量评价应当有明确的结论，如批准放行、不合格或其他决定；③物料应当由指定人员签名批准放行。

二、产品的放行要求

生产后的成品在放行前应由质量管理部门对每批成品进行评价，通过对该批产品的批档案进行检查，判断其是否符合质量标准、注册标准和 GMP，是否可以放行出厂。当质量管理部门经过质量评估准予一批成品合格并放行，可由质量管理人员及时作质量决定，如检验报告、成品放行通知单等发放于物流、库房、生产等相关部门，成品的质量状态由待检转为合格等。只有合格放行的产品方可投放市场。

产品的放行的基本要求：①在批准放行前，应当对每批药品进行质量评价，保证药品及其生产应当符合注册和 GMP 要求，并确认以下内容：主要生产工艺和检验方法经过验证；已完成所有必需的检查、检验，并综合考虑实际生产条件和生产记录；所有必需的生产和质量控制均已完成并经相关主管人员签名；变更已按照相关规程处理完毕，需要经药品监督管理部门批准的变更已得到批准；对变更或偏差已完成所有必要的取样、检查、检验和审核；所有与该批产品有关的偏差均已有明确的解释或说明，或者已经过彻底调查和适当处理；如偏差还涉及其他批次产品，应当一并处理。②药品的质量评价应当有明确的结论，如批准放行、不合格或其他决定。③每批药品均应当由质量受权人签名批准放行。④疫苗类制品、血液制品、用于血源筛查的体外诊断试剂以及国家药品监督管理局规定的其他生物制品放行还应当取得批签发合格证明。

三、不合格品的质量管理

超标及生产过程中产生的偏差都有可能导致物料、中间产品及成品的不合格。不合格品管理的目的是对不合格品做出及时的处置，作为生产企业，也需要及时了解生产过程中产生不合格品的系统因素，对症下药，使生产过程持续保持受控状态。对不合格的物料或产品都需要受权人采取超标调查、偏差调查和质量风险分析，并对不合格品建立处理流程。

不合格的物料、中间产品、待包装产品和成品的每个包装容器上均应当有清晰醒目的标志，在隔离区内妥善保存，并建立不合格品台账。不合格的物料、中间产品、待包装产品和成品处理，应当经质量管理负责人批准，并有记录。不合格品台账相应的记录，可包括以下内容：品名、规格、批号、数量、查明不合格日期、来源、不合格项目及原因、检验数据及负责查明原因的有关人员等。

制剂产品不得进行重新加工。不合格的制剂中间产品、待包装产品和成品一般不得进行返工。只有不影响产品质量、符合相应质量标准，且根据预定、经批准的操作规程以及对相关风险充分评估后，才允许返工处理。如包装材料用错版号、打印模糊等，可以经授权人批准进行返工，返工后产品沿用原批号、生产日期及有效期，并重新取样，检验合格后由受权人批准才能出厂销售。不能返工的中间产品及成品，经授权人批准后进行销毁，销毁要有质量管理人员现场监督，并做好销毁记录。

任务4 变更控制

药品生产在很多方面是依赖稳定、一致和持续的可控的状态以确保产品的质量、安全性和有效性的。例如，企业建立标准的操作规程和对人员进行有效的培训是为了确保所有操作是以可控的方式进行的；对生产过程进行验证是为了证明工艺是可控的，并且能持续稳定地生产出符合预定质量标准的产品的；对所用的设备进行确认是为了确保它能始终如一地正常运行。一旦所建立起来的规程、设备和工艺发生了变化，无疑会引发人们对产品质量的担心。但是如果能够预先对变更可能带来的影响进行充分的评估，尽量降低风险，实施有效的变更管理，这些顾虑是可以消除的。

一、变更控制的定义

世界各国药政机构和重要的国际组织已经意识到变更是不可避免的，而变更管理是保持高质量产品的关键，因而国际上主要的 GMP 法规或指南均对变更管理给予高度关注并作了相应的规定。澳大利亚和欧盟 GMP 关于变更控制的规定为：变更控制是由适当学科的合格代表对可能影响厂房、系统、设备或工艺的验证状态的变更提议或实际的变更进行审核的一个正式系统。其目的是使系统维持在验证状态而确定需要采取的行动并对其进行记录。

企业应当建立变更控制系统，对所有影响产品质量的变更进行评估和管理。需要经药品监督管理部门批准的变更应当在得到批准后方可实施。应当建立操作规程，规定原辅料、包装材料、质量标准、检验方法、操作规程、厂房、设施、设备、仪器、生产工艺和计算机软件变更的申请、评估、审核、批准和实施。

质量管理部门应当指定专人负责变更控制。变更都应当评估其对产品质量的潜在影响。企业可以根据变更的性质、范围、对产品质量潜在影响的程度将变更分类（如主要、次要变更）。判断变更所需的验证、额外的检验以及稳定性考察应当有科学依据。与产品质量有关的变更由申请部门提出后，应当经评估、制定实施计划并明确实施职责，最终由质量管理部门审核批准。变更实施应当有相应的完整记录。

改变原辅料、与药品直接接触的包装材料、生产工艺、主要生产设备以及其他影响药品质量的主要因素时，还应当对变更实施后最初至少 3 个批次的药品质量进行评估。如果变更可能影响药品的有效期，则质量评估还应当包括对变更实施后生产的药品进行稳定性考察。

二、变更的适用范围

任何可能影响产品质量或重现性的变更都必须得到有效控制，变更的类型包括如下几种：①原辅料的变更。②标签和包装材料的变更。③处方的变更。④生产工艺的变更。⑤生产环境（或场所）的变更。⑥质量标准的变更。⑦检验方法的变更。⑧有效期、复检日期、贮存条件或稳定性方案的变更。⑨验证的计算机系统的变更厂房、设备的变更。⑩公用系统的变更。⑪产品品种的增加或取消。⑫清洁和消毒方法的变更。⑬其他。

三、变更的分类

根据变更的性质、范围和对产品质量潜在的影响程度以及变更是否会影响注册、变更时限等，可以有不同的分类方法，公司可根据自身实际情况选择适当的分类方法。变更分类一般包括以下方面：①主要变更，指对产品关键质量特性可能有潜在的重大影响，并需要主要的开发工作，如稳定性试验、对比试验和再验证等，以确定变更的合理性。②次要变更，指对产品的关键质量特性不大可能产生影响，亦不会使生产工艺发生漂移，因而无需主要的开发工作便可批准执行的变更。③涉及注册的变更，超出目前注册文件的描述，需要报告或报送药品监督部门批准的变更。④不涉及注册的内部变更，注册文件中无描述或在注册文件描述的范围内，无需报送药品监督部门批准的变更。⑤永久变更，批准后将长期执行的变更。⑥临时变更，因某种原因而作出的临时性的改变，但随后将恢复到现有状态。

✂ 练一练

改变原辅料、与药品直接接触的包装材料、生产工艺、主要生产设备以及其他影响药品质量的主要因素时，还应当对变更实施后最初至少几个批次的药品质量进行评估。

A. 2   B. 3

C. 4   D. 以上都不是

四、变更的程序

1. 变更申请 变更发起人应起草一份变更申请（表5-4），变更申请至少包括如下内容：变更描述；变更理由；受影响的文件和产品；受影响的生产厂、承包商、客户等；支持变更的追加文件；行动计划；变更申请人和批准人的签名。变更申请应首先提交变系统管理员进行编号、登记和审核，合格后交相关部门和人员间进行传阅和评估。

2. 变更评估 变更应由相关领域的专家和有经验的专业人员组成专家团队进行评估，例如由生产、质量控制、工程、物料管理、药政法规和医学部门的人员等组成专家团队评估变更可能带来的影响，并确定应采取的行动，包括是否需要进行开发性的研究工作以确保变更在技术上的合理性。

此外，应制定预期可接受的评估标准。可接受的标准应根据产品质量标准、结合相关的验证、稳定性、溶出对比等通用指南而制定，并应在研究方案中描述并经过质量和相关部门的批准。评估的结果应由相关部门和质量负责人批准。

3. 变更批准 批准变更至少要提供如下信息：①开发性工作所产生的所有支持数据。②需要的其他文件和信息。③变更批准后应采取的行动（修改相关文件、完成培训等）。④行动计划和责任分工。变更必须得到相关部门和质量部门的批准。变更如果影响到其他生产厂、承包商、客户等，则应通知外部并获得其认可。

4. 变更执行 只有得到书面批准后，方可执行变更。应建立起追踪体系以保证变更按计划实施。

5. 变更效果的评价 变更执行后应进行效果评价，以确认变更是否已达到预期的目的。

6. 变更关闭 当变更执行完毕，相关文件已被更新，重要的行动已经完成，后续的评价已进行，并得出变更的有效性结论后，变更方可关闭。

表5-4 变更备案表

申请人		所属部门		申请日期	
变更范围： □厂房　　　　□设施（包括容器）　　　□设备　　　　□检验方法 □质量标准　　□工艺、处方　　　　　□物料供应商　　□其他					
变更背景描述 质量风险预测 					
部门负责人意见： □同意变更　　　　□不同意变更 　　　　　　　　　　　　　　　　　　签名：　　　　　　　日期：					

续表

变更实施情况和结果：	开始时间：		开始产品及批号：	
			签名：	日期：
效果评价：				
			评价人签名：	日期：
部门负责人意见：				
□同意启用	□不同意启用			
			签名：	日期：
备案确认				
			质量管理部负责人签名：	日期：
			变更控制专人签名：	日期：

任务5　偏差处理

一、偏差的定义

偏差是指偏离已批准的程序（指导文件）或标准的任何情况。偏差可能会影响生产物料的纯度、强度、质量、功效或安全性，也可能会影响用于生产、贮藏、产品分发，及法律法规符合性的、已验证的设备或工艺。

二、偏差的分类

企业可以根据偏差的性质、范围大小、对产品质量潜在影响的程度、是否影响患者健康以及是否影响注册文件，并结合考虑自身品种、工艺特点和质量体系情况建立适当的偏差分类标准，例如：根据对产品质量潜在影响的程度，将偏差分为重大偏差、主要偏差和微小偏差。对重大偏差的评估，除按规定的程序进行深入调查，查明出现原因外，还应当考虑是否需要对产品进行额外的检验以及对产品有效期的影响，必要时，应当对涉及重大偏差的产品进行稳定性考察。

三、偏差处理的意义

偏差处理是指对任何偏离已批准的程序（指导文件）和标准的情况进行分析处理。有效的偏差管理是建立在有效的、足以控制生产过程和药品质量的程序（指导文件）或标准的基础之上的。因此清晰明确的生产工艺、物料平衡限度、质量标准、检验方法、操作规程等是偏差发生和识别的基础，只有当企业已经建立了保证药品安全性、可靠性和质量可控所需的必要文件时，才可能发生和识别偏差，该偏差系统能有效地保证产品质量。

预防偏差的产生比在偏差发生后处理偏差更为重要。企业各部门负责人应当确保所有人员正确执行生产工艺、质量标准、检验方法和操作规程，防止偏差的产生。企业应当建立偏差处理的操作规程，规定偏差的报告、记录、调查、处理以及所采取的纠正措施，并有相应的记录。

任何偏离生产工艺、物料平衡限度、质量标准、检验方法、操作规程等的情况均应当有记录，并立即报告主管人员及质量管理部门，应当有清楚的说明，重大偏差应当由质量管理部门会同其他部门进行彻底调查，并有调查报告。偏差调查报告应当由质量管理部门的指定人员审核并签字。企业还应当采取预防措施有效防止类似偏差的再次发生。质量管理部门应当负责偏差的分类，保存偏差调查、处理的文件和记录。偏差处理流程见图5-2。

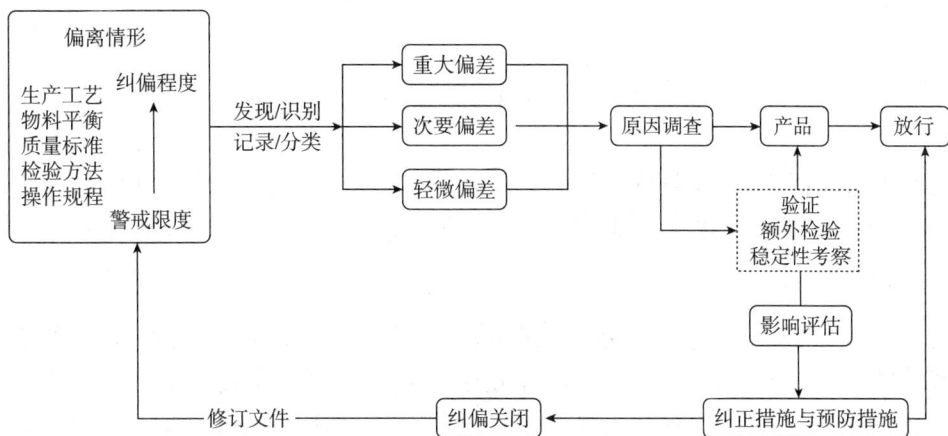

图5-2　偏差处理流程图

任务6　纠正措施和预防措施

当药品生产企业发生偏差以及其他问题后，企业应当建立纠正措施和预防措施系统，对投诉、召回、偏差、自检或外部检查结果、工艺性能和质量监测趋势等进行调查并采取纠正和预防措施。调查的深度和形式应当与风险的级别相适应。纠正措施和预防措施系统应当能够增进对产品和工艺的理解，改进产品和工艺（表5-5）。

表5-5　纠正措施和预防措施的区别和联系

		纠正措施	预防措施
区别	目的	消除实际不合格原因	消除潜在不合格原因
	性质	被动性处理方式	主动性处理方式
联系	实施要求	确定并有效实施，将有关信息提交管理评审，提升企业质量管理水平	

一、纠正和预防措施的操作规程

企业应当建立实施纠正和预防措施的操作规程，内容至少包括：①对投诉、召回、偏差、自检或外部检查结果、工艺性能和质量监测趋势以及其他来源的质量数据进行分析，确定已有和潜在的质量问题。必要时，应当采用适当的统计学方法；②调查与产品、工艺和质量保证系统有关的原因；③确定所需采取的纠正和预防措施，防止问题的再次发生；④评估纠正和预防措施的合理性、有效性和充分性；⑤对实施纠正和预防措施过程中所有发生的变更应当予以记录；⑥确保相关信息已传递到质量受权人和预防问题再次发生的直接负责人；⑦确保相关信息及其纠正和预防措施已通过高层管理人员的评审。

二、纠正和预防措施的档案管理

实施纠正和预防措施应当有文件记录，发现问题时要记录发生的具体问题描述，调查分析问题的整个过程，批准人的意见及签名，执行措施的每一步骤的详细记录，跟踪确认过程对每一项目执行效果的记录等，这些记录作为质量活动或质量管理的重要输入，以利于持续改进和提高。所有关于纠正和预防措施的记录都由质量管理部门保存，有条件的企业还可以建立 CAPA 数据库，保证在发生问题可以有效运行 CAPA 数据库。

任务 7　持续稳定性考察

持续稳定性考察的就是在有效期内监控已上市药品的质量，以发现药品与生产相关的稳定性问题（如杂质含量或溶出度特性的变化），并确定药品能够在标示的贮存条件下，符合质量标准的各项要求。

👁 看一看

许多商场在销售高档商品时会使用展示橱窗和橱柜，并在角落放置一个盛有溶液的小杯子。其实是因为橱窗或者橱柜展示时，因封闭、灯光照射强而升温，加上空调的除湿作用，导致空气相对湿度降低而使商品受损。工作人员在角落放置 $NaCl$ 或 $2CH_3COOK \cdot 3H_2O$ 饱和溶液，可以保持商品处于相对恒定的湿度，从而保护商品。

1. 持续稳定性考察对象　持续稳定性考察的范围主要针对市售包装药品，但也需兼顾待包装产品。例如，当待包装产品在完成包装前，或从生产厂运输到包装厂，还需要长期贮存时，应当在相应的环境条件下，评估其对包装后产品稳定性的影响。此外，还应当考虑对贮存时间较长的中间产品进行考察。

2. 对持续稳定性考察的要求　持续稳定性考察应当制定相应的考察方案，结果应当形成报告。并且关键人员，尤其是质量受权人，应了解持续稳定性考察的结果，并保存结果以供药品监督管理部门审查。当持续稳定性考察不在待包装产品和成品的生产企业进行时，则相关各方之间应当有书面协议，且均应当保存持续稳定性考察的结果以供药品监督管理部门审查。

考察批次数和检验频次应当能够获得足够的数据，以供趋势分析。通常情况下，每种规格、每种内包装形式的药品，至少每年应当考察一个批次，除非当年没有生产。某些情况下，持续稳定性考察中应当额外增加批次数，如重大变更或生产和包装有重大偏差的药品应当列入稳定性考察。此外，重新加工、返工或回收的批次，也应当考虑列入考察，除非已经过验证和稳定性考察。

3. 考察内容　持续稳定性考察的时间应当涵盖药品有效期，考察方案应当至少包括以下内容：①每种规格、每个生产批量药品的考察批次数；②相关的物理、化学、微生物和生物学检验方法，可考虑采用稳定性考察专属的检验方法；③检验方法依据；④合格标准；⑤容器密封系统的描述；⑥试验间隔时间（测试时间点）；⑦贮存条件（应当采用与药品标示贮存条件相对应的《中国药典》规定的长期稳定性试验标准条件）；⑧检验项目，如检验项目少于成品质量标准所包含的项目，应当说明理由。

4. 持续稳定性考察处理　应当对不符合质量标准的结果或重要的异常趋势进行调查。对任何已确认的不符合质量标准的结果或重大不良趋势，企业都应当考虑是否可能对已上市药品造成影响，必要时应当实施召回，调查结果以及采取的措施应当报告当地药品监督管理部门。应当根据所获得的全部数据资料，包括考察的阶段性结论，撰写总结报告并保存。应当定期审核总结报告。

任务 8　产品质量回顾分析

产品质量回顾是运用统计技术对生产的每种产品相关内容与数据进行回顾性分析。通过对产品质量的诸多影响因素，如原辅料、工艺、设施、环境，以及中间控制参数、成品检验结果及稳定性数据等的定期回顾，形成书面报告，以确定生产过程和质量控制手段的有效性，并能及时发现可能存在的问题，制定改进措施，以促进产品质量不断提高。

企业应当按照操作规程，每年对所有生产的药品按品种进行产品质量回顾分析，以确认工艺稳定可靠，以及原辅料、成品现行质量标准的适用性，及时发现不良趋势，确定产品及工艺改进的方向。

1. 产品分类原则 由于产品质量回顾的内容很多，为了提高质量回顾的工作效率，药品生产企业应运用风险管理的理念，将产品进行分类后，选取有代表性的品种或规格进行质量回顾分析。分类原则：①生产工艺和质量控制相似、共线生产的非高风险类产品，经质量受权人批准，可按照剂型或产品系列进行分类。如固体制剂、液体制剂和无菌制剂等。②高风险产品，经质量受权人批准，可按照品种或产品系列进行分类。③常年生产的品种，经质量受权人批准，可按照剂型、产品或产品系列进行分类。④无菌原料药，经质量受权人批准，可按照产品或产品系列进行分类。⑤该年度变更工艺或关键生产设备等变更（如注射剂灌装设备变更、除菌过滤系统变更、灭菌设备改变）的产品，经质量受权人批准，可按照剂型、产品或产品系列进行分类。⑥委托加工的产品，经质量受权人批准，可按照产品或产品系列进行分类。在分类过程中，如果剂型、中间控制、控制项目、公用设备设施等项目可以分类或合并的也可以依此进行。

2. 产品质量回顾的内容 企业至少应当对下列情形进行回顾分析：①产品所用原辅料的所有变更，尤其是来自新供应商的原辅料；②关键中间控制点及成品的检验结果；③所有不符合质量标准的批次及其调查；④所有重大偏差及相关的调查、所采取的整改措施和预防措施的有效性；⑤生产工艺或检验方法等的所有变更；⑥已批准或备案的药品注册所有变更；⑦稳定性考察的结果及任何不良趋势；⑧所有因质量原因造成的退货、投诉、召回及调查；⑨与产品工艺或设备相关的纠正措施的执行情况和效果；⑩新获批准和有变更的药品，按照注册要求上市后应当完成的工作情况；⑪相关设备和设施，如空调净化系统、水系统、压缩空气等的确认状态；⑫委托生产或检验的技术合同履行情况。

3. 产品质量回顾的要求 产品质量回顾完成后，应当对回顾分析的结果进行评估，提出是否需要采取纠正和预防措施或进行再确认或再验证的评估意见及理由，并明确计划、责任人及完成时间，由质量保证部门人员负责跟踪改进行动的执行，必要时提供阶段性报告。药品委托生产时，委托方和受托方之间应当有书面的技术协议，规定产品质量回顾分析中各方的责任，确保产品质量回顾分析按时进行并符合要求。企业产品质量回顾的总结报告的复印件应分发至相关部门（必要时）。质量回顾报告原件应由 QA 进行存档，该记录应永久保存。

任务9 投诉与不良反应报告

由于药品质量要求的严格性，药品生产企业必须对本企业药品质量投诉、不良反应报告与监测工作予以高度的重视，体现药品生产企业应尽的社会义务。实际上有关企业药品的投诉与药品不良反应的报告，也是企业进行产品质量改进的重要源泉。

1. 投诉的定义 客户提出的对任何经放行的产品有关安全性、有效性和质量（包括稳定性，产品性能，均一性）、服务或产品性能不满的书面的、电子的或口头的信息都视为投诉。

2. 投诉的分类 企业可以采用不同的分类标准对投诉进行分类。如根据投诉事件的性质分为医学投诉、质量投诉和假药投诉；根据投诉的严重程度可分为严重投诉、重要投诉、轻微投诉和其他投诉。

3. 投诉的处理 企业应当建立操作规程，规定投诉登记、评价、调查和处理的程序，并规定因可能的产品缺陷发生投诉时所采取的措施，包括考虑是否有必要从市场召回药品。企业应有专人及足够的辅助人员负责进行质量投诉的调查和处理，投诉调查和处理应当有记录，并注明所查相关批次产品的信息，所有投诉、调查的信息应向质量受权人通报。

企业应当定期回顾分析投诉记录，以便发现需要警觉、重复出现以及可能需要从市场召回药品的问题，并采取相应措施。如企业出现生产失误、药品变质或其他重大质量问题，应当及时采取相应措施，必要时还应当向当地药品监督管理部门报告。

4. 药品不良反应的定义 药品不良反应（adverse drug reaction，ADR）是指合格药品在正常用法用量下出现的与用药目的无关的有害反应。严重药品不良反应，是指因使用药品引起以下损害情形之一的反应：导致死亡；危及生命；致癌、致畸、致出生缺陷；导致显著的或者永久的人体伤残或者器官功能的损伤等。

一、药品生产企业开展药品不良反应监测的方法

企业可以依据自身情况，建立健全药品不良反应监测的组织机构，建立药品不良反应报告和监测制度，制定具体实施办法，如企业可以设置药品不良反应监测工作小组，药品不良反应监测专门机构（如监测站、组等）并设置专职药品不良反应监测员。完善药品不良反应监测相关制度，加强药品不良反应监测知识培训，积极、主动、全面收集企业产品的不良反应病例报告，建立企业产品不良反应数据库，跟踪和宣传国家药品不良反应通报的有关信息。组织疑难病例讨论，开展相关研究。

二、药品不良反应报告的基本要求

药品生产企业获知或者发现可能与用药有关的不良反应，应当通过国家药品不良反应监测信息网络报告；不具备在线报告条件的，应当通过纸质报表报所在地药品不良反应监测机构，由所在地药品不良反应监测机构代为在线报告。报告内容应当真实、完整、准确。应当配合药品监督管理部门、卫生行政部门和药品不良反应监测机构对药品不良反应或者群体不良事件的调查，并提供调查所需的资料，建立并保存药品不良反应报告和监测档案。

三、药品不良反应报告和处置

药品生产企业应当主动收集药品不良反应，获知或者发现药品不良反应后应当详细记录、分析和处理，填写《药品不良反应/事件报告表》并报告。新药监测期内的国产药品应当报告该药品的所有不良反应；其他国产药品，报告新的和严重的不良反应。发现或者获知新的、严重的药品不良反应应当在 15 日内报告，其中死亡病例须立即报告；其他药品不良反应应当在 30 日内报告。

药品生产企业应当经常考察本企业生产药品的安全性，对新药监测期内的药品开展重点监测，并按要求对监测数据进行汇总、分析、评价和报告；对本企业生产的其他药品，应当根据安全性情况主动开展重点监测。并应当对收集到的药品不良反应报告和监测资料进行分析、评价，并主动开展药品安全性研究。

❤ **药爱生命**

宫颈癌又称子宫颈癌，是常见的妇科恶性肿瘤之一。宫颈癌是中国 15~44 岁女性中的第二高发癌症，仅次于乳腺癌。宫颈癌是目前癌症中唯一病因明确，可早发现、早预防的癌症。HPV（人乳头状瘤病毒）感染是引起宫颈癌发生的主要病因。目前预防宫颈癌最直接、最有效的方法即接种 HPV 疫苗。

2019 年之前，全球仅有 3 种上市的 HPV 疫苗，分别是英国葛兰素史克公司生产的针对 HPV 16、18 型的双价疫苗，美国默沙东公司生产的针对 HPV 6、11、16、18 型的四价疫苗和针对 HPV 6、11、16、

18、31、33、45、52、58 型的九价疫苗。尽管国内也批准了这 3 款疫苗上市，但是由于中国庞大的人口数量，进口疫苗的供应远不能满足我国民众对 HPV 疫苗的需求。由于国外药企的垄断，一支九价疫苗的价格在国内甚至售卖至上千元，而且长期处于有价无市的状况。

为了让 HPV 疫苗惠及更多的民众，我国积极推进国内 HPV 疫苗的研发。2019 年 12 月，国家药品监督管理局批准厦门万泰沧海生物技术有限公司的双价人乳头瘤病毒疫苗（大肠杆菌）上市注册申请，该药是首个获批的国产人乳头瘤病毒疫苗，适用于 9 ~ 45 岁女性，其定价仅为进口双价 HPV 疫苗的一半。万泰沧海双价 HPV 疫苗年产能可达 3000 万支，不仅意味着中国宫颈癌疫苗将结束只能依赖进口的历史，更意味着将会有更多的适龄女性可以接种疫苗，从而大大降低宫颈癌的发病率，带来巨大的社会效益和经济效益。

项目十二　确认和验证

知识目标：

掌握　验证的常用术语；验证的分类；验证计划的制定；验证的基本程序。

熟悉　验证的目的及意义；验证文件的管理。

了解　验证的起源；验证的发展进程；验证组织的构成。

技能目标：

熟悉验证的常用术语、基本程序；学会制定验证方案；能按验证方案实施验证过程。

素质目标：

具备一定的药品生产验证及确认专业知识和药品验证管理能力，具有药品安全生产质量意识。

导学情景

情景描述： 1971年3月第一周，美国8所医院报告了150起败血症病例；一周后，病例激增至350人。据统计，1972—1986年，输液产品市场撤回事件达700多起。为此，美国食品药品监督管理局（FDA）成立特别工作组，对美国的输液生产厂进行全面调查。结果表明，与败血症相关的产品并不是由于企业没做无菌检查或违反法规将不合格产品投放市场，而是无菌检查的局限性、设备或系统设计建造的缺陷以及生产过程中的各种偏差及问题。

情景分析： 输掖产品的污染与多种因素有关，如厂房、空调净化系统、水系统、生产设备、工艺等，关健是工艺过程。调查中FDA发现问题表现为：灭菌柜设计不合理；灭菌柜上部的压力、温度表并不能反映出灭苗柜不同部位被灭菌产品的实际温度；产品密封的完好性存在缺陷，已灭菌产品在冷却阶段被再次污染。

讨论： 生产符合现有相关法律规范，但事实产品又存在问题，假如你是相关管理人员，该怎么办？。

学前导语： 当药品现有法律规范跟不上生产和技术进步时，所得到的评价将是不完全的结论，药品质量好坏只有通过先进的生产验证考察，全方位确认生产工艺，才能保证质量可靠、用药安全。

任务1　概　述

一、确认与验证的定义

药品质量的好坏，直接关系公众的生命安全和身体健康，而生产过程涉及人员、厂房、设施、设备、工艺、质量管理等很多环节，任何一个环节的疏忽都会影响药品质量。药品生产质量管理规范（Good Manufacture Practice of Medical Products，GMP）是针对药品生产全过程的标准化管理的法规技术，保证生产过程始终正常进行。众所周知，验证是美国 FDA 对污染输液事件调查后采取的措施，自从经历过败血症事件后，验证成为防止药品生产全过程发生交叉污染、确保药品质量的有效手段。

各国的 GMP 相关法规和指南均对验证给出了明确的定义。

《药品生产质量管理规范（2010 年修订)》（简称"中国 GMP 2010 版"）中，验证的定义为：证明任何操作规程（或方法）、生产工艺或系统能够达到预期结果的一系列活动。

虽然在 2011 年出版的 FDA 工艺验证指南中已经将"验证"的定义删除，但是对验证的要求仍然延续了在 1987 年 FDA 工艺验证指南中的定义：建立一套文件证据，以高度保证某项特定的工艺确实能始终如一地生产出符合预定标准及质量的产品。

欧盟 GMP 规定的"验证"定义为：用实际行动证明，任何程序、工艺、设备、物料、活动或系统能按照良好生产规范原则产生预期结果（参见确认）。

WHO GMP 补充指南：验证规定，验证是通过建立文件证明来高度保证既定工艺能始终如一的按照预期指定结果进行。

综上所述，"验证"是 GMP 法规要求、证明质量是建立在受控工艺基础上的一项活动。提到验证定义的同时，"确认（Qualification）"的定义也需要进行理解。

中国 GMP 2010 版"确认"的定义为：证明厂房、设施、设备能正确运行并可达到预期结果的一系列活动。

欧盟 GMP 中关于"确认"的描述如下：证明设备工作正常并确实产生预期结果的行为。验证有时会扩展包含确认的概念。

WHO GMP 补充指南：验证中"确认"的定义为，所有厂房设施、系统和设备均已安装良好，且运行正常并能产生预期结果的证明和文件记录行为。确认通常为验证的一部分（初始阶段），但个别单独的确认步骤并不构成工艺验证。

二、确认与验证的目的和范围

验证行为于日常生活里无处不在，验证技术存在于各行各业当中。对于药品生产企业而言，验证行为是企业定标及达标运行的基础，验证文件则是有效实施 GMP 的重要证据。企业可以通过贯穿于产品生命周期全过程的确认或验证工作来证明影响质量的关键要素能够得到有效控制，为持续生产出合格药品提供保证，对于药品监管部门来讲，验证是保证药品质量的根本，必须从法规上加以强制性规定和要求。

中国 GMP 2010 版中涉及确认与验证的内容共 12 条，对确认和验证进行了详细的解释。验证和确认本质上是相同的，确认通常用于厂房、设施、设备、检验仪器，而验证则用于生产工艺、操作规程、检验方法或系统。厂房、设施、设备的确认包括设计确认、安装确认、运行确认、性能确认，在此意义上，确认是验证的一部分。

确认与验证是 GMP 的重要组成部分。企业应建立和维护验证主计划，明确验证职责，确定技术要求，以保证验证方法的一致性和合理性。同时，企业应根据药品生产的工艺要求、复杂性、技术实现性等因素选择系统、合理的确认和验证方法对设施、设备、工艺、清洁和灭菌方法、检验方法、计算机化系统进行确认与验证实施，保持验证文件的相关文件。另外，还可以通过产品系统回顾、生产过程控制、变更控制、在验证管理等方式界定工艺和设备，保持持续的验证状态。

✵ 练一练

阿莫西林胶囊的生产过程属于（　　）

A. 生产工艺验证　　　　　　　　B. 生产工艺确认

C. 生产系统验证　　　　　　　　D. 生产系统确认

任务 2   验证的管理

工程项目交付 GMP 商业化运行后，验证是持续进行的质量管理活动的一部分，是生产工厂运作的一部分，是否建立了稳固的验证管理体系是工厂生产质量保证体系运行的保障。

验证管理体系是由多个文件支撑起来的体系，相对来说更详细、更精准，针对性更强，尤其是对需要进行的确认或验证活动的规划。验证不仅仅是要把事情做好，而且还要求提供相应的客观证据证明，而文件就是一种很好的表现方式，验证活动的实施需要建立验证管理体系，而验证体系的类型又根据不同领域进行划分。

一、验证的类型

按照产品加工和工艺的要求，以及设备的变更、工艺修订等均需通过验证的特点，可以把验证分成四种类型，即前验证、同步验证、回顾性验证、再验证。

（一）前验证

前验证系指一项工艺、一个过程、一个设备或一种材料在正式投入使用前，按照设定的验证方案进行的试验。

前验证是正式投放前的质量活动，系指在该工艺正式投入使用前必须完成并达到设定要求的验证。无菌产品生产中所采用的灭菌工艺，应当进行前验证。要求在工艺正式投入使用前完成验证。新品种、新型设备及其生产工艺的引入应采用前验证的方式，而不管新品种属于哪种剂型。前验证的成功是实现新工艺从开发部门向生产部门转移的必要条件。它是一个新品种开发计划的终点，也是常规生产的起点。

（二）同步验证

同步验证是指生产中在某项工艺运行的同时进行的验证，用实际运行中获得的数据作为文件的依据，以证明该工艺能达到预期要求。采用这种验证方式的条件如下。

1. 有完善的取样计划，即生产及工艺条件的监控比较充分。

2. 有经过验证的检验方法，其灵敏度及选择性等都较好。

3. 对所验证的产品或工艺已有相当的经验及把握。

由于同步验证与生产同时进行，因此该验证方式可能带来产品质量方面的风险，应慎用。

（三）回顾性验证

回顾性验证系指以历史数据的统计分析为基础，旨在证实正常生产的工艺条件适用性的验证。必须具备以下条件方可应用。

1. 至少有 6 批符合要求的数据，有 20 批以上的数据更好。

2. 检验方法已经过验证，检验的结果可以用数值表示，可以进行统计分析。

3. 批记录符合制药 GMP 要求，记录中有明确的工艺条件，且有关于偏差的分析说明。

4. 有关的工艺变量是标准化的，并一直处于控制状态，如原料标准、洁净区的级别、分析方法、微生物控制等。

5. 这种方式通常用于非无菌产品的工艺验证，以积累的生产、检验和其他有关历史资料为依据，回顾、分析工艺控制的全过程，证实其控制条件的有效性。

（四）再验证

再验证系指对产品已经验证过后的生产工艺，关键设施及设备、系统或物料在生产一定周期后进行的重复验证，在下列情况需进行再验证。

1. 关键设备大修或更换及程控设备在预定生产一定周期后。

2. 批量数量级的变更。

3. 趋势分析中发现有系统性偏差。

4. 当影响产品质量的主要因素，如工艺、质量控制方法、主要原辅料、主要生产设备或主要生产介质发生改变时。

各生产企业应根据自身产品及工艺的特点制定再验证的周期，即使在设备及规程没有任何变更的情况下，也要求定期进行再验证。如产品的灭菌设备，在正常的情况下须每年做 1 次再验证，又如培养基模拟分装试验每年至少 2 次。

二、验证的状态和维护

回到验证的定义，"证明任何操作规程（或方法）、生产工艺或系统能够达到预期结果的一系列活动"，即保持验证状态最重要的就是两个方面，一个是书面的证明，另一个就是预期的结果。保持仪器、设备、工艺等在其生命周期内以稳定可靠的条件运行，是维护验证状态的意义。

为了维持验证状态，2010 年版 GMP 提出了如下有效途径：产品（系统）回顾、校验、预防性维护保养、变更控制、生产过程控制、验证回顾、再验证管理等。

验证回顾不是回顾性验证，回顾性验证是通过对需要验证项目的历史数据的回顾分析来完成验证，而验证回顾是对验证相关工作的整体回顾和总结。验证回顾报告起码要回答如下问题：待回顾系统的重要性、待回顾系统的变更数目、待回顾系统相关法规的变更情况、待回顾系统相关的偏差数目或偏差的严重性。

通过确认与验证的实施，以及后续的验证状态的维持所采取的一系列措施，建立起完整的验证管理体系，很好地维持了验证状态，确保药品生产中的 GMP 各个要素维持持续稳定，为保证持续稳定地生产出符合预定用途和注册要求的药品奠定基础。

三、验证的实施和管理

验证总计划（Validation Master Plan，VMP）是对企业内部整个确认与验证策略、目的和方法进行综述的验证管理文件，是较高层次的文件，用来保证验证执行的充分性。验证总计划应当对整个验证程序、组织结构、内容和计划进行全面安排。验证总计划提供验证工作程序的信息，简述确认与验证的基本原则、确认与验证活动的组织机构及职责，并说明执行验证工作时间的安排，需要时，也可包括与计划相关的资源计划。

验证总计划对于工程项目验证管理是极其关键的文件，是指导各部门进行验证的纲领性文件，根据风险评估的输出确定具体确认或验证活动，作为项目组的指导，确立验证目标，确定项目职责，概述预期的确认或验证活动，并结合项目需求和资源供给给出整体的时间框架。

验证总计划是实施验证的中心文件，验证管理体系也是验证实施的重要组成内容。验证管理体系通常可分层级建立，可考虑分为管理规程、操作规程和技术指导文件。

1. 管理规程 通常对通用的确认或验证流程进行管理，特点是全面，但是不具体，由此文件衍生出一些验证相关的管理规程，比如文件管理规程、文件格式管理规程、验证中的偏差和变更管理规程、再验证管理规程等。作为一种管理类程序，应通俗易懂、简洁明了，有严格的逻辑顺序和指导意义，不能模棱两可、含糊其辞，能量化的尽可能量化。

2. 操作规程 重点讲流程，如安装确认操作规程，主要是对安装确认执行的流程进行描述和指导，使操作者了解如何实施安装确认这一过程、熟悉流程，相对管理规程更加具有可操作性，但又基于管理规程的理念起草。

管理规程和操作规程之间没有明确的界限，企业可自行对确认或验证的通用流程文件进行分类。

3. 技术指导文件　通常是对单一对象或特定系统的验证实施进行指导的文件，如果企业的资源充足，可以建立多层级的指导文件，使具体确认或验证文件的编制有法可依、事半功倍。

✖ **练一练**

维持验证状态行之有效的工具有（　　）

A. 同步验证　　　　　　　　　　B. 回顾性验证

C. 验证回顾　　　　　　　　　　D. 前验证

任务 3　厂房设施和设备验证

厂房设施和设备是指药品生产中所需的建筑物以及与工艺配套的公用工程。公用工程是指除厂房以外各种生产所共用的其他设施。制药企业为了生产出高质量的产品，必须在生产过程中防止污染和混药，或者将这种可能性降至最低程度。这样就必须有整洁的生产环境及与所生产药品相适应的厂房设施。其中包括规范化厂房以及相配套的空气净化系统、制药用水系统、电气照明设施等，这些厂房设施构成了药品生产所需的环境条件。厂房与设施是药品生产的根本条件，是实施 GMP 不可缺少的硬件。WHO 及各国的 GMP 都强调了空气净化系统与制药用水系统在药物生产方面的重要作用，因此，对空气净化系统和制药用水系统的验证是本章讨论的重点。

一、空气净化系统的验证

空调净化系统简称 HVAC，是英文 Heating，Ventilation and Air Conditioning 的简写。在工业生产过程中，随着某些工艺的进行，将会产生大量的热、湿、灰尘和有害气体，对这些有害物质如果不采取有效的防护措施，将会污染车间空气和大气环境，对产品质量和人们的身体健康造成极大的危害。在药品生产中，不仅对空气温度、湿度有一定的要求，而且对空气中含有的尘粒和微生物的大小、数量也有相当严格的规定。医药工业近年来大量建立"洁净室"，就是利用过滤技术将每升空气中含有的以十万甚至百万计的灰尘颗粒，降低到每升空气中只含有几粒至几千粒的不同净化等级，以控制空间的含尘量。因此，建立合适的人工环境是进行生产的必要条件。

空调系净化系统包括空气处理装置、空气输送和分配设备在内的一个完整的系统。该系统能够对空气进行冷却、加热、加湿、干燥和净化处理，能消除传入房间的噪声，在运行中自动控制和检测，甚至还能对空气进行消毒处理。

洁净技术也称污染控制（contamination control）技术，其内涵是：在对加工或处理对象的加工处理过程中，由于污染物质的存在，会影响对象的成功率；而对到达对象表面的污染物质进行控制后，能提高对象的成功率；这个有效控制污染物质（也包括加工或处理对象带有对人体有害的污染物质需进行处理及隔离）的技术，称为污染控制技术，或洁净技术。对于这种污染控制技术，其验证程序包括设计确认、安装确认、运行确认以及性能确认等。

1. 安装确认　是为设备和设施已经按照设计标准进行安装或改造提供文件化的证据，通常安装确认分安装确认方案和安装确认报告。安装确认方案应确认设计与实际安装相一致，安装确认方案必须在执行前得到批准。安装确认的执行必须有熟悉安装确认方案并且熟悉相关设备和设施的人员执行。

通常由经过培训的人员检查审核供应商提供的图纸、设备清单、各类证书、说明书或手册（包括维护、操作及排除故障等）；检查是否有证书，证书是否准确；检测流量、压力、温度、重量等参数的关键仪器，压力容器，阀门的清洁、钝化及其材质、质量等是否有合格证明；校验证书的内容是否符合要求，如有效期、范围、结果和校验证书编号。HEPA 过滤器完整性检测报告。管道清洁和泄露检测报告。

2. 运行确认 是确认所有可能影响产品质量的设备的各个方面都在预期的范围之内运行。在进行运行确认前必须完成下面的工作。

（1）发生在安装确认过程中影响产品质量的偏差已经关闭。

（2）运行确认方案已经批准。

（3）运行确认过程中使用的设备或仪表必须经过校证，并在校正期内。

空调系统运行确认通常包括验证仪器校准的确认、高效过滤器完整性检查（DOP 测试）、房间风量和换气次数测试、房间压差测试、房间温湿度测试、气流流型测试（A/B 级区域）、自净时间测试、洁净度测试、主要操作间照度和噪音等。

空调系统的性能确认是为证明在正常情况下空调系统的可靠性提供文件支持。验证测试次数一般为连续 3 次。测试状态分为静态和动态，并在系统运行稳定后进行测试。

3. 性能确认 其要点如下。

（1）所有检验仪器校准的确认。

（2）系统标准操作程序（SOP）的确认，包括空调净化系统运行规程、压差控制规程、温湿度控制规程、送风量和换气次数的测量规程、高效过滤器检漏试验规程、洁净度检测规程、环境定期回顾规程。

（3）洁净房间洁净度（尘埃粒子、微生物）的测试。

（4）房间压差的连续测试。

（5）房间温湿度的连续测试。

通过空气净化系统的验证，保障生产环境的洁净度，提供合适有效的人工环境，确认在规定的范围内操作，各项系统均达到设计要求，符合 GMP 要求。

？ 想一想

为什么要进行空调净化系统验证？验证的具体内容有哪些？

二、制药用水系统的验证

水是制药过程的重要原料，参与了整个工艺工程。中国药典将制药用水分为饮用水（drinking water）、纯化水（purified water，PW）和注射用水（water for injection，WFI）。水质量的好坏也影响着药品的质量，制药用水系统是否合格直接关系着药品质量。因此，制水系统的验证就非常重要。

制药用水系统在安装和钝化结束后，需要进行验证。主要考查水系统是否有能力稳定地供应规定数量和质量的合格工艺用水。只有经验证的水系统，才能被投入使用。完整的验证需要做三部分：安装确认——IQ（installation qualification），运行确认——OQ（operation qualification）和性能确认——PQ（performance qualification）。

（一）安装确认

设备、管线安装后，对照设计图纸和供应商提供的技术资料，查验安装是否符合设计要求和设备技术规格。安装确认需要涵盖制水设备和分配系统。验证的主要内容包括：共用设施的支持是否到位，设备是否符合技术规格，材质、管道坡度、焊缝、盲管长度、储罐及部件等是否符合设计要求，仪器仪表是否校验，资料是否齐全等。

（二）运行确认

运行确认是在水处理设备全部开启的情况下，检查设备的各个功能是否运行正常，并测试设备的参数。验证的内容包括：设备/系统各部分的功能；产水量、产水速度是否达到设计要求；阀门、控制装置是否正常；管道是否泄漏，是否耐压；指示器、在线测试仪及报警器是否正常等。

（三）性能确认

性能确认主要是通过对所有取样点的水质检验，来确认整个水系统的运作是否符合设计要求，水质是否持续符合质量标准。制药用水系统性能确认通常分为三个阶段。第一阶段通常为 2~4 周，目的是确定操作参数范围，制定 SOP。需要对所有的点（制水机组各个阶段、储罐、总送水口、总回水口、所有使用点等）每天取样，做化学与微生物指标全项检验。第二阶段也需要经历 2~4 周，需要对所有的点每天取样，但只需检测关键项目。关键项目应包括微生物指标和关键化学指标。第二阶段的目的是验证所确定的操作参数的可靠性、一致性。需要说明的是，工艺用水如果通过第二阶段的测试，就可以用于生产了。第三阶段为监测阶段，通常需要 10~12 个月，需要对关键点做关键项目的测试。关键点至少应包含储罐、总送水口、总回水口和所有用水点。取样频率为：储罐、总送水口、总回水口每天取样，各使用点每周至少轮流取样一次。第三阶段的目的在于考察在全年四季源水质量波动及全年操作条件下系统具有可靠性和一致性。三个阶段共计约一年的时间。通过一年验证的水系统，说明所设定的操作参数以及消毒方法、周期等是可行的，且四季源水和环境的变化不会对水质造成影响，水系统的运作是稳定的。

制药用水系统正常运行后，循环水泵一般不得停止工作。若遇较长时间停机时，需要重新对水系统进行验证。通常在正式生产前需要进行 2~3 周的监测。监测的频率和项目可参照第三阶段进行。

三、制剂设备的确认

根据我国发布的《药品生产质量管理规范》（GMP）的规定，各生产企业等机构在自制制剂时，均应严格遵守相关规范和准则。制剂的生产过程应是符合要求的，其使用的设备也应符合要求。通过对制剂设备的确认，确保生产所用设备能稳定、有效地运行，生产出的产品质量均一、可靠。

设备确认包括设计确认、安装确认、运行确认和性能确认等内容，在实际的新近设备和设备的持续性验证过程中企业均有涉及，但验证的内容需要企业依据实际评估风险，并依照风险的程度进行，并不一致。设备验证工作在实际生产管理控制中的意义重大，切实关系到产品工艺质量的稳定性，所以持续有效的设备验证工作是我们生产检验过程中的基础。设备验证在实施的过程中基本分为设计确认、安装确认、运行确认和性能确认。设备验证还应分为首次和持续性验证两种情况。首次验证是指新近设备或厂房，在从未使用过的情况下进行的验证工作；持续性验证内容是指设备或厂房在生产过一段时间后进行的验证工作。首次验证按照上述 4 部分进行确认工作，但在设备的持续确认过程中，应依据风险评估确定具体验证的主要项目和方向，其中的内容可能但不完全包含上述 4 部分中的内容。

1. 设计确认　通常由有关专家、用户和专业技术人员参加，对设计进行审查和确认。审查设计的合理性，看设计中所选用的设备、零部件、系统的性能指标及相关的技术参数是否符合用户要求。

2. 安装确认　确认设备和系统是按照设计安装的，并符合设备和系统设计要求和标准。安装确认项目包括：包装确认，尤其是对一些精密测量仪器，要求包装不破损，不损坏设备表面及仪器精度；设备确认，确认设备名称、型号、生产厂家、合同号等关键信息；设备部件确认，确认设备的零部件、备品备件、测量仪器、模具、辅助设备等；仪器仪表部分确认，确认设备中的仪器仪表厂家已校验合格，其使用范围及精度符合使用要求；材料确认，尤其是与产品直接接触的材料及有特殊性能要求的材料；润滑剂确认，与产品直接接触的润滑剂必须是食品级的；各种技术资料、图纸及操作指南确认。

3. 运行确认　是确认设备/系统的每一部分功能能在规定的标准范围内稳定地运行。运行确认在正式产品生产前进行，一般采取空机运行的方式，必要时可使用一些试机料、空白料进行试验。运行确认应在完成安装确认并已得到认可后进行。

运行确认的项目包括：测试仪器校准，校验结果应符合仪器本身的精度标准（通用标准或生产厂家所提供的标准）及使用精度要求；设备/系统各部分功能测试；指示器、互锁装置和安全控制检测；报警器检测；断电和修复，断电后要求贮存的信息、参数等不得丢失；如有后备电源，应能够及时发挥作用等。

4. 性能确认　是对设备/系统在实际使用环境下，对其实际运行效果进行的系统性确认。性能确认应在完成运行确认并已得到认可后进行。性能确认又包括生产设备确认（工艺验证）、公用设施确认、检验设备效果测试。

任务4　分析方法的验证

任何分析测试的目的都是获得稳定、可靠和准确的数据，分析方法验证也在其中起着极为重要的作用。方法验证的结果可以用于判断分析结果的质量、可靠性和一致性。这是所有分析质量管理体系不可分割的一部分，许多法规和质量管理标准也要求进行分析方法的验证。那么，分析方法在什么情况下进行呢？

首先，首次使用的检测方法。

其次，该检测方法转到另一个实验室时。

再次，采用《中国药典》及其他法定标准未收载的检验方法。

最后，法规规定的其他需要验证的检验方法。

分析测量的目的是产生准确可靠的数据，只有方法经过验证，才能保证使用的方法是可靠有效的。因此，分析方法验证应将其作为分析测量质量保证体系的一部分。

分析方法验证的内容共有八项，包括准确度、精密度（包括重复性、中间精密度和重现性）、专属性、检测限、定量限、线性、范围和耐用性。根据具体的要求确定验证项目，不是所有项目都必须实施。

1. 准确度　是指用该方法测定的结果与真实值或参考值接近的程度，一般以百分回收率表示。至少用9次测定结果进行评价。可用已知纯度的对照品做加样回收测定，即于已知被测成分含量的供试品中再精密加入一定量的已知纯度的被测成分对照品，依法测定。用实测值与供试品中含被测成分量之差，除以加入对照品量计算回收率。在加样回收试验中，应注意对照品的加入量与供试品中被测成分含有量之和必须在标准曲线线性范围之内；应注意加入对照品的时间（供试品预处理前）；对照品的加入量要适当，过小则引起较大的相对误差，过大则干扰成分相对减少，真实性差。

2. 精密度　是指在规定的条件下，同一个均匀样品，经过多次取样测定所得结果之间的接近程度。用偏差、标准偏差或相对标准偏差表示。

（1）重复性　相同条件下，一个分析人员测定所得结果的精密度称为重复性。在规定范围内，取同一浓度的供试品，用6个测定结果进行评价；或设计3个不同浓度，每个浓度各分别制备3份供试品溶液进行测定，用9个测定结果进行评价。

（2）中间精密度　一个实验室，不同时间、不同分析人员用不同设备测定结果的精密度。

（3）**重现性**　不同实验室，不同分析人员测定结果的精密度。分析方法被法定标准采用应进行重现性试验。当分析方法将被法定标准采用时，应进行重现性试验。例如，建立兽药典分析方法时应通过不同实验室的复核检验得出重现性结果，复核检验的目的、过程、重现性结果均应记载在起草说明中。应注意重现性试验用的样品本身的质量均匀性和贮存运输中的环境影响因素，以免影响重现性结果。

3. 专属性　指在其他成分可能存在的情况下，采用的方法能准确测定出被测物的特性，用于复杂样品分析时相互干扰的程度。鉴别反应、杂质检查、含量测定方法，均应考察专属性。

👁 **看一看**

如何确保 API 生产中质量稳定？

根据商业情报提供的报告，2019 年制药服务市场规模将达到 805 亿美元，且有一个明显的趋势就是药企会更多地把药品生产业务外包出去。在活性药物成分（API）生产工艺开发阶段，需要评估更多的因素，以确保建立的工艺生产的产品质量稳定可靠。研发中不仅要考虑传统的生产条件，更需要考虑产品的安全性问题。现阶段通过产品的临产研究来甄别不安全因素，但时间耗费过长，大家更多地将目光看向前期的质量研究中杂质研究问题。除了传统的有机杂质，最新提出除去催化剂中的金属元素，为了有效控制这些杂质，开发一套强有力的分析方法，并经过验证体系进行验证，确保分析方法的高专属性，能迅速定位杂质，并能快速甄别杂质，这是现在分析方法验证时首要研究的问题，也是目前分析方法验证的大趋势。

4. 检测限　指试样中被测物能被检测出的最低量，无须定量。用百分数、ppm 或 ppb 表示。

5. 定量限　指样品中被测物能被定量测定的最低量，测定结果应具一定的精密度和准确度。

6. 线性　系指在设计的范围内，测试结果与试样中被测物浓度直接呈正比关系的程度。应在规定的范围内测定线性关系。可用一贮备液经精密稀释，或分别精密称样，制备一系列供试品的方法进行测定，至少制备 5 个浓度的供试品。以测得的响应信号作为被测物浓度的函数作图，观察是否呈线性，再用最小二乘法进行线性回归。必要时，响应信号可经数学转换，再进行线性回归计算。

7. 范围　指能达到一定的精密度、准确度和线性的条件下，测试方法适用的高低限浓度或量的区间。范围应根据分析方法的具体应用和线性、准确度、精密度结果及要求确定。对于有毒、具特殊功效或药理作用的成分，其范围应大于被限定含量的区间。溶出度或释放度中的溶出量测定，范围应为限度的 ±20%。

8. 耐用性　指在一定的测定条件稍有变动时，测定结果不受影响的承受程度。为使方法用于常规检验提供依据。开始研究分析方法时，就应考虑其耐用性。如果测试条件要求苛刻，则应在方法中写明。典型的变动因素有被测溶液的稳定性，样品提取次数、时间等。液相色谱法中典型的变动因素有流动相的组成比例或 pH，不同厂牌或不同批号的同类型色谱柱，柱温，流速及检测波长等。气相色谱法变动因素有不同厂牌或批号的色谱柱、固定相，不同类型的担体，柱温，进样口和检测器温度等。薄层色谱的变动因素有不同厂牌的薄层板，点样方式及薄层展开时温度及相对湿度的变化等。经试验，应说明小的变动能否通过设计的系统适用性试验，以确保方法有效。

任务5　工艺验证

中国 GMP 确认和验证附录中对工艺验证有明确的要求，"工艺验证应当证明一个生产工艺按照规定的工艺参数能够持续生产出符合预定用途和注册要求的产品"，也就是说工艺验证是法规要求的活动，是对药品制造企业的最低要求。

但是工艺验证又不仅仅是对制造阶段的要求，FDA 的指南将工艺验证分为三个阶段（stage），包括工艺设计（Process Design）、工艺确认（Process Qualification/Process Performance Qualification）以及持续工艺确认（Continued Process Verification）；与 FDA 的指南类似，WHO 的工艺验证指南也是从上述的三个方面表述了工艺验证的目标。

工艺验证的首要目的在于对设计出的工艺进行评价，确保流程输出是可重复的、可靠的以及稳健的，概述起来是三个 R（Reproducible，Reliable and Robust）。药品是特殊的商品，药品的质量特性是内嵌在产品本身的，同时也不可能通过 100% 的破坏性检查或者检验来确保产品的质量，所以产品的质量更多的是靠受控的、稳定的流程实现。

三个 R 各有各的侧重点，同时又有很强的关联性，Reproducible 强调的是结果的可重复性，不能本次生产的药品合格，再次用同样工艺下生产出来的药品不合格，这也是首次工艺验证至少要求连续三批的依据，三批是从统计学意义上最少的可以证明工艺稳定的批次数。Reliable 强调的是工艺的可靠性，这里包含采用经过验证的新技术，替代人工操作，以实现工艺更可靠的意思。Robust 很难找到一个贴切的中文翻译，简单地理解也就是说工艺在一定范围内应该是稳定的，这从设计的角度上来说往往称作 "Design Space"，这也需要基于对工艺的理解科学的制订出来，太过于狭窄的参数控制范围往往不利于工艺实现，无限制地拔高要求从风险管理的角度上来说并不是最好的选择。工艺的 Reliable 和 Robust 是工艺结果可重复性的基础。

首次工艺验证的一个很重要的输出就是一个定义好的、经过验证的生产工艺体现在各种生产指导文件中，并通过整个质量体系得到实现。首次工艺验证只是万里长征第一步，后续如何按照这个验证过的工艺持续的组织生产，确保每一个生产批次的受控，对每一个生产批次的过程参数、产品检测结果进行监视也是工艺验证的很重要的一个环节，只有工艺过程的每个步骤都是受控的，才能保证产品的关键质量属性在规定的范围内（remains in a state of control）。

持续的工艺验证应该与质量体系相结合，工艺的回顾、工艺的日常监视、变更控制也是工艺验证的一部分内容，同时，质量风险管理的思想也应该贯穿在工艺验证的过程中。

？ 想一想

为什么要进行工艺验证？制剂工艺验证与制剂设备确认之间的联系如何？有何不同？

任务6　清洁验证

在制药企业中，同一设备可能会用于多种产品的生产，在药品生产结束后，对生产用到的相关设备进行有效的清洁，是防止药品污染和交叉污染的必要手段。

在 GMP 条款中一直强调关于清洁和防止交叉污染的内容。早在 1963 年美国颁布 GMP 条例中就写到"生产设备必须保持洁净有序的状态。为了达到相关法规规范的要求，药品生产企业应保证产品的残留可以通过一定的清洁程序从设备表面清除，并提供书面证据证明各种污染和交叉污染已被有效防止。

设备的清洁程序取决于残留物的性质、设备的结构、材质和清洗的方法，对于确定的设备和产品，清洁效果取决于清洗的方法，书面的、确定的清洁方法即所谓的清洁规程。清洁工艺的运行参数包括清洁剂种类、浓度、接触时间、温度等各种参数。

在制药工业中，清洁的概念是指设备中各种残留物（包括微生物及其代谢产物）的总量低至不影响下批产品的规定的疗效、质量和安全性的状态。通过有效的清洗，可将上批生产残留在生产设备中的物质减少到不会影响下批产品的疗效、质量和安全性的程度。清洁验证即对清洁规程的效力进行确认，通过科学的方法采集足够的证据，以证实按规定的方法清洁后的设备，能始终如一地达到预定的清洁标准。

通常的做法是将清洁验证分为四个阶段，即方法开发阶段、方案准备阶段、方案实施阶段、验证状态维护阶段。

一、开发阶段

根据产品性质、设备特点、生产工艺及所使用的原辅料等因素进行实验室模拟，拟定清洁方法并制定清洁规程，对清洁人员进行操作培训。

二、方案准备阶段

首先应该准备清洁验证计划，列出清洁验证的设计与策略，对生产设备进行详细考察，确定有代表性的、难清洁的部位作为取样点；计算设备内表面积，根据产品的相关性质选定某种物质作为参照物质，确定清洁后允许的最大残留量为合格标准，验证中通过检验其含量确定设备清洁的程度，必要时还要考察清洁剂的残留量；根据验证共同要求制订并批准验证方案，开发验证有关的取样方法和检验方法，以保证数据的准确性，在验证开始前需要对有关人员进行培训。

三、方案实施阶段

按照批准的验证方案开展试验获取数据，评价结果得出结论。如验证的结果表明清洁程序无法确保设备清洁达到预定标准，则需要查找原因、修改程序并重新验证，直至结果合格。

四、验证状态维护阶段

已经通过验证的清洁方法随即进入维护阶段，对已投入运行的清洁方法进行监控，对清洁方法的变更实行变更管理，根据监测的结果来看各种生产活动中，所采用的清洁方法能达到的实际效果，以确定再验证的周期进行再验证。

项目十三　产品发运与召回

知识目标：

掌握　产品发运和产品召回的基本概念；安全隐患的界定定义；产品发运记录的主要内容；产品召回的条件与分类；药品安全隐患调查的基本内容；药品安全隐患评估的主要内容；产品召回后续处理工作。

熟悉　产品出库管理规范；产品发运的注意事项；药品发运零头包装的合箱要求；产品发运记录的制定意义；产品召回的目的及意义；主动召回调查评估报告、主动召回计划及责令召回通知书的主要内容。

了解　企业对于药品销售管理的主要内容；企业在产品召回过程中承担的法律责任及相关处罚办法；产品召回过程中涉及的参与部门；产品模拟召回要求。

技能目标：

能够严格遵循规程发货并准确填写发运记录；对已售药品进行安全隐患的调查与评估；按照规程召回药品。

素质目标：

学习药品召回案例，重视不良投诉，积极维护公众利益，建立企业信誉，培养责任意识。

学习目标

导学情景

情景描述：罗氏公司生产的处方药罗可坦（Isotretinoin，异维 A 酸）于 20 世纪 80 年代上市，主要用于治疗严重的痤疮。在上市的 30 多年里，罗氏共收到 66 份来自全球的关于成人和儿童使用罗可坦后出现严重皮肤反应的病例报告，包括 2 例死亡病例。此外，使用异维 A 酸会导致患炎症性肠病和自杀的风险增加，仅 2012 年内，英国有 15 名青少年因服用罗可坦而自杀。妊娠女性使用有导致流产、早产、儿童先天性心脏病的风险。最后，罗氏公司不仅仅是召回市面上正在销售使用的罗可坦，更是完全终止该产品的生产。类似的仿制品应用也得到了严格的限制。

情景分析：异维 A 酸被广泛用于治疗痤疮虽已有三十多年历史，但因其有多种不良反应，企业完全终止了该产品的生产，并实施药品召回。

讨论：为何需对异维 A 酸进行召回？应如何实施？

学前导语：为加强药品安全监管，保障公众用药安全，需要严格把控产品发运过程，建立完善的产品召回制度。本章将具体讲解产品发运与产品召回的相关知识。

任务 1　概　述

GMP 规定药品生产企业应全过程确保药品质量，因此药品销售也被纳入 GMP 的管理范畴。建立完善的药品购销记录，能保证在发生紧急情况时及时将产品从流通市场收回，避免或减少对患者造成不必要的伤害及对企业造成不必要的损失。

《中华人民共和国药品管理法》及其实施条例对药品购销的规定如下。

1. 药品生产企业必须从具有药品生产、经营资格的企业购进药品；但是，购进未实施批准文号管理的中药材除外。

2. 国务院药品监督管理部门对其规定的生物制品、首次在国内销售的药品、国务院规定的其他药品，在销售前须经指定药品检验机构进行检验，检验不合格的，不得销售。"首次在中国销售的药品"，是指国内或者国外药品生产企业第一次在中国销售的药品，包括不同药品生产企业生产的相同品种，即药品生产企业生产的首次上市销售的药品须通过药品管理部门指定药品检验机构强制性检验合格方可上市销售。

3. 已被撤销批准文号的药品，不得生产销售和使用

4. 对国内供应不足的药品，国务院有权限制或者禁止出口。

5. 药品的生产企业违反药品管理法规定，给药品使用者造成损害的，依法承担赔偿责任。

药品生产企业对于药品销售的管理主要包括销售人员、客商、销售渠道、销售合同、销售费用、产品发运、退货、产品召回、销售记录等。产品的发运和召回管理是药品销售管理中重要的环节，也是质量管理不可缺少的部分。

任务 2 产品发运

一、产品发运的定义

产品发运（product release）是指企业将产品发送到经销商或用户的一系列操作，包括产品配货、运输等。产品发运与药品质量息息相关，药品生产企业必须严格按照规范在药品出库与运输环节中承担起质量把控的责任，并加强对涉及人员的管理。

二、产品出库的管理

药品生产企业需要需制定药品出库管理规程，包括出库检查与复核、明确相关人员的质量责任。药品出库时，需要遵循药品出库原则，出库的药品需要留有质量检查记录、复核记录以及发运记录，具体的规范要求有以下几个方面。

1. 药品出库需遵循"先产先出""近效期先出"及按批号发货的原则，以保证药品在有效期内使用且对出库药品有可溯源性，便于药品的质量追踪。

2. 对于药品发运的零头包装，只限两个批号为一个合箱，合箱外应当标明全部批号，并建立合箱记录。这样既可以避免由于不同批号的药品合箱过多而发生混乱，也可以确保每一批次的所有药品都有迹可循。同时，并未强调合箱必须是两个相邻批号的产品，这也增加了企业处理合箱的灵活性。

3. 药品出库时必须进行质量检查和复核工作，确保发运无误。检查和复核时，应按发货凭证对实物进行质量检查，核对药品数量和项目，做到出库药品质量合格且与发货单一致。特殊药品如麻醉药品、医疗用毒性药品等出库时应实行双人复核制。

4. 每批产品均应当有发运记录，且发运记录的栏目设置要详细、全面，便于追查每一批药品的发出情况。发运记录内容应当包括产品名称、规格、批号、数量、收货单位和地址、联系方式、发货日期、运输方式等。发运记录须至少保存到药品有效期后一年。建立完整的产品发运记录，是实施产品召回和质量追溯管理的基础。

三、产品运输过程的控制

产品的运输工作应遵循"及时、准确、安全、经济"四项原则，按照国家有关商品运输的规定，合理地采用运输工具和方式，保证产品质量并及时送至目的地。

对运输资质的控制：产品运输可由企业自行运输，亦可由其他运输管理机构承办运输，涉及机构和人员必须具备相应资质，需经过相应的有关药品以及药品监管法律法规知识的培训。

对运输方式的控制：产品运输方式的选择关系到产品运输成本和运输时间。发运药品应该根据药品流向、运输线路条件和运输工具状况及运输费用高低进行综合研究，在药品能够安全到达的前提下，选择最快、最好、最省的运输方式，尽量缩短运期。

对运输工具的控制：运输工具应具备与维护药品质量相匹配的条件，比如防光照、防雨、防高温高湿、防冷冻严寒、防干燥、防颠簸、防偷盗等装置。

产品运输应根据具体情况采取相应的措施，以保证产品的质量与安全。在运输过程中有以下注意事项。

1. 产品发运前必须检查产品的名称、规格、数量是否与随货同行发货单一致，包装是否牢固、有无破损，合箱是否合规，包装大小重量等是否符合相应的要求，并做详细记录。

2. 事先确定运输线路和运输时间，应针对运送产品的包装条件、储存条件及道路状况，采取相应的措施，防止产品的破损、混淆和其他损伤。

3. 保证运输单据项目齐全，字迹清晰。有多个目的地时，每个收货单位需分别填写运输交接单，产品包装上应添加明显的区别标志。

4. 装运产品应标识清晰、包装牢固、堆码整齐，不得将产品包装倒置、重压。搬运装卸产品应严格按照外包装图标要求堆放，做到轻拿轻放。如发现包装破损、污染或影响运输安全时，不得发运。

5. 各种产品在途中运输和站台堆放时，应注意防止日晒雨淋，以避免产品受潮湿、光、热的影响而变质。

6. 对湿度有特殊要求的，采取必要的防潮和通风措施，如雨天或雪天的天气，可以加盖防雨、雪塑料布保护箱车，保持环境干燥。

7. 对光线有要求的，要采取遮光和避光措施，本公司产品有遮光或避光要求时，要采取有效的避光或避光的包装材料或采取密闭货车装运。

8. 对要求低温冷藏的药品，应采取冷藏措施，用保温桶和冰袋装运，或者用冷藏车运输，对冬天怕冻的药品，要有防冻措施，采用保温桶发运。

任务3 产品召回

👁 看一看

2018年华海药业的缬沙坦事件大家应该都耳熟能详。事情的起因是美国FDA召回华海药业所生产的缬沙坦原料药中检查出存在杂质亚硝胺；随后国际范围内的调查扩大到沙坦类所有的原料药和成品药制造商，涉及上百家生产商，并召回了更多的含有N－亚硝基二甲胺（N－Nitrosodimethylamine，NDMA）和N－亚硝基二乙胺（N－Nitrosodiethylamine，NDEA）的缬沙坦、厄贝沙坦、氯沙坦。

一、产品召回的定义及意义

药品召回是指药品生产企业（包括进口药品的境外制药厂商）按照规定的程序收回已上市销售的

存在安全隐患的药品。这里的安全隐患是指由于研发、生产等原因可能使药品具有的危及人体健康和生命安全的不合理危险，隐患可能是系统性的也可能是偶发原因导致的。药品经营企业和使用单位协助药品生产企业履行召回义务，各单位需建立并保存完整的购销记录，保证药品的可溯源性。药品召回流程主要包括药品召回决策、成立召回任务小组、制定召回计划、召回的启动、接收召回产品、召回产品后续处理、完成召回总结报告、报告药品监督管理部门、制定纠正预防措施、文件归档和召回系统有效性评估。设置产品召回环节能够加强药品安全监管，保障公众用药安全。

👁 看一看

为贯彻落实《中华人民共和国药品管理法》《中华人民共和国疫苗管理法》等法律法规，2020 年 10 月 13 日，国家药监局官网发布了新版《药品召回管理制度》（征求意见稿）。新版《药品召回管理制度》共五章 31 条，其中，重新定义了召回的含义和范围：将"药品生产企业"修改为"药品上市许可持有人"；删除"包括进口药品的境外制药厂商"，将"已上市销售的存在安全隐患的药品"修改为"已上市存在缺陷的药品"，并增加了"并采取相应措施，控制消除缺陷的活动"；将"安全隐患"修改为"缺陷药品"，增加了"销售、储运、标识"，将"可能使药品具有的危及人体健康和生命安全的不合理危险"修改为"导致存在质量问题或者其他安全隐患的药品"；通过"缺陷药品"扩大了召回的范围；删除了"法律责任"一章内容；明确药品上市许可持有人应当将药品召回的情况在药品年度报告中提交等。

二、产品召回的分类

（一）根据药品安全隐患的严重程度分类

一级召回：可能造成不可逆的严重健康危害。

二级召回：可能造成暂时的或者可逆的健康危害。

三级召回：一般不会造成健康危害，但因为其他原因需要召回。

一级召回在 24 小时内，二级召回在 48 小时内，三级召回在 72 小时内，通知到有关药品经营企业、使用单位停止销售和使用，同时向所在地省级药品监督管理部门报告。

药品生产企业在启动药品召回后，一级召回在 1 日内，二级召回在 3 日内，三级召回在 7 日内，应当将调查评估报告和召回计划提交给所在地省级药品监督管理部门备案。

药品生产企业在实施召回的过程中，一级召回每日，二级召回每 3 日，三级召回每 7 日，向所在地省级药品监督管理部门报告药品召回进展情况。

（二）根据提出药品召回的主体分类

1. 主动召回　由药品生产企业根据调查评估判断事件严重程度后主动发起并制定召回计划，官方未发布强制要求。

（1）调查评估报告内容包括　①召回药品的具体情况（名称、批次等基本信息）；②药品召回的原因；③调查评估的结果；④药品召回的分级。

（2）召回计划包括　①药品生产销售情况及拟召回的数量；②药品召回措施的具体内容，包括实施的组织、范围和时限等；③药品召回信息的公布途径与范围；④药品召回的预期效果；⑤药品召回后的处理措施；⑥联系人的姓名及联系方式。

药品生产企业对上报的召回计划进行变更的，需要及时上报药品监督管理部门备案。

2. 责令召回　由药品监督管理部门经过调查评估，认为该药品存在安全隐患，药品生产企业应当召回药品而未主动召回的，应当责令药品生产企业召回药品。必要时，药品监督管理部门可以要求药品生产企业、经营企业和使用单位立即停止销售和使用该药品。

责令通知书内容包括：①召回药品的具体情况（名称、批次等基本信息）；②药品召回的原因；③调查评估的结果；④召回要求（范围、时限等）。

三、产品召回的依据

当药品出现以下情况时，药品生产企业须履行召回义务。

1. 药品留样观察中发现质量不合格情况。

2. 患者、医生、客商来信投诉药品质量情况，经调查后属实。

3. 药品经营企业、使用单位发现其经营、使用的药品存在安全隐患的。

4. 药品质量监督管理部门抽检通报有质量问题的药品。

5. 用户反映有未知的不良反应。

6. 国家食品药品监督管理总局已公告撤销批准文号的药品。

7. 药品包装标签说明书内容或者设计印制存在缺陷，影响用药安全的。

8. 执行政府相关的药品召回决定。

9. 其他认为需要召回的药品。

？ 想一想

当某药企启动产品召回程序时，被召回药品可能存在哪些问题？

四、药品安全隐患的调查与评估

药品生产企业应当建立健全的药品质量保证系统和药品不良反应监测系统，收集、记录药品的质量问题与药品不良反应信息，并按规定及时向药品监督管理部门报告。药品生产企业应当对药品可能存在的安全隐患进行调查。药品监督管理部门对药品可能存在的安全隐患开展调查时，药品生产企业应当积极予以协助。药品经营企业、使用单位应当配合药品生产企业或者药品监督管理部门开展有关药品安全隐患的调查，提供有关资料。

（一）药品安全隐患调查的主要内容

1. 已发生的药品不良事件的种类、范围及原因。

2. 药品使用是否符合药品说明书、标签规定的适应证、用法用量的要求。

3. 药品质量是否符合国家标准，药品生产过程是否符合 GMP 等规定，药品的生产工艺是否与批准的工艺相一致。

4. 药品储存、运输是否符合要求。

5. 药品主要使用人群的构成及比例。

6. 可能存在安全隐患的药品批次、数量及流通区域和范围。

7. 其他可能影响药品安全的因素。

具体内容药品生产企业可根据实际情况进行补充。

（二）药品安全隐患评估的主要内容

1. 该药品引发危害的可能性，以及是否已经给人体健康造成了危害。

2. 对主要使用人群的危害影响。

3. 对特殊人群，尤其是高危人群的危害影响。

4. 危害的严重与紧急程度。

5. 危害导致的后果。

五、产品召回小组

产品召回涉及多个部门，鉴于我国制药行业的现状，企业应预先建立药品召回工作小组，明确各部门及相关人员在药品召回环节中的职责。

1. 药品召回小组组长应由企业负责人担任，以便及时做出各种决策。质量负责人担任副组长，以便于正确把握政策，与主管部门及时沟通。质量受权人、质量控制部门负责人、销售和市场部门负责人、物供部门负责人、财务部门负责人、负责公共关系的负责人、生产部门负责人及律师，均应参与召回方案的制定。

2. 质量负责人应组织定期起草给监管部门的报告；定期向药监部门报告召回情况（紧急情况下的随时报告），负责召回过程中与监管部门的沟通工作。

3. 质量受权人负责准备召回产品清单（品名、批号、数量等），负责复核产品召回情况，如数量。

4. 销售部门配合完成召回产品清单、客户联系方式等，负责召回过程中与客户进行沟通，负责与客户协商替代性供应方案或补偿方案。

5. 质量控制部门负责必要时对召回产品的检验工作。

6. 仓库和物流部门配合完成召回产品清单，负责接收和隔离存放召回的产品。

7. 财务部门负责召回产品和补偿行动的财务处理。

8. 生产部门负责必要时替代性供应方案的生产。

9. 公共关系部门负责面对媒体、公众和内部员工的沟通工作。

10. 律师负责必要时应对法律诉讼。

详细内容应根据实际情况作出相应调整。

六、产品召回后续处理

1. 药品召回后续工作

（1）根本原因分析（可能在召回过程中进行）。

（2）药品生产企业拟定返工计划，经评估后，报药品监督管理部门批准。

（3）对于不能返工产品，销毁需要药监部门监督。

（4）召回药品的销毁，需要 EHS 部门支持。

（5）销毁绝不是最佳选择，召回的药品用于调查根本原因，支持返工工艺开发、支持工艺变更将更有价值。

2. 模拟召回　药品生产企业需要定期对产品召回系统的有效性进行评估，保证召回系统能够随时启动并迅速实施，模拟召回是惯用的手段。根据各类法规，对模拟召回有以下要求。

（1）定期开展，建议每年至少一次模拟召回。

（2）模拟召回可针对覆盖范围最广或主流产品进行。

（3）每年确定缺陷最好有所不同。

（4）建议药品生产企业设置药监角色。

（5）各类档案资料须收集齐全。

七、法律责任

1. 药品监督管理部门确认药品生产企业因违反法律、法规、规章规定造成上市药品存在安全隐患，依法应当给予行政处罚，但该企业已经采取召回措施主动消除或者减轻危害后果的，依照《行政处罚法》的规定从轻或者减轻处罚；违法行为轻微并及时纠正，没有造成危害后果的，不予处罚，但不免除其依法应当承担的其他法律责任。

2. 药品生产企业发现药品存在安全隐患而不主动召回药品的，将责令召回药品，并处应召回药品货值金额 3 倍的罚款；造成严重后果的，由原发证部门撤销药品批准证明文件，直至吊销《药品生产许可证》。

3. 药品生产企业，未在规定时间内通知药品经营企业、使用单位停止销售和使用需召回药品的，或未按照药品监督管理部门要求采取改正措施或者召回药品的，予以警告，责令限期改正，并处 3 万元以下罚款。

4. 药品经营企业、使用单位未按规定停止销售和使用需要召回药品的，责令停止销售和使用，并处 1000 元以上 5 万元以下罚款；造成严重后果的，由原发证部门吊销《药品经营许可证》或者其他许可证。

5. 药品经营企业、使用单位拒绝配合药品生产企业或者药品监督管理部门开展有关药品安全隐患调查、拒绝协助药品生产企业召回药品的，予以警告，责令改正，可以并处 2 万元以下罚款。

6. 药品监督管理部门及其工作人员不履行职责或者滥用职权的，按照有关法律、法规规定予以处理。

💗 药爱生命

《制药技术杂志》对 2020 年的美国口服制剂召回事件进行了总结。召回事件的原因多是由于污染问题（尤其是亚硝胺杂质，即 N,N - 二甲基亚硝胺，NDMA）以及产品检验不合格。从 2020 年 5 月开始，几乎每个月，制药商（如 Amneal 制药、Apotex 制药、Marksan 制药、Teva 制药、Lupin 制药、Bayshore 制药和太阳制药）都会报告涉及 NDMA 污染的盐酸二甲双胍产品召回事件。当然，除 NDMA 污染外，制药行业在过去一年中还不得不应对其他污染导致的召回事件。2020 年 5 月，MasterPharm 召回了一批非那雄胺（Finasteride）胶囊，原因是独立检测实验室在产品中发现存在米诺地尔（一种抗高血压药）污染，其含量超 FDA 限度，据公司声明，服用含米诺地尔污染的药物可能会导致血压降低、心率加快、水胀，患者有发展为心力衰竭或其他心脏损害的风险。

目前，包括我国在内的许多国家和地区都建立了相关的问题药品召回制度。我国对已经上市销售的存在安全隐患的药品实施召回，以最大限度地减少可能对消费者造成的伤害，体现了政府对百姓用药安全的一种负责态度，有利于消费者权益的保护。同时这也将促进药品生产企业不断加强药品原辅料的进货及生产流程的管理，促使药品经营企业及医疗机构规范进货渠道，有利于促进药品生产经营企业加强管理，提高质量意识。

项目十四　委托检验

导学情景

情景描述： 2015 年以来，我国医药卫生体制改革逐步深化，在药品上市许可持有人试点制度（Marketing Authorization Holder，MAH）落地后，行业的专业化分工进一步加剧。众多企业将有关的药物研发、临床试验及药品注册委托给专业的合同研发组织（Contract research organization，CRO），在此背景下，我国 CRO 行业开始迎来发展机遇，数据报告显示，中国 CRO 市场规模已于 2018 年达到 59 亿美元，预计 2023 年将增至 214 亿美元，复合增长率为 29.6%。但是行业高速发展的同时，也逐渐暴露出存在的问题，如委托检验的纠纷日趋增多。

情景分析： 企业选择通过委托检验、委托生产等方式，优化资源配置，缩短药品的开发周期。目前 CRO 企业多而小，业务分散，高素质研发人员面临紧缺，实力参差不齐，直接导致了委托检验纠纷的增多。

讨论： 作为公司的相关管理者，应怎样选择合作企业？如何保证委托检验的质量？

学前导语： 为了保证药品质量，在现有《委托检验行为规范（试行）》的基础上，国家市场监督管理总局于 2021 年再颁布《检验检测机构监督管理办法》，进一步规范委托检验的管理。这同时也提示我们，委托检验管理的重要性与必要性。

一、委托检验的定义

委托检验（contract analysis）是指质量检验机构（多为各级药检所、高等院校、合同研究组织等）接受其他组织、企业或个人的委托，由委托方自行送样或由委托方组织抽取样品，以委托方的要求、药品质量标准以及国家法律法规等为依据，按标准规定的检验方法，在规定的环境条件下对药品或样品质量进行检验，并出具合法有效的检验报告，以便对样品或所代表的药品批次的质量状况做出准确、可靠的评价结论的一种质量检验活动。

2004 年，国家药品监督管理部门下发了《关于药品 GMP 认证过程中有关具体事宜的通知》（国食药监〔2004〕108 号），首次认可了委托检验，并也明确了相关实施方式及内容。

委托检验和委托生产都是社会最大限度充分利用资源的一种商业模式。GMP（2010 年版）对委托检验从技术层面上做出与国际上的相关要求基本一致的规定，进一步规范了我国药品或样品的委托检验行为，从而确保产品的质量。随着《药品上市许可持有人制度试点方案》（国办发〔2016〕41 号）的推出以及国家政策大力鼓励创新，加速药品的审评审批等因素驱动下，医药产业升级以及资源优化配置的迫切需要已使得委托检验的应用越来越广泛。

二、委托检验的方式

委托检验的方式，就目前样品的提供过程来看，大体有以下三种形式。

（一）送样委托检验/来样检验

样品由委托方自行从产品批中抽样送受托的质检机构，按委托方指定的标准或产品的标准进行检验。由于受托的质检机构对产品批次和抽样过程不了解，因此出具的检验报告仅对样品而言。检验结论一般为"依据××标准检验，所送样品质量合格（不合格）""依据委托方指定的标准检验，所送样品质量合格（不合格）""依据委托方要求的检验项目，所送样品××项目合格（不合格）"。

（二）委托抽样检验

样品抽取、检验，直至对产品批做出质量判定等过程，均由受托的质量检验机构进行。这一形式在实际中最常见，受托的质检机构一般受企业或行政执法部门（非仲裁检验）或其他组织（非仲裁检验）的委托，整个检验过程都是质检机构严格按有关规定和标准进行的，因此出具的检验报告中所做出的检验结论，结果准确可靠。其检验报告是对产品批而言，检验结论一般为"依据××标准检验，该批产品质量合格（不合格）"。

（三）委托仲裁检验

接受质量争议的双方或一方或司法机关，或质量技术监督行政主管部门或工商行政机关等其他组织的委托，对产品质量进行仲裁检验。仲裁检验的样品，可由争议双方协商一致共同抽样，否则由质量技术监督部门组织抽样。与委托抽样相比，仲裁检验的性质是一种行政仲裁，更强调法制性、公正性，对于委托方不合乎有关仲裁检验法律法规的要求，检验机构检验时一概不予考虑。仲裁检验的结论必须对整批产品而言，仲裁检验可看成是委托抽样检验的一种特殊形式。

三、委托检验的管理

？ 想一想

由于委托研究机构或者 CRO 企业鱼龙混杂、实力参差不齐，委托双方间的合同纠纷诉讼也早已屡见不鲜，涉及类型主要有核心技术泄露、研发不达标、逾期、无法按时提供具备真实性、可靠性、有效性，能经得起业内专家核查的试验总结报告等合同违约。

假如你是委托方的相关项目负责人，你该怎样确保委托试验的顺利完成？

（一）委托检验的范围

根据《药品生产质量管理规范》（2010 年版）和国家药品监督管理局《关于药品 GMP 认证过程中有关具体事宜的通知》的相关规定，药品生产企业对放行出厂的制剂产品必须按药品标准项下的规定完成全部检验项目。除动物实验暂可委托检验外，其余各检验项目不得委托其他单位进行。菌、疫苗制品的动物实验不得委托检验。药品生产企业在对进厂原辅料、包装材料的检验中，如遇使用频次较少的大型检验仪器设备（核磁共振、红外线设备等），相应的检验项目可以向具有资质的单位进行委托检验。

（二）委托方

委托方应当对受托方进行评估，对受托方的条件、技术水平、质量管理情况进行现场考核，确认其具有完成受托工作的能力，并能保证符合本规范的要求。评估方式根据质量风险评估规程进行操作。

另外，委托方应当向受托方提供所有必要的资料，以使受托方能够按照药品注册和其他法定要求正确实施所委托的操作。应当使受托方充分了解与产品或操作相关的各种问题，包括产品或操作对受托方的环境、厂房、设备、人员及其他物料或产品可能造成的危害。委托方应对受托检验的全过程进行监督。委托方应当确保物料和产品符合相应的质量标准；提供有代表性的样品。样品标签应标明样品名称、批号、规格、生产单位等基本信息，并提供质量标准。委托方应对检验结果进行审核并合成最终的检验报告，并在检验报告中注明相应的委托检验信息。

委托方应在委托检验合同签订后报食品药品监督管理局备案。备案资料应包括：委托检验备案表一份（在国家食品药品监督管理总局网站下载）、委托检验合同复印件（加盖委托方公章）、受托方相关资质证明文件和能力范围证书复印件（加盖受托方公章）。企业在申请药品 GMP 认证或检查时，有关委托检验合同复印件须加盖本企业公章，随申报资料一并上报。

（三）受托方

受托方应具有与所生产药品相适应的质量检验机构、人员及必要的仪器设备，对放行出厂的产品必须按药品标准项下的规定完成全部检验项目。委托检验受托方应具有相应检测能力，并通过实验室资质认定或认可的检验机构或是通过药品 GMP 认证的药品生产企业。

受托方应当确保所收到委托方提供的物料、中间产品和待包装产品适用于预定用途，并不得从事对委托检验的产品质量有不利影响的活动。受托方应依照委托方的要求及提供的质量标准进行检验，并向委托方提供书面检验结果。

受托方仅对委托方提供的样品负责，委托方对最终的检验报告负责。

✎ 练一练

关于委托检验中的委托方、受托方，以下说法正确的是（　　）

A. 由于已签订合同，因此委托方无需对受托方的全过程进行监督。

B. 委托方必须对委托检验的结果进行审核，并负主体责任。

C. 企业对某药品的单一杂质检测项目，确定了 3～5 家委托检验机构。

D. 受委托检验机构以行业机密为由，拒绝配合药品监督管理部门对委托方某一产品的核查。

（四）委托检验的原则

为确保委托检验的准确性和可靠性，委托方和受托方必须签订书面合同，明确委托项目、双方责任和义务，界定各自的职责。委托检验的所有活动，包括技术或其他方面拟采取的任何变更，均应符合药品生产许可和注册的有关要求。

委托方和受托方双方必须互相审核资质，并保留相关证明文件复印件（加盖红章），包括《药品 GMP 证书》《药品生产许可证》和《营业执照》、检验机构资质证书和能力范围证书等。相同检验项目的受托方应保持相对稳定，一种检验项目原则上只委托一家受托方。有关委托情况（包括变更受托方）须报省级药品监督管理部门备案。

企业在申请药品 GMP 认证（或检查）时，有关委托协议复印件须加盖本企业公章随相关研究资料一并上报，接受检查。在正常的生产检验活动中，企业应将委托行为纳入药品 GMP 自检重点范畴。各级药品监督管理部门须对有药品检验委托行为的企业加强药品 GMP 监督检查。

四、合同

根据《药品生产质量管理规范》（2010 年版）第二百七十八条规定："为确保委托检验的准确性和可靠性，委托方和受托方必须签订书面合同，明确规定各方责任、委托检验的内容及相关的技术事项。"即委托方与受委托方之间签订的合同（包括商业条款及质量协议）除详细规定各自的职责外，其中的技术性条款应由具有制药技术、检验技术知识和熟悉 GMP 的主管级以上人员拟定，委托检验的各项工作必须符合质量标准的要求并应双方同意。

委托检验的合同应至少包括以下内容。

1. 合同应当详细规定委托方和受托方职责。

2. 合同应当详细规定质量受权人批准放行每批药品的程序，确保每批产品都已按照药品注册的要求完成检验。

3. 在委托检验的情况下，合同应当规定受托方是否在委托方的厂房内取样。

4. 合同应当规定由受托方保存的检验记录及样品，委托方应当能够随时调阅或检查；出现投诉、怀疑产品有质量缺陷或召回时，委托方应当能够方便地查阅所有与评价产品质量相关的记录。

5. 合同应当明确规定委托方可以对受托方进行检查或现场质量审计。

6. 委托检验合同应当明确受托方有义务接受药品监督管理部门检查。

由以上可知，委托生产合同应明确规定委托方和受托方各自的取责，赋予委托方监督检查的权限。针对物料采购、物料检验、药品生产、药品检验、药品召回和现场审计等，委托方有监督检查职责。而且，委托方有权随时调阅和检查药品生产全过程的记录和文件，保障药品生产过程中的质量安全、可靠、可控。

👁 **看一看**

关于委托红外气相检测协议

立协议人：　　　广东×××制药有限公司（以下简称甲方）

　　　　　　　　广东×××药业有限公司（以下简称乙方）

为保证药品质量，甲方由于红外分光光度计与气相色谱仪暂未到位，部分进厂物料需用以上两种仪器进行检测，鉴于乙方是 GMP 认证企业，并具有红外气相检测仪器和检测条件，甲方委托乙方进行物料红外或气相检测。经双方友好协商，达成如下协议：

1. 甲方负责提供红外和气相法定检测标准和供检测用药品。

2. 甲方负责提前 3 天通知乙方进行红外或气相检测的品种、数量及质量标准，以便乙方统筹安排检测工作。

3. 甲方负责乙方提供红外或气相检测费用，每半年结算一次。

4. 乙方负责按法定药品红外或气相检测标准检测，并向甲方提供检测相关图谱等检测报告资料，并配合后续可能的药品监督部门检查。

5. 乙方负责统筹安排红外或气相检测工作。

6. 协议中未尽事宜，由双方另行友好协商解决。本协议有效期至 2011 年 4 月 20 日。

7. 本协议一式两份，双方各执一份。由双方单位盖章后生效。

甲方：广东×××制药有限公司　　　　甲方：广东×××药业有限公司

日期：2009 年 4 月 20 日　　　　　　日期：2009 年 4 月 20 日

❤ 药爱生命

　　埃博拉病毒是一种能引起人类和其他灵长类动物产生埃博拉出血热的烈性传染病病毒，其引起的埃博拉出血热（EBHF）是当今世界上致死率最高的病毒性出血热，感染者症状包括恶心、呕吐、腹泻、肤色改变、全身酸痛、体内出血、体外出血、发热等。死亡率在 50%～90% 不等，致死原因主要为中风、心肌梗死、低血容量休克或多器官功能衰竭。埃博拉病毒被世界卫生组织归类到四级病毒实验室，也是最高级别的实验室。

　　2014 年 2 月，埃博拉病毒在西非大陆暴发，迅即蔓延至多个国家，并很快传播到了欧洲和美洲，引发全球性恐慌。2014 年 8 月 8 日，世界卫生组织将该疫情定为全球卫生紧急事件，中国也果断启动了基因突变型埃博拉疫苗（2014）研发工作。时任军事医学科学院某研究所所长的陈薇临危受命，毅然前往非洲一线，她和团队一次又一次攻坚克难，于 2016 年取得了埃博拉病毒疫苗的临床试验成功。这也是我们国家首次走出国门的疫苗，对于我国是一个医学上的重大突破，对于非洲人民是他们生存的希望。这让深陷埃博拉病毒病害的非洲人民看到了战胜疫情的曙光，也保护了当地中国维和官兵的生命安全。

👁 看一看

合同一：

×××食品药品检验所药品委托检验协议

样品编号：

委托方信息	委托单位：			此栏由工作人员填写	
	详细地址：			受理人员：	
	联系人：		邮编：	评审情况：	
	电话：		手机：		
	提供资料：□单位介绍信或法人委托书原件　□批件　□单位资质说明 □质量标准　□自检报告　□身份证复印件　□其他：			日期：　　年　月　日	
				备注：	
样品信息	样品名称：			批准文号：	
	标示生产单位或产地：				
	规格：	批号：	生产日期：	有效期至：	
	包装：	包装规格：	样品数量：		
	样品储存要求	□常温　　□阴凉　　□冷藏　　□其他：			
标准物质信息	□中检所　　□其他（　）		标准物质说明	□有　　□无	
检验要求	检验类别：□委托检验　　□复核检验　　□其他（　）				
	检验依据：				
	检验项目：□全检　　□部分检验（　）				
	报告方式：□检验结论　　□检验结果　　□其他（　）				

报告交付	交付方式	□自取　　　□邮寄　　　□传真　　　□其他（　）		
	接收人或地址若与上述有所不同，请说明			
	报告份数			
	领取人签名	□1 份　　□（　）份	领取时间	
付款信息	付款单位全称			
	开户银行、账号			
	地址、邮编			
	联系人		联系电话	
	检验费用		财务费用情况：□转账　　□现金　　□其他	

开户名：×××××　　　　开户行×××××　　　　账号：×××××

地址：×××××　　　　　邮编：×××××　　　　　E-mail：×××××

受理咨询电话：×××××　　报告书查询电话：×××××　　传真：×××××

合同二：

委托试验须知

1. 委托方持单位介绍信或法人委托书、单位资质证明、该样品的批准证明文件及质量标准复印件、标签备案件、个人身份证等相关资料办理，并保证提供的所有相关信息和资料的真实性，并承担相应责任；因委托方送样、表述不真实造成的一切损失及责任由委托方承担。（资料均需加盖委托方公章）

2. 检验项目含微生物限度/无菌检查的，需同时提供微生物限度/检查方法学验证报告（按现行版《中国药典》验证的方法）。

3. 检验样品为一次检验用量的三倍。

4. 样品包装标签应完整，来源确切，中药材应注明产地、批号或生产日期。

5. 实验室开始检验后，委托检验的项目不得变更，若无特殊理由，所发生的责任由委托方承担，检测要求的更改必须以书面方式提出申请。

6. 检验周期为一次正常检验的时限，若因样品质量、质量标准及特殊仪器、试剂等原因需适当延长，因此而影响检验周期的，时间顺延。

7. 委托检验的结果只对所送样品和所检验的项目负责，样品检验报告书只发送委托方。

8. 委托检验的收费按《国家发改委、财政部关于调整药品检验收费标准及有关事项的通知》（〔2003〕213 号）文件的收费标准收取，并预先支付，除非另有约定，检验费在付清之后方可安排检验。

9. 本"委托检验须知"依据当前有关文件起草，当国家有关规定修订时，我所将适时修订本须知。

10. 本委托书一式二联，一联交委托方保存，另一联由本所保存。

委托方经办人仔细阅读上述文字表述，确认后签字：

其他特殊约定和说明：□无　　　　□有：

委托方经办人（应能证明身份）签名：　　　年　　月　　日

（身份证号码：□□□□□□□□□□□□□□□□□□）

实训 5 原辅料、成品取样及物料留样

一、实训目的

1. 掌握 GMP 对原辅料、产品取样及物料留样的相关规定。
2. 学会原辅料、成品的取样及物料留样的方法。
3. 培养科学、严格、认真的工作作风，以及相互协调、配合的职业素养。

二、实践内容

1. 原辅料取样操作。
2. 成品取样操作。
3. 药品的留样操作。

三、实践步骤

（一）实训指导

1. 取样应遵守《取样管理程序》或《取样操作规程》。

2. 取样员应在企业规定时间内到规定地点在取样间内取样。取样前确认取样环境的温度、湿度及洁净度是否符合要求。

3. 取样员在开启物料包装前核对物料名称、批号、数量、检查包装应完整、清洁，无水迹、霉变等异常情况，如有异常应单独取样。

4. 液体材料摇匀后取样。光敏性药品用棕色瓶装，必要时加套黑纸；腐蚀性物料避免用金属取样工具取样；毒剧性药品两人取样，并佩戴防护用具。

5. 一批物料的品名、批号、包装、生产厂家相同时，可作一个取样单位，否则需要分别取样。

6. 取样结束，在已取样的内包装材料上及时贴"取样证"，将外包装重新密封，挂上取样证后发送回原处。

7. 取样器具按相应的清洗标准操作规程清洗后定置存放。品种、规格不同的物料取样器具应分开，避免污染。

8. 检验剩余样品不能返回原包装，作留样样品保管。

9. 留样由专门人负责，具有一定的专业知识，熟悉样品的性质和储存方法。

（二）设计《取样通知单》、取样证、取样记录等资料

（三）选择取样及留样所需的仪器

（四）确定取样量

根据请验单的品名、规格、数量计算取样样本数、取样量。

（五）原料药取样

1. 固体原料药在样品间用干净的不锈钢钢勺或不锈钢探子（大的包装还可采用取样棒），在每一包装件的不同部位取样。样品放在具有封口装置的无毒塑料取样袋内，封口，做好样品标识。

2. 液体原料药在取样间用干净的玻璃吸管取样，放在洁净的具塞玻璃瓶中，密塞，做好样品标识。

3. 原料、辅料需要检验微生物限度的样品，用已灭菌的取样器在每一个包装件的不同部位按无菌

操作法取样，样品放在已灭菌的容器内，封口，做好的样品标识。

（六）成品取样

1. 成品入库前，生产车间填写成品请验单送交质量管理部门。由车间现场质量监控员取样，或由化验室专人到成品存放处或外包装岗位，按批取样。

2. 核对试验单内容与成品标签内容，无误后取样。每批成品在不同的包装内抽取一定的小包装，总量供三倍全检用量。取样后再随机取样检验，登记检验台账。

（七）药品的留样操作

1. 凡需要留样观察的产品由质量部门填写留样通知单通知车间留足产品，所留样品要求为市售包装产品。

2. 由分样人或取样员将样品交给留样员，留样员加贴留样标签，并填收样记录，内容包括留样接收时间、品名、规格、批号、来源、样品数量、留样编号、双方签字等。

3. 留样产品要专人专柜保管，并按品种、规格、生产时间、批号，分别排列整齐。每一个留样柜内的品种、批准号应有明量标志，并易于识别，以便定期进行外观检查和用户投诉时查证。

4. 超过留样期限的产品应每年集中销毁一次。由留样员填写"销毁单"，注明品名、批号、剩余量、错毁原因、销毁方法等，报质量部负责人宙核、批准后销售。销毁按规定的销售程序进行，要求有 2 人以上现场监督毁，并有销售记录。

四、实训组织

1. 班级学生分组，每组 3～5 人，每人学习原辅料和成品取样操作。
2. 填写取样记录和留样记录。
3. 组长归纳本组学生取样与留样操作训练的收获和存在的问题，在班级进行发言讨论。
4. 教师答疑，并总结。

五、实训报告

1. 设计并填写《取样通知单》、取样证、取样记录。
2. 总括本次实践的取得不足。

实训 6 编写旋转式压片机验证方案

一、实验目的

1. 熟悉验证的目的和验证方案的内容。
2. 培养查阅技术资料的能力。
3. 培养自我学习、信息处理、与人合作解决实际问题的能力。

二、实训内容

1. 查阅旋转式压片机的技术资料。
2. 设计旋转式压片机的验证方案。

三、实训步骤

1. 查阅旋转式压片机说明书，记录其型号及技术参数。

2. 实地考察压片机结构，了解其工作原理和用途。

3. 确定验证的目的。

4. 确定验证的内容和方法。

5. 设计验证所需要记录。

四、实训组织

1. 教师课前提出验证要求。

2. 学习小组查阅资料，熟练掌握压片机操作，编写验证方案。

3. 各组长汇报本组验证方案。归纳本次实训的收获和遇到的问题，在班级进行发言讨论。

4. 教师答疑，并总结。

五、实训报告

设计旋转式压片机验证方案。

目标检测

一、A 型题（最佳选择题）

1. 质量控制实验室的检验人员应具有的学历至少为（　）。

    A. 大专   B. 初中   C. 本科   D. 中专或高中毕业

2. 持续稳定性考察的目的是监控药品的质量，以发现药品与生产相关的稳定性问题并确定（　）。

    A. 使用期   B. 销售期   C. 有效期   D. 存放时限

3. 每批药品生产成品放行的批准人员为（　）。

    A. 仓库负责人   B. 质量受权人

    C. 企业负责人   D. 企业生产负责人

4. 公司必须成立质量保证体系，同时成立完整的（　），以保证系统有效运行。

    A. 文件体系   B. 组织机构   C. 质量控制系统   D. 质量管理体系

5. 质量保证系统应保证生产管理和（　）活动切合本规范的要求。

    A. 质量管理   B. 质量控制   C. 产品质量   D. 产品实现

6. 发运记录应至少保存至药品保质期后（　）。

    A. 半年   B. 一年   C. 两年   D. 三年

7. 企业应当指定专人负责组织协调召回工作，并配备足够数量的人员。药品召回负责人应当独立于（　）。

    A. 生产和质量部门   B. 生产和销售部门

    C. 销售和质量部门   D. 销售和市场部门

8. 按照 GMP 相关法律法规，以下不能委托检验的项目是（　）。

    A. 片剂的动物实验研究   B. 辅料杂质的原子色谱检测

    C. 包装材料中塑化剂的核磁检测   D. 疫苗制品的动物实验检测项

9. 企业委托外部实验室进行检验的，应该在何处予以说明（　）。

    A. 产品注册文件   B. 批生产记录   C. 检验报告   D. 工艺规程

二、B 型题（配伍选择题）

[1～3]

A. 质量管理　　　　　B. 质量方针　　　　　C. 质量策划　　　　　D. 质量改进

1. 系质量管理中致力于增强满足质量要求的能力（　　）。

2. 系质量方面指挥和控制组织的协调活动（　　）。

3. 系由组织最高管理者正式发布的关于质量方面的全部意图和方向（　　）。

[4～6]

A. GAP　　　　　B. GMP　　　　　C. GCP　　　　　D. GLP

4. 药品生产质量管理规范》的英文缩写是（　　）。

5.《药品临床试验管理规范》的英文缩写是（　　）。

6.《药品非临床试验管理规范》的英文缩写是（　　）。

三、C 型题（综合分析选择题）

[1～2]

欣弗事件——安徽华源生物药业有限公司更换灭菌设备未经确认，对灭菌工艺未进行再验证，擅自修改工艺参数，导致产品出现严重不良反应。而国内其他 5 个企业同类产品却无此严重不良反应。

1. 依据 GMP，生产工艺重大变更应经过（　　）。

　　A. 确认　　　　　B. 验证　　　　　C. 审核　　　　　D. 复核

2. 依据 GMP，批准每批产品放行的人员为（　　）。

　　A. 企业负责人　　　　　　　　　　B. 生产管理负责人

　　C. 质量管理负责人　　　　　　　　D. 质量受权人

[3～4]

某药厂生产了一批疫苗，该疫苗投入使用后，患者出现明显的不良反应。

3. 此药厂生产的药品属于哪一类国家特殊管理的药品（　　）。

　　A. 癌症药品　　　　　　　　　　　B. 麻醉药品

　　C. 精神药品　　　　　　　　　　　D. 血清制品、疫苗

4. 该厂生产的药品经调查保存条件不符合要求，应按（　　）处理。

　　A. 新药　　　　　B. 假药　　　　　C. 劣药　　　　　D. 仿制药

四、X 型题（多项选择题）

1. 企业应当对每家物料供应商建立质量档案，档案内容应当包括（　　）。

　　A. 供应商的资质证明文件　　　　　B. 质量协议

　　C. 供应商对产品的检验报告　　　　D. 现场质量审计报告

2. 下列情况属于偏差的包括（　　）。

　　A. 工序物料平衡超出平衡率的合格范围

　　B. 生产过程时间控制超出工艺规定范围

　　C. 生产过程工艺条件发生偏移、变化

　　D. 生产过程设备突发异常，可能影响产品质量质量控制与质量保证

3. 为保证药品在有效期内使用且对出库药品有可溯源性，便于药品的质量追踪，药品出库应遵循的原则有（　　）。

　　A. 先产先出　　　　B. 后产先出　　　　C. 按批号发货　　　　D. 近效期先出

4. 为确保委托检验的准确性和可靠性，保证产品质量，按照 GMP 相关法律法规，以下关于受托方的说法正确的是（   ）。

A. 应具有足够的厂房、仪器设备及具有相应数量的专业知识和经验的人员

B. 能满足委托方所委托的检验工作要求

C. 应为通过国家（省）计量认证的检（试）验机构或经国家实验室认可的检（试）验机构

D. 因为行业机密，受托方有权拒绝委托方想要进行的检查或现场质量审计

6

模块六
自检及GMP检查

项目十五　GMP 自检

导学情景

情景描述： 2019 年某药品生产企业在接受省药品监督管理局 GMP 规范性现场检查时，检查员查阅该企业自检档案时，发现该企业分别于 2017 年 4 月 20 日、2018 年 9 月 26 日各组织了一次自检，查看 2018 年自检档案时发现自检年度方案及报告未能进行审核批准，自检方案中的审核部门仅包括了生产车间及质量管理部门，检查组认为该企业的 GMP 自检管理及执行情况不符合 GMP 要求。

情景分析： 该企业组织自检的时间间隔为 2017 年 4 月 20 日至 2018 年 9 月 26 日，超出一年的时间，自检的方案与报告无相关人员签字审批，有被更改、替换的可能，组织自检的范围只包括了生产车间及质量管理部门，未能涵盖 GMP 相关的所有部门，不能对所有的 GMP 条款的执行情况进行确认。

讨论： 请通过本章节的学习，分析案例违反了哪些 GMP 要求？GMP 对自检有什么规定？

学前导语： GMP 自检是药品生产企业发现自身不足、提升管理水平的重要手段，企业通过自检，进行系统、详细的自我核查，可以发现日常生产活动中存在的不足及容易忽略的问题，通过对自检发现问题的分析可以确定企业需要改进的地方，并提出改进检验，提升企业管理水平，增强企业竞争力。

任务 1　认识 GMP 自检

一、GMP 自检的定义

GMP 自检是指制药企业内部对药品生产实施 GMP 的检查，是企业执行 GMP 中一项重要的质量活动。

自检在 ISO9001 管理体系中称为"内部审核""内部审计"。实质上自检也是对企业完善生产质量管理体系的自我检查，通过 GMP 自检，发现企业执行 GMP 时存在的缺陷项目，并通过实施纠正和预防措施来进一步提高 GMP 执行的持续性、符合性、有效性或通过自检进行持续改进。

二、GMP 自检的目的

自检目的是企业为了确定其质量管理体系与药品相关法律法规的符合性、适宜性、有效性。

1. 符合性 评估药品生产企业生产质量管理过程与 GMP 及相关法规、规范的要求是否一致。

2. 适宜性 评估企业是否依据 GMP 及相关法规制定企业生产质量管理思想，管理模式等制度。

3. 有效性 评估企业制定的生产质量管理文件系统是否在实施生产质量管理过程中得到有效的贯彻和执行。

企业进行自检的意义在于：①指出药品生产企业存在的生产质量风险；②获取公正、客观的质量管理信息，为企业管理层的决策提供事实依据；③指出生产质量管理改进的可行性；④增加质量管理部门与其他相关部门及人员的沟通；⑤根据实时评价员工的工作业绩，并可协助公司有关部门人员进行 GMP 培训；⑥为企业质量管理体系提升提供改进建议。

三、自检的频次及内容

《药品生产质量管理规范》企业应定期进行自检，药品生产企业应当安排专门的部门负责自检，一般由质量管理部门负责，自检的频次一般为一年至少一次，当有以下情况时可以增加自检频次。

（1）企业在接受重大检查前。

（2）国家相关法律法规要求或上级主管部门要求时。

（3）公司产品、组织机构有重大的调整时。

（4）企业生产地址发生变更或新增生产线时。

（5）企业管理体系发生重大变更时。

（6）企业运行过程中发现严重缺陷或隐患时。

（7）企业管理者认为必要时。

自检必须是一项系统化、文件化的正式活动，依照正式特定的要求进行，药品生产企业应制定内部自检的相关文件、程序，对自检的流程及要求进行规定，至少应包含以下内容。

（1）自检计划及方案的制定。

（2）各部门的职责。

（3）自检人员的要求。

（4）自检过程的实施要求及相关记录的保存。

（5）对发现问题的处理。

（6）对纠正及预防措施实施和确认。

（7）自检报告的要求。

四、自检方式

自检方式包括集中式自检、滚动式自检，企业根据实际情况选择适当的方式进行自检活动。

1. 集中式自检 自检集中在一段时间内完成，每次自检针对 GMP 全部适用条款及相关部门，具有连续性和系统性的优点，但需要统一占用时间，人员难以召集；比较适合中小企业实施。

2. 滚动式自检 在一个自检周期内，针对企业执行 GMP 所涉及的各有关部门和区域按照一定的顺序有计划地实施自检，自检持续时间长，自检时间短且灵活，可对重要的条款和部门安排多频次的检查，检查有一定的深度和质量，但自检周期跨度时间长，适用于大、中型企业，以及设有专门 GMP 自检机构或专职的情况。

👁 看一看 ————————————————————————

在企业实施 GMP 自检时，可根据自检计划安排及企业的实际情况选选择适当自检方法，目前我国制药行业内采用较多自检方法有三种。

1. 按条款 按 GMP 条款，逐条核对检查；简单易行，适用于初学者，但是不易检查出系统、有效性问题。

2. 按部门 根据公司组织机构及自检范围，分部门独立进行检查；快速、方便，适用于日常检查。但是难以检查部门与部门之间、系统与系统接轨的缺陷。

3. 按系统 根据制药企业的功能系统进行系统检查，如质量管理系统、生产系统、设备设施系统、物料管理系统；系统、深入，适用于资深者。需要检查者有较高的 GMP 体系理念。

任务2　自检的流程

企业应根据 GMP 要求制定符合企业实际情况的自检流程，自检流程应至少包括成立自检小组、自检准备、自检实施、缺陷整改、自检报告及资料归档（图 6-1）。

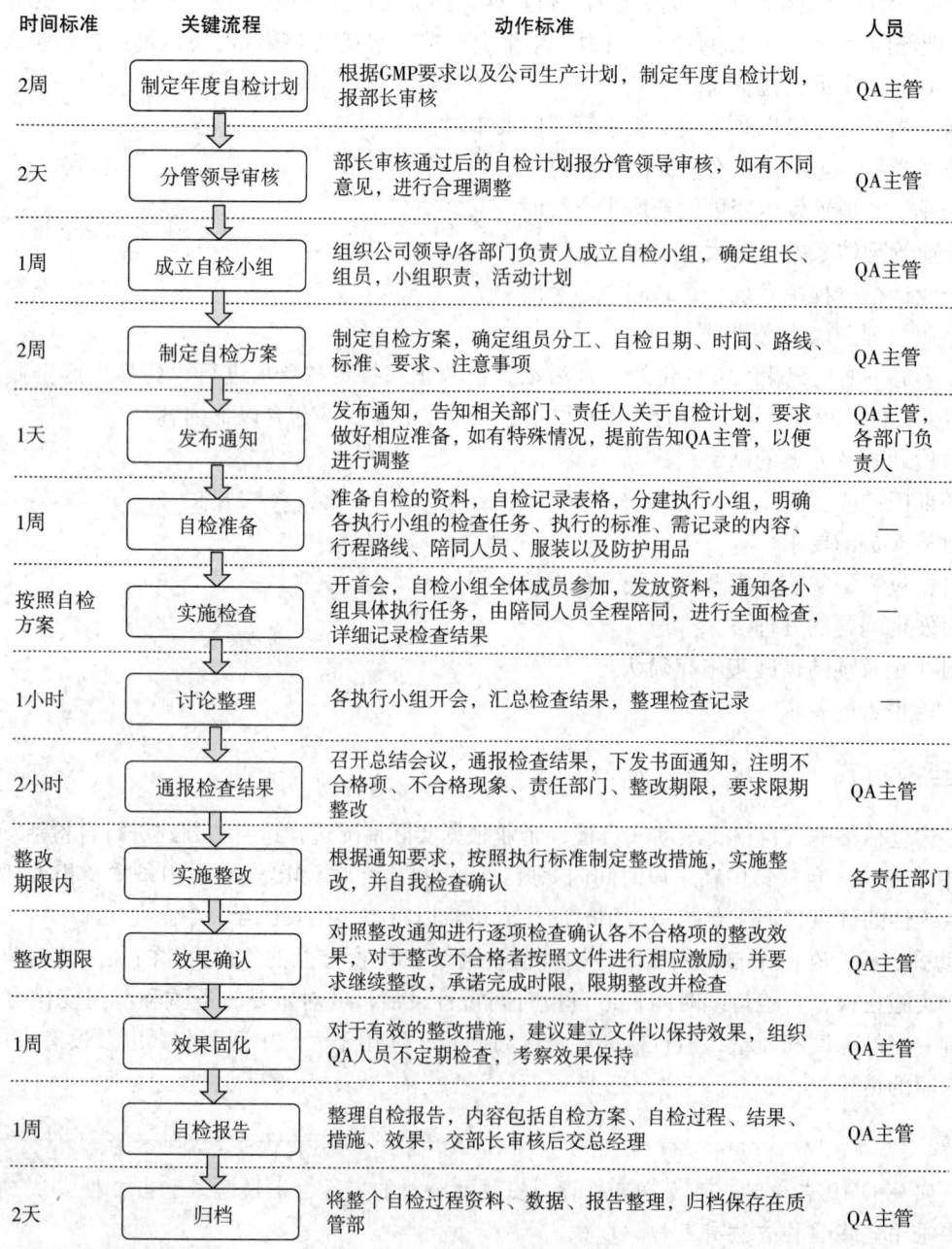

时间标准	关键流程	动作标准	人员
2周	制定年度自检计划	根据GMP要求以及公司生产计划，制定年度自检计划，报部长审核	QA主管
2天	分管领导审核	部长审核通过后的自检计划报分管领导审核，如有不同意见，进行合理调整	QA主管
1周	成立自检小组	组织公司领导/各部门负责人成立自检小组，确定组长、组员，小组职责，活动计划	QA主管
2周	制定自检方案	制定自检方案，确定组员分工、自检日期、时间、路线、标准、要求、注意事项	QA主管
1天	发布通知	发布通知，告知相关部门、责任人关于自检计划，要求做好相应准备，如有特殊情况，提前告知QA主管，以便进行调整	QA主管，各部门负责人
1周	自检准备	准备自检的资料，自检记录表格，分建执行小组，明确各执行小组的检查任务、执行的标准、需记录的内容、行程路线、陪同人员、服装以及防护用品	—
按照自检方案	实施检查	开首会，自检小组全体成员参加，发放资料，通知各小组具体执行任务，由陪同人员全程陪同，进行全面检查，详细记录检查结果	—
1小时	讨论整理	各执行小组开会，汇总检查结果，整理检查记录	—
2小时	通报检查结果	召开总结会议，通报检查结果，下发书面通知，注明不合格项、不合格现象、责任部门、整改期限，要求限期整改	QA主管
整改期限内	实施整改	根据通知要求，按照执行标准制定整改措施，实施整改，并自我检查确认	各责任部门
整改期限	效果确认	对照整改通知进行逐项检查确认各不合格项的整改效果，对于整改不合格者按照文件进行相应激励，并要求继续整改，承诺完成时限，限期整改并检查	QA主管
1周	效果固化	对于有效的整改措施，建议建立文件以保持效果，组织QA人员不定期检查，考察效果保持	QA主管
1周	自检报告	整理自检报告，内容包括自检方案、自检过程、结果、措施、效果，交部长审核后交总经理	QA主管
2天	归档	将整个自检过程资料、数据、报告整理，归档保存在质管部	QA主管

图 6-1　药品生产企业自检流程图

一、自检小组

企业高层管理者（一般为质量管理负责人）任命自检小组组长，自检小组组长负责建立自检小组，选择适合的人员负责自检检查工作。

自检小组组长负责建立自检小组，获取实现自检所需的背景资料，负责选择自检小组成员、制定自检方案分配自检任务，指导编制自检检查表，检查自检准备情况。主持协调现场检查，对自检过程的有效性、规范性实施控制，与受审部门沟通并开具自检缺陷报告，跟踪缺陷整改落实情况，根据自检全过程编写自检报告，并根据检查结果对企业质量管理体系运行情况进行评估。

自检小组成员应是经过专业培训、具有一定工作经验、熟悉法律法规及企业文件要求、熟悉企业生产质量管理、具有良好沟通能力人员组成，自检小组成员应能够独立、协同完成检查任务，并作出客观评价，需经过企业内部考核，自检小组人员应具备以下要求：①熟知/理解法律或相关法规的要求；②诚实、正直、坚持原则；③具有良好的沟通能力；④据事实进行客观判断的能力；⑤敏锐的观察力；⑥系统的分析能力；⑦沟通能力，仔细聆听，善于结合客观事实的检查需要进行提问。

自检小组成员进行检查，需保持检查标准的一致性，所有记录结果的评价需保持客观，并与被检查部门无直接责任关系。

？ 想一想

根据短文进行判断，看你是否有成为自检人员的潜力。

描述：小马是 JM 公司的工艺工程师，杨经理通知他下午 2 点到刘经理的办公室开会，会议主题主要讨论新产品研发的项目。在前往刘经理办公室的路上，小马发生意外，受了重伤，刘经理获悉小马出事的消息时，小马已被送往医院。刘经理给医院打电话想问一下情况，但没有人知道小马的情况，很可能刘经理打错了医院的电话。

判断：请在你认为的事实处打"√"

1. 小马是一位工艺工程师（　）2. 小马预备与刘经理开会（　）3. 小马要去参加的会议定在下午 2 点开始（　）4. 会议的主题是研究新产品开发的项目（　）5. 意外是发生在 JM 公司内（　）6. 小马被送到医院（　）7. 刘经理打错了电话（　）

二、自检准备

企业应当制定自检方案，对自检过程进行策划安排，确保自检有序、规范进行。

自检方案应包括：自检的目的、自检的范围、自检的依据、自检活动的时间安排、自检检查表编制等（表 6 - 1）。

（一）自检的目的

评估企业的质量管理现状符合国家有关规范的要求；作为一种重要的管理手段和自我改进的机制，及时发现管理中存在的问题，组织企业管理力量加以纠正和预防；维护、完善、改进管理体系的需要。

（二）自检的范围

自检的范围一般取决于管理体系所涉及的部门、区域、内容、活动、产品及服务。

自检的范围原则上应包括企业所涉及执行 GMP 的所有部门、区域、产品。自检应覆盖企业执行 GMP 规范的全部条款要求，还应考虑企业自身的管理需求，如对新产品的开发、销售服务管理等部门。在确定区域、部门或场所时，凡与执行 GMP 要求有关的部门、区域、场所均应列入自检范围之内，包括各职能部门、新（扩）建厂房、生产辅助设施等。此外还应考虑企业的分支机构是否包括在自检范围之内。自检应覆盖企业所有剂型和产品。

表 6-1 自检方案（模板）

审核时间	
审核依据	
审核范围	
审核目的	
审核组长	
审核成员	

审核日程安排：

审核内容	审核部门	审核人员	审核时间

编制/日期：　　　　　　审核/日期：　　　　　　批准/日期：

（三）自检的依据

药品相关规范和标准，如 GMP、ISO9001 标准、企业内部有关生产质量管理要求。国家有关法律、法规、标准和其他要求，如《药品管理法》《中国药典》《中国生物制品规程》等。

（四）自检活动的时间安排

根据企业生产情况及各部门工作安排，合理安排自检活动时间；依据自检的目的及自检范围，确定自检持续时间。

（五）自检检查表编制

自检小组组长根据自检方案，会同自检小组成员编制自检检查表，检查表需包括受审部门、审核时间、审核组长、内部审核员、审核依据、审核内容、审核方法、审核证据、审核结果，检查记录由检查人员根据检查过程如实填写，不允许随意涂改或凭空捏造，审核证据及结果判定应以事实为依据客观评价，不得进行主管判定，对于不符合事项，应根据实际情况描述事实，并列出评判依据（表 6-2）。

表 6-2 自检检查表（模板）

受审部门		审核时间		年 月 日		
审核组长		内部审核员				
审核依据	审核内容	审核方法	审核证据	审核结果		
				不合格	合 格	待 定

三、自检实施

（一）实施现场检查

自检小组按预定方案实施自检，检查员按编制的检查表及方案要求进行现场查，并记录检查过程，如实填写自检检查表。

自检现场检查基本流程：进入受审部门实施现场检查—通过面谈、查阅文件记录、现场考察收集检查信息—确认收集的检查信息—与受审部门沟通，确认检查信息—验证检查信息，形成检查证据，如实填写现场检查表。

自检内容应涵盖企业药品生产全过程，按 GMP 要求实施全方位的检查，检查项目应包含所有的 GMP 章节。

1. 机构与人员　在 GMP 实施过程中，人是执行主体，组织机构合理性是确保企业质量管理体系有效运行的必要条件。

企业应根据自身条件合理设置组织机构，明确各部门职责，并配备相应的人员，人员的资历、培训应符合相应的岗位要求。

企业负责人、质量管理负责人、生产管理负责人、质量受权人及相关部门、关键岗位人员的资历、培训是否符合法规及岗位职责要求，人员培训是否有计划、实施记录、考核评估，是否建立了相应的培训档案；与药品直接接触人员的健康体检执行情况。

企业是否建立人员卫生管理文件，对人员的卫生进行管理，人员进入受控区域的着装、洗手、更衣是否有要求，执行情况是否与要求一致。

2. 厂房与设施　厂房、设施的设计是否与生产产品工艺要求相符合，是否能有效避免差错、交叉污染，是企业实施 GMP 管理最根本的条件之一。

厂区的布局是否合理，生产厂房的设计、布局是否满足产品工艺要求，是否有足够的空间，生产操作互不影响，有防止外界异物进入的设施，人员、物料进出通道设计是否合理，厂房的照度、洁净度、温湿度、压差气流方向是否符合 GMP 要求；仓储区域是否对不同存储条件的物料设置相应的区域，是否设置相应的取样室；检验区域的布局设置是否能满足检验仪器设备布置要求，环境是否符合法律法规要求，检验区域与生产区域应分开。

厂区受控区域是否有防止外来人员进入的控制措施，如门厅、门禁。

厂房、设施是否经过确认，并进行必要的维护保养，并存有相关记录。

3. 设备　药品生产企业设备必须与生产品种、规模相适应，必须经过验证确认合格后方可投入生产。

设备的选型必须满足产品工艺参数要求，设备材质的选择应与生产产品相适应，与药品接触的材质应满足药用要求，且不与产品产生反应、吸附，设备设计应便于清洁、消毒或灭菌，并便于维修；设备应建立相应的操作、清洁规程，并配备专职或兼职人员对设备进行管理，企业需对设备的性能进行周期性确认，确保设备性能能持续满足产品工艺参数要求；设备的运行、清洁、维修、保养均需有相应的记录；设备、管道应有相应的标准，标识内容能明确设备、管道的运行状态及内容物。

4. 物料与产品　企业是否对所有的物料与产品建立相应质量标准，质量标准是否符合法规或注册要求。

物料与产品的接收、存储、发运是否建立相应的程序，是否存有相应的记录；物料云产品的存储是否满足质量标准规定的存储条件，特殊物料的储存是否进行特殊管理，是否对不同理化性质的物料进行分区存储，是否对存储环境进行必要的监控；物料的进出是否遵循"先进先出""近效期先出"原则。

物料、产品是否有相应的标识，标识内容能否体现物料状态及相关信息，标识内容是否能如实体现批号、数量、生产日期、来源、有效期等信息，是否能确认其质量状态。

5. 确认与验证　确认与验证是药品生产企业产品质量实现的必要保障，设备、设施、工艺、检验方法等，必须经过验证确认合格，确保持续稳定生产出符合预定用途的产品。

企业是否建立确认与验证管理文件，对确认与验证的范围、内容、周期等进行规定，产品工艺验证、设备性能确认、分析方法确认、清洁验证等验证确认结果是否与相应的文件规定一致，确认与验证的方案与报告是否经必要的审核批准，各类仪器设备、方法的验证与确认是否在效期内，确认与验证是否存有相关的资料。

6. 文件管理　企业是否根据 GMP 要求建立相应的管理、操作文件及记录，文件与记录的起草、审核、批准、生效、发放、更新、销毁是否有明确规定。

文件与记录是否涵盖了药品生产、检验、存储等全过程，是否对药品相关操作设置相应的记录，记录是否符合要求；文件与记录的版本是否进行有效控制，现场是否有过期版本文件与记录存在，文件与记录的填写是否符合要求，保存是否有明确的规定，是否按规定执行。

7. 生产管理　企业是否建立产品的工艺、操作、生产、清洁、消毒等相关文件记录，生产人员、设备是否与产品要求相适应，生产过程是否进行了相关记录，记录内容与实际生产操作情况是否一致。

生产过程是否存在返工、重加工的情形，是否符合 GMP 要求；产品与物料的回收处理是否有相应的管理要求与记录。

8. 质量控制与质量保证　企业应按 GMP 要求设置质量管理部门，质量管理部门一般分为质量控制部门与质量保证部门，负责企业的质量管理及产品检验放行，并负责建立企业质量管理体系，是质量管理体系持续有效运行的保障部门，质量管理部门与生产管理部门需相互独立。

质量控制部门负责建立产品质量标准、分析方法、取样、实验室仪器设备管理、试剂试液管理及产品稳定性留样管理相关文件，并负责实施产品的取样及检验相关工作，实验室人员应经过专业技能培训，考核合格方可从事相应的检验工作，取样、检验过程应存有相关记录，仪器设备的运行、校准维护均应有相应的记录，产品的留样、稳定性考察及样品存储应符合规定的条件，检验过程中的异常应按规定的程序进行调查处理。

质量保证部门负责偏差、变更、风险、验证、供应商、产品质量回顾、客户投诉、CAPA 及产品放行管理，并检验相应的管理文件与记录，按文件要求实施上述质量管理活动，并保存相关记录。

9. 委托生产与委托检验　企业是否建立委托生产与委托检验管理文件，是否存在委托生产与委托检验的行为，如有是否对受托企业、单位进行必要的审计与评估，是否按法规要求进行必要的备案审批。

10. 产品发运与召回　企业应建立产品发运相关管理文件，并对产品发运的方式进行必要的运输验证，确保运输过程符合药品存储条件；运输商是否经过确认，并建立相应的档案。

企业应根据 GMP 及相关法律法规要求建立药品召回相关文件，对药品召回的情况进行明确要求，企业是否存在药品召回的情况，召回实施记录是否完整，召回结果是否经过相应的评估；企业如无产品召回发生，定期实施相应的模拟召回，确认召回系统的有效性，并存有相关记录。

11. 自检　企业根据 GMP 要求建立自检管理文件，对自检的要求及实施要求进行规定，检查企业自检实施情况及相关记录。

12. 上次自检提出改进建议的落实情况 检查上次自检检查缺陷的整改落实情况，是否存有相关记录。

（二）自检缺陷整改

自检发现的缺陷需经受审部门确认，由自检组织部门开具缺陷整改报告，制定整改计划。整改计划应包括缺陷发生部门、缺陷内容描述、不符合条款、缺陷级别判断、原因分析、制定纠正与预防措施、整改措施计划完成时间，自检发现的缺陷需在整改期限内完成整改，如有硬件改造等需时较长的事项时，可拟定整改方案，待后续跟踪，自检组织部门需对缺陷的纠正及预防措施有效性进行确认，确保缺陷得到有效整改（表6-3）。

表6-3 公司自检缺陷整改报告（模板）

受审部门	部门负责人	审核员	审核时间

不符合事实描述：

责任部门确认： 日期： 年 月 日

不符合标准条款：

不符合文件名称及条款：

不符合性质：严重不符合□   一般不符合□

原因分析：

责任部门负责人： 日期： 年 月 日

纠正和纠正措施：

责任部门负责人： 日期： 年 月 日

计划完成时间：

体系管理部门意见：
□纠正措施有效
□签发新的不符合报告

部门负责人： 日期： 年 月 日

跟踪验证：
□纠正措施实施有效，不符合项关闭
□纠正措施可以接受，在下次内审中验证
□签发新的不符合报告

内部审核员： 日期： 年 月 日

（三）编制自检报告及资料归档

企业应根据自检的组织、实施过程编制自检报告，对自检的检查过程及发现问题整改情况进行总结，并对企业质量管理体系有效性、产品质量符合性进行评估，并提出企业持续改进的建议。

自检报告内容应包含检查情况综述、检查过程汇总评估、检查发现问题及整改情况、总结；自检报告应在检查结束一定期限内完成；自检计划及方案、检查表、自检报告等自检资料应归档保存，保存周期由企业根据自身情况进行制定，一般与 GMP 检查周期一致，保存 5 年。

✎ 练一练

关于 GMP 自检人员说法错误的是（　　）

A. 自检人员应由熟悉药品生产、质量的管理人员组成

B. 自检人员需经过培训、考核合格后方可胜任

C. 自检人员可以检查本职范围内的工作

D. 自检人员应及时根据检查过程如实填写自检记录

项目十六　GMP检查

📖 **导学情景**

情景描述：国家药品监督管理局接到某企业员工实名举报该企业冻干人用狂犬病疫苗存在记录造假的情况，国家药品监督管理局于2018年7月11日对该企业进行飞行检查，并发布通告称，该企业在冻干人用狂犬病疫苗（Vero细胞）的生产过程中存在造假等严重违反《药品生产质量管理规范》的行为，10月16日国家药品监督管理局对该企业进行吊销其《药品生产许可证》，处罚没款91亿元等行政处罚。

情景分析："疫苗事件"的发生，是由于利益的驱使，该企业才敢如此操作。

讨论：请通过本章节的学习，分析案中飞行检查的触发原因是什么？其特点包括什么？

学前导语：通过对"疫苗造假事件"进行梳理与总结，可以发现长春长生多年来侵占国有资产、家族控股、公司治理混乱等隐患是本次事件的根源。通过此次事件，不仅药品生产企业要加强职业道德教育和法律约束，生产良心药品；国家也完善相应的法律法规，健全药品监督管理机制以杜绝此类事件再次发生，2019年6月29日，十三届全国人大常委会第十一次会议表决通过了《中华人民共和国疫苗管理法》，于2019年12月1日开始施行。

任务1　认识GMP检查

一、GMP检查法规要求

GMP检查是指药品监管机构依据法律法规要求对药品生产企业实施检查，确认企业GMP执行实施情况。

2021年5月28日，国家药品监督管理局关于印发《药品检查管理办法（试行）》的通知，2003年4月24日国家食品药品监督管理局发布的《药品经营质量管理规范认证管理办法》和2011年8月2日发布的《药品生产质量管理规范认证管理办法》同时废止。不再进行定期的GMP认证，采取多层次、多种方式的GMP检查对药品生产企业进行监管。

国家药品监督管理局食品药品审核查验中心负责承担疫苗、血液制品生产企业的巡查，省级药品监督管理部门负责组织对本行政区域内药品生产企业的GMP检查。

二、GMP检查的分类

依据《药品检查管理办法（试行）》，根据检查性质和目的，药品检查分为许可检查、常规检查、有因检查、其他检查。

1. 许可检查　是药品监督管理部门在开展药品生产经营许可申请审查过程中，对申请人是否具备从事药品生产经营活动条件开展的检查。

2. 常规检查　是根据药品监督管理部门制定的年度检查计划，对药品上市许可持有人、药品生产企业、药品经营企业、药品使用单位遵守有关法律、法规、规章，执行相关质量管理规范以及有关标准情况开展的监督检查。

3. 有因检查　是对药品上市许可持有人、药品生产企业、药品经营企业、药品使用单位可能存在的具体问题或者投诉举报等开展的针对性检查。有因检查的情形包括以下内容。

（1）投诉举报或者其他来源的线索表明可能存在质量安全风险的。

（2）检验发现存在质量安全风险的。

（3）药品不良反应监测提示可能存在质量安全风险的。

（4）对申报资料真实性有疑问的。

（5）涉嫌严重违反相关质量管理规范要求的。

（6）企业有严重不守信记录的。

（7）企业频繁变更管理人员登记事项的。

（8）生物制品批签发中发现可能存在安全隐患的。

（9）检查发现存在特殊药品安全管理隐患的。

（10）特殊药品涉嫌流入非法渠道的。

（11）其他需要开展有因检查的情形。

4. 其他检查　是除许可检查、常规检查、有因检查外的检查。GMP 检查根据检查方式可分为飞行检查、GMP 规范符合性检查、定期监督检查。

（1）**飞行检查**　是指药品监督管理部门针对药品研制、生产、经营、使用等环节开展的不预先告知的监督检查，具有突击性、独立性、高效性等特点。

（2）**GMP 规范符合性检查**　是指药品监督管理部门根据企业的申请，对申请企业实施的检查，具有针对性、范围性，一般与企业申请检查的品种范围一致。

？想一想

某药品生产企业，该企业的口服固体制剂 GMP 证书有效期至 2021 年 8 月 24 日，省药品监督管理部门依据《药品检查管理办法（试行）》《药品生产监督管理办法》要求，根据年初拟定年度监管计划，于 2021 年 6 月 4 日对该企业实施 GMP 现场检查。

思考：省药品监督管理部门对该企业实施的检查，根据检查的目的与性质属于哪类检查？根据检查的方式属于哪类检查？

（3）**监督检查**　是指药品监督管理部门根据法律法规要求，定期对辖区内的药品生产企业进行的检查检查，具有计划性、周期性、系统性。

任务2　飞行检查

一、实施依据

2006 年，国家食品药品监督管理局发布了《药品 GMP 飞行检查暂行规定》，2015 年 9 月 1 日起施行的《药品医疗器械飞行检查办法》，规定国家食品药品监督管理总局负责组织实施全国范围内的药品飞行检查。地方各级药品监督管理部门负责组织实施本行政区域的药品飞行检查。

药品飞行检查是药品监督管理部门对药品生产企业实施的有因检查，具有严重性、保密性、突然性、强制性、及时性、独立性的特点。

❓ **想一想**

2016 年 6 月某药品生产企业，因在普通药物生产车间生产抗生素类药物被举报，国家药品监督管理局组织人员于 7 月 4 日对该企业进行飞行检查，检查组共 3 人，均非江苏省药品监督管理部门人员，检查组一行于至该企业生产厂区前 10 分钟通知省药品监督管理部门飞行检查安排，进入该企业后检查组封存所有批生产记录、物料台账、财务账册。

思考：该案例体现了飞行检查哪些特点？

二、触发条件

依据《药品医疗器械飞行检查办法》规定，药品生产企业有下列情形之一的，药品监督管理部门可以开展药品医疗器械飞行检查。

(1) 投诉举报或者其他来源的线索表明可能存在质量安全风险的。

(2) 检验发现存在质量安全风险的。

(3) 药品不良反应或医疗器械不良事件监测提示可能存在质量安全风险的。

(4) 对申报资料真实性有疑问的。

(5) 涉嫌严重违反质量管理规范要求的。

(6) 企业有严重不守信记录的。

(7) 其他需要开展飞行检查的情形。

三、实施流程及要求

药品飞行检查的实施流程包括：飞行检查准备、实施现场检查、检查结果处理（图 6-2）。

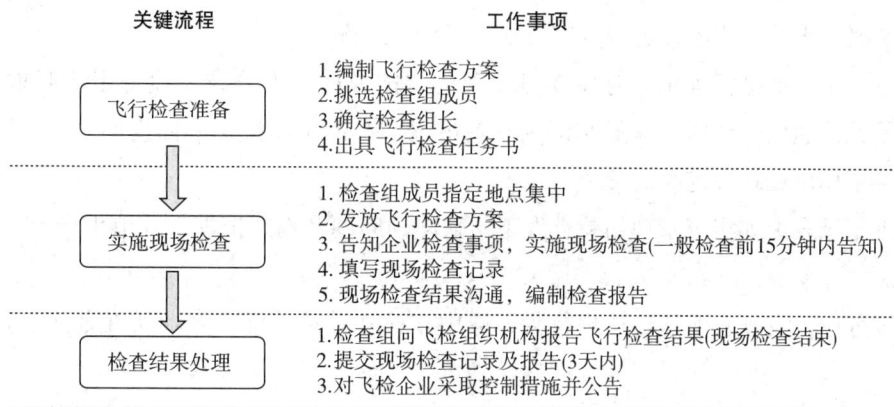

关键流程	工作事项
飞行检查准备	1. 编制飞行检查方案 2. 挑选检查组成员 3. 确定检查组长 4. 出具飞行检查任务书
实施现场检查	1. 检查组成员指定地点集中 2. 发放飞行检查方案 3. 告知企业检查事项，实施现场检查(一般检查前15分钟内告知) 4. 填写现场检查记录 5. 现场检查结果沟通，编制检查报告
检查结果处理	1. 检查组向飞检组织机构报告飞行检查结果(现场检查结束) 2. 提交现场检查记录及报告(3天内) 3. 对飞检企业采取控制措施并公告

图 6-2 药品飞行检查流程图

（一）飞行检查准备

药品监督管理部门依据各种渠道收集反馈的信息，对于存在《药品医疗器械飞行检查办法》中规定飞行检查的 7 种情形的企业列入重点监管企业名单，启动飞行检查。

药品监督管理部门根据飞行检查缘由制定飞行检查方案，检查方案明确检查事项、时间、人员构成和方式等；需要采用不公开身份的方式进行调查的，检查方案中应当予以明确；必要时，药品监督管理部门可以联合公安机关等有关部门共同开展飞行检查，并在方案中予以明确。

药品监督管理部门派出的检查组应当由 2 名以上检查人员组成，检查组实行组长负责制。检查人员应当是食品药品行政执法人员、依法取得检查员资格的人员或者取得本次检查授权的其他人员；根据检查工作需要，药品监督管理部门可以请相关领域专家参加检查工作。

（二）实施现场检查

检查组成员不得事先告知被检查单位检查行程和检查内容，指定地点集中后，第一时间直接进入检查现场；直接针对可能存在的问题开展检查；不得透露检查过程中的进展情况、发现的违法线索等相关信息。

检查组到达检查现场后，检查人员应当出示相关证件和受药品监督管理部门委派开展监督检查的执法证明文件，通报检查要求及被检查单位的权利和义务。

检查组应当详细记录检查时间、地点、现场状况等；对发现的问题应当进行书面记录，并根据实际情况收集或者复印相关文件资料、拍摄相关设施设备及物料等实物和现场情况、采集实物以及询问有关人员等。询问记录应当包括询问对象姓名、工作岗位和谈话内容等，并经询问对象逐页签字或者按指纹（图 6-3）。

药品监督管理部门有权在任何时间进入被检查单位研制、生产、经营、使用等场所进行检查，被检查单位不得拒绝、逃避。

被检查单位有下列情形之一的，视为拒绝、逃避检查。

（1）拖延、限制、拒绝检查人员进入被检查场所或者区域的，或者限制检查时间的。

（2）无正当理由不提供或者延迟提供与检查相关的文件、记录、票据、凭证、电子数据等材料的。

（3）以声称工作人员不在、故意停止生产经营等方式欺骗、误导、逃避检查的。

（4）拒绝或者限制拍摄、复印、抽样等取证工作的。

（5）其他不配合检查的情形。

记录应当及时、准确、完整，客观真实反映现场检查情况。

现场检查过程中，如被检查企业对检查组发现的缺陷或问题有异议，检查组应听取企业的陈述、申辩。双方意见无法达成一致的，应如实记录有关情况，并请企业提交书面说明，作为飞行检查组织部门依据检查结果作出处理决定时的参考。

在现场检查记录表中如实记录现场检查发现的缺陷、问题及判定依据，并请生产企业负责人签字，加盖企业公章。

现场检查过程中，发现企业违法违规行为，应中止检查并将其移交企业所在地药品监督管理部门处理。

检查结束时，检查组应当向被检查单位通报检查相关情况。被检查单位有异议的，可以陈述和申辩，检查组应当如实记录。

检查结束后，检查组应当撰写检查报告。检查报告的内容包括：检查过程、发现问题、相关证据、检查结论和处理建议等。

检查组一般应当在检查结束后 5 个工作日内，将检查报告、检查记录、相关证据材料等报组织实施飞行检查的药品监督管理部门。必要时，可以抄送被检查单位所在地药品监督管理部门。

企业名称：

检查场所情况	时间：	地点：
	接触人员：	
	情况记录：	
检查场所情况	时间：	地点：
	接触人员：	
	情况记录：	

记录人：　　　　　　　　　　　　　　　　　　　　　　　　　　年　　月　　日

调 查 笔 录

第　　页　共　　页

事　　由：

调查地点：＿＿＿＿＿＿＿＿＿＿＿＿　　被调查人：＿＿＿＿　姓别：＿＿＿＿

调查记录：＿＿＿　被调查人工作单位：＿＿＿＿＿＿＿　被调查人联系方式：＿＿＿＿

被调查人地址：

调查人：＿＿＿＿＿＿、＿＿＿＿＿＿　记录人：＿＿＿＿＿＿

检查类别：
职务：

调查时间：＿＿＿年＿＿＿月＿＿＿日＿＿＿时＿＿＿分至＿＿＿时＿＿＿分

＿＿＿＿＿＿＿＿＿＿＿＿＿＿＿＿＿＿＿＿＿＿＿＿

我们是 ＿＿＿＿＿＿＿＿＿＿＿＿＿＿＿＿＿＿＿＿＿，现向你调
查＿＿＿＿＿＿＿＿＿＿＿＿＿＿＿＿＿＿有关问题，请予配合。

注：被调查人在检查笔录上逐页签字，在修改处签字或者按指纹，并在笔录终了处注明
对笔录真实性的意见；调查人应在笔录终了处签字。

被调查人签字：

图 6-3　药品飞行检查现场记录及调查笔录

（三）检查结果处理

根据飞行检查结果，药品监督管理部门可以依法采取限期整改、发告诫信、约谈被检查单位、监督召回产品、收回或者撤销相关资格认证认定证书，以及暂停研制、生产、销售、使用等风险控制措施，并在相关网站上予以公告（图 6-4）。

飞行检查发现的违法行为涉嫌犯罪的，由负责立案查处的药品监督管理部门移送公安机关，并抄送同级检察机关。药品监督管理部门及有关工作人员有下列情形之一的，应当公开通报；对有关工作人员按照干部管理权限给予行政处分和纪律处分，或者提出处理建议；涉嫌犯罪的，依法移交司法机关处理：①泄露飞行检查信息的；②泄露举报人信息或者被检查单位商业秘密的；③出具虚假检查报告或者检验报告的；④干扰、拖延检查或者拒绝立案查处的；⑤违反廉政纪律的；⑥有其他滥用职权或者失职渎职行为的。

图 6-4 国家药品监督管理局飞行检查结果通报

👁️**看一看**

1969 年，中国中医研究院接受抗疟药研究任务，屠呦呦任科技组组长。

1969 年 1 月开始，屠呦呦领导课题组从系统收集整理历代医籍、本草、民间方药入手，在收集 2000 余方药基础上，编写了 640 种药物为主的《抗疟单验方集》，对其中的 200 多种中药开展实验研究，历经 380 多次失败，利用现代医学和方法进行分析研究、不断改进提取方法，终于在 1971 年成功发掘青蒿素用于治疗疟疾。

1972 年，屠呦呦和她的同事们在青蒿中提取到了一种分子式为 $C_{15}H_{22}O_5$ 的无色结晶体，一种熔点为 156~157℃ 的活性成分，他们将这种无色的结晶体物质命名为青蒿素。青蒿素为一具有"高效、速效、低毒"优点的新结构类型抗疟药，对各型疟疾特别是抗性疟有特效。

1986 年"青蒿素"获得了一类新药证书（86 卫药证字 X-01 号）。1979 年获"国家发明奖"。

2011 年 9 月，因发现青蒿素——一种用于治疗疟疾的药物，挽救了全球特别是发展中国家数百万人的生命，获得拉斯克奖和葛兰素史克中国研发中心"生命科学杰出成就奖"。她获得 2015 年诺贝尔生理学或医学奖，成为首位获得科学类诺贝尔奖的中国人。

任务 3　GMP 规范符合性检查

一、实施依据

新修订的《药品管理法》于 2019 年 12 月 1 日生效，取消了定期 GMP 认证。2020 年 7 月 1 日起施行的《药品生产监督管理办法》第五十二条规定省、自治区、直辖市药品监督管理部门根据监管需要，对未通过与生产该药品的生产条件相适应的药品生产质量管理规范符合性检查的品种，应当进行上市前的药品生产质量管理规范符合性检查。

GMP 规范符合性检查适用范围包括：原料药上市前、新建药品生产企业、已通过 GMP 检查的企业新增生产线或新增生产地址（图 6 - 5）。

浙江省药品监督管理局第0032号GMP符合性检查结果

来源：药品生产监督管理处　　　　　时间：2020-10-15 18:29　　　　　字体：[大 中 小]

依据《药品管理法》（2019年修订）及药品生产监督管理的有关要求对杭州益品新五丰药业有限公司进行药品生产质量管理规范符合性检查和审核，结果不符合要求。

药品GMP检查目录（浙2020第0032号）

企业名称	地址	检查范围	检查时间
杭州益品新五丰药业有限公司	杭州市余杭区南苑街道苏家村（保障桥）	软胶囊剂（含中药前处理车间A生产线；提取车间B生产线；精烘包车间C生产线；口服固体制剂2工段独一味软胶囊生产线）（含中药前处理和提取）	2020年07月07日至2020年07月09日

信息来源：药品生产监督管理处

图 6 - 5　GMP 符合性检查结果公告

二、流程及要求

据国家药品监督管理局关于实施新修订《药品生产监督管理办法》有关事项的公告（2020 年第 47 号），对药品上市前 GMP 符合性检查要求及流程进行明确，药品上市前 GMP 符合性检查由药品上市许可持有人向省、自治区、直辖市药品监督管理部门提交《药品生产质量管理规范符合性检查申请表》及《药品生产质量管理规范符合性检查申请材料》，省级药品监督管理部门对上述资料审核符合要求后，向申请企业发出"GMP 符合性检查通知书"，并拟定"GMP 符合性检查方案"，确定检查时间及人员，安排现场检查，现场检查员根据检查方案要求实施现场检查，并完成检查报告，出具"GMP 符合性检查缺陷项目表"，企业根据"GMP 符合性检查缺陷项目整改要求"对检查缺陷项目实施整改，并编制整改报告，经企业所在地的省级药品监督管理部门设置的检查分局现场检查符合要求后上报省级药品监督管理部门，省级药品监督管理部门对缺陷整改结果进行最终审核，符合要求后在省级药品监督管理部门网站上对检查结果进行公告，供企业与社会查询，公告具有与 GMP 证书同等法律效应（图 6 - 6）。

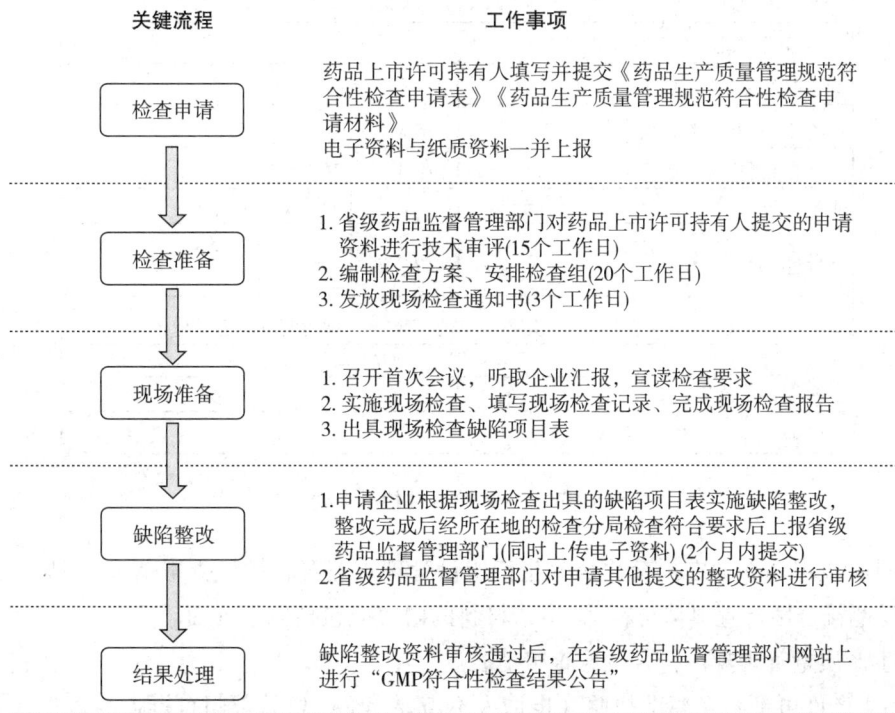

关键流程	工作事项
检查申请	药品上市许可持有人填写并提交《药品生产质量管理规范符合性检查申请表》《药品生产质量管理规范符合性检查申请材料》 电子资料与纸质资料一并上报
检查准备	1. 省级药品监督管理部门对药品上市许可持有人提交的申请资料进行技术审评(15个工作日) 2. 编制检查方案、安排检查组(20个工作日) 3. 发放现场检查通知书(3个工作日)
现场准备	1. 召开首次会议，听取企业汇报，宣读检查要求 2. 实施现场检查、填写现场检查记录、完成现场检查报告 3. 出具现场检查缺陷项目表
缺陷整改	1.申请企业根据现场检查出具的缺陷项目表实施缺陷整改，整改完成后经所在地的检查分局检查符合要求后上报省级药品监督管理部门(同时上传电子资料)(2个月内提交) 2.省级药品监督管理部门对申请其他提交的整改资料进行审核
结果处理	缺陷整改资料审核通过后，在省级药品监督管理部门网站上进行"GMP符合性检查结果公告"

图 6 - 6　GMP 符合性检查流程

（一）检查申请

药品上市许可持有人向所在地省、自治区、直辖市药品监督管理部门提交"药品生产质量管理规范符合性检查申请表"及"药品生产质量管理规范符合性检查申请材料"。

"药品生产质量管理规范符合性检查申请表"内容包括企业资质信息、人员信息、厂房设施信息、产品信息、经营信息及申请认证的范围等（图 6-7）。

药品生产质量管理规范符合性检查申请表

企业名称	中文				
	英文				
住所（经营场所）	中文				
生产地址	中文				
	英文				
住所（经营场所）邮政编码			生产地址邮政编码		
统一社会信用代码			药品生产许可证编号		
生产类别					
企业类型			三资企业外方国别或地区		
企业始建时间		年 月 日	最近更名时间		年 月 日
职工人数			技术人员比例		
法定代表人		职称		所学专业	
企业负责人		职称		所学专业	
质量负责人		职称		所学专业	
生产负责人		职称		所学专业	
质量受权人		职称		所学专业	
联系人		电话		手 机	
传 真		e-mail			
企业网址					
固定资产原值（万元）			固定资产净值（万元）		
厂区占地面积（平方米）			建筑面积（平方米）		
上年工业总产值（万元）			销售收入（万元）		
利润（万元）		税金（万元）		创汇（万美元）	
原料药品种（个）		制剂品种（个）		常年生产品种（个）	
本次GMP符合性检查是企业第[ ]次			属于□新建 □改建 □扩建 □其他		
申请检查范围	中文				
	英文				
备注					

图 6-7　GMP 符合性检查申请表

GMP 符合性检查申请企业在提交"药品生产质量管理规范符合性检查申请表"时一并提交"药品生产质量管理规范符合性检查申请材料"，申请材料的内容应包括以下方面。

（1）药品生产质量管理规范符合性检查申请表。

（2）《药品生产许可证》和营业执照（申请人不需要提交，监管部门自行查询）。

（3）药品生产管理和质量管理自查情况（包括企业概况及历史沿革情况、生产和质量管理情况，上次GMP符合性检查后关键人员、品种、软件、硬件条件的变化情况，上次GMP符合性检查后不合格项目的整改情况）。

（4）药品生产企业组织机构图（注明各部门名称、相互关系、部门负责人等）。

（5）药品生产企业法定代表人、企业负责人、生产负责人、质量负责人、质量受权人及部门负责人简历；依法经过资格认定的药学及相关专业技术人员、工程技术人员、技术工人登记表，并标明所在部门及岗位；高、中、初级技术人员占全体员工的比例情况表。

（6）药品生产企业生产范围全部剂型和品种表；申请检查范围剂型和品种表（注明"近三年批次数、产量"），包括依据标准、药品注册证书等有关文件资料的复印件；中药饮片生产企业需提供加工炮制的全部中药饮片品种表，包括依据标准及质量标准，注明"炮制方法、毒性中药饮片"；生物制品生产企业应提交批准的制造检定规程。

（7）药品生产场地周围环境图、总平面布置图、仓储平面布置图、质量检验场所平面布置图。

（8）车间概况（包括所在建筑物每层用途和车间的平面布局、建筑面积、洁净区、空气净化系统等情况。其中对高活性、高致敏、高毒性药品等的生产区域、空气净化系统及设备情况进行重点描述），设备安装平面布置图（包括更衣室、盥洗间、人流和物流通道、气闸等，并标明人、物流向和空气洁净度等级）；空气净化系统的送风、回风、排风平面布置图（无净化要求的除外）；生产检验设备确认及验证情况，人员培训情况。

（9）申请检查范围的剂型或品种的工艺流程图，并注明主要过程控制点及控制项目；提供关键工序、主要设备清单，包括设备型号，规格。

（10）主要生产及检验设备、制水系统及空气净化系统的确认及验证情况；与药品生产质量相关的关键计算机化管理系统的验证情况；申请检查范围的剂型或品种的三批工艺验证情况，清洁验证情况。

（11）关键检验仪器、仪表、量具、衡器校验情况。

（12）药品生产管理、质量管理文件目录。

（13）申请材料全部内容真实性承诺书。

（14）凡申请企业申报材料时，申请人不是法定代表人或负责人本人，企业应当提交《授权委托书》。

（二）检查准备

省级药品监督管理部门接收到申请人的申报资料，需在15个工作日内完成技术审评，技术审查符合GMP规范检查要求的，需在20个工作日内拟定检查方案、选派检查人员实施现场检查。

检查组成员至少由2人组成，根据申请检查的范围及品种可适当增加人员，根据需要可安排专业技术人员参与检查，检查组长负责组织协调完成检查、编写检查报告。

经省级药品监督管理部门委派的检查组依据检查方案要求对申请单位实施现场检查，现场检查的内容一般包括以下内容。

1. 前次检查 发现缺陷项目的整改情况。

2. 质量管理 质量目标及质量管理体系的要素；质量保证系统、质量控制系统的有效性；质量风险管理规定和质量风险管理活动的范围和重点，以及在质量风险管理体系下进行风险识别、评价、控制、沟通和审核的过程。

3. 机构与人员 组织机构及关键人员的变更、资质和按照本规范要求履职的情况；培训方案或计划的制定与执行。

关键人员和关键生产、检验工作岗位人员培训内容、档案管理、培训效果的评估。

人员卫生管理和进入洁净区人员卫生管理情况。

4. 厂房与设施 厂房、公用设施、固定管道的竣工图纸；生产区、仓储区、质量控制区、辅助区的设置情况；厂房、设施维护保养状态；洁净区的洁净级别与布局，特别是关键工序的区域设置情况；洁净区的温、湿度监控和关键工序的压差监控；产尘操作间防止粉尘扩散、避免交叉污染的措施；洁净区的清洁及消毒；物料取样区的设置情况；空气净化系统的设置、使用、维护保养情况。

5. 设备 生产设备的材质；仪器、仪表、量具、衡器的精密度以及校验情况；生产设备的模具管理；设备的预防性维护计划、维护操作规程和相关维护记录；设备的清洁、消毒操作和使用日志；纯化水系统的工作原理、材质、分配管路设计以及控制、处理微生物的措施；纯化水系统的监测记录、清洗消毒操作；压缩空气及氮气制备、使用、检测等情况。

6. 物料与产品 仓储区布局和环境控制；物料与产品的接收、贮存、放行、使用情况及其相关记录情况；原辅料接收时确保正确无误的措施；原辅料取样过程中防止污染或交叉污染的措施；原辅料的有效期或复验期规定以及贮存期内的管理情况；原辅料配料的称量、复核和相关记录。

中间产品、待包装产品、包装材料的管理情况；产品回收、返工和重新加工的操作规程、执行情况；不合格品、退货产品的操作规程及相关记录。

7. 确认与验证 关键洁净区洁净度的确认情况；工艺验证情况，如批次、批量、结果等；检验方法确认情况；关键设备确认情况；清洁验证情况；纯化水、空气净化系统验证情况；公用系统验证情况（厂房设施、压缩空气系统）。

8. 文件管理 文件的起草、修订、审核、批准、替换或撤销、复制、保管和销毁的管理情况；文件制定的合理性和可操作性；物料、中间产品、待包装产品、成品的质量标准制定、执行情况；工艺规程与注册批准工艺的一致性；批生产、批包装记录与现行工艺规程的符合性。

9. 生产管理 生产操作与操作规程的符合性；产品批次划分的规定和实际执行情况；物料平衡规定及相关异常情况的处理；关键岗位人员的行为规范情况；生产设备及器具的清洁、灭菌、存放；洁净区内功能间、生产设备及器具的状态标识；洁净区内关键区域的环境监测情况；所有生产操作的记录情况。

品种共线生产的情况以及防止差错、交叉污染的措施。

10. 质量控制与质量保证 物料、中间产品、待包装产品及产品的审核、放行情况；检验取样、存放、分样等环节的管理情况；物料及产品的检验操作规程、记录及报告情况；试剂、试液、培养基和检定菌的管理情况；标准品或对照品的管理情况；留样与持续稳定性考察情况；检验结果超标调查（OOS）、偏差管理、变更管理情况；产品质量回顾分析相关规定；纯化水的水质监测及趋势分析；主要物料供应商的审计情况。

11. 产品发运与召回 发运记录的内容完整性；召回操作规程及召回系统有效性的评估情况。

12. 自检 自检管理规定；自检计划、自检记录与报告；纠正和预防措施。

13. 与生产、检验相关的计算机化系统验证和日常管理情况 如用户名及权限的分配、方法创建及调用、数据修改及备份、审计追踪功能等确认情况，能否确保数据可靠性。

14. 其他需重点核查的内容及认证产品的安全生产情况 省级药品监督管理部门在现场检查实施前3个工作日内向申请企业发送"现场检查通知书"，现场检查通知书内容包括检查时间、人员、企业名称、检查范围等。

（三）现场检查

现场检查开始时，检查组应当召开首次会议，确认检查范围，告知检查纪律、廉政纪律、注意事项以及被检查单位享有陈述申辩的权利和应履行的义务。采取不预先告知检查方式的除外。

检查组应当严格按照检查方案实施检查，被检查单位在检查过程中应当及时提供检查所需的相关资料，检查员应当如实做好检查记录。检查方案如需变更的，应当报经派出检查单位同意。检查期间发现被检查单位存在检查任务以外问题的，应当结合该问题对药品整体质量安全风险情况进行综合评估。

现场检查结束后，检查组应当对现场检查情况进行分析汇总，客观、公平、公正地对检查中发现的缺陷进行分级，并召开末次会议，向被检查单位通报现场检查情况。

对药品生产企业的检查，依据《药品生产现场检查风险评定指导原则》确定缺陷的风险等级。药品生产企业重复出现前次检查发现缺陷的，风险等级可以升级。缺陷分为严重缺陷、主要缺陷和一般缺陷，其风险等级依次降低。

检查组根据检查检查过程完成检查报告并出具"GMP 符合性现场检查缺陷项目表"（图 6-8）。

GMP符合性现场检查缺陷项目情况

企业名称	××××
认证范围	原料药（利巴韦林）
检查时间	××××

严重缺陷：未发现。

主要缺陷：未发现。

一般缺陷：6项

1.合成二车间洁净区标识已清洁的离心机（DE3113）清洁不彻底，盖内表面有冷凝水。（第85条）

2.2020年1月初，小品种反应间（115113）的离心机（JE2202）设备再确认未与其配套连接的负压母液收集罐一同确认，也未考虑含有易燃易爆物料中间产品离心时通入氮气防护环节。（第144条）

2.《剧毒和易制毒、易制爆化学品管理规程》（EH00017，03版）中涉及本企业的易制毒化学品名录没有及时增加第一类易制毒化学品胡椒醛。（第158条）

4.缩合工序（批号：TD200201A）批生产记录未记录恒温加热循环槽和低温冷却循环槽的名称和编号。（第175条）

5.合成二车间洁净区未对高效过滤器和回风口进行编号管理。（第182条）

6.2020年1月23日起草的《利巴韦林杂质档案》（LC70112）汇总分析内容未预先考虑2020年1月4日开始生产的使用新增供应商的两主要物料工艺再验证三批质量情况。

（附录2 原料药第41条）

企业负责人千字：

　　　　　　　　　　　　　　年　月　日

检查组全体人员签字：

　　　　　　　　　　　　　　年　月　日

图 6-8 GMP 符合性现场检查缺陷项目情况

（四）缺陷整改

申请企业应在 2 个月内完成缺陷整改并报送省级药品监督管理部门。

缺陷条款整改内容需包括缺陷描述、原因分析、风险评估、纠正与预防措施、采取措施的有效性评价，完成情况（图6-9）。

缺陷描述：2020年1月初，小品种反应间（115113）的离心机（JE2202）设备再确认未与其配套连接的负压母液收集罐一同确认，也未考虑含有易燃易爆物料中间产品离心时通入氮气防护环节。（第144条）

◆ 根本原因

设备确认时方案设计不足，未能考虑配连接设备需一同确认，未能对氮气保护效果进行确认

◆ 风险评估

序号	风险描述	风险可能导致的结果	严重性（S）	重现性（O）	可检测性（D）	风险系数RPN	风险等级
1	离心机连接设备未一同确认	离心机连接配套设备未一同确认，两者性能不匹配，影响离心效果及母液收集。	1	2	1	2	低风险
2	氮气保护效果未经确认	离心过程氮气保护效果差，可能产生火灾或爆炸的危险	4	1	1	4	低风险

◆ 纠正及预防措施：

对离心机氮气保护及配套的母液收集罐进行补充确认；

◆ 计划完成时间：2020.02.25

◆ 实际完成时间：2020.02.21

附件2-1：《JE2202离心机补充确认》（PS0903）

◆ 措施有效性评价

纠正预防措施已执行，有效。

图6-9 GMP 符合性检查缺陷整改示例

省级药品监督管理部门对申请单位递交的整改资料进行最终审核，符合要求后，在省级药品监督管理部门网站上对检查结果进行公告（图6-10）。

✎ 练一练

关于 GMP 规范符合性检查说法正确的是（ ）

A. GMP 规范符合性检查周期为 5 年一次

B. GMP 规范符合性检查通过后，颁发 GMP 证书

C. 省级药品监督管理部门负责辖区内的 GMP 符合性检查工作

D. 某企业口服固体制剂车间生产一线新增一产品时需申请 GMP 符合性检查

江苏省药品监督管理局药品GMP符合性检查结果公告（2021年第57号）

根据《药品管理法》《药品生产监督管理办法》有关规定，经现场检查并综合评定，现将江苏金迪克生物技术有限公司等2家企业《药品生产质量管理规范》符合性检查结果公告。

序号	企业名称	生产地址	检查范围	检查时间	检查结论
1	江苏金迪克生物技术有限公司	泰州市郁金路12号	生物制品(四价流感病毒裂解疫苗、非最终灭菌小容量注射剂)（原液生产车间、分装车间）	2020.12.09- 2020.12.11	符合
2	苏州盛达药业有限公司	苏州市吴江区黎里镇金字路6号	原料药（利伐沙班）【苏州市吴江区黎里镇金字路6号厂区221车间】	2021.04.07- 2021.04.09	符合

图 6-10 GMP 符合性检查结果公告

任务4 日常监督检查

一、实施依据

依据《药品管理法》《药品检查管理办法（试行）》《药品生产监督管理办法》要求，取消定期GMP 认证，由省、自治区、直辖市药品监督管理部门对辖区内的药品生产企业实施监督检查。

二、检查内容及要求

药品监督管理部门依据风险原则制定药品检查计划，确定被检查单位名单、检查内容、检查重点、检查方式、检查要求等，实施风险分级管理，年度检查计划中应当确定对一定比例的被检查单位开展质量管理规范符合性检查（图6-11）。

风险评估重点考虑以下因素。

（1）药品特性以及药品本身存在的固有风险。

（2）药品上市许可持有人、药品生产企业、药品经营企业、药品使用单位药品抽检情况。

（3）药品上市许可持有人、药品生产企业、药品经营企业、药品使用单位违法违规情况。

（4）药品不良反应监测、探索性研究、投诉举报或者其他线索提示可能存在质量安全风险的。

监督检查的内容包括：

（1）药品上市许可持有人、药品生产企业执行有关法律、法规及实施药品生产。

（2）质量管理规范、药物警戒质量管理规范以及有关技术规范等情况。

（3）药品生产活动是否与药品品种档案载明的相关内容一致。

（4）疫苗储存、运输管理规范执行情况。

（5）药品委托生产质量协议及委托协议。

（6）风险管理计划实施情况。

（7）变更管理情况。

省、自治区、直辖市药品监督管理部门应当根据药品品种、剂型、管制类别等特点，结合国家药

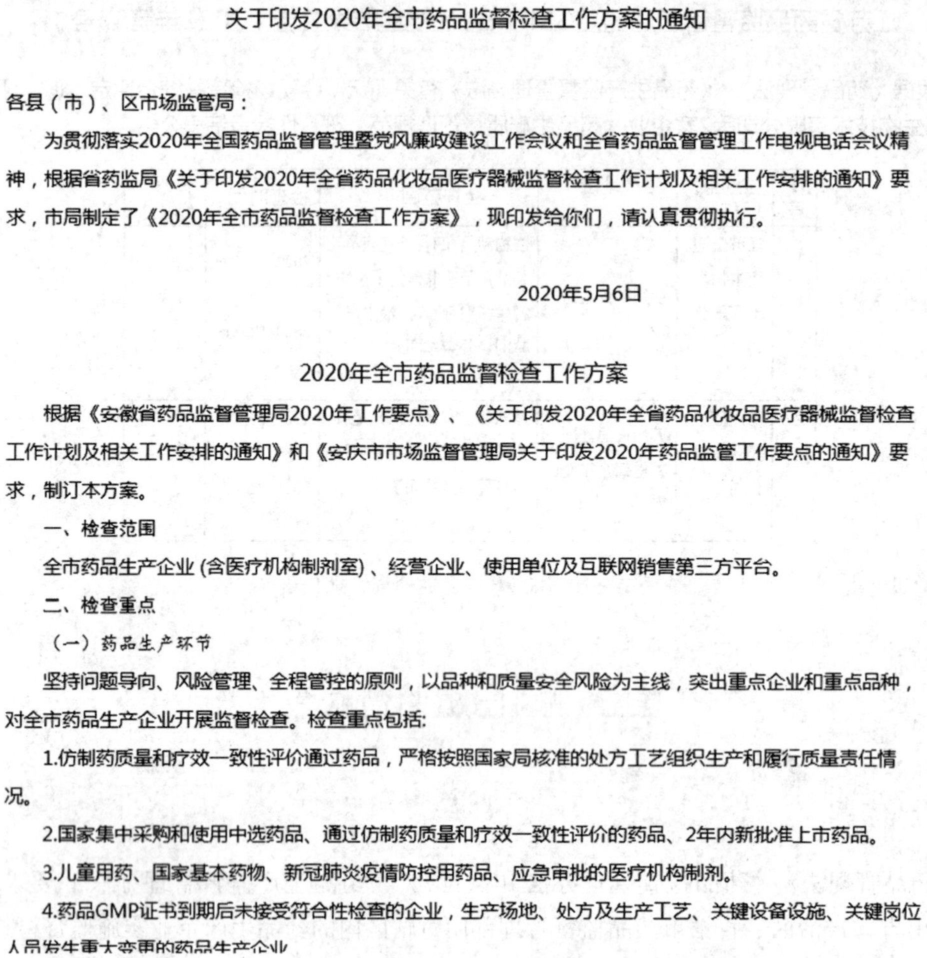

关于印发2020年全市药品监督检查工作方案的通知

各县（市）、区市场监管局：

为贯彻落实2020年全国药品监督管理暨党风廉政建设工作会议和全省药品监督管理工作电视电话会议精神，根据省药监局《关于印发2020年全省药品化妆品医疗器械监督检查工作计划及相关工作安排的通知》要求，市局制定了《2020年全市药品监督检查工作方案》，现印发给你们，请认真贯彻执行。

2020年5月6日

2020年全市药品监督检查工作方案

根据《安徽省药品监督管理局2020年工作要点》、《关于印发2020年全省药品化妆品医疗器械监督检查工作计划及相关工作安排的通知》和《安庆市市场监督管理局关于印发2020年药品监管工作要点的通知》要求，制订本方案。

一、检查范围

全市药品生产企业(含医疗机构制剂室)、经营企业、使用单位及互联网销售第三方平台。

二、检查重点

（一）药品生产环节

坚持问题导向、风险管理、全程管控的原则，以品种和质量安全风险为主线，突出重点企业和重点品种，对全市药品生产企业开展监督检查。检查重点包括：

1.仿制药质量和疗效一致性评价通过药品，严格按照国家局核准的处方工艺组织生产和履行质量责任情况。

2.国家集中采购和使用中选药品、通过仿制药质量和疗效一致性评价的药品、2年内新批准上市药品。

3.儿童用药、国家基本药物、新冠肺炎疫情防控用药品、应急审批的医疗机构制剂。

4.药品GMP证书到期后未接受符合性检查的企业，生产场地、处方及生产工艺、关键设备设施、关键岗位人员发生重大变更的药品生产企业。

图 6-11　某市 GMP 检查检查工作计划

品安全总体情况、药品安全风险警示信息、重大药品安全事件及其调查处理信息等，以及既往检查、检验、不良反应监测、投诉举报等情况确定检查频次。

（1）对麻醉药品、第一类精神药品、药品类易制毒化学品生产企业每季度检查不少于一次。

（2）对疫苗、血液制品、放射性药品、医疗用毒性药品、无菌药品等高风险药品生产企业，每年不少于一次。

（3）对上述产品之外的药品生产企业，每年抽取一定比例开展监督检查，但应当在三年内对本行政区域内企业全部进行检查。

（4）对原料、辅料、直接接触药品的包装材料和容器等供应商、生产企业每年抽取一定比例开展监督检查，五年内对本行政区域内企业全部进行检查。

省、自治区、直辖市药品监督管理部门可以结合本行政区域内药品生产监管工作实际情况，调整检查频次。

❤ 药爱生命

仿制药质量和疗效一致性评价

仿制药一致性评价是指对已经批准上市的仿制药，按与原研药品质量和疗效一致的原则，分期分批进行质量一致性评价，就是仿制药需在质量与药效上达到与原研药一致的水平。对已经批准上市的仿制药进行一致性评价，因为过去批准上市的药品没有与原研药一致性评价的强制性要求，有些药品在疗效上与原研药存在一些差距。美国、日本等国家也都经历了同样的过程，日本用了十几年的时间推进仿制药一致性评价工作。开展仿制药一致性评价，可以使仿制药在质量和疗效上与原研药一致，在临床上可替代原研药，这不仅可以节约医疗费用，同时也可提升我国的仿制药质量和制药行业的整体发展水平，保证公众用药安全有效。仿制药一致性评价在我国是补课，也是创新。做到与原研药质量疗效一致，离创制新药也就不远了。

2012年，国家食品药品监督管理局启动15个试点品种的质量一致性评价工作，涉及20家药品生产企业。2013年2月，国家食品药品监督管理局发布《仿制药质量一致性评价工作方案》，并于8月正式部署75个仿制药品种与原研药的质量比对工作。2015年8月18日，由国务院印发的《关于改革药品医疗器械审评审批制度的意见》里，将"提高仿制药质量，加快仿制药质量一致性评价"作为改革药品审评审批制度的五大目标之一。2016年3月5日，国家食品药品监督管理总局转发了国务院办公厅发布的《关于开展仿制药质量和疗效一致性评价的意见》，意味着一致性评价的大幕事实上已正式拉开。

目标检测

一、A型题（最佳选择题）

1. 药品GMP对自检频次规定正确的是（ ）。
   - A. 一年至少一次
   - B. 一年至少两次
   - C. 两年一次
   - D. 未作要求

2. 药品监管机构对疫苗、血液制品、放射性药品、医疗用毒性药品、无菌药品等高风险药品生产企业进行日常监督检查，检查频次为（ ）。
   - A. 一年至少一次
   - B. 半年一次
   - C. 两年一次
   - D. 五年一次

3. 关于飞行检查说法错误的是（ ）。
   - A. 飞行检查具有突然性
   - B. 飞行检查有规定的检查频次
   - C. 飞行检查具有保密性
   - D. 飞行检查检查组至少由2人组成

4. 关于药品GMP规范符合性检查说法正确的是（ ）。
   - A. 由申请单位省、自治区、直辖市药品监督管理部门组织实施检查
   - B. 由国家药品监督管理部门组织实施检查
   - C. GMP符合性检查周期为五年
   - D. 检查符合要求后，颁发GMP证书

二、B型题（配伍选择题）

[1~4]
   A. 每季度一次   B. 三年一次   C. 五年一次   D. 2个月

1. 对麻醉药品、第一类精神药品、药品类易制毒化学品生产企业日常监督检查频次为（ ）。
2. GMP符合性检查缺陷整改期限为（ ）。
3. 除特殊药品、无菌制剂等高风险品种，其他药品生产企业的日常检查检查频次为（ ）。

4. 原料、辅料、直接接触药品的包装材料和容器等供应商、生产企业接受日常检查检查频次为（   ）。

三、C 型题（综合分析选择题）

[1~3]

2020 年 12 月，某省药品监督管理部门在对某企进行监督检查时发现，该企业当年度未按 GMP 规定进行自检，也未制定自检计划。针对该情况，药品监督管理部门对该企业开具限期整改报告。

1. 企业自检至少（   ）一次，应对自检结果进行评估，并决定是否需要整改或再验证。

    A. 每五年   B. 每季   C. 每年   D. 每两年

2. 企业的自检应当有计划、（   ）、有记录、有报告。

    A. 应当有方案   B. 应当由生产人员进行

    C. 应当由技术人员进行   D. 应当由检验人员进行

3. 企业的自检应由（   ）组织。

    A. 质量管理部门   B. 生产管理部门

    C. 技术管理部门   D. 质量检验部门

四、X 型题（多项选择题）

1. 自检目的是企业为了确定其质量管理体系与药品相关法律法规的（   ）。

    A. 有效性   B. 符合性   C. 适宜性   D. 同步性

2. 药品生产企业可以增加自检频次的情况包括（   ）。

    A. 公司产品、组织机构有重大的调整时

    B. 企业生产地址发生变更或新增生产线时

    C. 企业管理体系发生重大变更时

    D. 企业运行过程中发现严重缺陷或隐患时

3. GMP 检查包括（   ）。

    A. GMP 符合性检查   B. 日常监督检查

    C. 药品注册检查   D. 药品飞行检查

参考文献

［1］ 国家食品药品监督管理局药品安全监管司，国家食品药品监督管理局药品认证管理中心，国家食品药品监督管理局高级研修学院．药品生产质量管理规范（2010 年修订）培训教材［M］．天津：天津科学技术出版社，2011.

［2］ 国家食品药品监督管理局药品认证管理中心．药品 GMP 指南：质量管理体系［M］．北京：中国医药科技出版社，2011.

［3］ 梁毅．GMP 教程［M］．4 版，北京：中国医药科技出版社，2019.

［4］ 万春艳，孙美华．药品生产质量管理规范（GMP）实用教程［M］．2 版，北京：化学工业出版社，2020.